国家社会科学基金重大项目「中国近代日记文献叙录、整理与研究」（项目编号：18ZDA259）阶段性研究成果

江苏省「十四五」时期重点出版物出版专项规划项目

中国近现代稀见史料丛刊 【第十一辑】

晚清州县学官训士书八种（外一种）

（清）谢金銮 等 著

何振 整理

张剑 徐雁平 彭国忠 主编

本辑执行主编 徐雁平

凤凰出版社

图书在版编目（CIP）数据

晚清州县学官训士书八种：外一种 ／（清）谢金銮
等著；何振整理. -- 南京：凤凰出版社，2024. 12.
（中国近现代稀见史料丛刊）. -- ISBN 978-7-5506-4305-5

Ⅰ. D691

中国国家版本馆CIP数据核字第20242J1C59号

书　　　　名	晚清州县学官训士书八种（外一种）	
著　　　者	（清）谢金銮 等	
整　理　者	何　振	
责　任　编　辑	徐珊珊	
装　帧　设　计	姜　嵩	
责　任　监　制	程明娇	
出　版　发　行	凤凰出版社(原江苏古籍出版社)	
	发行部电话025-83223462	
出版社地址	江苏省南京市中央路165号,邮编:210009	
照　　　排	南京凯建文化发展有限公司	
印　　　刷	江苏凤凰通达印刷有限公司	
	江苏省南京市六合区冶山镇,邮编:211523	
开　　　本	880毫米×1230毫米　1/32	
印　　　张	12.75	
字　　　数	331千字	
版　　　次	2024年12月第1版	
印　　　次	2024年12月第1次印刷	
标　准　书　号	ISBN 978-7-5506-4305-5	
定　　　价	98.00元	

（本书凡印装错误可向承印厂调换,电话:025-57572508）

存史鑒今

袁行霈題

袁行霈先生題辞

「音实难知，知实难逢，逢其
知音，千载其一乎！」（《文心雕龙·
知音》）今读新编稀见史料丛
刊，真有喜逢知音之感矣。

傅璇琮谨书

二〇一三年

傅璇琮先生题辞

殚精竭虑旁搜远绍

重新打造中华文史资

料库

王水照 二〇一三年一月

王水照先生题辞

《中国近现代稀见史料丛刊》总序

在世界所有的文明中,中华文明也许可说是"唯一从古代存留至今的文明"(罗素《中国问题》)。她绵延不绝、永葆生机的秘诀何在?袁行霈先生做过很好的总结:"和平、和谐、包容、开明、革新、开放,就是回顾中华文明史所得到的主要启示。凡是大体上处于这种状况的时候,文明就繁荣发展,而当与之背离的时候,文明就会减慢发展的速度甚至停滞不前。"(《中华文明的历史启示》,《北京大学学报》2007年第1期)

但我们也要清醒看到,数千年的中华文明带给我们的并不全是积极遗产,其长时段积累而成的生活方式与价值观具有强大的稳定性,使她在应对挑战时所做的必要革新与转变,相比他者往往显得迟缓和沉重。即使是面对佛教这种柔性的文化进入,也是历经数百年之久才使之彻底完成中国化,成为中华文明的一部分;更不用说遭逢"数千年来未有之变局""数千年未有之强敌"(李鸿章《筹议海防折》),"数千年未有之巨劫奇变"(陈寅恪《王观堂先生挽词序》)的中国近现代。晚清至今虽历一百六十余年,但是,足以应对当今世界全方位挑战的新型中华文明还没能最终形成,变动和融合仍在进行。1998年6月17日,美国三位前总统(布什、卡特、福特)和二十四位前国务卿、前财政部长、前国防部长、前国家安全顾问致信国会称:"中国注定要在21世纪中成为一个伟大的经济和政治强国。"(徐中约《中国近代史》上册第六版英文版序,香港中文大学出版社2002年版)即便如此,我们也不能盲目乐观,认为中华文明已经转型成功,相反,中华文明今天面对的挑战更为复杂和严峻。新型的中华文明到底会怎样呈现,又怎样具体表现或作用于政治、经济、文化等层面,人们还在不断探索。这个问题,我们这一代恐怕无法给出答案。但我们坚信,在历史上曾经灿烂辉煌的中华文明必将凤凰浴火,涅槃重生。这既是数千年已经存在的中华文明发展史告诉我们的经验事实,也是所有为中国文化所化之人应有的信念和责任。

不过,对于近现代这一涉及当代中国合法性的重要历史阶段,我们了解得还过于粗线条。她所遗存下来的史料范围广阔,内容复杂,且有数量庞大且富有价值的稀见史料未被发掘和利用,这不仅会影响到我们对这段历史的全面了解和规律性认识,也会影响到今天中国新型文明和现代化建设对其的科学借鉴。有一则印度谚语如是说:"骑在树枝上锯树枝的时候,千万不要锯自己骑着的那一根。"那么,就让我们用自己的专业知识与能力,为承载和养育我们的中华文明做一点有益的事情——这是我们编纂这套《中国近现代稀见史料丛刊》的初衷。

书名中的"近现代",主要指 1840—1949 年这一时段,但上限并非以一标志性的事件一刀切割,可以适当向前延展,然与所指较为宽泛的包含整个清朝的"近代中国""晚期中华帝国"又有所区分。将近现代连为一体,并有意淡化起始的界限,是想表达一种历史的整体观。我们观看社会发展变革的波澜,当然要回看波澜如何生,风从何处来;也要看波澜如何扩散,或为涟漪,或为浪涛。个人的生活记录,与大历史相比,更多地显现出生活的连续。变局中的个体,经历的可能是渐变。《丛刊》期望通过整合多种稀见史料,以个体陈述的方式,从生活、文化、风习、人情等多个层面,重现具有连续性的近现代中国社会。

书名中的"稀见",只是相对而言。因为随着时代与科技的进步,越来越多的珍本秘籍经影印或数字化方式处理后,真身虽仍"稀见",化身却成为"可见"。但是,高昂的定价、难辨的字迹、未经标点的文本,仍使其处于专业研究的小众阅读状态。况且尚有大量未被影印或数字化的文献，或流传较少，或未被整合，也造成阅读和利用的不便。因此，《丛刊》侧重选择未被纳入电子数据库的文献，尤欢迎整理那些辨识困难、断句费力、裒合不易或是其他具有难度和挑战性的文献，也欢迎整理那些确有价值但被人们习见思维与眼光所遮蔽的文献，在我们看来，这些文献都可属于"稀见"。

书名中的"史料"，不局限于严格意义上的历史学范畴，举凡日记、书信、奏牍、笔记、诗文集、诗话、词话乃至序跋汇编等，只要是某方面能够反映时代政治、经济、文化特色以及人物生平、思想、性情的文献，都在考虑之列。我们的目的，是想以切实的工作，促进处于秘藏、边缘、零散等状态的史料转化为新型的文献，通过一辑、二辑、三辑……这样的累积性整理，自然地呈现出一种规模与气象，与其他已经整理出版的文献相互关联，形成一个丰茂的文献群，从而揭示在宏大的中国近现代叙事背后，还有很多未被打量过的局部、日常与细节；在主流周边或更远处，还有富于变化的细小溪流；甚至在主流中，还有漩涡，在边缘，还有静止之水。近现代中国是大变革、大痛苦的时代，身处变局中的个体接物处事的伸屈、所思所想的起落，借纸墨得以留存，这是一个时代的个人记录。此中有文学、文化、生活；也时有动乱、战争、革命。我们整理史料，是提供一种俯首细看的方式，或者一种贴近近现代社会和文化的文本。当然，对这些个人印记明显的史料，也要客观地看待其价值，需要与其他史料联系和比照阅读，减少因个人视角、立场或叙述体裁带来的偏差。

知识皆有其价值和魅力，知识分子也应具有价值关怀和理想追求。清人舒位诗云"名士十年无赖贼"（《金谷园故址》），我们警惕袖手空谈，傲慢指点江山；鲁迅先生诗云"我以我血荐轩辕"（《自题小像》），我们愿意埋头苦干，逐步趋近理想。我们没有奢望这套《丛刊》产生宏大的效果，只是盼望所做的一切，能融合于前贤时彦所做的贡献之中，共同为中华文明的成功转型，适当"缩短和减轻分娩的痛苦"（马克思《资本论》第一卷第一版序言）。

　　《丛刊》的编纂,得到了诸多前辈、时贤和出版社的大力扶植。袁行霈先生、傅璇琮先生、王水照先生题辞劻勉,周勋初先生来信鼓励,凤凰出版社姜小青总编辑赋予信任,刘跃进先生还慷慨同意将其列入"中华文学史史料学会"重大规划项目,学界其他友好也多有不同形式的帮助……这些,都增添了我们做好这套《丛刊》的信心。必须一提的是,《丛刊》原拟主编四人(张剑、张晖、徐雁平、彭国忠),每位主编负责一辑,周而复始,滚动发展,原计划由张晖负责第四辑,但他尚未正式投入工作即于 2013 年 3 月 15 日赍志而殁,令人抱恨终天,我们将以兢兢业业的工作表达对他的怀念。

　　《丛刊》的基本整理方式为简体横排和标点(鼓励必要的校释),以期更广泛地传播知识、更好地服务社会。希望我们的工作,得到更多朋友的理解和支持。

2013 年 4 月 15 日

目　录

前　言

　　晚清州县学官训士书,是指晚清的州学学正、训导和县学教谕等基层学官用来教导治下士子、生员读书、修身、做事的书籍。这类书籍,在传统目录学中通常被编入子部儒家类或杂家类,似乎没有专门的名称,只是有时会被称作"训士语""教士论学之书"等。它们的内容、用处与袁黄《宝坻政书》卷五《训士书》类似,因此统一命名为"训士书"。

　　本书收录八种晚清州县学官训士书,分别是谢金銮《教谕语》、张履《容山教事录》、牛振声《训士琐言》、柯汝霖《铎语》、高继珩《演教谕语》、丁显《秀才须知》、孙德祖《学斋庸训》、汪先弼《昌江问俗录初编》,最后附录孙德祖《长兴县学文牍》这一县学文牍专集。兹将各书作者、版本及所据底本略述于下。

一、谢金銮《教谕语》四卷

　　谢金銮(1757—1820),字巨廷,一字退谷,晚改名灏,福建侯官(今福建福州)人。乾隆五十三年(1788)举人。历任邵武、南靖、嘉义(今属台湾)、南平、安溪等县学教谕。著有《论语读注补义》《大学古本说》《蛤仔难纪略》《泉漳治法论》《二勿斋文集》等。

　　《教谕语》撰于嘉庆二十年(1815)谢金銮任职安溪期间,他"晚渐不乐居官,作《教谕语》留赠安溪诸生,其言皆恳恻适于用",而在任职嘉义时已于壁间书教士条约①。该书问世后屡被刊印,今存版本至

---

① 陈寿祺《左海文集》卷一〇《皇清敕授文林郎安溪县学教谕谢君墓志铭》,《续修四库全书》第1496册,上海古籍出版社,2002年,第396页。

少有如下二十种:(1) 嘉庆安溪学署刻本,(2) 道光侯官李彦章校刻本,(3) 道光督学使者潘刻本,(4) 咸丰八年(1858)乙藜斋刻本,(5) 同治九年(1870)刻本,(6) 同治九年山东文友堂刻本,(7) 同治十一年培槐轩刻本,(8) 同治望三益斋刻本,(9) 同治陈崇砥拙修斋刻本,(10) 光绪七年(1881)广仁堂刻本,(11) 光绪七年长白昆氏刻本,(12) 光绪八年合肥张氏刻本,(13) 光绪十年珙邑柚香阁刻本,(14) 光绪十四年山西解州书院刻本,(15) 光绪十八年扬州府学刻本,(16) 光绪二十二年宁郡学刻本,(17) 光绪二十五年汴省奇文斋刻本,(18) 清木犀香馆重刻本,(19) 庚午冬日刻本,(20) 民国三十一年(1942)铅印本。各本有四卷和不分卷之别,又有全本与节抄之分,篇次亦稍有差异,部分版本刊有汪廷珍评语。其中同治九年刻本为《教谕语节抄》,《稀见清代四部辑刊》第 7 辑第 43 册据以影印。

此次整理,以上海图书馆藏嘉庆安溪学署刻本(索书号:线普长430782)为底本。该本书衣右上书"长乐高氏捐赠";书名页中题"教谕语",右上题"嘉庆丙子年",左下题"安溪学署刊";钤"上海市历史文献图书馆藏"印。又据南京图书馆藏同治望三益斋刻本(索书号:GJ/9900041),补入汪廷珍评语,使用楷体排版。该本书名页题"教谕语",版心下刻"望三益斋",末叶左下刻"三山劓厕氏吴玉田",钤"南京图书馆藏"印。另将所见各本序跋作为附录。

二、张履《容山教事录》一卷

张履(1792—1851),原名生洲,字渊甫,一字子践,号履初,江苏震泽(今江苏苏州)人。嘉庆二十一年(1816)举人。道光十四年(1834)至咸丰元年(1851),任句容县学教谕。著有《宗法通考》《积石诗存》《积石文稿》《静观斋文抄》《鲹余编》等。

《容山教事录》撰于道光十七年张履任职句容期间,他"德业课士,著《六箴》为程。燕闲讲讨,乃刿心缮性之谊。清寒莹人,不严而栗，一时粹洁之士恒归之。在官十八载，陶文毅、林文忠亟钦礼，两膺卓荐，均固却"①。该书今存道光十八年华阳精舍刻本，句容知县钱燕桂捐俸刊印，"俾广其教，一时贤声卓著"②。

此次整理，以南京图书馆藏道光十八年华阳精舍刻本（索书号：GJ/3008757）为底本。该本书名页中题"容山教事录"，右上题"道光戊戌嘉平月刊"，左下题"华阳精舍藏"；钤"絜志轩""剑侯""南京图书馆藏"等印。

三、牛振声《训士琐言》一卷

牛振声，字泾村，陕西泾阳人。道光五年（1825）举人。任城固县学教谕。著有《勇烈节孝汇编》《省克捷诀》等。

《训士琐言》撰于牛振声任职城固期间，他"恳恳然训诫士子，背诵经书，考课习礼，并革除丁忧起复及祝仪诸陋规，论者称为教职中祥麟威凤"③。该书今存民国十四年（1925）铅印《泾献文存》《泾阳文献丛书》本；《泾献文存》收入《陕西丛书汇纂》第138—140册，又有《〈泾献文存·泾献诗存〉稽注》（三秦出版社，2013年）。

此次整理，以国家图书馆藏民国十四年铅印《泾阳文献丛书》本（索书号：10623：3）为底本。《丛书》将《训士琐言》编为《牛泾村遗著三种》第二卷，兹以《遗著三种》序文、目录、小传为该书附录。该册书名页题"牛泾村遗著三种省克捷诀、训士琐、义烈节孝汇编"，牌记题"民

---

①　汤纪尚《张学博传》，缪荃孙编，王兴康等整理《续碑传集》卷七一《儒学》，第9册，上海人民出版社，2019年，第2842—2843页。

②　张绍棠修，萧穆纂《（光绪）续纂句容县志》卷八上《人物》，《中国地方志集成　江苏府县志辑》第35册，江苏古籍出版社，1991年，第153页。

③　杨虎城等修，吴廷锡等纂《（民国）续修陕西通志稿》卷七六《人物》，第43册，国家图书馆藏民国二十三年（1934）铅印本，第9a叶。

国十四年仲冬月印讫",钤"国立北平图书馆珍藏"印。

四、柯汝霖《铎语》一卷

柯汝霖(1792—1879),字岩臣,号春塘,浙江平湖人。道光元年(1821)举人。历任钱塘(今浙江杭州)、武义(今浙江金华)、富阳(今浙江杭州)、东阳、乌程(今浙江湖州)等县学教谕。光绪五年(1879),重赴鹿鸣,加五品衔。著有《周易解义》《三家诗异字通证》《春秋世系图考》《关帝年谱》《武林第宅考》《涵碧舫诗文钞》等。

《铎语》撰于柯汝霖任职钱塘期间,他"以大挑任钱塘教谕,立教约十条,士风丕振,从游亦日众。……后历任武义、富阳、东阳、乌程,亦如之"①。该书今存光绪二十八年铅印本,《稀见清代四部补编》第179册据以影印;又有民国陆氏求是斋抄《当湖先哲遗著》本,上海图书馆藏。

此次整理,以上海图书馆藏光绪二十八年铅印本(索书号:线普571430)为底本。该本书名页题"铎语张元善谨署",刻"元善""厚芎"二印;钤"上海图书馆藏书"印。

五、高继珩《演教谕语》一卷

高继珩(1797—1865),字寄泉,直隶迁安(今河北迁安)人,寄籍宝坻(今天津)。嘉庆二十三年(1818)举人。历任栾城(今河北石家庄)、河间、大名(今属河北邯郸)等县学教谕及广东博茂盐场大使。著有《培根堂诗钞》《养渊堂古文》《养渊堂骈体文》《海天琴趣词》《味经斋制艺》《铸铁砚斋试帖》等。

---

① 彭润章修,叶廉锷纂《(光绪)平湖县志》卷一七《人物》,《中国地方志集成 浙江府县志辑》第20册,上海书店出版社,2011年,第431页。

　　《演教谕语》撰于高继珩任职河间期间，他"选河间教谕，因文励行，教士以诚，著《演教谕语》三十三则。春、秋两试，售者相望也"①。该书今存道光至同治间高氏自刻《培根堂全稿》本、光绪九年（1883）津河广仁堂刻本。

　　此次整理，以天津图书馆藏光绪九年津河广仁堂刻本（索书号：P27174）为底本。该本书名页题"演教谕语"，牌记题"光绪癸未秋八月津河广仁堂校刊，吴县吴大澂署检"，钤"天津图书馆藏书之章""天津市人民图书馆藏书之章"等印。

六、丁显《秀才须知》四卷

　　丁显（1819—?），字韵渔，一字鞠生，号西圃，又号再生翁，江苏山阳（今江苏淮安）人。咸丰九年（1859）举人。任睢宁县学训导、教谕。著有《十三经诸家引书异字同声考》《韵学蠡言举要》《复淮故道图说》《请复河运刍言》《寄绿轩类稿》等。

　　《秀才须知》编于光绪十五年（1889）丁显任职睢宁期间。顾云臣《次韵酬丁西圃》其一云："耆旧由来重此乡，流风渐被到徐方。先生秉铎睢陵。教条苦为诸生劝，书录恒教万卷藏。事在先生所刊《秀才须知》中。生意年年窗草绿，吟怀字字晚花香。先生有《菊花百咏》。官闲一梦蘧然觉，廿载浑忘岁月忙。"②该书今存光绪十五年刻本。

　　此次整理，以南京图书馆藏光绪十五年刻本（索书号：GJ/3012153）为底本。该本书衣有朱笔"佛惠进德堂"；书名页中题"秀才须知"，右上题"设塾购书请勿轻视"，左下题"捐俸刻送板存学署"；牌记题"光绪十有五年己丑三月刊行"；钤"南京图书馆藏"印。

---

　　①　樊彬《高寄泉小传》，高继珩《培根堂诗集》卷首，《清代诗文集汇编》第600册，上海古籍出版社，2010年，第2页。

　　②　顾云臣《抱拙斋诗存》卷下，《清代诗文集汇编》第709册，第548页。

七、孙德祖《学斋庸训》一卷附一卷

孙德祖(1840—1908),字彦清,一字岘卿,号寄龛,浙江会稽(今浙江绍兴)人。同治六年(1867)举人。历任长兴、淳安县学教谕及山西右玉知县。著有《长兴县学文牍》《寄龛日记》《寄龛诗质》《寄龛文存》《寄龛词》等。

《学斋庸训》撰于孙德祖任职长兴期间。今存光绪十六年(1890)刻《寄龛杂著》第五种本,其中《读书十二要》始刻于光绪十六年,《答陈梅泉同年书》刻于光绪二十年。

此次整理,以绍兴图书馆藏光绪十六年刻《寄龛杂著》本(索书号:地献 0738 - 1/01311)为底本。该本书名页中题"学斋庸训",右上刻"洛诵之孙"印,左下刻"孙七十八""岘公中年文字"二印;牌记题"寄龛杂著第五種光绪庚寅夏开雕"。

八、汪先弨《昌江问俗录初编》四卷附一卷

汪先弨,字计人,湖南安福(今湖南临澧)人。任平江县学训导。著有《善志堂文集》《工防营学堂汉文课程》等,编有《时务词林》《五大书院课艺》等。

《昌江问俗录初编》撰于光绪三十年(1904)汪先弨任职平江期间。该书今存光绪正南街翰文阁刻《平江学署丛著》本。

此次整理,以天津图书馆藏光绪正南街翰文阁刻《平江学署丛著》本为底本。书中误字旁印有朱色正字,整理时以改正之字为准,并于脚注中说明。该本书衣题"昌江训俗。刘华邦谨识";书名页中题"……初编平江学……罗葆祺署检",左下题"正南街翰文阁梓";钤"安福汪氏""平江县学""天津图书馆藏书之章""天津市市立图书馆藏书章"等印。

九、孙德祖《长兴县学文牍》不分卷

孙德祖小传见前。

《长兴县学文牍》撰于光绪十五年(1889)至二十五年孙德祖任职长兴期间。该书今存光绪十六年山阴许纯模刻本，其中南京图书馆藏本所收文牍迄于《上学宪徐禀光绪二十一年二月初十日》，绍兴图书馆藏本迄于《请黜客籍附生董兆松详文光绪二十五年十月二十三日》，且增收丁酉、戊戌、己亥、庚子四年文牍。绍兴图书馆藏本《请黜客籍附生董兆松详文》后有《会请拨定客童学额上府宪志禀光绪二十四年五月十九日》及第一则识语，禀文及识语页次为第十九至二十二叶，既不与详文末页页次第三十二叶相衔接，又不同于这篇禀文首次出现的页次，由此可见该书不同印本差异较大。

此次整理，以绍兴市图书馆藏光绪十六年山阴许纯模刻本(索书号：地献 0009/00086)为底本。该本书名页题"长兴县学文牍。庚寅春仲，德祖署检"，刻"六世儒官"印；牌记题"光绪十六年闰月山阴许纯模开雕"；钤"会稽徐树兰捐""古越藏书楼图记""绍兴县立图书馆古越楼藏书"等印。

本书专门整理晚清州县学官训士书，原因主要有二：一方面，州县学官作为基层文官，他们直接接触、管理、教化普通士人，所撰训士书更易呈现清代底层读书人的日常生活与精神世界①；另一方面，这些书籍基本完成于社会巨变的晚清时期，它们所构成的微型系列，展示出清朝行政体系中主管教化的基层学官，面对日新月异的现实，所采取的不同处置心态与教化方案。

---

①　关于基层学官如何利用训士书施教，参见霍红伟《清代地方教官的施教方式》，《河北师范大学学报》2008 年第 3 期。

在整理过程中,徐雁平老师审阅过全书,曹天晓、杨珂、高惠、赵之劼、韩明亮、丁思露、孙梦伟、张圣珊、刘艺涵等好友曾帮忙确定选题、查找文献或把关标点,而本书又是和责任编辑徐珊珊女士合作的第二个成果,十分感谢师友们的鼎力玉成!

凡　例

一、本书收录晚清州县学官训士书八种，根据成书时间编排；最后附录县学文牍专集一种。

二、各书底本，多为原刻本或唯一版本，统一不加校勘。

三、原书大字注文、识语及大段引文，用仿宋体排版；双行小字注，改用小五字号单行排印，不是注文的小字径改为大字。

四、本书采用新式标点，使用简化字。繁体字、异体字、明显版刻误字（如"己已巳""未末""日曰""干于"等）径改；古字、俗字、简体字、通假字，被《通用规范汉字表》收录的和没有对应简化字的尽量保留，否则径改；缺笔避讳字径自补全，其他避讳字可保留则予保留；明确误字，用"（　）"括出原本误字，"〔　〕"括出改后正确的字；原缺字、无法辨识的字以"□"代替。此外所改文字，均有脚注说明。

五、表敬称的抬头、空格不予保留。

六、各书序跋、像赞及卷端书名、署名保留；书名页、牌记、画像等不便排版，只在前言或脚注中介绍。

教谕语

谢金銮撰

序

　　吾读谢司铎《教谕语》之作，而不禁慨然叹、蹶然起也。自来立教者、论学者莫不以"立身行己"为标首，而是编独先以"读书作文"者，曷故？今之士，其子弟之佳者，知读书作文而已；其父兄之所为教者，亦惟读书作文而已。于立身行己之法，概置勿问；一遇讲学之书，开卷生厌倦心。司铎殆即世之所共知先务者，于以引而进之。此诚不得已之苦心，而亦足征士风之不古若也，良可慨已！然其论读书作文必先推其所以读与所以作之故，则仍归本于身心，而非侈谈夫占毕。吾不知士之读书作文者曾一思之否耶；往籍之典要、文辞之精微，吾又不知今之士果能如是以为读、如是以为作否耶。他人未可知，而吾早自愧矣！若夫读其全编，每多卑近、砭俗之言，而不为高远、矫世之论。尝取生平之阅历证之，如良药之愈疾。然夫言与行相表里、闻与见皆功用，司铎固自述之，"凡所不知、不能与未尝置力者，皆不敢为诸生告""即所知、所能与所尝置力而于诸生未甚切要者，亦不敢言也"。虽司铎一生未尝膺民社之责，要以所闻、所见信而有征，自觉言之亲切而有味。多士裕家修以资廷献，有是教，有是谕，宜何如兴起钦？嗟乎！吾安得胥天下之士而以此教谕之？又安得尽天下之司铎者皆以此为教谕也？谢君其亟刊而传之，复奚疑焉？

　　嘉庆丙子冬，闽督学使者钱塘汪润之序。

序①

　　学政，教官也。官以教为职，不可以无言。今为他官，则以政教民可也；今为学政，则所采于众者皆言也，乌得而不以言教也？如以言教为非，则学官之设教授也、教谕也、训导也将必无所用其授也、谕也、训也，乌得而谓之称职也？余督学浙江二年矣，思述所以教士切近之语。既而思之，如前学政汪瑟庵先生，余师也，亦督学浙江三年矣，何为于言教无闻也？邮书问于师，答曰："善乎，子之问也！吾所以无言者，无问于吾者也。子之闻于吾言多矣，可以训诸生。其或吾所言与子所尝致力有与诸生未甚切近者，则侯官谢金銮所述《教谕语》可采也。"既乃以其书评定之，邮致之。余受而观之，则皆二年以来所欲以教士切近之语也；其事则皆多士之所当行，非仅以言教而已也。以吾师所取于谢君之言为教，则仍不负吾师不以言教之心也。谢君，福建安溪学教谕也。以言教之官，乌得而无言也？其言切近如是，天下孰不乐乎其有言也？爰亟刊布，以示多士。嘉庆戊寅九月朔，山阳李宗昉书于浙江试院之澹宁精舍。

---

　　①　原书此序无标题。

教谕语　引言

教谕,邑学官名也。何以教? 何以谕? 居是官,思其所职,不能默然。传曰:"敩学半。"又曰:"教然后知困,知困然后能自强也。"仆之所为诸生言者,往往赖以自强焉,则诚仆之所当自为,冀迟暮而有兴者也。抑又闻之,教之术曰"不愤不启,不悱不发",非故难之也,不愤则无从而启,不悱则无从而发也。仆于诸生,见其愤悱者盖少矣。然身处县邑之内,与诸生相聚者亦少,安知不有愤悱于深山之中、相隔百数十里之外者乎? 则欲不启不发而不得也。语曰:"以身教者从,以言教者讼。"故凡仆所不知、不能与未尝置力者,皆不敢为诸生告。师弟,居朋友之伦者也。朋友之道,以忠信为主。故凡仆之所能与所尝置力而于诸生未甚切要者,亦不敢言。故说甚浅甚陋,分为四篇焉,曰读书作文第一、立身行己第二、居官致用第三、教学著述第四。

嘉庆乙亥秋,现任安溪学教谕,前南靖、南平、邵武、嘉义四学教谕,侯官谢金銮谨述。

读书作文篇第一

孔、曾、思、孟，当时未见设施。所存者，其言而已。惟其言为万世不易之言，士之修身、治家、经理世务者皆于此是赖，而且顺之则行无不达，逆之则无所逃于凶咎。故为士者必于此是求，而非借是作八股文以取科名已也。

国家以制艺取士，必于四子书命题，盖以士通于是书，则其人必贤、其才必可用故也。然则读《四书》者当思其所以读之故，为制艺者当思其所以为之故，而非可以苟逐时趋、曲徇世好、等于儿戏之为而已。

有问者曰："今之读书者，未尝有修己力行之志，志为制艺而已；今之为制艺者，不必皆才德可赖之人，志在求售而已。如子之言，则凡读书作文者必志为圣贤而后可也，不既迂乎？"曰："固也。请试言之。诸公志固不在圣贤，吾亦不敢以圣贤望诸公。但凡人各有身家，各须应世。身、世之间一有差失，小则辱身，大则丧家，其患可谓至切而非迂矣！要去此患，必求诸圣贤之言。此犹以一人一身而言也。若夫居官治民、经理国事，稍有差谬，其祸更烈。要去此患，更不脱圣贤之言。所以读《四书》之故，全为此也。吾之所以为诸公谋者，意在救患而已，何暇言圣贤哉？至于制艺，则文之佳者必售。求文之佳，必彻于《四书》之旨。书旨了彻，则无论清平奇古、秾纤肥瘦，其文皆佳。文佳而不售者，吾见亦罕矣！诸公志在求售，顾欲以不佳之文觊其侥幸乎？是为制艺者，必先专力于《四书》也。然《四书》之旨，非身体力行，则其说必不能精。此又文行一本之道。故为秀才者，必以读《四书》为第一义；而读《四书》者，必以身体力行为主。"

凡少壮读书，每日课程必先以《四书》为主，其余兼经、兼史、兼古文杂学，随其力之所及可也。

读《四书》，于义理则反覆玩味，于典制则旁求博证。短章者，或一日二三章；长章者，或二三日一章；须从容读之。读他书可立程限，读《四书》不必立程限。盖此是一生不离手工夫，至盖棺日方罢。

认真读《四书》者，自然必通经史。不博通经史，不足以发明《四书》之义。《四书》用功深，只见得经史、古文、杂学莫非发明《四书》之用也。

少壮于《四书》用功深，到得老年，不必终日执卷，而圣贤之言只在胸膈。无时无处不见《四书》，便日日自有进境。

仆于《四书》，自十四五岁时闭门用功，每日以为常课、不离手者三十年，放下本子、胸中涵泳者十余年。今年近六十矣，常觉有白文浅说一向懵懂、至今日方解悟者。呜乎！此事何时可了？

诸家《四书》讲说，能体会义理、探讨语气者，自以王罕皆《汇参》为佳，但于考据上全靠不得。汪武曹《大全》颇有考据，然皆未得其精。陆稼书《大全》只录《蒙》《存》《浅》《约》四家，是蚤年课功抄本，门人收而刊之，非稼书著述也。任翼圣《四书约旨》经制上考据最好，考《孟子》从《竹书纪年》，甚确。吾乡张惕庵《翼注》亦颇有考证，《乡党》则无逾江慎修矣。他如江慎修《四书古人典林》、阎百诗《四书释地》及近日坊刻《四书经疏集证》《四书典故辨证》，皆可参阅。初读《四书》，此数部皆须涉历。至能会通解悟，则非但多在经史，虽杂家小说、市井常谈，皆有《四书》的解在焉。

身事、家事、世事，每有进退艰难、不可着手处，偶记得一句《四书》，便立地解脱，沛然行之。

国朝经学，超轶前古。钦颁《四经》《三礼》，荟萃众说之长，已称极博。学者读经，必先以此为底本，然后更求专家之学。其或有处贫不能多购书及居山僻远地者，得此一书，亦足以为穷经之藉矣。

本朝经学，其专门名家者，如顾复初栋高之《春秋大事表》、胡东樵渭之《禹贡锥指》、任荆溪启运之《礼记章句》《周易洗心》,皆能上探前圣之心源,为千古不刊之作。学者于此数书未曾读过,则虚生于此时矣!其他如姜上均兆锡之《九经》、方望溪苞之于《春秋》《周官》《仪礼》,其微言要论多发前贤所未发,皆不可不读之书也。其余杂家,长短不齐,各有可采,要随力所及耳。(所举经学数书,亦未见超出诸家,姑以所见言之耳。)①

经学前代旧书,如卫湜之《礼记集说》、何元子之《诗经世本古义》《周易订诂》、陈一斋之《毛诗古音考》《尚书疏证》《屈宋古音义》、本朝秦蕙田之《五礼通考》,皆属极博之书,不可不资为考订。

注疏亦是读经底本,然看注疏须有次序,宜且先看《毛诗》,次观《周礼》,其余则亦易于检拾耳。盖注疏虽繁,然多重复,每属说了又说。肯用功,亦不觉其多。

读注疏须是参互考订,有所会通解悟,则能补前人所不及,方见有功。若徒记其说、无所领悟,亦不足贵。至如搜寻旧解之异于今者以诋驳后儒,自己实无取裁,则妄人已耳。

今世之言学者,有汉学、宋学之分。汉学则所谓"训诂之学"是也,世亦谓之考据家;宋学则所谓"性理之学"是也,世亦谓之讲学家。二家或立门户,互相抵排。以愚论之,读书苟能近里着己,必修诸身、见诸实用,则汉学也要、宋学也要。若徒事口耳笔墨,于己毫无实得,记诵虽博、探讨虽勤,而一遇事全无识见、一举念只想要钱,则谓之不学可也,何汉、宋之辨哉?

秦火之余,遗经始购,奉诏校释,尔时必以训诂考据为先。此汉学之所由来也。经文既显,训解又备,以后学者,自当切而求之身心以见诸行事。此宋学之所由来也。专事训诂采辑而不能浃洽于实用,则萧梁父子、隋炀帝皆博极群书、勤于著述,乃观其行事,则与一字不识者同科;其空言心性而不达事体、不识时务,则奉宋儒者又成

① 汪廷珍评语,据望三益斋刻本补。此类评语皆用括号加楷体标注。

笑柄：皆非真学也。

读宋儒书，于其说心说性处姑且放下，不必思索；看宋贤语录，勿便向心性讲求。动辄言心性者，假用功则空言取诮，真用功则躐等生病。此切要关头也，不可不知。

《朱子语类》必须细看。然此书亦甚难看，谓其太繁、太博，则亦不免于杂。当时随人问答，各就其境地而言，言各有因；且众门人所记，其措词用字不无改移、不无轻重。学者读此书，须胸中自有称量方可。故此书难看，然不可不看。

《朱子语类》一书内中分门条列，学者读之有法。读《四书》时兼看《四书》"语类"，读某经时兼看某经"语类"，此法最好。盖方读经书时，本以经书为纲，且有各家之说为辅，称量已在眼前，再看《语类》，便易于折衷，最为有益也。若夫"修身""为学""格致""存养"及"训门人"诸类，则须另看。看之虽极快心，然实难，何也？以胸无称量，则易以己之私意为迎合也。

《近思录》一书集周、程、张四家之粹言。朱子尝谓："四子，《六经》之阶梯；《近思录》，四子之阶梯。"然则欲读《四书》者，必先读《近思录》矣。其实则孔、曾、思、孟之言却甚卑近，人人可读，便人人可用力为之；周、程、张之言则甚高，从之却难着力。所以谓"四子之阶梯"者，缘后人看《四书》只当作文之用，只在口头熟惯，不寻向自己身上。《近思录》则非当时作文之书，人苟肯读之，则必切实向自己身上领取。故读过《近思录》再读《四书》，方知切究也。其实《近思录》难读，然亦不可不读也。

《五子近思录》于周、程、张之后增入朱子语，却好。朱子语比周、程又较浅近。

贤人之言，抗之使高；圣人之言，抑之使卑。抗之使高，则人知吾道之尊；抑之使卑，则人易从：此先儒之言也。其实使高者，非有心抗之，所见者高，故其言常高也；使卑者，非有心抑之，道本卑也，愈卑则愈高。故宋贤书不如四子书之卑近切实，而四子之中又以孔子之言为尤卑、尤近、尤切实。

读宋贤书，如饮大斗酒，量稍不及，则有昏跌者矣；读孔子书，如群饮于河，各充其腹，偃鼠饮也得，渴龙饮也得。

四子书语少，然已包尽天下道理；宋贤书语多，然不能包尽天下道理。《四书》中语，行之万万年无弊，且有今日读之今日即要行、不可须臾少缓者；宋贤书中语，却不尽无弊，且有今日读之今日未便行、须少缓者。且《四书》中语，智者可行、愚者亦可行，天资低者须依此法、天资高者亦必依此法；宋贤语则不然，有此人可行而彼人不可行者，有宜于此等人而不宜于他人者。故有志圣贤者，必以《四书》为底本，特借宋贤以开其途径。（以上数条皆极精。）

集宋贤粹语以成书者，尚有张仪封伯行《五子注》，亦佳，正谊堂刊本。

《小学》书虽非朱子亲笔，然所语皆朴实切近。此却为"四子之阶梯"，亦即"《近思录》之阶梯"也，不可不常读。

与《小学》相类者，如张仪封之《养正类编》、陈榕门之《训俗遗规》《养正遗规》《教女遗规》，皆眼前切要之书，不可不时常展玩。

明儒语录以吕氏《呻吟语》为最。看薛、胡语录，不如看《呻吟语》。《呻吟语》本力行以教人，警策猛省。前明儒者体用具备者，端推吕司寇也。司寇著述甚多，五子书皆有抄释，其杂著如《四礼疑》《四礼翼》《小儿语》皆切于日用。吕坤号新吾，宁陵人。

朱子《八朝名臣言行录》最广学识，须熟看。

《史记》《前汉书》宜多读，古文根柢全在于此。《后汉书》亦多可读。自《三国志》以下，惟欧公《五代史》当读，其他诸史则考典章、察人物、知人论世而已，其文不足取也。

读史须以身入其中，晓其时世，达其事体，方为有益。语云："不经一事，不长一智。"读史则经事多矣！要须身入其中，看古人做错一事，即如我错了一回方好。若只如烟花过眼，于人不管其是非，于己不知所去取，则何益之有？

读史论人物，头一件须先观其人之出处去就。此是学者第一切己事，非止评论前人也。

吕司寇云："明理须当读经，晓事须当读史。"今读了经依旧不明理，读了史依旧不晓事，虽读何益？

读史要功夫简省。或无力置书，且只看朱子《纲目》。看《纲目》，勿拘拘在书法上讲究，且看时事。

读史留心经济，当读《三通》。力有未能，且读马氏《通考》。

读史看记事本末，较有条理。

读史于战争进退处，须晓得地理。

古文宜多读。唐文，韩为最，柳次之；宋文，欧为最，曾次之，苏又次之。八大家选本，圈点钩画，以储同人《十家》本为最，茅鹿门本次之，二本皆须肄业。

朱子教人作文，尝曰："但读《史》、《汉》、韩、柳而不能者，便请砍此老僧头去。"此言盖谓能读《史》、《汉》、韩、柳，则其裕于文章可必也。今之学文者，诚能以《史记》为主而辅以《汉书》，以韩、欧为主而辅以柳、曾、苏、王诸家，更益以《楚词》《庄子》，参涉《文选》，则一举笔间必能纵横驰骋、不可羁束，方员广狭无不如意矣！秀才如此，然后可谓之文理通。

各体古文，皆天地间要用之文也；制艺文，特科举用之耳。秀才一入翰林，则职掌著述，若不识古文，何以赴之？此其本领，必裕于平日，岂可临时猝办者哉？

前辈制艺大家，其根抵未有不出于古文者。后来人专读墨卷，聪明子弟一二年间便能按其腔板、仿其形似，倏忽间登科第以去者比比也。此种人名为举人、进士，究其实，则文理未通。何以验之？只令他写一书信、说一件事，一下笔便成笑话矣！盖渠之所谓"文理"者，只是八股文理故也。

学文有法，则笔墨必可观矣。若夫文之本领根抵，又别有在。其人修己力行、入于道德者，必能道德之文；留心经济、通晓世务者，必能经济之文;读书淹富者,必能考据之文:此又存乎其人也。

文犹火也,学术则犹薪也。无薪不成火,火之多少视薪之厚薄。盘根巨木,则火必经久;聚朽枝败叶而焚之,光耀可观,须臾而灭。此由夫人之自立、不可以强饰者也。

文有三理:善言德行者,道理足也;达于时务者,事理足也;笔墨变化者,文理足也。三者俱无,仅存华藻,则《昭明文选》之文是已。为其足供人掇拾以助肤饰,故至今传之。

古文选本以吾闽蔡梁村《古文雅正》为最,古今正经大文皆在于此,仆常目为"小《尚书》"。

山晓阁旧本点次亦好;真西山《文章正宗》稍分体格,示其一隅;浦二田《古文眉诠》历叙源流,备详众体:皆宜参阅。

本性情,发为吟咏,而有音响节奏,是谓之诗。是故诗者,以性情为根蒂者也。无学术、无见识、位置不高者必不能为古文,性情不高迈、不腆挚者必不能为诗。故秀才而喜言诗、喜学古文者,其品格必异于众者也。

诗之为道,畏俗如虎,故人之俗者不能为诗。俗论俗见、俗字俗句,一犯着便不成诗。

学诗宜分体学之,不必专尚一家。如五言古体,则苏、李、《十九首》,正始之音也,学者必以此为极轨。魏、晋诗以陈思王、阮嗣宗为胜,其余魏、晋、六朝诗不必用力看,但涉猎知其梗概可耳。独陶靖节冲澹闲散,全本性情,为千古绝作,学者所当熟读耳。谢康乐、庾子山二家亦诗运升降所关,宜看。

李太白诗天才俊发,非学力所能到,惟五言古体则可学。

王、孟、韦、柳四家,其五言古体皆出于陶,最脱凡骨,最为可学,王、韦二家为尤胜。五言律诗亦然。

杜工部诗千锤百炼,众美毕集。盖由学力深厚所至,学诗者必以此老为法程。如七言古体、五言律诗、七言律诗,此三者舍工部将谁宗哉?惟其长篇五言古体,波澜变化,尽改古诗面目,是为变格独造,以其全出性情，故言之短长、声之高下无不俱宜，学之非易。盛唐七言绝句，气力厚、格调高，学之难入。本朝王渔洋诗以神韵胜，其七言绝句却可学。盖绝句小诗，《风》之流也，虽稍婉弱，却无害，惟神味要好耳。

宋诗，五言以朱子为胜，七古以东坡为胜。陆放翁全学杜，七古、五律、七律三者俱可读。

诸家选本以沈归愚《唐诗别裁》为最，评语、议论皆佳。初学入门，必从此本，绳尺定而变化已具也。《明诗别裁》亦善本。

初学做诗，须看沈归愚《说诗晬语》，庶不入佻达之门。

义山诗亦可学，然要以性情为主。无性情而徒取其风艳，则非矣！义山诗亦原本于杜。

韩昌黎一生精液全在古文，以其余剩糟粕，尽扫而入于诗。学者喜其易学，而徒袭其杂博，则无真诗，不足贵也。

制艺文，虽只用于科举，然题目出于《四书》，吾身之所为持身处世、出仕居官，其方术具由于此，则其业之重大，奚啻什倍于诗古文哉？故道理则必验之于行己，文理则必畅之于古文，证据则必考之于经，见识则必求之于史。此四者，制艺之根本也。至前辈之所作，亦当遍观，以会其趣，则自《钦定四书文》而外，如俞宁世《百二家》、蔡芳三《三十家》，皆当看过，以审其源流升降之由。若夫居闲之所肄习者，亦不必多。择其大家者，每家取数篇或十数篇足矣。

于前朝取四家焉，曰归震川、金嘉鱼、陈大士、黄陶庵也。震川文，须得数篇读之，以知其正大自然、指挥如意之概。读正希、大士文，知其结撰裁制、酝酿之法。读陶庵文，见圣贤言语只在眼前，认真作文，但说现在足矣。《大士全稿》，文多短篇，吾取其大篇者不过数篇而已。读金、陈文，凡众人惯读、腔调已烂者，汰而去之。

于本朝取四家焉，熊锺陵、韩慕庐、方灵皋、储中子也。锺陵文烂熟充足，自然到家。笔墨灵巧之法，则无过于韩慕庐矣。能说出《四书》精理，则自有制义以来，无能及灵皋者。灵皋于先儒语录看得多、见理熟，又深于古文，故其笔墨足以达之。性理题，必推灵皋；典制题，必推中子。中子文，于经籍道理亦烂熟。（中子非灵皋比，勿泥。）

凡读制艺之文，不可专读一家，专读一家则生偏弊。以上所举八家，皆发扬透亮之文。所以然者，制艺以应科举，自当志在求售。场屋文以发扬透亮为贵，艰深暗涩、枯淡冷寂是所大忌。丈夫欲求传世，学术甚多。既随众以逐科举，而反以不入时眼为高，岂理也哉？

制艺之文以意理为骨干，以笔气为血脉，以书卷为肌肉，加以音响节奏，则神采焕发矣。是故意理、笔气、书卷、声调四者不可缺一者也，而其大要则在题旨看得的实。不明《四书》题旨，则没了头脑，更有何话可说？

《四经》《三礼》《三传》而后益以《孝经》《尔雅》，古书之精博尽在是矣。若专论作文，则但涉猎此数部书，已经用之不尽。今学者于《诗》《书》《礼》文义不通，却逐人说些逸诗、逸书、逸礼，且不识经书而言纬书、不识正解而求旁解，抄辑数页以为底本。作文时，不论是何题目，牵扯用之，自夸其博而不知其实陋也。

五十年以前风气，士之科举者，大约专习墨卷，《五经浅说》以外，《周官》《尔雅》鲜有能读者。然其时作文，于《四书》题理不敢一毫差失。生员岁试经文失旨，且有"劣等"之惧，况《四书》乎？其后十数年间，风气一变，书馆先生多授《周官》《尔雅》，童子读《左传》全文，操觚家以《周官》《仪礼》《尔雅》《左氏》灿烂成文者为佳。自是以后，复参用注疏，始稍厌朱子之说矣。更数年间，风气复一变，以《四经》《三礼》《三传》人所习知者为可厌，必用《逸书》《路史》《白虎通》，由是作文之士只将此数者采辑一小本，厚不盈寸，遇之文，不论何题皆入焉，以是为能事。盖两三番转移，而《四书》意理束之高阁。如是始终盖二三十年。今日风气又改矣。逸书、纬书，弃不录；即搬衍经籍者，皆以为嫌：颇以清真为尚矣。然剿袭剽窃之功，不匝月可就；书理既荒，非一旦可复。夫清真之文，若不明书理，何所依傍？且行文不根据经籍，则无可发挥。是故书理明白、笔气清真，运用经籍以成议论者，制艺之正轨也。任他变态万端，到头必复归于此。士欲为科举中式之文，只以此为绳尺，任他左偏右偏，不能出我范围。

五言八韵诗以矩度娴熟、音节和平为法，忌粗俗、忌叫嚣，亦忌佻巧、忌言妇人女子，盖应制之作宜如此也。吴毅人《有正味斋集》神乎技矣。选本绳尺，则《庚辰集》足矣。

骈体四六亦是要用之文。每有一种文字，不可用古文、必用骈体者。故亦须能之，但不必于此见长耳。唐四六，体格未完，音节尚古。宋人四六，和平清稳，最为可学。本朝四六，前辈如章藻功，绳尺自然，体格严整，虽曰骈体，却具古文之法；陈检讨根抵六朝，才调横发，具古文之气：二家已称绝技。后有作者，夸多斗靡，思欲以胜前人，然终瞠乎不及耳。学此道者，不必耳食，当求诸前辈。

韵书以邵长蘅《古今韵略》为最，作古诗、箴铭、颂赞当用此本。（较《韵补》为胜，欲通古韵，尚须博考。）

立身行己篇第二

立身行己、应事接物,比科名紧要得多。不得科名,尚可以为人,尚无大碍。立身行己有失,则不可以为人;应事接物一有错谬,则破家取祸即在眼前:其所关非小也! 若反把此一层看轻,读圣贤书,所学何事?

世俗有"穷秀才"之称,其说不知所由。以愚论之,秀才至不穷者也。为圣为贤、为卿为相,皆秀才分内之事,秀才何穷之有焉? 即降而下之,进亦可以望一官半职,退尚可以学术名于乡里。秀才何穷之有? 然秀才而穷者有四焉:不悦诗书,不务讲求,则其学穷;不惜廉隅,不羞苟得,则其行穷;只一"贫"字,终日戚戚,则其志穷;百无一能,则其术穷。四者俱备,可谓真穷也已。实自为之,又何尤焉?

贫贱忧戚,秀才之常遇也;文章德行,富贵之根基也。今日贫贱,尚望他日富贵,乃先将富贵根基斩断,而终日营营,将何所求焉?

世间无一事一物不在圣贤范围之内,圣贤绳尺走不得一丝一毫。众人不信者,只缘不识得所谓"圣贤"者耳。

问:"何以谓之圣贤?"曰:"只日用事物应接之间事事妥当,便是真正圣贤。今学者将'圣贤'二字看作高不可攀,一味自暴自弃,谓圣贤不可为,亦属可以不为者。岂知日用事物之间,一事不妥当,小则窒碍难行,大则身家受祸,何容我之暴弃?"

于日用事物应接之间,虽未能事事妥当,却只处处用心,求其妥当,此便谓之贤者。处处用心,求其妥当,却果能事事妥当,此便谓之大贤。不甚用心,随意所之,无不事事妥当,此便谓之圣人。圣贤许多书中言语,只要人求得日用妥当而已,更无奇特之事。

或谓仆喜言道学。曰："吾非得已也，有所迫而不得不求耳。方才渴欲饮茶，然烹茶不循其道，则久不得茶；饥欲吃饭，然煮饭不循其道，则久不得饭。与人说话，一语不由其道，则当前被人怪骂；见人斗讼，必其先不循于道，方有斗讼。凡身事、家事、世事破坏不可收拾者，皆由不循于道之故，则安得不言道学？吾所谓'道学'者，日用切要之事而已，那晓得蒲团打坐、明心见性？"（以上数条皆至言。）

利者，人之所以生也。自古圣人许多言语设施，莫非求利于民而已，何尝不言利哉？但所谓"利"者，自有宽平正大之路，使人由之，终身享用不尽，是真利也。今舍此不由，别凿险径，凡世俗之所谓"求利"者，皆求害而已。

银钱果可爱乎，吾亦爱之矣。然尤有可爱者，廉耻也、学问也、声名也、性命也，此尤其可爱者也。盖是四者，银钱之根本也，未有四者失而银钱可得也。吾既爱银钱，又安得不爱此四者？

论天下之存心，人人趋利而避害；及观其行事，则人人去利而就害。何者？仁义自无不利，此乃天地自然、一定不可易之理。今弃仁义而不为，则满目荆榛，足之所履无非损身败名之局，何利之足云？

问："家无储粟，何以为生？"曰："有其粟，即有其所以粟。盖粟由于禾，禾由于田，田由于耕。上面许多层次，吾按其层次而治之，无不得粟者矣。今曰：'兹之所言，是迂远之论也。吾急，何能待？吾所欲者，刻日得粟。'既欲其速，又欲其多，果尔，则舍劫夺何道哉？"

是故有其利，即有其所以利。其所以利者，则义是也。农者以力耕为义，工者以善事为义，商贾以阜通为义，而士则以力学爱人为义也。士能力学爱人，尚患贫哉？

尽天下之县官莫不患贫，有一言以救之，曰爱民；尽天下之秀才莫不患贫，有一言以救之，曰力学。舍此二者而别求所以救贫之法，则贫将日甚已矣。

利人爱物，秀才之本量也。秀才而止求利己，则其人必终身局蹐，尚何前程之足云哉？

任尔穷途落魄、贫无立锥之地,此利人爱物之心总在怀抱,此之谓秀才。

天下有不穷之生路焉,利人是也;有死绝路焉,利己是也。

天地以利物为心者也,故凡人之生路全在于利人。凡天下之人,无富贵贫贱,苟能自活于世者,皆能利人者也。

力学者,人常求之;爱人者,人恒赖之。世有为人所求、为人所赖而忧穷饿者乎?

学之所以有益于人者二,曰德与才而已。若终日读书,于才德无所增进,读书何益? 然谓之德者,不在空谈心性,要以日用言行为凭;谓之才者,不在泛论古今,要于眼前实用有补。若明于古而暗于今、可言而不可行,或讲说仁义、辨别圣贤,自家作一事便求利己、举一念便想要钱,虽将苍颉以来书尽读,亦与不识字者一般。才者,德之用也。有德无才,则无以设施其德而达诸用,非但使人厌薄吾德,即在己且有自悔其德而变迁于末路者矣。是故有体无用之学,君子以为患。

问:"人之禀赋有短于才者,何以救之?"曰:"诸葛公尝言之矣,曰:'才须学也,非学无以广才。'"

今人读书,辄云为俗务家计所累,有妨于学。岂知真读书者正须一面读书、一面理事,非俗务家计之能累人也? 盖闭门读书,不识世事,则所读之书每成无用;终日理事而不读书,则所逐者俗情、所理者俗事而已。读书而兼理事,则理事时莫非读书;理事而兼读书,则读书时莫非理事。往往有书理窒碍不通,至应事而忽悟者;亦有家事、世事窒碍不行,至读书时始悟其处之失当者。盖读书是致知,理事是力行,不致知无以善其行,不力行无以进其知。知行并进者,圣贤之学也。(真学问人语。)

行一事,自己要赚便宜;出一话,自家要占地步。利之所在,必以与己;害之所在,必以与人。以此为有才,则牙侩、奸贾莫非才士矣。奔走势利、交通声气,欢呼于酒肉之场、投契于博簺之具。以此为有才,则市娼、黠仆莫非才人矣。夫谓之才者,能治天下之事者也。能治小事者谓之小才,能治大事者谓之大才。以此求之,恒见其难;苟其得之,如获异宝。

忠信,才之本也;巧诈,才之贼也。

观人论人,只在"信实"两字。其人有十分信实,便有十分才德。若出言行事间有一二分虚假,则其人非但无德,亦且无才。盖此"信实"两字通天彻地,万事根本全在于此。任是出奇制胜、机关巧变之事,苟非信实之人,总做不成。(至言。)

前辈谓诚身之学自不妄语始。此是第一切实关头。世间多少经济之术,古今多少才德之人,究其始终,脱不得一个"实"字。今人做事,开口便要说些假话,否则亦将真话瞒过一半。不知何所传授,自以为能,其实终身受此隐饰之累而不自悟也。

凡人做事,必先言语。言语不足为凭,何处可行?此番说假话被人看破,下次即有真话,人亦见疑。急难临身,奔告亲戚,彼虽欲相救,毕竟迟疑,不敢动手,何也?以我平日之言不可尽信也。

说假话之人,只欺自己,不曾欺得别人。盖出身干事之人,其听人言语,为真为假,莫不了然,则亦何益之有哉?

向才智人说假话,其害尚少;向愚拙人说假话,其害则大。何也?才智人不受吾欺,则吾之恶行未成而人不见;彼愚拙者则竟受吾欺,一欺之后,众人尽知,吾之恶遂有实迹。如窃盗者经官立案,一生败行不可救药矣。

立身修行之道,第一是要诚实。人之学术有深浅、器量有大小,不可以强同。要须站得"诚实"两字,则各成片段,皆可以自立于世。若夫虚假诡诈,则尚是鬼蜮一流,不可以为人,何可以为士?

贫士谋生,只宜教读。福州人多托食于盐商,外郡人有依附衙门、干涉词讼者矣,此皆非是。盖托食盐商者,以贫贱而效富贵逸乐之为,舍诗书而习市井狡狯之行;依附衙门、干涉词讼,则假势诈财、倚奸为利势所必至矣。贪小利而蒙其大害,择术者可不猛省!

外郡秀才，或不能不见官长，然其交也以道，其接也以礼，难进而易退。事州县如鬼神，敬而远之可也。

外郡绅衿，不能不预人是非之事，但于婚姻、田土、细故为持其平，以公道和息，使之止讼熄争，固善事也。有才德者，即此可获人望、闻于乡里，而官长将敬而赖之矣。

问："居乡何道？"曰："忠厚和爱，予人以可亲；持正秉公，予人以可畏。"又曰："心和气平，而有强毅不可夺之节；秉公持正，而有圆通不可拘之权。"

居乡遇公事，当知审择。有益地方之事，如乡约保甲，或修建营造，或好官去任行饯送之礼，此类必当踊跃倡助。每见近日之人于此等事袖手不前，遇贪贿沽名之官，逐众承奉，庆贺饯送。败俗之名，传笑四方。此虽小节，关系甚大也！

修身为学，观摩切磋，事事必赖朋友。以异姓之人列于五伦，其所关非小也。惟不学之人无朋友，争利之世无朋友。此一伦坏，然后五伦皆坏。

与人无争，大利也；与人有争，则害矣。争而至讼，则无论胜负，皆大害矣！今人好利而复好讼，借讼以相压服，津津有味，至于破家而不悔。此惑如何不自破？

仆尝作《讼卦象辞解》，此为不得不讼者言之也。若夫止讼之法，则孔子于《大象》著之曰"君子以作事谋始"。凡人作事，于始初时先小心谨慎、堤防讼端，则自然无讼矣。富家买田置业，察其中有瓜葛弊病者弃之勿为，则讼自稀矣。今则不然，明知此田、此屋中有弊病，强买之；明知后日必讼，曰"吾有法以敌之"。是自遗其殃于后也，可不悟哉！

置是非善恶于不辨，而辨阴阳；舍五伦五常不说，而说五行：此至愚之人也。天下惟愚者惑于不可知，智者求其可知而已。故务民之义，敬鬼神而远之，孔子以为智者之事。（不善读书者，往往坐此病。）

凡财产交关、银钱账目之事，须及时办断，使一了百了，切不可宽泛延留，以成后日之累。若夫是非毁誉、众口搬弄之言，则不必与辨，愈辨愈乱；只不辨，便自然明白。

凡人做事，要争便宜。岂知便宜固好，但到了争，便无便宜，不如且让他，彼必欢喜而去，以为彼得而我失也。落后算盘一响，却是我真得了便宜。

处颓敝之俗，于人之贤否邪正，只可胸中分别，面前且勿太分黑白。老子曰："人之信者，吾从而信之；人之不信者，吾亦从而信之。"夫人之信者，固当从而信之；其不信者，亦从而信之。是何言哉？此虽至愚者不言，而谓老子言之乎？非得已也。老子之言，处乱世之法也。然曰"吾从而信之"，又曰"吾亦从而信之"，两"信"字自有分寸，盖前一"信"是真，后一"信"是假也。故论老子者恒以老子为诈，其实非诈也，其所处时世有不得不然者。

居家之道，缺不得一"俭"字。俭，美德也。自家寡欲宁静，享清闲之福；子弟不逐纷华，可以养其德性。其利大矣，岂但省费已哉？

俭之为德，好处不在省费。俭与鄙吝不同：能俭者，必不鄙吝；鄙吝者，必不能俭也。（如天壤之判。）

富厚之家，量入为出。譬如一岁之中利息所入可以千金，则以三百为合家衣食之费，以三百酬应亲朋、周济贫苦，以三百为赢余，尚有一百为祭祀坟墓之用，立起铁定章程极力守之，丧婚皆有定制，则财产可以日增。

学问之道，不日进则日退，家计亦然。富贵之家，须年年买业方可。若说此一二年只敷费用、不能有余，则破产在即矣！

语云："富无三代。"斯言也，虑后者不必忧疑，承先者所当自奋也。何者？身有万金之产，生子三人，三分之，只得三千，三子各生一二子，又分之，无不贫者矣，况有意外之破败乎？乃其父以一人而置万金，其子以三人而坐食父业，何贵有子？向使子孙之才德皆如祖、父，则各拥巨万可耳。夫财产，殖于人者也。人自不肖，而怨富之不能久耶？

语云："一代富，抠衣札裤；两代富，点盐点醋；三代富，不知世故。"此言富不三代由于子孙之不贤也。夫贫贱生勤俭，勤俭生富贵，富贵生骄奢，骄奢又生贫贱，昔人谓之"六道轮回"。夫勤俭生于贫贱、骄奢生于富厚者，此人事之常也。今浮食无根者，本以贫贱之身而学骄奢之态，则终于败绝已矣，将长为贫贱而不可得矣！

贫寒之士，无可量入为出，不能设立章程，则随时节制而已，然不可以谋生为缓图也。秀才谋生之道，不须另筹，只勤于所学、忠信爱人，则生路日广，要不可求非分之财。

非分之财，如人吃鸦片，骤长精神，亦转眼即疲惫，愈惫愈吃，终戕其生。

由理义而得钱者，一个当得百个用；非理非义之钱，百个当不得一个。

问："寒士谋生，只在处馆。今馆师多而馆地少，求馆之术奈何？"曰："以公所见，馆师多而馆地少；以仆所见，则居今之世馆地最多、馆师最少。认真读书之家，意在培子弟，有终年祈祷如饥如渴而竟不得师者矣。平常之家，送子附学，虽不成功名，亦求识得粗字、有所约束。乃环顾书馆先生，无一可者。苟有可者，众将求我，何须求人哉？"

岂但馆师有托食于官者矣，有托食于盐典者矣，一缺而数十人争之，求荐者其门如市，非不多也。乃入于官，则谋不利于其官；入于盐典，则谋不利于盐典。求其才可任而心可信者，百不得一。公等逐逐只知求缺者，以不得缺为苦，而不知为东家者以不得人为苦也，故曰："不患莫己知，求为可知也。"

家中不和，则邻里因而生心；本族不和，则异姓因而起意。

天下变故难处之事，莫甚于伦常。非伦常之难，自治其性情则难矣。尧舜时为中天之景运，千古圣贤遇合莫盛于此。乃天生一舜，所处伦常极千古怪变之事，以为万世观法。观舜处此，除号泣怨慕之外，仍是弹琴歌风，沛然若决江河，莫之能御，所以为人伦之至。观舜之所以处其父母子弟者，而天下无难处之伦常矣。舜于家门，仅有夫妇一伦尚居顺境。然能如舜之性情、学术，即使再添一悍妻妒妇，何碍之有？

世每说"尧、舜、周、孔是极大圣人，其行事不可学"，此说非也！凡大圣人所为之事，只是平常，更无难学，亦万万不可不学；却是大贤以下，每有过人奇特之行，反为难学。且其中要看何事，若说"百揆时叙""四门穆穆"，曰"我不能如舜"，此可言也；若说"伦常变故"，曰"我不能如舜"，不可言也。盖学问、事业如康庄大道，左行右行，直行曲行，皆可以达；即少行一步，亦有住宿。若到伦常大变，则如悬崖峭壁中只此一线路头，半步差错，置身无地矣！故处伦常之变者，必以虞舜、周公为法，说一句"不能"便坏了事。（至言。）

于家道中论遭逢之不善，则无有过于虞舜者矣；于世道中论遭逢之不善，则无有过于孔、孟者矣。每怪天地既生许大圣贤，何苦困之以遇。此似特设一番变局，为后世修身之君子示其准则也。有极恶之家门，困不倒虞舜；有极凶之世运，困不倒孔、孟。千古持身涉世之士，可以知所自立矣，尚何怨天尤人之有？

科名为世上倘来之物，学问、品行乃自己立身之地。靠些少聪明，作浮浅工夫，希图速效，此种人不怕不得科名，只怕得了科名之后却终身被人笑话。向使学行可观而不得科名，却终身受人钦敬，盖科第虽不得而真名自在也。其大者，且有百世之名矣，况有学行而无科名者百不得一耶！

科名一事，所以诱无志之人使之读书耳。盖人固有始为科名而学，其后却不止为科名之士者。故肯就科名，其人尚有望也。若夫上流有志之士，自有正经学业，岂可役役于科名？假使科名路上可定人品、学术，则从祀孔庭者，只将历代状元、榜眼、探花排列可也，试问孔庭从祀者有几状元？

科名之事，是另有一番途径，不但与道德无关，即与词章文字亦无交涉。曰："然则科名究竟是何事物？"曰："是气数之权。人生显晦浮沉，假途于此，与君子修身立命之事毫无关涉。"

凡义之所在，皆所以责己；凡利之所在，皆所以为人：如此才是君子存心。若只将书中义理责备别人，于利所在则己力图之，是小人而已，何足以为士？

今人于"名利"两字终身汲汲，到老竟无一获。假使当时肯将此等功程移向才德上用力，未有到老而不获大名大利者。

好名之害与好利同，能忘却"名利"两字，遇事到手，认定正经道理，极力行之，则不期名而得名、不期利而得利矣。

或问曰："穷官谋财，穷士谋生，此皆不得已之计。故求利于己者，凡人皆然，切实之情也。今子之所以教人者，约其大旨，在不求利己、专事利人。试问己无以自利，何从而利人哉？"曰："利人即所以利己也。子尝观于酒席之上乎？四人共席，我以一人敬客，送菜遍送三人，俄而三人者皆送菜于我，我未尝取食而三箸重叠于前矣。是彼获其一而我获其三也。假使即席之时，我不他顾，择其美者自堆三箸于前，则众皆惊愕，有不终席之势。以后请客者必不及于我矣，可谓利乎？"曰："酒席送菜，人必还礼，固也。但居今薄俗，利之所在，谁复言礼？我苦心求利于人，人亦坐受其利，非但无德于我，且以我为愚者多矣。"教谕哽然而笑，愀然而言曰："嗟夫！吾记孟子之言矣，曰：'仁之胜不仁也，犹水胜火。今之为仁者，犹以一杯水救一车薪之火也；不熄，则谓之水不胜火。'"

居官致用篇第三

国家之所以重秀才者,将以备为官之用也;秀才之所以自命者,亦即为官之人也。故教秀才者,不可不教以为官之法。

国家设官,所以为民也。此一语竟无人晓得,岂不可怪?

问:"今之令宰,可为乎?"曰:"可。"曰:"为之何术?"曰:"实心爱民,则本立;达于时势,则事不碍。然后去其积习之弊而政可成矣。"问:"积习之所以去?"曰:"考吏精,则幕友可省;幕友贤,则门上签押可除。经常之利,不蚀于蠹胥;而复省冗食之人,则用必足。然后可以明刑慎狱、兴利锄奸而化成也。"

天下真实紧要之官只有两员,在内则宰相,在外则县令是也。学者果有修己治人之术,恫瘝在抱,则不为宰相,必为县令。盖宰相所措置者在天下,而县令所措置者在一方也。至于目击生民之疾苦、亲见其利害,则宰相有不如县令者矣。宋人有诗云:"函丈从容问且酬,展才谁不到诸侯。可怜曾点惟鸣瑟,独对春风咏不休。"曾点,狂者也,所见有尧舜气象。孔子以其类己,故叹而与之。其余如仲氏、冉氏、公西氏,皆圣门之英才也,所志不过诸侯。诸侯者,今之县令是也。盖圣门教人无非实学、实用,不得谓曾点贤于三子。天之所以立帝王者,以为民也。帝王不能以一人之耳目手足遍及天下,必分立官府以治之,其实政、实治则在县令也。帝王者,天下之主;县令者,一邑之主也。一县令坏,则一邑之民心去矣;众县令坏,则众邑之人心去矣:其祸将谁归哉?

法行则俗善,官方、民俗未坏,则凡州县官尚易为,平庸谨守,可循其职矣;省分不好,官方、民俗坏,为州县官者当之实难,非德性坚定、才具精明者不足以济也。盖为官贵有法度纪纲可守，若积重难返，须自定法度、自立纪纲。非出类拔萃之才，何以胜之？

问："官方、民俗，何谓坏，何谓未坏？"曰："以州县言之，在内则幕友崇学术，一也；吏胥畏律令，二也；门丁、跟仆各凛其分，无多贪求，三也；在外则绅士守礼法而清议严，四也；无夤缘诱诈之徒，五也；法令行于民间，犯罪者无求脱之意，六也。此六者，各自兢兢，非有迫之使然者，如此谓之未坏。今则尽反此六者，故曰坏也。当其未坏也，为好官易，为丑官难；及其既坏也，为丑官却易，为好官甚难。知其所以难，则于做官路径已窥破一二分。"

问："何谓所以难？"曰："幕友不崇学术，则无定见而易徇东家之所为。今之吏胥由官派点，朝更暮改，无世守之业，尽破律令，丢案换卷，淆乱数目，乘机作弊，饱得钱而已。门丁、跟仆衣服礼秩与官相仿，予以重权，使坐图富贵。绅士不守礼法，合于夤缘诱诈之徒。民间知法令之不可行，只图苟免，则内外上下、群相符合，莫不因官之受赇以为利。倘有好官欲立纪纲、欲明法度、不殖货利者，则此辈大失所图，莫不多方诱惑，危言以劫我，设计以困我，使吾志必不可行。斯其所以难也。夫此辈之所以上下和同、内外合一、日喧聒于吾耳者，岂真为我筹画哉？彼欲借吾以富其身家故也。夫使吾枉法受赇以自富吾身家且不可为，而乃为彼之欲富而为之乎？故必窥破此辈之情，然后做官路头可无障碍。"（了此方可做官。）

官府得钱，其事亦有今昔之异。昔之得钱也，官自得之；今之得钱也，众共分之。甚则众人未饱，而官不能得也；又甚则众人既饱，而官竟无得也。有志吏治者，可不悟哉！

昔之为丑官者，己营私也；今之为丑官者，为众游手之徒营其私也。夫一己营私，民且不堪，而况与众共之乎？其亦不思而已矣。

"亲戚欢娱僮仆饱"，此一语是居官入手时第一误事。此处不立主意，将来便不可救药。儒者不知做官为何事，轻易将国计民生酬应自己私情，致坏了声名、丧了廉耻，明犯刑法、暗积冤孽，一切罪苦都只自家承当。此时亲戚僮仆都不管了，可以为智乎？

某官权署安溪令，一年而去。官本富家，颇善会计。离任之日，检算财物，计耗失去茶碗、茶船四百几十只。嗟夫！世有知言者，只此一事，可以尽晓居官之利弊矣！此所谓"言近而指远"者也。然非大体明者，不能以一事而悟其全。

国家立法，无不尽善。凡官府中要用之人，莫不官给工食，设立全备。如州县衙门有六房书吏，更加值堂、承发，则在内者无不足矣；有门子、听差，更加长班，有轿夫、皂隶、班役，凡此名色，无非要用之人，无不具备。缺繁不足者，稍增人数而已。此外加增名色，皆属浮费。

六科书吏，必由考选而得，他日尚令考选入仕。所以然者，为正经紧要之人、官之所倚赖也。盖书吏必世守法例、博通案情，又明于本处风俗，乃可以承充。且责成在于其身：官事舛错，上司先提堂吏；官有处分，则吏必置于法。考之愈严，责之愈重，则其人愈可赖也。且官多更换而吏不易，案档之掌在于其手，卷牍有遗失更移，则吏罹重罪。此皆旧章也。吏每出稿，注承办姓名于后，以呈诸官。官加删改，画押于后，并加官印，以授其吏。彼此授受之间，法制凛然。是官与吏平分其责成也。他日事有差谬，错在原稿，则吏之咎重于官；原稿不错，经删改而始错，则官之咎重于吏。贤能之吏，敢执法以与官争稿。故自古以来，吏常畏官，而官亦畏吏也。今则不然，始则吏舞弊而官不能察，遂谓吏不可信而全赖于幕宾。吏虽出稿，不过取其粗具规模间架而已。由是，官轻其吏而吏遂自轻，凡粗识文理、知文稿间架者皆充为吏。充吏者不学法术，而但学作弊；作弊者亦不能舞文，而但知混骗。由是，六科之吏有其名而无其实，国家所责成重赖之人，弃之如遗。纪纲法度之废实始于此，而为州县官者始难矣！（知重吏，而后可以为官，今人但知其可恶而已。）

问："幕宾可赖，则书吏可轻。子何重书吏之甚也？"曰："不然。幕宾有幕宾之事，书吏有书吏之职。幕宾，助官以察吏者也。本领大而名分尊,其人宜少而不宜多,其职宜逸而不宜劳,进退自如而责成不及焉。此幕宾之所以贵也,乌可以代书吏所不及哉?故书吏贤则幕友不劳。今书吏不足赖,而幕友之烦苦甚矣!故书吏之学废,非但官难为官,亦幕难为幕。"

故事,书房议稿,有饬令某房与某房会议者;遇重大疑难之事,有合六房会议者;亦有驳饬再令妥议者;议成,而后本官与幕宾从而参酌焉。官所参酌,多由道术学术之深、智术识见之远,非书吏辈所能窥者;一加改正,而书吏之学进矣。如此方谓之做官。

堂判出于书吏之手,而复文理不通,是示之以不学无术也;官自抽案换卷,是教之以蔑法乱纪也。当是之时,所谓"六房书吏"者,乌得贤?

向来勤练之官,有不请刑名、身自办理者。盖刑名上事,虽既请先生,亦必须自家经手;即钱谷中要件,何莫不然?若全付幕友,则吾辈食国家禄,所管何事?(汪龙庄云:"官须自做。")

州县首重刑名、钱谷,然其实有不同者。有公式之刑名、钱谷,有儒者之刑名、钱谷。公式之刑名,有章程可守,按法考律,不爽而已,此幕友可代者也;儒者之刑名,则准情酌理,辨别疑难,通乎法外之意,此不可以责于幕友者也。公式之钱谷,清厘款项、会计当而已,此幕友可代者也;儒者之钱谷,则为民殖生、为国理财,量入为出、经权在手,此非幕友所可代者也。(知此方可做官,知此方可延幕。)

左右使唤之人,在官者曰门子、曰长班也。每州县门子一二人、长班一二人,极其足用矣。此辈无非无仪,只任呼唤,亦极利用。倘本官素有家仆,信心可赖者,携为官用,未尝不可。然岂能多哉?今之所谓"爷们",可用者百不得一。官无主见,妄为收揽,则亦聚无赖之徒以自害其身而已。

内幕先生,有刑名,有钱谷,固矣。乃有案总,复有钱粮总。有钱谷,复有征比。有书禀、号件,复有红黑笔、中缺衙门。必须兼摄,不能全备也。然此犹幕宾之区别,其来已久。今乃于爷们中依彷此例,甚则名目更多，如曰门上、曰签押、曰跟班、曰仓场、曰税务。其所分已不少，乃即门上一项，其中多至七八人或十数人，其中又分门类，则曰案件也、钱粮也、呈词也、杂税也、差务也、执帖传话也。即签押一项，又依此分之，其中名目更多，且竟添出号件、书禀二项。其称号与幕友同，而职事则更多于幕友。凡此头上加头、脚下添脚，直以官为戏场，自取纷淆而增弊窦，以虐民害官，求其必败而已。

每见贤能之官，虽繁缺道府，其爷们不过五六人。要其所信用者，实只一人而已，两人者便少见。

凡用人少者，必得其用；多者，事必不举。

为官以理财为急。初到任，即须详察此缺每年中钱粮出息若干、杂税出息若干，合廉俸若干，为入数；又细察每年中上司酬应若干、差事坐派若干、幕宾束脩若干、家计食用若干，共为出数。以入数抵出数，必有赢余，但不能甚多耳。若以所入抵所出，仅敷支给，更无赢余，则须于出数中力为裁减，硬立铁定章程，必使有余而后可。

出入权量既定，则立定主意，绝去苞苴贿弊。遇民事案狱，尽心竭力，为百姓兴利锄奸。细加访察，以助其精明；不殚勤劳，以伸其仁爱。现今绝少此官。只须为得四五分，便四方风动；要以实心为主，则民爱之如父母矣！虽不爱钱，已决无患贫之事。

曰："子所谓'入数'者，皆自然之出息也。但缺有好丑，倘谓以入数抵出数必有赢余，可一概论乎？"曰："此一定之理也。国家设立州县，岂是容易？当下曾经八面筹画，倘所入不符所出，则不成缺、不可设县矣。故无论极低、极丑之缺，以所入权所出皆有赢余，惟多少之不同耳。"（凡缺必无苦人者，人自寻苦耳。）

向吏役辈察问本缺出息，则必曰"无有也；即有之，亦极微薄也"；若问以每年费用出数，则必张大其说矣！此辈一则为自己侵蚀之地，再则迫本官使开受贿之门。其技本如此也。而我之官亲、长随则益从而附和之，愈甚其说。此时前后左右啧啧繁言，总其大旨，则曰"不受赇，则官不保，必至狼狈"。其实则听此辈之言，则官不保、必至狼狈也。

吏役之言，不可信；跟随之言，则可信矣；官亲之言，则愈可信矣。然亦试思，此数十辈哗然相从以至者，何为而来耶？

初上任时，本官要钱、不要钱，尚在未可知之数；而此数十辈相从以至者，莫非要钱者也。彼要钱，则我须从之而要钱；彼要我犯法，则我须从之而犯法。到得我坏官狼狈，而此数十辈者逍遥以去也。此何由哉？见识不足以破众愚，智术不足以制众事。故卒依阿委随，为此辈所困也。故当今做官，一个"才"字是短不得的。

近日县令总以亏空为忧，虽山僻小邑，亦复如是。或以为问，曰："是有说焉。官之词讼，不要钱者，必不亏空；词讼要钱，则必亏空。"曰："此言固亦有征，然其事亦怪矣。"曰："何怪之有？不要意外之钱者，出入有经、成算在握故也。"曰："词讼得钱者，独不可以立成算乎？"曰："词讼得钱，何算之有？其来也无定，可有可无，可少可多。得之甚易，用之甚宽。且成算由于立规，要此钱则不可以立规。故无成算而有虚望，其望常奢，而赴之也常不及，则亏空必矣！"（痛哭流涕之言，至当不易之理。）

做好官者，念念不要钱，究竟得钱，且所得之钱可安可久，故少胜于多；做丑官者，念念要钱，然究竟不得钱，且所得之钱易败易耗，故多不如少。

有足用之方，所入不愁其少；无足用之方，所入不怕其多，愈多愈不足。若夫贪赃枉法之钱，要之何用？圣贤已断定了，曰："货悖而入者，亦悖而出。"此二语，任尔神仙法术，总跳不过。

问："钱粮出息，实由浮收。近日号清廉者，词讼不受赇，则仍赖钱粮出息，是亦犯法赃物耳。其如自封投柜之说何哉？"曰："今各处州县征收，每银壹钱收铜钱壹百七八十文不等。比较当时银价，似乎稍有浮收，然实非浮收也。此等浮收，法所不禁；官稍有赢余，非犯法也。盖谷有鼠雀之耗，银有倾镕之耗，以至书胥纸笔、夫役解运之费皆出其中。若不取诸民，何从而给之？故征收之法，只随各处时宜、按其旧规取之可矣。即自封投匦之法，其中亦有浮收，勿徒慕虚名也。”

问："'钱粮浮收，法所不禁'，此说有征乎？"曰："有之矣。今定例，谷一斗，征耗羡谷一升；每银一两，加耗羡银一钱，又加封平银二分，共一钱二分。统谓之耗羡。如此者，岁有定额，解藩库，开发各官养廉，入奏销册报，官不得而侵挪者也。夫耗与羡，较然两物耳。耗则所谓'鼠雀之耗''倾镕之耗''纸笔、解运之耗'是也。既耗矣，则无此物耳，何从而解藩库、入奏销乎？羡者，余也，耗之所余也。所余者，立定额以收之。名之曰'耗羡'者，言其耗之所羡也。夫既有其羡以入奏销，岂反无其耗以通州县乎？且苟无耗，何有羡？国家于州县不责以赔耗，则岂禁其浮收哉？"

问："然则国家立法之初，既有羡额，何不亦定耗额乎？"曰："耗不可以定额也。且如倾镕一项，各处银色有高下、锭件有大小、征收之法有繁简、解运程途有远近，而其耗遂因以不同，故国家于羡定其经而于耗留法外之意。"

问："兴利除弊之事，每一举行，则众多阻扰，奈何？"曰："固也。然能达于事理，果决行之，其实何难？惟患自己于事理未甚通达，犹豫狐疑，先自阻扰耳。"

文字为居官紧要之用，有不可全赖于幕宾、书吏者。假使详文、禀帖上不足以耸动上司，札谕、告条下不足以耸动百姓，则虽有良法美意，不能自达，而奸宄乱政之徒得以施其毁害之术矣！

凡兴利除弊、更定章程，必须通禀而后行。此通禀文字极紧要，精神气力全在于此。本官才之长短、德之浅深、存心之真伪、功业之粗细，毕具于此。（此真学问，此真文章。）

问："陋规当除乎？"曰："有当即日除之而不可须臾缓者，有除之而未可骤除者，有除之但去其太甚而不必尽革者，有竟不可除者。须分别治之，不可以一概。"

问冲缺差务之难，曰："亦自不难。要须每事晓得亲验、亲发落、亲身向前,则事治。若自己全然不知,付之于人,则非但开销过半,且必至于误差。凡误差者,皆由承办之人不饱其欲也。"曰:"或不尽然。"曰:"虽有不尽然,然十居其九。"

州县乃亲民之官,为之者别无要妙,只一"亲"字认得透、做得透,则万事沛然、无所窒碍矣。下乡之时,不厌其多,必轻骑减从,一食箪、茶炉、酒榼,行馆即住民居。遇耕民,则问晴雨,相慰劳,与谈辛苦,察其家口,子妇能孝顺否,兄弟相友爱否,地有遗利、人有失业否;遇秀才,则与语读书行谊。入书斋,察童子孰聪颖可成就,询所读书,为正句读、提讲解,当说则说,当劝则劝,当骂则骂,杂以欢谑戏笑,使相浃洽。遇食则山蔬、脱粟皆可食,遇坐则土茎、芦席皆可坐。如此,所至闻风相率而来,遇小事便与立断,不用告状。行之一二年,则诸乡之是非、贤不肖皆了然于心目。如此者,何利不可兴?何弊不可除?何凶不可缉?而又何贫之足患哉?(有司官切要法。)

只将"父母"二字坐实自己身上,一存心、一举念、一开口、一举动,无非父母,不出三年,便成羲农世界。

尝见居官者有儿子在旁相助,自谓得信心之人,可倚赖也。呜呼!岂若合邑之人皆为吾子哉?

溥公心,则百姓为儿子;营私利,则儿子为外人。

逆旅之人,赁屋以居,其所谓"居停主人"者,则真秦越也。然惟朝夕相见,则疑难借以询、出入有所托,久之而或有无赖以通、艰难赖以济。既去之后,犹相委托者矣,何也?惟其分虽疏而情势则已亲也。故居官之道,与民情势相亲则诸事毕治,莫患于上下悬隔。乃今之居官者,好作大模大样,自谓体统如此。履民间之居室,千难万难;吃民间一茶一饭,则云不可。曰是犯拟议也,是疑于关节也,是当揭参也。至察其所为,则关节横行、拟议者载途而揭参不及焉。呜呼!不识为官机要,乌可与语哉?

官与绅士亲、与百姓亲,则左右之人深嫉之,隶役则尤嫉之。为官者,虽有亲民之心,往往受制于爷们、隶役而不敢行。呜呼!何以为官哉？

只一"亲"字，则内外上下诸弊皆绝。（一字经。）

广思集益、采纳群言，此居官之要图也。然近习之人持权，则贤士闭口；儿子、女婿持权，则合亲疏远近之人无一敢言者矣！

今人动说"做官，必不能不要钱。既要钱，必不能做好官"，只此二语，便错了路头。愚谓做官固不能不要钱，如果要钱，却必须做好官；不做好官，将自己身家性命都要不成，尚何要钱之足云哉？

道德之言，必须分晓。道德不明，则天下无好人。《周官》六计考吏，以廉为本。所谓"廉"者，乃锋棱廉利之处、两下划然分开则谓之廉，故朱子释廉之义曰"有分辨，不苟取也"。然则居官者但分辨其当取、不当取而已，所谓"如其非道，一箪食不可受于人；如其道，则虽千驷万钟，受之弗愧"。此之谓廉吏也。自后，道德不明，文士言廉者，动引郁林石、刘宠选钱、归装一砚以为佳话。由是矫伪者兴，而真廉无有识者。一辗转间，遂以廉为诟病，而谓廉吏不可为矣。而岂知以不要钱为廉，自古无此说？

居官不要钱，不过于贪赃一律可告无罪而已，其实算不得好官。做官须替百姓办事，方为称职。若说我不要钱，便可自问无愧，则州邑各有城隍神像，峨冠正容，终日端坐，已极廉静，可以不设官府矣！（以廉自矜，正如女子以不淫自夸，乃大恶也。）

今之州县官，朝更暮改，能久任者少矣。然做一日官，即为百姓筹百年之计，不得稍存不久之心。存不久之心，则诸事苟且、不成为官矣！至于钱谷账目、册挡文券，则宜处处斩截，时时日日皆可交代。盖所存者百年之心，难保者一日之事。贤者居官，今日要去便去，明日要行即行，岂可有葛藤余累哉？（至言。）

孔子三月无君，则皇皇如也。古来悲天悯人、急于仕进者莫过于孔子，然势不可居，不俟终日。孔子许大本领，尚多不可为，而况下于孔子者乎？若说做一官便想要做到底，是何言哉？

王荆公行新法，贤士纷纷求退。程子不悦，曰："宽一分，即民受一分之赐,故曰'一命之士,苟存心爱物,于人必有所济'。"盖读书所以致用,岂以退处为高哉? 然亦视乎其时耳,勉强求济,何益于事?

辞官一事,亦自难言。看《朱子年谱》,计其一生,刻刻只以辞官为事。其中固有不必辞者,倘肯不辞,亦竟成许多功业,而朱子不愿也。盖其一身担荷已重,归家去,恰有重大事业,无暇屑屑于此也。微特朱子而已,士苟生平所学自成片段,有以修诸身、教诸家而传诸后,以比浮沉薄宦、委曲济时、求为小补者岂不更胜哉? 故贤者之仕也,明君臣进退之义而已。终不乐于居官者,志有所为也。若说"无官一身轻,回去好逍遥闲耍",这却不是。

教学著述篇第四

教与学，相依为用者也。故凡善学者必乐教人，而善教者其人必好学。传曰："教学半。"此惟深于学、不倦于教者能知之。

姑浅言之，今读书人多不免于处馆，或以为迫于贫而妨于学，其实非也。既处馆，则当以误人子弟为忧，专其心于教。教童子读经书，必与讲说，自家不了于口，则无能讲说，不得不先自用心研求。且有看书时自谓已晓，及至与人讲说，反觉口中词理不顺者，则又不得不更加研审一番。如此反覆，则弟子所得者仅二三分，而师之所得已六七分矣。故留心教童子，则经书自不至荒。譬如教童子三人，长者读《周官》第三卷，次者读《周官》第二卷，其幼者方读首卷，则此三卷皆在吾口耳中矣。吾为长者检点第三卷方毕，而次者又及第三卷矣，而幼者又及第二卷矣。吾则不温自温、不习自习，何乐如之？惟身虽处馆，而以弟子之功课为厌物，无可奈何，苟且了局。故频年处馆，弟子无得而师亦无聊，不数年间，以求馆之难为怨望矣。故贫士处馆，而立身行己于此觇焉，前程通塞于此定焉。语曰："学不厌，智也；教不倦，仁也。"由其不仁，故终于不智。

或曰："不倦之仁、不厌之智，此吾夫子之既圣也，而子以望诸馆师乎？"曰："非也。公等此言，自不达书理耳。不厌不倦，亦是见浅见深、彻上彻下之事。凡圣人所为，只是平常，更无高远。以圣人为之，终身不过如此。以初入门学者为之，亦必如此，更无别路。"

教也者，以己之能而教人之不能者，而使之能也；学也者，以己之不能而学于人之能者，以求至于能也。是故教者有方术而学者有难易，要当求至于能而已。上自圣人之道，下及百工技艺，莫不皆然也。

自世之人不知教学之道，则听其天资，能者自能，不能者自不能。每见今之为父兄师长者，于子弟授之经书文字，使自读之，即与之粗说文义。自己心口间已不能了了，久之即厌倦日生，谓是有自然之数也。此由教者自身，当始初时，本赖些少天资模糊得来，未曾深入教学之门，受其规矩绳尺，遂亦只此模糊教人，而子弟辈遂亦模糊从学。天资稍高者随其分量模糊得之，下者以模糊误其终身。得与误，其人分限争差不多，皆侈然自谓学问之事不过如此，并不知古来有教学之道，少者可以求多，不能者可以求至于能也。盖教学之废久矣！

天下有考官，有教官。儒学官谓之教官，专主乎教者也；督学院宪，虽主乎教学，然亦大半为考官；典试官则全为考官矣。诸生于考官之试，或有荣辱、得失之争焉，固也。于学官月课，则全在讲求其是而去其非。当观其所指示，研究冀有新得，非可以等列高下为嫌也。且学官常课，时而高等，时而下等，初无一定。况师于弟子，知其素长者，或求全以抑之；知其素短者，或奖励以进之：又安可以等第为荣辱哉？今诸生于月课之文，惟悦其优奖而不悦其指驳；阅课文，则第观其佳者而不观其所指驳者：是全不知教学之事也。

客有为余述初颐园先生之言者，曰："一日者，先生尝慨然曰：'天下事大奇了，教官言操守。'"仆谓颐园先生此言，特有为言之耳，非谓教官不宜言操守也。教官实事，只此操守耳。且教官不言操守，谁复肯言操守哉？

教官不与刑名钱谷、不与地方之事者，言其职也。若其所学，则无不当知也。此之不知，尚何学哉？州县官所知者，本州、本县之事。问以他州、他邑之事，曰"吾不暇及焉"可也。若教官，则天下之事皆当讲求。故天下惟教官为难做，只缘一"教"字、一"学"字，地步占得太大了。（循名责实，则教官至难做。）

曰："今之教官，苟营糈糒而已，不以秀才为鱼肉，可谓贤已。而子独欲以学术自任，竟无有能知者，若何？"曰："安能以彼之不知而易吾之志？又安能以人之不知而弃吾之所职？"

　　本圣贤之言而施诸时,谓之实事;阐圣贤之言而笔之书,谓之著述;守圣贤之言而修诸身,谓之独善。独善者必能著述,势常相因也。乃有时实事不可而求之著述,著述又不可而归诸独善,若是者必逍遥肆志。陶靖节曰:"吁嗟! 身后名于我若浮烟。"是并著述而弃之也,然其志节文章亦自不可销灭。若夫浮沉时事而蹉跎岁月,致防著述之功;勉强著述而忽略身心,反忘独善之事:君子耻焉。

　　著述之道有二:一曰考据家。主乎考据者,搜讨博赅、援证明确,一字之异同必参、一笔之点画不苟。古谓之雠书,亦谓之校书。其为书也,必字字有所根据,以待后之学者。此马、郑、贾、孔诸公所以为万世之功臣也。一曰讲学家。主乎讲学者,必解悟会通、寻其归宿,清厘淆乱、有所折衷,说理本诸力行、论古验诸实事。其为书也,信于心或遗乎数,师其意遂略其文。盖根本重则枝叶悉捐,鱼兔归而筌蹄皆弃,则程子、朱子之于经书是也。究而言之,古圣之所以留书垂教者,于德行则欲人之心解力行,于制度则欲人之参酌变通,以见诸实用耳。故宋贤之学愈求其精,则汉儒之学愈为可贵,二家之说正自相资耳。

　　问:"著述之道,引前人说必详其出处,而朱子《诗传集注》则不尽然,何也?"曰:"此各有所当也。朱子于片段全引某家说者必冠以'某氏曰',其零星破碎、裁取而用者则否。盖裁取而用者,其中或参合两家,或微有更易,必欲一一申明之,成何文字? 故以'集注''集传'概之,意自了然。考据家则以是为怪,盖训诂考据家只论抄录、不讲文理故也。"

　　立言之体,因其意之所重,引前人说,有必明其出处者,亦有不必者。《乐记》载孔子之言曰"吾闻诸老聃云"。《论语》:"颜渊问仁。子曰:'克己复礼为仁。'""仲弓问仁。子曰:'出门如见大宾,使民如承大祭。'"此语皆本于古书,而孔子直以为己说,不加注曰"某云""某曰"是也。

　　张清恪公伯行抚闽,建立鳌峰书院。初时,清恪自为掌教者一年，所授诸生课程，于每日登记所读书史外，另列两条：一曰经书发明，一曰读史论断。盖读经书必有解悟，可与前辈相发明；读史必有见识，形诸论断，然后为真读也。只此随笔粘抄，其见解果长，久之集成，便是著述根蒂。

读书贵有心得，不可专事记诵。诗话载，云门禅师谓其弟子曰："汝等不记己语，反记吾语，他日稗贩我邪？"读书而全无心得，只抄故纸，犹言贩耳，必于实用无益也。惟于旧说有所去取、能精能要，裒为一集，则又自不同，是亦心得也。要当于旧解众说先研审一番，然后自家脱然有悟，乃为真得。若展卷便先立臆见、好为奇异，则失之远矣！

今人动执《大学》古本以诋程朱，谓其变乱古经。亦思《大学》篇简果有错乱否耳？今以小戴本与石经本较之，大相径庭，安见小戴即为古本而蔡邕所录则非古本邪？是《大学》原有错乱也。既有错乱，则当寻其意理、正其错乱，不当以古本为执也。惟朱子《诗传》，其不信古序，未免已甚。中多未允，未允者何妨更求其允？然必全信古序、全依笺疏，则其说竟不可通；不可通者，欲强从而通之。故仆谓全信注疏者，其人文理、事理俱多糊涂。

于《书》不信《古文》，于《诗》全信《笺》《传》。于《伪泰誓》则以为真，于《古文》则以为伪。吾将从之，但无奈道理、文理上竟说不去，则不可不为去取也。

士有嗜古者，非秦汉之书不观；见后人之说，则以为无所根据，或以为杜撰，或以为武断矣。本朝方望溪任荆溪，之于《礼》《书》，可谓以宋儒之心法、用汉儒之苦功、真能读注疏者也。而或犹以为病，岂知道理愈说愈明、愈求愈出？读书得解，则发前人所未发，斯可贵也。惟视其所撰何如、所断何如耳，不可概以"杜撰""武断"目之也。若以前人之所无，病后人之所有，则秦汉之书亦何根据耶？文王系《易》，首曰"乾：元亨利贞"，以他卦文义例之，但曰"乾，健之德，大亨而利于正"耳。孔子作《文言》，则将"元亨利贞"四字打成四片，作①四项物事。《连山》《归藏》《周易》次序互异，而孔子又作《杂卦》以歧之。然此②大圣之相传固无论已，更以词章小术譬之。三百篇《诗》，词大约以③四言为准，其他二三字、六七字者，或间见其章法，亦不过数句而已。屈子作《离骚》，则衍为洋洋大篇，后人奉为赋祖；苏、李赠答，又统用五言，至今奉为五言之祖。六朝用古典，以古人之事还之古人已矣；至庾子山，则以古人之事隶为④己事，而后人作四六者法之。平仄之辨，古所无也；沈约创为四声，而后世不能违。若概以古人所无目为"杜撰""武断"，则无论黄帝、仓颉是第一罪人，即结绳亦属多事矣。彼结绳者，岂创为新异以邀后世之名哉？及时要用，必不可已也。呜乎！士能为及时要用、必不可已之言，可以著书矣。

诗赋，根本性情；古文论说，觇其⑤学术经济。性情厚而学术经济可观，不能已于言者，其言必传，否则不必存也。故仆生平喜人为诗，亦喜人为古文。然亦甚厌人之言诗古文者，以其无诗而为有诗、无文而为有文也。

---

①　"字打成四片作"，原书破损，据望三益斋刻本补。
②　"作杂卦以歧之然此"，原书破损，望三益斋刻本补。
③　"三百篇诗词大约以"，原书破损，据望三益斋刻本补。
④　"隶为"，原书破损，据望三益斋刻本补。
⑤　"说觇其"，原书破损，据望三益斋刻本补。

附录 《教谕语》各本序跋

李彦章《校刊教谕语序》

逾五岭以南，去京师僻且远，其风气限于山川，学者往往无师授，信乎曾子固之言曰"士有聪明朴茂之质，而无教养之渐，其材之不成固然"。是非守土者之责而谁责耶？彦章不敏，由秘阁侍读奉命来守思恩。所治为前代思、田二郡地，阳明先生之泽存焉。今虽土瘠而旷、俗犷而轻，官治不教之民、士多无本之学，然观横舍之内，隶学官弟子员者至一千七百人，而童子亦以得试于有司为荣。以此乐其重士向学，而窃喜教化之可行也。彦章不鄙夷其民，先从教士始。方思有以变化鼓舞之，而下车伊始，条教不遑。适检箧中有同里谢退谷先生所撰《教谕语》，质实简切，易知易从，洵可以砭俗订顽、箴盲起废。亟为镂版，先授诸生，俾知寻问学之津、严义利之辨、言行相顾、教学相资，学古入官、由此其选，且因以厉人材之盛、致风俗之成。固太守之所望于诸生，亦在诸生之各知所处尔。退谷先生以名孝廉官教谕，此即其课士之语，自以名书。昔者，尝馆裕州刺史、先外舅瓶城高公家，彦章虽不及见其人，而熟闻其学行精醇、训课有法，宜能言之亲切如此。先生所著，尚有《漳泉治法论》，赵笛楼制府求而刊之于闽。是编先经武进吴大令承烈已梓于陕。虽经世之才未展其用，而言有坛宇，观者亦可想见其人矣。故并述而为之叙。

道光六年三月，侯官李彦章识于守居之润经堂。

余刻是书成，山阳汪文端师见之，谓其"质实切当，且在吕司寇《呻吟语》之上"。余在思郡创建阳明、西邑两书院,自兼掌教者三年,日与髦士切磋,多取其意。移权庆远日,亦尝以示龙江书院之士。盖前后已刷多本,两郡学者几于家有其书矣。去冬,来权桂管观察事,虽亦典领秀峰、宣成二书院,而簿书鲜暇、讲课未能,与此间诸生相见之日甚少。会将代去,惟以此编更印多帙,遍贻书院诸生,借为言教之资。其亦有不忘淑艾者欤?道光九年二月,彦章又识。

是书,江西、浙江、陕西及吾闽共有四刻本。余昔于钜野田若谷刺史处得此编,即陕刻,守约斋校正本也。近年里居,始得觅原本校之,微不同者十之一。惟此本《居官致用篇》移于第四,与原定篇目异。然明体而后达用、修己而后治人,循序宜然,不害其为异也,故姑仍之。他日若有余闲,重加刊补,尚当增入汪文端公评定之语,为一贯之证明也。壬辰孟春,彦章再记。

叶绍本《重刊教谕语序》

政与教本不分也,自名法之学出,而政与教乃歧而为二。然从来郅隆之世,未有不即教以为政者。盖民之蚩蚩若鸟兽然,必有以化其阴阳血气之偏,而阴戢其豪暴嚣陵之气,乃能蒸然向善而不自知。否则束缚驰骤,其自视椎鲁蠢愚,不足比于人数,则亦顽钝自甘、抵冒刑辟而不悔;其桀黠者,或遂诪张泯棼百出,以捍吾网,而名法将有所穷。如是而欲其一民、同俗也难矣!侯官谢退谷学博,承延平、新安之学,深入理窟。其所著《教谕语》,自"读书作文"以迄于"居官致用",无不发微阐奥、深切著明。盖熟于儒先传习以及古名贤经世之学,故能探本穷源、词无枝叶。诚有裨治道之书,不独为教士作也。门人李兰卿太守为其乡后进,以通才隽望,出守驮蒙。思欲旷然大变其俗,乃取学博之书重为刊校,颁之黉舍,问序于余。余惟古者士与民无二教,三物宾兴,月吉读法,其民之秀者则升之为士,以故型仁讲让,虽编户之氓皆有士君子之行。盖无民不可教,亦非教无以宜民也。太守之刊是书,其为治之要,已得由此而次第设施,俾侏离椎髻之徒弃刀剑而事诗书,循循然服习于渐仁摩义之化。将见殊方异俗,必有通达茂异之士歌中和、应明诏而起者,又岂特皮弁俎豆、徒诩一时之美观哉?是为序。时道光六年夏四月,粤西提刑使者归安叶绍本书。(以上摘自《教谕语》卷首①,南京图书馆藏道光侯官李彦章校刊本[索书号:GJ/7000024])

刘玉林《序》

《教谕语》一书,为侯官谢退谷先生所著。节钞传刻,拱璧同珍。丙寅冬,刘荫渠制军刻于保阳,分赉各属。余于丁卯春考验到省,亦蒙手授此编,俾为模范。因携至银州学署,每一展玩,佩服良深,惟以不能身体力行为憾。邑绅士刘澉堂、张枚斋两先生见而爱之,爰集同人捐资重刻,并由陈榕门先生所刻之《训俗遗规》内摘录数种,汇为一编,以资劝戒,且索序于余。余因忆去年夏柳松如、曹旭亭诸君有《太上感应篇》之刻,曾敬跋数语以志忻慕之忱。今又得见此书之成,益叹邑人士乐善情殷,当必有身体力行者,不似余之空言佩服也。余秉铎兹土已及三年,方自惭化导无能、有负厥职,幸赖诸君子与人为善、鼓舞而振兴之,将见俗美风纯,于以存陪都忠厚之遗、佐圣代雍熙之治,岂不盛欤?

　　　　板存铁岭学署,有愿刷印者自备纸墨,不取板价,概不外借。俟新旧交卸时,如有失落,官为赔补。

---

① 该本卷首有李彦章《校刊教谕语序》、叶绍本《重刊教谕语序》、汪润之《教谕语原序》、李宗昉《教谕语原序》、谢金銮《教谕语引言》。南京图书馆另藏有清木犀香馆重刻本(索书号:GJ/3000059),卷端署名"侯官谢金銮著,同邑李彦章校刊",卷首序文篇目与该本相同,但页次存在错乱。

同治九年岁次庚午夏六月,铁岭县训导刘玉林拜手谨序。

捐资姓氏列后:刘荣升本县、张简本县、庞守义本县、赵一善山西寿阳、张毓峰沈阳。

郑逢原校字。

刘长佑《序》

李兰卿太守重刊是书于粤,自谓几于家有其书。距余官粤时才廿余年,讫未见是书,亦无有能举其名者,岂兵燹之后失传耶,抑官是邦者无复留心政教、浸以遗亡耶? 孔子曰:"入其国,其教可知也。"余于斯能无愧乎? 是书体用赅备,不止为教士说法。陈绎萱司马于徐啸六太守处得其原刻,爱之,亟付梓以贻同志。余始得披读,既慕退谷先生之能本所学以为教,而尤嘉绎萱司马之欲即所教以为政。因取是书更印多帙,遍布所属,俾有教人之责者各守一编,以自考所学而共修其教,庶教成而政无弗举,余有厚望焉。

同治丙寅冬月,刘长佑识于保阳之清远轩。(以上摘自《教谕语节钞》卷首,《稀见清代四部辑刊》第 7 辑第 43 册影印同治九年[1870]重刻本)

陈崇砥跋

予宰献邑时,立正学堂特刊布蓝鹿洲先生《棉阳书院学规》,为诸同志入学法程。甲子初夏,迁秩保阳,将行前数日,诸同志纷纷来见,话别之余,辄相与砥砺切劘,至夜分始散。既感诸友之厚谊,而又苦无持赠以期相底于有成也,益滋恧焉。冬间,周又川司铎洛出其师徐笑六先生所辑谢退谷先生《教谕语节录》见示,复借读其原书,开卷展诵,如获异宝。谢公以司铎终其官,其所言者皆其所行者也,未尝出位而思,即未敢越位而言。故其四篇之旨多切于心身,而与剿袭语录陈言以炫世者迥别。夫士所以读书躬行,处而垂教,出而服官,何一不以心身为体? 必先能于切近者学而有得,然后出身加民、济世利物皆有其本原矣。所患者,匿居之日既汲汲于科名,入官以后复营营于禄位,日月云迈,由少而壮,由壮而老,反将身心之事忽不暇讲,于世道复何补哉?先生独能于士人行习之地,使切而求之心身。由是发而为文,可警聋聩;出而为治,可立功名。敛之于伦常日用之间,推之为修己治人之具。其言简而朴,其旨切而明,诚大道之津梁而俗学之针砭也。嗟予抱愧素餐、深悔不学,得先生之言而力行之,庶几有桑榆之收乎?先生以所行者发之于言,予即取先生之言以励吾行,徐公实先得我心者也。因就徐公之原刻而增辑之,以付剞劂,邮寄献邑诸同志。诸同志诚能以鹿州先生之语端其习而定其趋,复取是编明诸体而达诸用,庶以补予志所未逮,而可期相底于有成矣!

同治乙丑人日,同邑后学陈崇砥识于保阳官舍之拙修斋。(摘自《教谕语节钞》卷末,《稀见清代四部辑刊》第7辑第43册)

甘炳跋

侯官退谷谢先生,著《教谕语》四则。曰读书作文、曰立身行己、曰教学著述,皆本躬行心得,著为明训,宜言之亲切有味乃尔。曰居官致用,先生未尝身膺民社,而指陈州县利病切中窾窍,良由仕、学一理,纯儒、循吏非出两人也。四条中特列"著述"于"居官致用"之后,隐然以出则匡济民物、处则开示来学为己任。眼光大、用力勤、命意老,体用兼赅、志行卓卓,如是诚不愧为庠序师矣!王莲伯广文,绩学士也。谋以是编课诸生,《小题八法》《墨诀四则》《试帖卮言》并列卷后,即先生首"读书作文"之意。陈子余明府摄篆会稽,以维持名教为己任,与广文为文字交,力任重锓之资。刻成,问序于余,辞不获,谨缀数语以志景仰云尔。时同治十一年壬申二月,金陵甘炳竹生氏拜跋。(摘自《教谕语》卷末[1],南京图书馆藏同治十一年[1872]培槐轩刻本[索书号:GJ/3013924])

---

[1]　该本卷首有汪润之《原序》、李宗昉《原序》、谢金銮《引言》。

包良丞《教谕语序》

乙巳仲冬，余视事泾南。越岁，示期以制艺试帖课士，借观民风。诸生闻课来者众，彬彬如也。阅其艺，多刻意之作。择其尤者百名，创为月课以高下，冀砥砺焉。嗣来随课者亦登。余甚慊然，因念士为四民之首，平日读书讲学、修齐治平之理一以贯之。故士习克端，则民风自整；纵有气禀不齐，亦堪诗礼化焉。此文翁之教所由盛也。余不敏，承乏非职，曷敢冀诸是？惟冀暇日集诸生讲求之。第诸生处不一方，且间有治生未遑、辍业仅堪。悬列数端，俾就课时观之。然届课期，虑又操觚无暇，即勿促遍观，讵能心领周详、互相奋勉？于是踌躇者久之。偶检行箧，得司铎谢君《教谕语》一编。读之，内总括四篇，当时为诸生勖。其言隐寓圣贤之道，而修齐治平罔不在其中矣，抑且辞浅意深、人人易喻，均为余所欲言，而实为余所不能言。遂重付剞劂，成之分受，有以进诸生之学，亦以传谢君之言也，愿诸生奉为圭臬焉！盖今日体会无差，即他时推行尽善。其间或为儒林、或为文学、或为循吏、或为名臣，余之所期诸生者在是，诸生之所宜自励者亦在是。尤冀踵而行之，余之甚幸也夫！道光二十六年仲春，川南观察使者润州包良丞序。（摘自《教谕语》卷首[①]，上海图书馆藏光绪七年[1881]广仁堂刻本[索书号：线普441022]）

徐兆丰《重刊教谕语序》

詹君守白既出其同邑潘四农先生《示儿长语》问序于余，复取侯官谢退谷先生《教谕语》俾余读之。此书大指以"读书作文"引其端、

---

① 该本卷首有叶绍本《教谕语序》、包良丞《教谕语序》、李宗昉《教谕语原序》。卷五为《教谕语补》，有题识："光绪辛巳冬十一月，据侯官李氏彦章本重刊《教谕语》成。复得望三益斋本，细加校勘，颇有异同。兹将望三益斋本所有者补录如左。"《教谕语补》末刻落款："无锡后学薛景清录补并校。"

"立身行己"端厥本,由是而"居官致用""教学著述",有体有用、成己成人于是乎备至。言之亲切有味,如父戒其子、兄勉其弟,一字一句皆从自家体验而出,有令人首肯心折者。先生谓明儒语录以吕氏《呻吟语》为最,余谓近来劝戒诸书亦当以此为最。推先生本意,以士为四民之首,士习既端,人才自出,吏治、民风因之近古,故不惮裁成诱掖如此。学者诚身体而力行焉,名儒、循吏一以贯之。独惜先生以冷官终未获身膺民社,为可慨耳。然使有训士之责者各举此语以相告诫,孜孜然求无负厥职,士习虽衰,必有蹶然兴起者,先生苦心为不没矣!詹君将以是书谋寿诸梓,与四农先生《示儿长语》并行。詹君之不负厥职,即此可见。因不揣冒昧而为之序。光绪丙申春日,江都徐兆丰书于邗上寄庐。(摘自《教谕语》卷首①,南京图书馆藏光绪十八年[1892]扬州府学刻《四语汇编》本[索书号:GJ/3000070])

詹坦跋

　　昔吾乡先达汪文端公、李芝龄宗伯先后督学浙江,皆亟刊谢氏《教谕语》以示学子。其言平易切实,为儒官者宜日手一编、身体而力行之。余忝司铎扬郡,自愧庸陋,无以裨益士林。然于谢氏所言恒日兢兢焉,冀切劘研,以庶几汪、李两先生之流风。而五年于兹,愆尤日积,旷职滋惧。因检是书,节奉付梓,俾广流传,借赎己过。读是编者,倘皆身体力行,庶谢公垂教之意为不虚乎?适同邑段君笏林来权甘泉训,素称博雅,属为雠校。爰述颠末,附书卷尾。

　　光绪丙申八月既望,山阳后学詹坦谨识。(摘自《教谕语》卷末,光绪十八年[1892]扬州府学刻《四语汇编》本)

---

　　①　该本卷首有徐兆丰《重刊教谕语序》、汪润之《序》、李宗昉《序》、谢金銮《教谕语引言》。

谢金銮画像自题

首戴天，足履地，浩然于两大之间者其气；爱君子以德，爱小人以利，怒然不得行者其志。准圣贤以立言，本忠信以制事，俯焉孳孳，而日忧其学之未至；化慷慨以从容，纳中和于仁义，惟沉潜以服膺，殆庶几乎斯诣。癸酉孟冬自题。（摘自《教谕语》卷首①，上海图书馆藏光绪二十二年［1896］宁郡学刻本［索书号：线普 530217］）

杨文斌跋

士子舍诗文无以为登进之阶，及至服官，用非所习，习非所用。此人材之所以难也。然不因其所习者徐引之，以归于实用，则扞格不入。侯官谢先生著书二万数千言，以诗文为教，士子所乐从者也，实则徐而引之于性情，复徐而引之于经济，终握要之言，曰："士能为及时要用、必不可已之言，可以著书矣！"又曰："性情厚而学术经济可观，不能已于言者，其言必传，否则不必存也。"嗟乎！先生生乾、嘉盛时，见已及此矣。余感于孙补三广文重刊是书之微意，谨识数语，还以质之。

光绪二十二年八月，蒙自杨文斌跋。（摘自《教谕语》卷末，光绪二十二年［1896］宁郡学刻本）

郭则沄《重刊谢退谷先生教谕语序》

幼闻先王父按察公之训曰："《呻吟语》《教谕语》，不可不读。"《呻吟语》之名著矣。《教谕语》则吾乡谢退谷先生为教谕时著以训士者也，始梓于闽，继梓于浙、于赣、于粤。贤大夫出膺方面，欲正士风、厚民德者必取之。道、咸间，几于家有其书。近世坊本殆绝，即其名亦罕能举之者。先文安公官京师时访觅不得，尝笔诸《邴庐日记》，以为

---

①　该本卷首有汪润之《序》、谢金銮画像及自题、谢金銮《教谕语·引言》。

恨事。百年来风会之迁变乃如此。先生之言曰："州县者,知一州一县之事而已;为教官,则天下之事无不当知者。"故其书自"读书作文"至"治家居官",咸备其由体以达用者,即胡安定湖学分斋之旨。若其指事类情务取切近,则与《呻吟语》砭俗牖世者略同。山阳汪文端公谓其"质实切当,为《呻吟语》所不及",非过论也。夫吾儒所以立教者,由修齐以致于治平,莫能外焉,岂徒占毕揣摩苟取科第已哉? 自世风漓、士习靡,乃惟占毕揣摩是尚,父师以是为教,子弟以是为学,若科第外无余事焉,其为世诟病也固宜。然返而求诸今之学校,则亦惟语文也、科学也、技术也,于诸生所以立身经世者无闻焉。其志于苟取名禄,视向之占毕揣摩者无以胜也。儒术既微,士行罔制,异日欲求能治一州一邑者且不可得,安所得经纬宙合之异材乎? 然则居今日而言砭俗牖世,虽不必尽囿于先生之言,而不可不本于先生之言以为教。时势异、制度殊,则损益焉可也。则沄尝忝提学,固教官也。比复主讲于国学书院,每课文余暇,为诸生语立身行己之要,窃恨不得如先生之书者以授之。王辑亭世丈为先生之外曾孙,忽出示是书,督为之序,谓得自运君沁梅。兹谋诸先生侄曾孙启良、掬尘,将集资重刊,以饷学子。呜乎! 此先公求之数十年而不得者,不图于板荡之余遘之。既以私幸,且为诸生幸,而益痛先公之不及见也。乘除者,数也;剥复者,运也。意者风会之迁变将有所穷,而吾道其不终否耶? 是书任校勘者,同年李君石芝、方君策六。策六尝著《检点语》,多与此相发明,则别为之序。余不学,何足以望二君? 故第举百年来风会之变,与曩之受教于吾祖若父者,以复于辑亭丈,且使后世知是书之由晦复显隐系于人心世运,良非偶然也。壬午季春,同里后学郭则沄谨识于旧京遁圃。(摘自《教谕语》卷首[①],上海图书馆藏民国三十一

----

① 该本卷首有谢金銮画像及自题、李彦章《校刊教谕语序》、叶绍本《重刊教谕语序》、刘长佑《序》、郭则沄《重刊谢退谷先生教谕语序》、谢金銮《教谕语·引言》。

年[1942]铅印本[索书号：线普 513644]）

王卿云《跋》

圣贤千言万语，不外伦常日用，而其要则归诸心体力行。故墨守章句、高谈心性，汉、宋以来，非无专门名家者，而考诸实用则甚鲜。岳大父谢退谷公，少好宋儒之学，而不骛为高远，孜孜然求诸切近，数十年手不释卷，而于四子书尤拳拳服膺不置。生平著述宏富，官广文时，著有《教谕语》一卷，分为四篇。由"读书作文"而进以"立身行己"，明体也；由"居官致用"而复进以"教学著述"，达用也。其间立言卑迩，如道家常，娓娓动听。虽事不外夫习见习闻，而道实本诸昔贤昔圣。学者宗之，称为退谷先生，海内皆有其书。惜岳父硕甫公一官未竟，未能梓及全集，而是篇则林文忠、孙平叔、吴仲宣、赵笛楼诸制军暨李兰卿观察均有刻本。卿生也晚，未及亲侍几席，然读其书未尝不私淑其为人。因重为装订，置诸座右，庶几典型在望、圭臬有资，毋负教谕之意焉。用跋数语，聊志瓣香。

同治九年岁次庚午夏五月上浣，孙女婿侯官王卿云谨跋。

王炎《跋》

外曾祖乡贤谢公《教谕语》一书，嘉庆初，林文忠公则徐始刊于福州，版藏吴玉田氏。同治庚午，先严重印之，且加跋焉。自是，浙、赣、粤、冀、陕皆有刊本，而陕本篇帙多从删节移置，非原书之旧。惟乡先辈李兰卿都转有序及两记，至可宝贵。炎幼时侍先严座，先严每举此书以为不可不读。先严两娶谢氏，皆乡贤公孙女。先继慈谢太夫人于篝灯课读之余，辄述乡贤公轶事。稍长就傅，先后从隽岩、傅岩两舅氏读，更以《教谕语》列于课程，详为讲解。炎于此书，童而习焉。弱冠游宦四方，行箧恒载此书与先壮愍公年谱稿以行。迨民国初年，宰元氏，公余之暇，皆习是书。凡催科、抚字、下乡、折狱，悉奉为圭臬。任牧令垂十年，获免咎戾，得力于此书为多，诚有不可须臾离者。

中间，邻邑友人借钞未还，催问至再，始知已遗失矣！怅惘久之，索诸坊肆，又无从寻觅。客秋，获交运君沁梅。运君好读书，每趋公，必挟书以从。一日，携此书来，炎取而阅之，跃然曰："此闽本《教谕语》也，先君有跋尾！"展视果然。运君以谓，学术显晦与夫文字因缘，盖亦有数存（马）[焉]，遂举以赠。因携示李君石芝、方君策六，俱怂恿付梓。即谋之谢启良，掬尘两中表，分任刊资。不足，又承运君商诸其叔大中、祁君峻德助成之，并乞序于郭蛰云提学。李、方二君则共任校勘之役，方君且有跋。自庚午迄今七十有三年矣，迟之又久，既失复得，且得重锓行世。於乎！岂非天耶？炎老而贫，先祖壮愍公年谱今春方庆成书，今又获重锓《教谕语》以继先严遗志，其忻幸为何如也？用缀数语，敬附于先严跋后。至此书之有关于世道人心，先今诸序跋俱已详言之，非末学所敢赞一词也。壬午首夏中浣，外曾孙王炎谨识。

方兆鳌《跋》

余幼即闻乡贤谢退谷先生有《教谕语》一书，遍觅不可得。后读长乐夫子《赌棋山庄集》，推重此书甚至，心益向往之，而又不可得读。壬午春正，王辑亭丈忽携是书示余，乃知其先德梅孙先生曾重锓是书，且加跋以广其传。丈与余商再锓之道，且督校字。余受而读之，曰："此退谷先生精神之所寄也。乾、嘉盛时，考据之学风行海内，先生于汉、宋二家独不偏重，且标举为学之道，以寻常日用为主，谓道在卑近、不在高远。此非身体力行、充然有得者不肯言，亦不能言，宜乎长乐夫子之力加推重也。"书凡四篇，曰《读书作文》，曰《修身行己》，曰《居官致用》，曰《教学著述》，与余所辑之《检点语》用意相同，而篇目则余较多。若比而观之，则《检点语》之《修身》《养心》《惩忿》《窒欲》《改过》五篇，可摄于《修身行己篇》；《处世》《友道》《家道》三篇，可摄于《居官致用篇》；《学问篇》则与《读书作文篇》略相类；《教学著述篇》则先生本其职守而立言，而余未尝为教官，则阙焉。抑余所引以为愧者，先生之言皆本心得，余则不免有为人之见存。先生之论宋学也，曰："读宋贤语录，勿便向心性讲求。""假用功则空言取诉，真用功则躐等生病。此切要关头也。"又曰："孔、曾、思、孟之言甚卑近，人人可读，便人人可着力为之；周、张、二程之言则甚高，从之却难着力。"夫心性者，切己之学也。而先生谓"切勿讲求"，谓"甚高""难着力"，此非蔑视心性也。盖宋学末流之弊往往驰骛高远，垂及明季，且有闭门求心性而于身体力行略焉者。李二曲先生《四书反身录》曾痛辟之，而顾亭林先生亦有言曰："理学者，经学也。然则言理学者宜求之六经，而不宜仅求之理学。"先生欲就切近者示人所从入，故曰"切要关头"，又曰"四子书可着力也"。审如是，则余之所编有愧先生多矣！爰怂恿辑丈商之同人，亟付剞劂，以存先生之教，且志王氏两世于此书之因缘焉。时壬午仲春，乡后学方兆鳌谨跋。

运沁梅《教谕语书后》

辛巳首夏，余旅食旧京，获与王辑亭丈共事一方。晨夕聚首，析疑问难，使乡愚末学获益良多。盖丈本循循善诱之怀，视不佞为可教也。余幼失学，壮无所闻。频年以来，饥驱四方，愈不能壹志向学。然以鲁钝之质，仍视书籍如性命。平时所服膺者，以吕文简《呻吟语》、陈文恭《五种遗规》、张文端《聪训斋语》、曾文正求阙斋诸书为最。以其能发聩振聋，读者果身体力行，庶可免愆尤于万一也。是秋，无意中于冷摊购得《教谕语》一书。余视之如布帛菽粟，为吾人不可须臾离者，较《呻吟语》诸集犹为平易近人，故披诵之余妄加点窜。适为辑丈所见，如获异宝，如见故人。余初不知是书与丈有历史关系也，丈告余曰："是书作者，为吾闽乡贤谢退谷先生。"因退谷先生乃丈之外曾祖，且是书又为丈之尊翁梅孙太守于同治庚午所重锓者，迄今七十余年，版本散佚，偶然获得，实出意外，无怪丈之惊喜欲狂。此或有数存焉，使谢公毕生卫道之旨不至埋没无闻。余遂慨然相赠，且怂恿集资再锓，以广其传。旋函告家叔大中及祁君峻德，亦乐助其成，其有益于世道人心者匪鲜。至是书之知博守约、精理名言，时贤已推阐无遗,余何敢更赘一词? 惟挽近世风浇薄、道德沦丧,是书适为对症之药,其功用当不减于参苓也。壬午初夏,宁河运沁梅谨识。

陈寿祺《皇清敕授文林郎安溪县学教谕谢君墓志铭》

君谢氏,讳金銮,字巨廷,一字退谷,福州侯官人也。考正,乾隆二十四年举人,大挑一等,试用武进县丞,改教谕,卒。君年十三而孤,贫不能自给。然未冠,则喜读宋儒书,悦心性之说。大兴朱文正公督闽学,补县诸生。逾壮,举五十三年乡试。嘉庆六年,大挑二等,用教职。君交同里孝廉方正官崇、布衣陈天文、贡生陈庚焕,皆有道君子,相切劘,壹志于忠信笃学。其言学,以《四书》为纲、《五经》为辅,而力除空虚自守、偏执冥行与夫泛枝滥叶、扬粃簸糠之弊。署邵武教谕。有谢生者,极贫而孝所亲。有妇不安其室,逼其幼媳为不善,媳不从,生议拔其媳归良家,妇遂诬控生。学使至,入谗者置生劣等。众尽哗,请五庠之师白其冤于学使,五庠之师嗫不敢发。君独禀学使数千言,卒直其狱。补南靖学,历司嘉义、南平,再莅安溪。安溪崆阳乡,以赛神起衅,酿斗杀。士被罗织者众,匿莫敢出。守持之急,君请宽其株连,谕使自投,而后遣之为耳目,将掩执所名捕数人。会令中怯,事泄,数人者遂不可得。守归咎于士,将尽褫其衣巾。君力争不获,乃具上其事于学使,且曰:“漳、泉无狱不及士,设按牒而罪之,不出二年,庠序且一空。”学使蒙古恩侍郎壮其言,力主之,事乃已。初,海盗蔡牵扰台湾,陷凤山。嘉义令急延君问计,君曰:“此间士民更林爽文之乱,其守御咸有成法,召而谋之,咄嗟可集也。”如其言,众果至。乃偕令周视四门,指麾分守之,夜三鼓而办贼平,一县安堵,然君未尝自言其劳。总戎满洲武隆阿诣县,闻君贤,单骑径造,入门,读壁间教士条约,曰:“通儒也!”一见如平生欢,假馆学廨,每饭必与偕。同知薛志亮聘修《台湾县志》,君讲求利病,尤致意于政俗,薛君叹曰:“有造海徼之书也!”巡道杨廷理建议辟台湾山后蛤仔滩,君考其始末,条其利害,为纪略。同里梁詹事采以具疏,请收其民土、设官定制,朝议从之。及杨君奉命董其事,凡所建置经画,一一必手书报君,今新设噶吗兰厅是也。君痛泉、漳狃于斗杀劫掠之狱,治之者恒祸及学官弟子,乃作《泉漳治法论》,示所以缉凶训俗,而归其旨于重士,以为教始,诚司牧闽南之药石。晚渐不乐居官,作《教谕语》留赠安溪诸生,其言皆恳恻、适于用。遘疾请告,诸生吁留久之,君竟去,乃相与厚贶之归。归数载卒,二十五年四月六日也。嘉义诸生闻之,自海外相与鸠资佽葬祭。君食贫乐道,一介不苟取,于朋友死生不易行。至奖孤寒、表遗佚,善护气类。其诲人依于孝弟礼义,负笈者踵接,及养疴于家,犹馈问不绝。守令之贤者,咸倚重君,君尽言无私;异趣者,虽心惮君,然亦谅其无他肠,相尊礼无间。非忠悫廉直孚于人,何以及此? 於乎,今之师儒之官,能以道得民者鲜矣! 士之自废廉隅者,日趋污下而未有止。求如君者长善而救其失,安可复得乎哉? 君所交若陈布衣、官孝廉,余曩咸相与捧手,顾恨少不能相从讲习、与人适道之途晚。及陈贡生与君游,又不能朝夕刻励、急引为修身之助。比诸君子皆已凋谢,而余亦衰荼不足以自奋。每感风俗人心之忧,未尝不怒焉慨吾道之孤而莫之系也。於乎,可胜悼哉! 君春秋六十有四。配林孺人,前卒。继配林孺人,生女二。簉郑氏,生子四:曰本,曰善,曰来雨,曰复生。以道光二年立冬后四日庚子时加辛巳,葬君于西郭外梅亭天才山之阳。铭曰:

　　位卑而道高,故其节不挠;学苦而心怡,故其教不劳。如茧在缲,如坯在陶。其劝僚吏,如其所以勖俊髦;其卫庠序,如其所以守城壕。丧我人师,生徒号咷。鄙薄懦顽,孰涤厥臊? 嗟斯人之不作,吾又焉知兰茝之为萧蒿?

　　右乡贤公墓志铭,为乡先辈陈恭甫先生所撰。因录附卷后,俾读是书者可想见其为人焉。外曾孙王炎又志。(以上摘自《教谕语》卷末,民国三十一年[1942]铅印本)

容山教事录

张履撰

叙

　　国家府州县学官之设，所以崇经术、励士品而成风俗。本《周官》"以道得民"之义，故曰"儒"，其为责綦重矣！近世士人弋取科名，为贫而仕。希荣者亟图奔竞，以为迁擢之基；藏拙者自安卑鄙，以为娱老之地。有君子所深鄙而不屑者，恬然为之，相习不以为怪，无惑乎师道之不立而学术之日坏也。震泽张渊父先生，敦品立学，有古君子之风。余官京师时，寓相近，昕夕谈论，相知最久。渊父南归，不相见者六年矣。丁卯秋九月，余摄江宁郡事。渊父适秉铎句容，握手相见，出《教事录》一册。读之，乃其所以训士者，而汇录之，将以刊而布之一邑，其意主于崇经术、励士品、成风俗。句容民气刁顽，士人夕于固陋，或不便之；甚如禁淫剧、妇女游观，谓其侵官。岂知身任师儒，苟不如此，几何不旷厥职也？余窃愧轻材，不足为士人楷式，而行部所及观风问俗，有教化之责，幸渊父此《录》匡予不逮。异日当广布各邑，俾凡秉铎者知教事固如此，而国家斯职为不虚设，则此《录》之为功不巨矣哉？爰乐为之叙。道光十有七年岁次丁卯嘉平月，诸城李璋煜书于察院。

序

为吏而薄百姓为不可治者，必非良吏；为师而薄弟子为不可教者，必非良师。师道立则善人多，夫亦因其性之所固有者，诱掖之，训诲之，使迁善改过、日趋于圣贤之途而已矣。张渊甫先生，以名孝廉司铎句容。句容人士质朴少文，间有为习俗所染、不自知其流为不善者，非性使然，殆未尝闻于先生长者之过也。渊甫不鄙弃以为不可教，而谆谆劝谕。凡立心制行、读书著文之道，无不剀切详明，期尽底于至善而后已。於乎，可谓良师矣！近辑其训士语为《教事录》一帙，将梓行，问序于余。余既为句容人士得师幸，而又嘉其足以辅余之治也，爰不辞而为之序。时道光十八年十二月，天津沈兆沄书于江宁郡斋。

容山教事录

震泽张履撰

募修句容学宫文

昔汉文翁治蜀，修起学官于成都市中；师古注："学官，学之官舍也。"《贾谊传》："学者，所学之官也。"宋胡安定在湖州，为经义、治事二斋以造诸士。诚以型民、善俗、教化为先，而学校为教化所从出，故贤达之徒必于此尽心焉。句容之有儒学，昉于唐之开元，至宋元丰二年而改建于斯。嗣后，屡坏屡修，具载志乘。乾隆末，曾加缮葺，而历年已久，日就陊隤。每大雨之后，礼殿皆水；其余崇圣、忠孝、乡贤、名宦诸祠并屋瓦残缺，而明伦堂尤甚；其东、西斋舍椽露墙圮，不蔽风日。及今不修，后必大坏。此不独校官之咎，亦尔邑人士之忧也！今愿诸绅士勉力出资，亟图集事。即有业不习乎诗书、名未列于横舍，要皆伦常中人，而默被我夫子之教泽者，于斯举也亦宜有以助其成焉。乌乎！今浮屠、老子之宫巍峨闳丽，士庶崇奉，奔走恐后，而圣贤妥灵之宅、师生讲道之区乃独荒废如此！此亦异端炽而正术微之验也。然则谋鼎新之功、免子衿之刺，于以扶翊世教、兴起人心，能无于尔邑人士有厚望乎？

奉移孔子像议

孔子庙之去像设主也，议创于明之宋濂，而行于世宗之朝。惟时句容孔子庙像宜从毁，而圣裔某者意怀不忍，乃别营屋城东，移像藏之，而四配附焉。历年数百，孔氏子姓日微，藏像之室至为匪类所窃

踞。邑人士既白,有司逐之,加以扃鐍矣。顾室宇庳隘,春秋祀事所
不及。以先圣肖貌之尊严,乃几等于无乡之社,雨风之与迫,狐鼠之
与居,揆诸人心,实戚然有大不安者。于是,邑人士以履之司教于兹
也,复举是以告履,乃为之议曰:古者祭必有尸,尸礼废而像事兴焉。
《吴越春秋》言"句践命良工铸金,象范蠡之形",而宋玉《招魂》亦云
"像设君室",盖其事已见于周之季世,非由西方象教始也。孔子之像
既毁于明世宗,今太学因之,而以履所闻见,天下郡县之学犹自有像
事者。夫郡县之学宜太学是遵,太学无孔子像而郡县学独有,是为违
制。然则今欲移像以归庙固不可矣,且自明世宗除先圣、先贤封爵迄
今未改,而孔子及四配像并冕而衮,亦不与主之称号合。履愚,窃以
为古者有庙以藏主,有寝以藏衣冠。今学中尊经阁去阁之榜而供文
昌、关帝之像,非令典也。诚能移二像他所,而改阁为寝以妥圣像,以
当古者衣冠之藏,而于阁东隙地别建为阁,复"尊经"之名。如此则于
古有所依,于今无所戾。而诸生游于学者,时得于先圣之侧徘徊瞻
仰,乡道之心必油然而生,虽谓像事之为益愈于立尸可也。昔人云:
"议礼之家,纷如聚讼。"兹者事理重大,履之识不足以与此。姑著是
议,以俟邑人士之斟酌焉。

　　《日知录》:"春秋以后,不闻有尸之事,宋玉《招魂》始有'像
　设君室'之文。尸礼废而像事兴,盖在战国之时矣。汉文翁成都
　石室设孔子坐像,其坐敛躈向后,屈膝当前,七十二弟子侍于两旁。"
　　又云:"嘉靖九年,诏革先师孔子封爵、塑像。有司依违,多
　于殿内添砌一墙,置像于中,以塞明诏。甚矣! 愚俗之难晓也。"
　　又云:"宋文恪讷《国子监碑》言'夫子而下,像不土绘,祀以
　神主,数百年陋习乃革',是则太祖已先定制,独未通行天下尔。"
　　董文友有《即墨县孔子庙塑像记》,以为当毁。
　　案:礼缘情制,尸废而像兴,出于人情之不能已者。若
　必谓非古,则古时所无、后世所有者多矣,未可概非也。况

象人而用之，圣人恶其不仁；今以俨然象圣贤之貌，而一旦毁之，于心安乎？世儒訾像事，乃泥古之失。甚至江慎修并以周之有尸为"俗沿太古，近于夷而不能革"，其谬又不待辨矣！又案：杜君卿已有此谬说，见《困学纪闻》卷五。

正十哲位次告神文

时维道光年月日，句容县学教谕张履，谨告于先贤某子某子之神：伏以神之为位，制有定序。序之或易，非所以明敬也。兹特遵太学位次，虔为安设。惟尔有神，鉴之敢告。

正两庑从祀位次告神文

时维道光年月日，句容县学教谕张履，谨告于诸先贤、先儒之神：伏以神必有位，位必有次，所以昭定序、妥众灵也。见两庑神主东西互易、先后凌乱，是奉职者之不谨，神心何安焉？今特遵太学位次，虔为安设。惟尔有神，鉴之敢告。

道光十四年秋，余任学职于兹。初谒先圣庙，见两庑位次东西互易者十数，而先后倒乱尤甚，十哲亦间有失序者。当由修葺时移徙所致，而校官未之省也。案：乾隆七年，部议覆准顺天学政钱陈群奏请，两庑神牌照太学位次，并通行直省。今悉遵此更正。其道光年间新增入之主，遵上谕所定位次安设。

修句容四贤祠记

四贤祠，当邑之中，祀明工部尚书、谥清惠、前邑令嘉善丁公，四川布政司使、前邑令嘉善陈公，学使成山过公、会稽金公。惟四公治民教士，卓有可纪，民各为祠以祀。日久隤废，独丁公祠存，于是邑令宋侯楚望、学博徐君堂等始则合陈于丁,继又合过、金于丁、陈,遂榜以"四贤祠"焉。丁、陈二公故有祀田,为顽民侵占,宋侯清出之,归学征租,为岁修费。每春、秋丁祭毕,学博率诸生诣祠荐以为常。盖四公祀之分合及斯祠附学之由,详邑人高作梅所为碑记者。如此迄今,祀田无可考。又不知何时,始为县中农书辈所据,遂变为茶肆,甚至神像之侧,妇女杂处栖宿,邑之人恶其亵而无如之何。道光十四年秋,余司铎于兹,斥逐而扄鐍之,咸以为快。至十八年夏,修学宫将竣,特重葺斯祠,拟于其中创设义学,力犹未逮。适有刘生者请假以授徒,许之。以喧呶秽杂之地,忽闻弦诵声,四公有灵,其亦顾而乐之也邪!四公神像之前,有宋侯及林侯光照、范侯廷杰长生禄位,又某之位亦在焉。余考诸志乘,验之舆论,如宋、林、范三侯并有遗惠在民,于祠中别为室置之,以劝善也。至某者,独为胥役辈所私,事非众志所孚,径黜而去之,以治滥也。乌乎!德之不建,民之莫怀。微特崇祀如四公者,不可幸得;即仅仅一木主之附于此,且靡所容焉。然则官斯土者何去何从,亦可以知所自决矣。爰并记之,以为之鉴。

谕诸生帖

蒙猥以薄学,司铎于此,殊深愧惧。窃维《周官·太宰》"以九两系邦国之民",有曰"师以贤得民""儒以道得民",是知师、儒良则多士日亲,多士亲而教术可施焉。世之居校职者类多漠视其诸生,其诸生亦有未尝一进面者,甚非朝廷立之师弟子之意耳。今蒙愿与生等相见,自顾荒陋,诚无以为益于诸生;抑束发受书以来,稍有闻于父师之教。而诸生幸际右文崇儒之朝,好修之士固当不乏,自立心制行及读书著文之大凡,得借以互加讲切、商去所疑。古人相长之道有在于是,非期苟为过从而已,尚冀诸生善体斯志。

征诸生会课帖

昔曾子有言"君子以文会友",《易·大象传》曰"丽泽,《兑》。君子以朋友讲习"，良以学问之道非讲习则不明，而讲习之资舍文靡由也。夫古之所谓"文"者，《诗》《书》《礼》《乐》，非徒如后世"文人"之"文"而已。制义之于"文"，又其晚出也。而世之重是艺者，谓其代圣贤立言，其道视古文辞而更尊。国家以之取士，士以之进其身。学术之浅深、人才之优劣，胥于是见焉，顾可苟且以为之哉？乃者，承邑长钱侯命，代阅华阳书院课文数十卷，其间亦有词旨可观，而芜杂不文者比比是也。岂天之生才，独靳于是邑与？良以讲习之道有未至耳。今期以月之某日，集诸生于尊经阁下，课《四书》文一篇、八韵诗一首。得失之故，庶得面论。抑蒙之所愿与诸生讲习者有进于是，姑以是先之云尔。

学箴六首并序

　　蒙自受句容教事，挟月于兹矣。诸生来见者，皆恂恂有循谨之风，顾率数语而退。叩其所学，则逡巡不言。岂谦让弗自居与？抑讲习此者或少也。夫身为师长，而不能恢宏道术、导扬斯文，为国家成乐育之化者，校官之陋也。安于简略，致吾邑文物暗而弗光，无能与他邦争衡，亦尔有多士之耻也。爰不揣固鄙，采择昔贤遗旨，为《学箴》六，惟诸生共观省焉。语曰："以身教者从，以言教者讼。"蒙岂欲为此喋喋哉？诚有不能自已云尔，诸生其有意乎？其箴曰：

　　先哲有言，志存高远。跻圣轶贤，夫孰能限。奈何吾徒，而安卑近。淹忽此生，草木同尽。试念及之，蹶然而兴。绝潢是弃，道岸斯登。何穷何通，何得何丧。独有千秋，斯志必抗。

　　右抗志。

　　天之赋命，乃在汝心。厥心不心，匪人而禽。所以君子，植心为本。心亦多端，邪正是辨。胸中诚正，泰然天地。苟或怀邪，俯怍仰愧。惟邪惟正，所动在几。凛之于此，危乎其危。

　　右植心。

　　士之守身，如在室子。苟有疵瑕，见弃乡里。又如赵璧，筵设九宾。一朝失手，屏而弗陈。世士不悟，苟且其为。及其既败，虽悔曷追。厉尔介节，复尔明性。粹然莹然，是曰砥行。

右砥行。

圣人之道，备于六经。不稽于经，譬彼冥行。稽经之要，实事求是。门户不分，争端奚起。惟经惟子，惟史惟集。循序致精，道不欲杂。逮其久之，原流毕贯。盛德大业，为群儒冠。

右稽经。

坐谭理高，行之事阙。儒效迁疏，曷以宰物。在昔圣门，兵农礼乐。因时之用，具于风浴。亦有湖州，治事名斋。济济诸子，为国储材。所愿英贤，时务之练。勿以豫章，而同樗散。

右练务。

号为文人，恐艺是囿。不能属文，亦儒之陋。文有能事，取精贵多。元本经术，镕式百家。以陈大法，以阐要义。是乃至文，载道之器。叹彼八代，总杂而卑。不有韩子，孰起其衰。

右属文。

杂说示诸生

夫子论士曰"行己有耻"，告鲁君曰"知耻近乎勇"，《记》曰"物耻足以振之"，故学者不可以不明耻。

耻莫甚于干谒。伺候公卿之门、奔走形势之途，足将进而趑趄、口将言而嗫嚅，旁观且为之惭汗。谓其人不自知，则羞恶之良安在？谓其人固自知，亦何忍为此态邪？

一介之取、万钟之受，苟其非义，皆属可耻，以其失本心同也。一介而苟，即能矫于万钟，亦所谓"好名之人"，能让千乘而见色于箪食豆羹者也，岂能逃识者之鉴？

程子谓居闲得赂甚于寡妇嫁人。寡妇嫁人，今人皆以为耻；至居闲得赂，相习为常事矣。而程子之言乃尔，其故可思也。

衣冠之士，蒲服公庭，与人争讼，纵理直得申，已为辱父母遗体。

况其不直谴责,是加其为耻,可胜言乎?故苟事非至不得已,断不宜轻讼。前权守李公《与各属士子约》、今府尊沈公《戒讼说》并剀切言之。

士子科场作弊,获罪甚重。纵或幸免,而置身罪地,与被罪何异?余尝有句云:"制行固多端,存心贵知耻。充彼穿窬类,动念干不齿。天刑岂遽加,已觉四支毁。"一动念且然,况身犯之乎?

韩昌黎云:"唯古于词必己出,降而不能乃剽贼。"今之为时艺者,乃或句摹字仿以弋科第,充其类,与穿窬何异?断而绝之,亦养廉耻之一端也。

夫子告原宪以"邦有道,谷;邦无道,谷,为耻",孟子以"立朝而道不行"为耻。今逢有道之世,不预求可达之道,而徒从事于庸烂之时艺,一旦置身朝列,果何所持以自效?以此思之,且加以十年学问可也,何汲汲应举为哉?

服物不如人、庐舍不如人、禄位不如人皆非耻也,唯学问不如人乃真可耻。如今人易,如古人难,能耻不如古,则其过人也必远矣!

居官以公罪削职,犹可言也;独至以赃败,其耻乃历劫难洗。汉岑晊父豫为南郡太守,以贪叨诛死。晊年少,未知名,往候同郡宗慈。慈以晊非良家子,拒而不见。是并累及子孙矣,可不惧哉!

"独寝不愧衾,独行不愧影。"耻之工夫,如此其密也!蘧伯玉耻独为君子,伊尹耻其君不为尧舜。耻之境界,又如此其大也。真能知此者鲜矣!

古人耻独为君子,而今乃或不耻独为小人;古人耻其君不为尧舜,而今乃或不自耻其身为桀跖:相去何其辽哉!不知命,无以为君子。命不可知也,知其为必有命,则其知命也至矣。假推测而知,非知命也,此康节之所以不答横渠而慈湖之所以诮西山也。

有谋焉而得,亦有不谋焉而得;有不谋焉而失,亦有谋焉而失。要之,得失皆命,而谋不谋无与焉者也。然则君子将废人事乎?曰:"乌乎废?守正而已矣。"

知穷通得失莫非定命,何营营者为?

夫子言："君子固穷,小人穷斯滥。"凡人欲为君子,当先办一饿死之志。饿死亦何容易? 欲坚饿死之操,又当先立一必为君子之志。夫不为君子,即为小人。孰是士也,而甘为小人之归乎?

程子言："饿死事小,失节事大。"张思叔,得志士,不忘"沟壑"二语,而为学之志愈坚。知此者,可以言固穷矣。

徐孺子饥不可得而食,寒不可得而衣。学者能矢此一念,清风亮节,便有壁立千仞气象。

刑赏或不明于上,而清议行于下。是则是,非则非。为善者,犹有所劝;为恶者,犹有所惧。至清议亡,而人心风俗不可为矣。今士子有守正而穷者,则人目之为无用焉;有趋邪而利者,则人目之为有能焉:又何怪守正者之寡而趋邪者之众也? 然守正之士,其身虽困而心则无亏,要可独立于世;彼趋于邪者,下流之归,卒为君子所不齿:果孰为得失邪?

能重义轻利,而后风俗美、人情厚。此地风俗,邑志谓其"利析秋豪"。只此一语,是人情浇薄之根子。盖"喻利"已是小人,至于"析秋豪",则其心其目唯利是注。虽父子兄弟间,亦以计较而生异心,而仁义礼让之说遂扞格而不相入矣。有志之士,宜深以为戒,不可囿于俗而不自知也。

义以动君子,利以劝小人。以小人之道待人,在施之者已为不厚,而受之者反为得计,亦大可哀矣。

衣冠而有市井之容,士大夫而有商贾之行,今世已相习成风。若鲁仲连之谈笑而挥千金,亦岂非振古之杰乎?

此邑士习之坏,莫甚于粘贴匿名文词。在律:"投隐匿姓名文书、告言人罪者,绞。被告虽实,不坐。"又在例:"捏造寻常谬妄言词,亦依律绞候。"国家立法,所以深恶诡谲而塞颠倒是非之源也。凡为此者,于人无豪发之损,而于己负邱山之罪。纵幸而得免,而为鬼为蜮,此心已化为异类,亦何颜与天日相对? 见府尊沈公出示严禁。

闻乡间延馆师者,多以城中士子为戒,谓狙诈讦讼之习,甚恐身被其累也。乌乎！诸士子思之，吾辈立身行己，何至不为人所慕而为人所畏恶？如此则其糊口无所，困苦疾病而莫之见恤。人也，非天也。不自咎，而又谁咎？

凡人欲为一事，必当辨其理之是非，是则行，非则止。行所当行，虽通国沮之而不为却也；止所当止，虽通国挽之而不为前也：如此方为有识力。今或是非之不辨，一有呼朋引类，辄随众而动，甚至猖狂妄行，相率而入于邪僻。此直无知愚人之所为，非所望于诸士子也！

学莫善于改过，而人每惮改者，其意以为我过迹已著矣，忽改而为善，亦不为人所信，适足贻笑耳。不知今日为桀跖即是桀跖，明日为尧舜即是尧舜。果诚心悔过迁善，在有道之君子，必亟舍其旧恶而许其自新，世俗之信不信又何足计？若不早痛改，因循而陷于大恶，则自取灭顶之凶。后虽悔之，亦何及矣！

孟子言"谨庠序之教，申之以孝悌之义"，诚以孝悌为人生存心制行之大本。此处一有欠阙，则文章、事业皆无足观矣！

夫子答子游问孝曰"敬"，答子夏问孝曰"色难"，盖各因其所不足而教之。要必兼此二者，乃可谓之孝。又必以孟子所谓"守身为大"，《孝经》所谓"立身行道、扬名于后世、以显父母者为孝"。若何曾、荀颢之徒，已失其身而辱父母矣。世以为孝，君子不谓之孝也。

孟子言："养生不足以当大事，惟送死可以当大事。"此邑人士往往惑于风水之说，停棺不葬，此不孝之大者也。案：魏晋之制，祖、父未葬，不得赴试服官。今律载："惑于风水邪说及托故停柩在家、经年暴露不葬者，杖八十。"国家立法未尝不严，然不破其风水之惑，则皆相遁于法，法终有所不行。今且举旧说之最明晓者别为揭示，唯诸士子览之。

曋相之延射，与为人后者，与偾军之将、亡国之大夫同屏。今人小有田宅，死而乏嗣，同族之人即争为之后，甚或结讼公庭。嗜利背亲，至于如此，直谓之无人道可也。

《中庸》九经，"尊贤"在"亲亲"之先。子夏言"事父母竭力"，亦先举"贤贤易色"。盖孝悌虽天性,而所禀有厚薄,无教之子又往往自失其本心。惟日与贤者居,相与讲切于义理,则心地渐明而天性自然透露矣!

夫妻,胖合也;昆弟,四体也。而夫妻之情易于厚,昆弟之情易于薄。于其易薄者勉而从厚,犹恐有所不足。若更漠然不加之意,甚至听妇言而乖同气,此岂士子所宜有哉?

昆弟之间,只存一不忍之意,又时时开导妻子,俾咸能喻我所以不忍之故,则乖离之隙自无由而开。若乃怀嫌在心,仅仅匿而不发,则外亲而中疏,以之处人且不可,况于骨肉至亲、同我一体者乎?

昆弟,同气而分形;至昆弟之子,则又分矣。然皆本于吾之父,以吾父视之,则皆子也、皆孙也,何彼此之殊焉?非直此也。推之而从父昆弟、从祖昆弟、族昆弟与其子若孙,以吾高曾祖视之,犹是也。虽五服之外疏矣,而以同出之远祖视之,犹是也。朱子云:"如今老人不能得见个孙子,今若见时,便是十世孙时也惜,毕竟是自家骨肉。"案:此说甚妙。念远祖之爱惜子孙,则子孙自当追思远祖,能不以远祖之心为心、以敦睦其族也?譬之木焉,千枝万叶,皆从一本而生。此古人所以重收族之道,而大小宗法之立,为治天下之大本。今宗法虽废,而敦睦之意则安可一日不讲也?

《曲礼》:"庶人曰死。"孔冲远疏云:"生无令誉,死绝余芳。精气一去,身名俱尽,故曰'死'。"痛哉言乎!如何而不死?曰:"勉为君子。"顽然食息之躯,有置之一家而如无有者矣;一家有是人,置之一乡而无有也;一乡有是人,置之一国而无有也;一国有是人,置之天下而无有也。何也?德量有广狭,行能有小大也。士君子立志,要当为天下不可无之人,何暇于流俗中较高下乎?

朝廷命学使者考取童子入学,置之师儒之官而教之,盖欲使之修身立本、穷经致用,异日举之乡会试而任以内外之职,以助成国家化理万物之功。是故天下之事皆秀才分内之事,为秀才者诚不宜自小。今之秀才,其不肖者无论已,即安分之士亦不过循谨自守,不为乡里所患苦而已，未见有杰然才德出众可以成天下之务、济生民之艰者，是岂不负朝廷所以建学立教之意？而教者、学者当分任其咎哉！

今世庸陋父师，以子弟入学为读书成功，此甚可笑。古者，十五而入大学。今之郡县学即大学也，入此者，方将教以修己治人、有体有用之学，以蕲至于成也。此之不务，即为举人、成进士、入词垣，以至位登卿相而碌碌无所建白，直谓之不读书可也，何一衿之足云？

士子识见固陋，恃时艺为弋取科第之资，而以劝之多读书为迂阔而无用。然余所交当世能多读书人，其遇者十率七八，而凡专攻时艺者反多不得焉，其故何也？盖读书以明理、以广才，理明而才广，则文章议论笔力必能出众，宜其遇之易也。反是则理不明、才不广，其所为文庸劣肤浅，无一过人语，如何而免见屏？然则读书固不为科名，要亦何负于科名？而专攻时艺者，曷亦知所变计哉？

贫士力不能购书，至《四书》《五经》类皆童而习之，然不明其理，与不读何异？今且宜从此入手，《五经》不能遽通，《四书》之理尤先当寻究。《四书》理者，非徒知其说而已，必以圣贤之言反之我心、我身，以我之所知、所行证之圣贤之言。其有不合也，则精思力践以求其必合。如是久之，则《四书》之理在我，而《五经》自易通。明体适用之学，具于此矣！

古人虽在拘囚之地，不废学问。如文王之演《易》羑里，尚矣！至汉之黄霸在狱，从夏侯胜受《尚书》；崔瑗在狱，从狱掾问《礼说》；明孙嘉绩在狱，从黄石斋受《易》。又如金问与黄淮、杨溥讲经，王阳明与林省吾讲《易》，杨爵与钱德洪等讲学，并身系图圄。其于学也，如饥食渴饮之不可一日去，故危难迫躬而有所不顾也。今士子虽多贫困，然未有死亡在旦夕之忧，而不知自奋于学，是虚过此生也，岂不可惜？

朱子云："为学之道，莫先于穷理；穷理之要，必在于读书。读书之法，莫贵乎循序而致精；而致精之本，则又在于居敬而持志。""循序致精"四字已于《学箴》中举之，今更备述之，以为学者法。

凡读书有所得、有所疑，宜随时纪录，积久庶能触类旁通。且遇通士硕儒,即以为质问底本。若无所纪录,经历岁时,漫不省忆,则以往工力都成虚费矣!

治经之法,如兄弟数人同学,可以分而习之。如汉之冯野王兄弟各占一经,野王《诗》,逡《易》,立《春秋》,参《书》。邓禹有子十三人,使各守一艺。晋刘殷有七子,五子各授一经,一子授《太史公》,一子授《汉书》,一门之内,七业俱兴。明项子京有六子,亦各授一经是也。微特兄弟,即朋友相聚,亦可如是。盖分习则精,仍可互相讲贯,以免墨守之陋。诸生中诚能有此,经术必盛于他邦矣!

胡安定主湖州学,使学者各治一事,如边事、河事之类,各居一斋,日夕讲究。其后,从学者多为时用,亦分习之法。或问苏子瞻读书之法,苏云:“读书如钱谷兵农及诸事物之类,每一事作一次理会,可以终身不忘。”是又一人而分时习之,皆为学之门径也。

诗以言志,文以载道,此所以为诗、为文之本也,舍是则无贵为诗文矣!然为之而不工,则诗文不传,并与其志与道而没之,故修词之道实不可苟且。诸生愿习此者,以绩学为根柢,寻求古作者义法,心摹而手追之,即一时未能成章,积以岁月,必有炳然可观者。若乃专事举业试帖诗,此外豪无所知解,虽一旦幸获科第,厕迹朝绅间,能无愧颜邪?

《王制》:“作淫声,杀。”诗人为艳体以蛊惑后进,亦诛绝之罪也。诸生中有工于词翰者,断不可涉笔,其向日所为亦即宜从毁。

示乡邑各塾

窃以兹邑素号名区,人才辈出,事业文章彪炳志乘,乃数十年来学术日荒、文风日陋,推厥由来,总以塾师课徒率略及有力之家爱惜钱财、不肯为子弟择师所致。爰举数端揭示之,览者详焉。

一、经以得注而明。在功令,四子书文字必遵朱注。今见各塾师多令蒙童读无注本,倘有聪颖子弟他日可以作文应试者,此时既未读注,必致书理茫然,为害不小。即为农为工贾,亦正赖于幼时所读数行书,略为讲说,俾稍知大义,岂可徒事呫唔、豪无所解?嗣后,各塾师宜令蒙童购读有注本,其业已读过白文者,必将注之紧要处换本补读。

一、圣贤经传,坊间多节本。学者读之,或终身不知有全经者。天资稍敏,但取材于类书,时文亦可弄笔。取科第,主文衡,见用经传中语,诧为不知何本,往往传笑一时。至凶礼,虽于场屋文无用,然考先王笃终之制,而动人恻怛哀痛之心,以免于居丧无状之罪,必由乎此。今塾师一概删却,此礼教之所以日废也。案:各经节本,久奉功令严禁。嗣后,塾师宜令生徒购读全经,而凶礼亦断不可径行删去。

一、子弟可造者,于读经时不可草率。塾师必为之句解字释,留心听其倍诵,殊费精神。凡一师不过课三四徒,多则五六徒。此邑各塾,往往一师课十数徒或二十余徒,但口授之已唇焦舌敝,岂复暇讲书理、听倍诵乎?然原塾师之所以尔,则以此邑子弟束脩相习于薄,不得不多聚其徒。嗣后,有物力之家必宜独延宿学名师,次亦廪膳生及科岁试常居高等者,本邑不足即向他邑访求,厚其饮膳,丰其束脩,俾为师者无内顾忧、得专意训课。一邑中得二三十家如此,则十年之后子弟之成就者必多,会见文风丕振、科目亦不让他邦矣!

一、兹邑生童往往平素无师,至考试之年始从师批阅文字,试毕又辄止。此谚所谓"急来抱佛脚"者也,岂能遽见功效?自后凡有力从师者宜常不离师,切不可吝惜束脩、自多间断。

一、兹邑学额二十五名,而童生应院试者不及三百人,往往文字未臻清顺。即徼倖青其衿者,一得之后,不复从师,且居然自作文师矣!自误误人,此文风之所以日弊也。自后凡新进生仍宜从师,俟文理实在优长,方可自作文师耳。然苟非倚目耕以活,则不如不为文师,以其日力自多读数卷书可也。

华阳学舍讲经会序

夫学之不讲,圣人所忧;博士倚席不讲,前史所叹。汉时讲经之书，存于今者可考已。隋之文中子讲道河汾，一时名臣硕辅多出其门，学者称盛焉。自唐迄五季之乱，阒焉无闻。迨宋濂洛诸大儒出，阐天人，明性道，已抉发闳奥以示人。沿及明季，几于人拥皋比、家设坛坫，遂至门户立而攀附多、泾渭分而嫌衅起。然革命之际，其捐躯报国者，多昔年讲会中人，而论者乃谓明社之亡由于讲学，岂不谬哉？国初诸老讲会未息，而亭林顾氏独治经济考证，不为讲师。自考证之途开，学者祖许郑，宗孔贾，以汉学相高。就其善者，确能推究遗经，有当于实事求是之旨。及陋者为之，则捃摭细微、剿袭陈说以炫其博而已。然一二为宋学者，犹率为所掩，稠人广坐之中，往往不能一发其口，而讲道之风由是遂绝。要而论之，学必宗经，求义理于宋，求考证于汉，此不易之方也。谈义理者多空虚，攻考证者涉烦碎，此偏诣之失也。以义理为主，而本于躬行心得；以考证为辅，而治其典礼之大则：精粗贯而道器一矣！义理无穷，精于宋而尚有未发之蕴；考证至难，极于今而犹多未定之说。非得好学深思之士互相推勘，曷以得所至当哉？今约与诸生五日一会，以讲明经训，务集汉、宋儒之长，不苟为门户同异，庶于修身经世之道有所依据云。

征句容遗书启

夫立言贵能不朽，著书各具苦心，方其仰屋构思、怀椠记事，莫不冀登诸天禄、藏之名山，而年远世湮、风徽日沫，或罹水火，或遭兵戎，或弃掷于妇孺，或啮蚀于虫鼠，遂致书龂楗而莫守、元覆瓿以徒闻，泯灭沉沦，何可胜道！盖不独子山之集曾经屡亡、韩氏之文亦嗟久没而已。至如王隐撰史，见盗于虞；郭元注《庄》，实本于向；王士元之说，托亢桑之名；史孝山之文，载子孝之集：则掩袭伪乱之弊又复有焉。是以自昔令主有见于斯，为之下诏征求、就家写取，贮以秘府、校以名儒。亦粤我朝右文重道，超越前王，内则有词垣、四库之藏，外则有文宗、文澜之阁。焕乎炳乎，与三代同风！已然聚于上者，不虞其逸；而散在下者，莫必其存，况有使不值乎？陈农书未校于子政，倘或失之三箧，即难购以千金。夫统海内之群册，固已总置于兰台；而即一方之遗文，亦当分庋于横舍。博士守之，弟子观之，新故之交，按籍受代，庶几依孔壁之崇、逾曹仓之固。凡乐天藏寺之本、刘蜕埋冢之文、所南井底之编、梅涧窖中之橐，并可承以缃帙、表以牙签，无庸自惧销亡、故为缄密者矣！蒙猥以菲材司铎句曲，窃见此地为南都辅邑、西汉旧封，茅峰毓其英、华山发其秀，不特真仙隐栖之宅、实乃贤才著迹之区。由吴晋及唐，唐许则稽经嗜古，殷樊则染翰飞文，自是以来，代有述作。凡鸿篇巨制、小集短章，或已版行、或惟手稿，苟其有裨理道、不陟陂淫，当华实兼收、异同并录。乌乎！长卿遗札得之其妻，中郎亡书写其其女，况贤子名孙、良朋谊友，可不亟加编辑、勉付胥钞？真本自存，不虑河间之留取；副墨是进，何殊柱下之珍藏？而蒙复将于养花之余，勤落叶之扫，择其精粹，刊布于时。既可为先哲表彰，亦以令后来兴起。惟我同志，共鉴斯衷。此启。

荣辱说示陈生

陈生某以无辜辱于吏，愤而诉于余，余告之曰："是何愤为哉？自古英贤莫不能以忍辱为勇，大勇则能忍大辱，小勇则能忍小辱。张耳蹑陈余，使受里吏之笞，非教以忍小辱乎？矧今此之辱，又小于余乎？小辱以大荣而掩。生有令子，以经术文章登贤书，游于京师，名在公卿间。邑之人无不称愿然，曰：'幸哉，有子如此！'此其为荣也大矣，何小辱之足介意乎？且荣辱之途，视其人所自致。行谊无缺，为里党所敬，信不青紫而荣也；荡检逾闲，为士林之败类，不觿挞而辱也。若夫无故而得荣，世以为荣，君子不谓荣也；无故而得辱，世以为辱，君子不谓辱也。公冶长，圣门弟子也；越石父，齐之贤者也：皆困于缧绁，曾何足损其豪毛乎？生无得辱之理，余既知之，同学诸子无不知之，是正所谓'屈于不知己而伸于知己'者也，又何愤为哉？"生曰："然。"遂书是说以贻之。

与某生书

　　某生足下:闻生以争水道与某姓结讼,曾经前令亲勘,前后断案自为公允,而生讼仍不已,三年于兹矣! 原生之意,特为风水起见。此无论事属渺茫,借令有之,欲自获风水之福,而不许他家分水之利,是于理有亏,风水虽佳,亦不复能为福。昔朱子误断墓域与不直者,后重过其地觉之,向空而祝,一夕雷雨陷其墓,此明证也。生门户鼎盛,为一乡之望,县尊岂不肯稍为生地而反向意于某姓者? 惟欲祖护生以抑某姓,则生既有亏于理而官又失法之平,使某姓而服,犹为不可;况其不服,是争讼无了期也。圣人作《易》,于讼卦著"终凶"之戒,其初爻曰:"不永所事,小有言,终吉。"传曰:"不永所事,讼不可长也。虽小有言,其辩明也。"其上爻曰:"或锡之鞶带,终朝三褫之。"传曰:"以讼受服,亦不足敬也。"夫讼而胜,胜而至于受服,宜人情之所荣,而圣人以为不足敬,况讼未必胜、终讼又适得凶乎? 生不闻《国策》之说乎? 韩子庐者,天下之疾犬也;东郭逡者,海内之狡兔也。韩子庐逐东郭逡,环山者三、腾山者五,兔极于前、犬废于后,田父无劳倦之苦而擅其功。蚌方出暴而鹬啄其肉,蚌合而钳其口,鹬曰:"今日不雨,明日不雨,即有死蚌。"蚌亦谓鹬曰:"今日不出,明日不出,即有死鹬。"两者不相舍,渔者得而并擒之。世之两相讼者,至于破家亡产,而旁人得以饱其囊橐,曾何异于是? 抑此犹以利害言也。凡争者,细民之事;而让者,君子之行。故夫子云:"君子无所争。"虞、芮之君争田,入文王之国而化为让。东汉王烈,诸有争讼曲直,将质之于烈,或至涂而反,或望庐而还,其以德感人如此。今在学诸衿士,往往以薄物细故讼于公庭,礼让之道息而争竞之风炽,是教者之不德也。而县尊以生身列胶庠,究可以理喻者,不度蒙之不德,属为明白开导,故特移书言之。愿生破风水之惑、遵礼法之公、崇推让之谊,毋或终讼致凶,使他人坐收田父、渔者之利。此蒙区区相为之微意,幸高明思之。

既作书，从闻案已结，故书亦未致。以立言不必为一人，而自"圣人作《易》"以下云云，可以为健讼者戒也，仍录存之。

释　争

凡物有欲则必争，鸟以啄，兽以噬，蚑行、蠕动之属相持相拿。民之有欲甚于物，其并有争心也，亦奚怪？虽然，此凡民耳，宜不在士。士之所争，志行学问，与一世争，与千载争。其争也，反求诸其身而已。不此之务，而诡诡屑屑，乃或出于锥刀之末、筋豆之微。乌乎！由光薄天下，夷齐轻千乘，降至后世，犹朝有让爵、家有推产。而今日士之所争乃尔，不诚陋与？夫陋，非独士之过也，教官之咎也。终岁尸禄素餐，未尝一为诸士明廉隅、讲礼让。俾士至于此，士纵不自耻，教官能无耻乎？抑为之明廉隅、讲礼让，而德未孚于士，士亦若不闻。教官之耻，不滋甚乎？闻之古息争之道，有使人望庐而还者，有以田解其忿者，有为说《易》讼卦之义者。今教官不德，既不能使不言而喻，又恐言之不从，惟自引耻以释之。作《释争》。

谕止师弟相讼

盖闻"民生于三，事之如一"，明师以道义成己，其恩与君父并。是以古之于师，生则左右就养，没则心丧三年，患难之际，至于相死。乌乎，何其厚也！今世俗师弟，其所授受与古殊科。古人事师之礼，诚难望之于今。然即薄艺粗能，渊原之地，要不可忘，何至视等途人、加以凌犯乎？乃者数月以来，师之讼其弟子者凡三至矣！师道不立，而弟子之不崇事厥师已可概见。今将以法绳尔，则徒见怨雠，无益风义；不如以理谕尔，使各自寻思。夫倍师之陈相、学射之逢蒙，自童子束发入塾，即心知其非，奈何躬自蹈之尔？其念此，庶无开罪于师矣！而为之师者，亦宜自顾其名，毋挟一时之私恚，毋听旁人之唆激，令师弟之谊有始有卒，其所全不既多矣乎？

此谕出而三数年来,师弟之讼遂绝。人士之可以理晓,于此可见。戊戌夏,自记。

谕诸生

窃以士者,国之材、民之表也。士而不士,则国家何所资?横目之民何所仿效焉?是以朝廷建设学校,置之儒师之官,不徒课以文艺,并使之甄别优劣,以时申报而黜陟以行。盖秩虽卑,其所以责成之者甚重且巨。蒙莅任以来,闻兹邑士子多不修名检而尤贪图分外之财,或私相恐喝,或妄行讦告。夫士大夫之丑行,莫过以赃败。而今日之劣生,即他日之墨吏也。为朝廷计,诚宜预锄其根。即于于黉序,譬犹败群之马,岂圉者之所容哉?或者曰:"兹邑固多贫士。其所由至此者,殆贫累之也。"夫贫固难堪,然救贫之术在于循分。使其敦行谊、攻文章,里党敬之,友朋爱之,操觚之子从而师之,纵未免乎贫,其不至饿死也决矣!使其行谊不立、文章日废,为里党所非笑,中人羞以为友,后生畏以为师,是乃适自取大困耳,何救于贫哉?非直取困而已。至乃过恶彰闻,丽于罪网,重则被刑僇,轻则遭褫责,上贻父母之忧、下贻妻孥之耻。乌乎,是亦何取而为此?若近日以赃被责之某生等者,夫非尔诸生之炯戒与?《易》曰:"小惩大诫,小人之福。"其已败露者,诚能自悔自艾,痛改前非,犹未失为善类,而尤愿诸生重自爱惜、明经修行。今日在学为佳士,他日登朝为名臣,毋或自丧名检。前车既覆,后车不戒,复为某生等之续也。见近学使者按试之期,应奉文举报优劣,特开列条款于左。若者当为,若者当戒,而如某生等所为乃近事之可鉴者,故尤痛切言之。诸生其勉之慎之!

内仁父兄、外笃师友,遵守礼法、崇尚名义,操守洁白、才具有为,学问淹通、文章出众。

右优行格。士有百行,无或可缺。略举大要,余可类推。好修之士，不烦言而喻也。

父子别籍、兄弟争财，凌犯师长、蔑弃宗党，匿服赴试、停棺不葬，吞抗漕粮、包揽词讼，把持官府、武断乡曲，私相吓诈、妄行讦告，传卷代倩、冒籍顶名，涸迹优俳、屈身胥吏，博弈游荡、酗酒宿娼，设计陷人、匿名揭帖。

右劣迹格。言劣迹稍详，然亦不止于此，姑举示其凡尔。其中有情罪重大、即干详究、不止循例申报者，诸生等尤宜慎之，毋以身试！

附戒赌四言示：

士列胶庠，宜知自爱。窝赌某生，实为败类。搏颡求宽，夏楚以戒。七尺昂然，至此地位。亲戚友朋，胡颜相对。其他劣生，尚蚤改悔。傥蹈覆辙，更难容贷。凛之慎之，毋违此示。

谕止妇女观优乙未四月

闻之礼，女子十年不出，妇人送迎不出门，案：丧礼，妇人迎客、送客不下堂。若夫人吊，则主妇下堂至庭。夫人退，主妇拜送，亦止于寝门内。见兄弟不逾阈，有事而出则拥蔽其面，盖所以绝邪视、存廉耻也。今乃涂脂抹粉，登楼观优，累百成群，昼夜杂遝。《易》曰"冶容诲淫"，此之谓矣！而家长、夫男恬不为怪，风俗至此，尚忍言乎？本学虽不与民事，实有主持风教之责，不得置若罔闻，而禁止之权不在于学，徒欲以空言相晓，诚知其难也！然无知之徒非特不从，且将以本学为多事。至读书明理之人，必能深体此意，以自顾惜颜面。父戒其女，夫止其妻，子谏其母，遇乡里不识人并互相譬解，使积久弊俗以渐而变，本学有厚望焉。故不惮言之谆谆，且编为韵语附后，令读者易知云。

妇女观优，出头露面。狎邪之徒，左顾右盼。

游惰俗成，廉耻道丧。夫男面目，何处安放。

秉铎之官,职司风教。士民一体,痛切相告。
主此洋楼,有衿有监。宜速改图,毋违明禁。

又谕观优妇女

本学谕:止妇女入庙观优,原欲为有门第之家存体统、养廉耻耳。今主洋楼诸衿士既深体本学之意,不复敛钱给牌,洋楼亦遂掩闭,度名门眷属断无来此者矣。而楼下仍尔纷阗,大都系小家妇女。窃以朝廷令典,凡贞女节妇,无分贵贱,虽属婢妾,一体旌表。尔等家虽小、夫男虽微,亦当知自爱自重。所不足复论廉耻者亦有其人矣,然不愿尔等效之也。本学以此谕尔,谅非尔等所喜。然非本学故违人情,正是爱惜尔等,欲尔等人人顾惜颜面,为良女善妇,尔等毋恨毋怨。

谕止演淫盗诸戏丙申四月

为谕止演淫盗诸戏,以正人心、以消乱萌事:盖闻圣王治人性情必以礼乐,礼起教于微眇,而乐之感人尤深。优戏亦乐类也,演忠孝节义之事,则愚夫、愚妇亦感激奋兴,或叹息泣下。是有司教化之所不及施者,优戏能动之也,虽谓胜于古乐可也。演夭冶亵狎之状,则静女、良士亦荡魂摇魄,不能自主,私奔苟合之丑往往繇此而成。是有司刑禁之所力为防者,优戏能败之也,是甚于《郑声》之乱《雅》也。且演戏以乐神也,神聪明正直,岂视邪色、听淫声也者? 非直不视不听而已,必致反干神怒。凡水旱疠疫之不时、祈祷之无应,安知非淫戏渎神之所致哉? 或者谓,有元黄之正色,不废红紫;有松柏之贞姿,不废桃柳。凡忠孝节义与夫男女之悲欢离合,须相杂而成文,岂其事涉风流,在所必绝? 然如《折柳》一曲,夫妇依依恋别,能增人伉俪之重。仆婢相窥,不及于乱。此所谓"发乎情、止乎礼义"者也,何不可娱心意、悦耳目而乃必跳墙庙会、卖胭脂、备诸秽态乎? 古者,淫声凶声有禁,而当今功令,《水浒》一书亦在禁限。盖观《水浒》者,至戕官篡囚,辄以为快,不知上下有定分乃天经地义。父虽不慈,子不可忤;官虽失德,民不可犯。宋江等三十六人横行天下,一夕尽为张叔夜所杀。载在正史,凡为不轨者可以鉴戒。今登场演《水浒》,但见盗贼之纵横得志,而不见盗贼之骈首受戮,岂不长凶悍之气而开贼杀之机乎?案:优伶为本学所统管,凡有点淫盗诸戏者,仰班头即请更换。尔士民亦宜慎择之,以助本学正人心、消乱萌而迓神贶,是所厚望。

谕望仙诸乡民

句容儒学教谕张,告尔望仙诸乡民:乌乎! 民心之不靖,事变之所从生也,岂独司牧者之忧,惟尔民亦何利焉? 句容为金陵辅邑,天子重臣之所统理,教泽之所沾被。其地山高而土厚,民多务本力穑,非有水陆交会、五方杂处、吡言异物之乱其耳目,以故风气素号敦朴,崇礼让,耻争斗,敬爱官长,岁时输纳租赋而听从其条教。凡令斯土者,亦乐其民情之易治焉。数十年来,乃大不如昔。其始,一二奸民诳诱乡间,私立规约。至党羽渐多,遂恣为不轨,与官长相抗,而于征漕时为尤甚。如去年东门外聚众之事,幸前令以宽容济之耳。设竟驭尔以正法,尔等将更加猖獗乎? 上有大吏,不能移重兵以讨尔乎? 而尔等安所逃其罪乎? 事虽已往,每一念之,犹为尔等寒心。兹惟新令刘侯以实心行政,恩威兼施。梗化之民,度必望风知惧。乃近闻尔等不自悛改,复传约敛钱,为挟众抗官之计。则前令之宽容断不能再得于新令,而尔等去年幸免之罪必卒罹于今日。方今时和岁稔,粟充于室,稿积于场,壤翁辕童,婆娑娱戏,下至鸡犬之微亦得以自若其性。此盖圣天子仁心爱民,有司奉宣德意,不为苛虐,用能感召休征,俾尔等以长以育,不至饥寒困苦是患。稍有知识,宜益思趋事赴功、尊君亲上,尽区区报答之心。今则不然,反欲恃其强力,妄启衅端。不知上下有名分乃天经地义,岂容干犯? 倘事一决裂,势必追捕四出,囚满图圄,小者流徒、大者斩斫,父母抱痛而莫回、妻子号哭而相诀，生为不法之民，死为无名之鬼。如往年湖州犯事之陆名扬、常州犯事之庄午可者，前车不远。彼为首之人自投罗网，其祸败固宜。独附从良民甘为株连，至以身家相殉，甚为尔等不取也。教谕不与民事，而系官于此，即休戚相关，不忍坐视尔等之迷罔以陷于大戮，故不惮先事剀切言之。至于庠序之士，读书畏法，谅不至溷迹其间。而化导乡民，尤易于听信。谕到，宜转相诵说，为之明义理、陈利害，告以新令之威德，使怀不靖之徒洗心易虑，于以散私党而弭乱萌，诚不胜大愿！

前谕出不数日，而事已发矣。首恶许某逸去，余党颇肆猖獗。复作韵语以谕之：

朝廷设官，作民父母。孰非赤子，良不尔负。
尔有争竞，待官剖决。尔有冤抑，待官申雪。
尔被盗贼，待官捕诘。尔遇凶荒，待官振恤。
如何尔民，不知关切。欲兴蚕桑，欲教织布。
刘侯拳拳，心为尔注。买蟱百石，钱七百贯。
惟侯捐廉，惟尔弭患。如何尔民，若罔闻见。
开仓征粮，千车云聚。尔固勤劳，侯更烦苦。
厫舍漕艘，其费繁浩。惟侯一身，赔累不小。
如何尔民，全未明晓。青山之案，法当剿捕。
侯恐兵来，合村遭祸。缓追密拿，全活无数。
被侯大德，谅宜感悟。凡民之性，非虎非狼。
各有知觉，各具天良。敬爱官长，是明道理。
体贴官长，是识事体。布散揭帖，阻绝柴米。
聚众毁屋，定律当死。如何尔民，犯法至此。
念尔乡愚，实由未教。是用四言，剀切相告。
读书识字，村必有人。宜相辨告，比户使闻。
当此丰年，各享乐利。毋助为非，自取咎戾。

丰备仓劝捐册序

义仓之设，昉自隋唐，即《周官》"遗人掌委积，以待凶荒"之意也。夫岁收浩穰，即中下之户，敛其赢余，亦不为病。及至隔并屡臻、谷价翔贵，虽有田连阡陌、家拥仓囷，而一闻劝分之令，迟回顾惜，亦何怪焉？义仓法，聚之有余则轻之日，散之不足则重之时，贫人还自取资、富者免复捐振。其为计至便而为利至普，此自昔贤士大夫所为留意于斯也。宫保长沙陶公，以硕德伟略持节两江，政平刑清，民用大服。曾于道光四年，奏令州县各立义仓，名以"丰备"。而句容岁比不登，有司承牒已久，迄未举行。至十有六年，麦禾大熟，于是前令钱侯、署令张侯议于东城督学行台故址建立仓舍，任训导陈君、典史方君以事，逮藩州刘侯至而功告竣。自是近郭之民捐输有所，凶荒有赖，而穷乡老弱不能扶携数十里以受升合之糈。是宜酌路之近远、乡之小大、户之稠稀，或分或合，各自为仓以储，就近振贷。刘侯乃复移札属余与诸衿士图之。时余方修宣圣礼殿成，余工犹环集。既未暇遍历村落，与乡人士谋；欲招之会议，亦往反为劳，或竟裹足不至。不如先下札相晓，兼颁布规条，俾自相商度，则必有存心济物之君子慨然奋起，上以体宫保爱民之衷，下以助成刘侯善政，为乡里兴无穷之利，不待督促而趋，令恐后者矣。于是上书宫保，请颁所为章程告谕以寄刘侯。刘侯因请其元版重印数十百本，辅以谕帖、印簿，由学而下诸乡。而余复序其意簿首，以为乡人士劝焉。

　　既成此序，会刘侯去，事未果行。嗣署令嘉禾钱侯至，关心民瘼，方重议是举，辄又移治它邑。姑存序文《录》中，以俟诸异日。

蚕桑要法序

凡种植之宜视乎土，惟桑则无不宜。《禹贡》之言桑，如兖如青；

而徐、扬、荆、豫贡篚所充，皆非蚕桑不办；其不见者，惟冀、梁、雍三州。考之于《诗》，唐、魏在冀，豳、周、秦在雍，其地皆宜桑，《豳风》其尤著也。夫冀以帝都，不言贡。雍有蚕桑之饶，而贡不以其物，岂非其利？自周家开之，而前此尚未有与？后世史传所称循吏，如龚遂之于渤海、黄霸之于颍川、茨充之于桂阳、张堪之于渔阳、王景之于庐江，无不劝课蚕桑，为民兴利。句容，扬地也。其邻县如溧阳、上元，育蚕之盛，几与浙中、吴下等。独兹邑民多惰窳，妇女习于游观；荒原旷土往往而是，而不知所用。余方以为念，会海城刘侯以名进士来令于斯，锐意更化，谓民生之匮乏，非有以裕之，则教无所施也，特手录《种桑养蚕法》以示余。余以蚕桑之法，元司农司《农桑辑要》详矣；而《蚕桑杂记》一卷为德清陈白云先生所以课合肥者，事由亲历，为说简明。因取以贻侯，而侯复属余重加编次，俾览者易知。乃即事之先后分合移置，节附侯所录数条，为种桑之法九、养蚕之法二十一，总名为《蚕桑要法》，以复于侯，梓而颁之。乌乎！愚民可与乐成、难与图始，行之以果力、要之以久道，使他日征土宜者谓句容之有蚕桑自刘侯始也，是则邑民之大幸也夫！

　　会刘侯去，此事竟未举行，惜哉！

捕蝗记

　　道光十有七年夏，句容东、北二乡蝗虫滋生。初细如蝇，已能跃。邑令刘侯与余迭赴乡勘视，令村民扑之不尽。或谓蝗生于旱，得雨可灭。侯即结坛以祷，久之乃雨，又连日大雨如注。而蝗日繁衍，向之能跃者且长翅而飞矣！方未得雨时，侯已捐廉以倡，又集盐、典商劝助钱数百缗。先召各图粮长，人给钱数缗，俾之购捕。旋议，令民应输平粮一斗者出钱二十，能捕蝗二斤者免；若所捕赢于令，则官论斤给钱。至是，遂于北乡之仓头镇、东乡之陈武庄各设公局，两校官主之，又于城中设一局，典史主之，而侯与丞往来巡视。时余主东乡局，襄事者为陈生辅、怀珍煃，裔生光祖。先累甃置一大镬，有以蝗至，则煮而埋之。东乡民素刁悍，或抗不应令；或取已埋之蝗以充数，臭秽不可乡迩；又或囊其蝗，搅以泥土，发而视之，则蝗乱飞跃，不可捕。余乃或诃之，或拘而罚之，其如令者嘉奖之，计二十余日，凡收蝗几六万斤。合诸北乡及城中二局，所收约十余万斤，而句容之蝗尽矣！余观前史备载蝗患，其甚也至群飞蔽天，草木皆尽。今句容之蝗，赖刘侯以灭，讵非斯民之幸与？而刁悍之民犹复尔，为有司者不其难与？先是，去秋飞蝗过境，不害稼，独遗子而去。侯初至，即捐廉俸钱七百缗，于龙潭司及余学署设局收买蝗子，至一百余石。今夏，蝗犹繁衍如此。向使留此一百余石之蝗子于土，至今化而为蝗，其为祸可胜道哉？然则刘侯买蝗子之功，视捕蝗为尤巨。余既欲乡民不忘刘侯之功，而襄事诸生之不辞劳瘁，功亦不可没，且欲后来者之有所法也，遂为之记。

附纪事诗四十韵

去秋蝗过境，遗种盈千塍。贤侯割廉俸，搜抇如邱陵。惜以贼民起，时有东乡民滋事之案。未使余孽清。今夏适伤旱，蠢尔遂相乘。初生仅似蚁，稍长乃若蝇。未可辨王字，陆佃云："蝗首腹尾皆有'王'字。"已自得横名。《演春秋繁露》云："俗呼横虫。"从类齐趯趯，《诗》："喓喓草虫，趯趯阜螽。"郑云："鸣跃之相应，其天性也。阜螽即蝗。"为奸异冥冥。《尔雅》："食苗心螟。"李巡云："言其奸冥冥难知也。"余岂捕蝗使，代侯一郊行。盥沐假田舍，焚扑劝耕氓。竭日冀少杀，越宿又繁兴。侯谓人力屈，应乞雨师灵。结坛集法侣，斋心讽道经。拂拂旛影动，霭霭香烟凝。徒步同僚属，拜跪肃阶庭。雨未下涓滴，蝗已将飞腾。蔽天势可虑，害稼祸不胜。急拟召粮长，非钱难使令。捐廉更首倡，乐输赖众擎。论斤先给价，每斤十钱。计亩还责成。区画计已定，呼祷心仍倾。我观鲁麟史，纪螽及蝝生。贪虐泊所戒，乞贷亦非应。《汉书·五行志》：

"刘歆以为,贪虐取民则蟊。""刘向以为,哀用田赋,比三蟊,虐取于民之效也。"师古注:"蟊即阜蟊。"又:"董仲舒、刘向以为,蝝,蝗始生也。宣初税亩,乱先王制而为贪利,故应是而蝝生。"《尔雅》:"食苗叶,蟘。""蟘",通作"螣",蝗也。许慎云:"吏乞贷则生螣。"又考汉循吏,卓卓著奇征。中牟既不入,密县界独宁。昔侯官山左,治与恭茂衡。今侯来句曲,重得仁廉称。蝗岂随斾至,或讥王荆公诗云:"惟有飞蝗感盛德,又随钓斾过江东。"患适下车丁,苍昊鉴匪爽,感格理可凭。始觉炎曜隐,旋见阴云升。池波乱激矢,檐溜直县绳。蝗性闻属火,乃本阳气赢。郑康成云:"螟螣之属,盛阳气赢则生。"既伏晨露重,尤畏暑雨零。溃腹有同病,烂翅无群夢。四野尽荡涤,百物方滋荣。犹念旬日来,待泽各屏营。侯固焦劳至,余亦忧闷并。求润础屡验,望气台常登。中夜或起视,似闻风雨声。余有耳鸣疾,或如风雨。天灾幸既弭,人祸良当平。聊成五字咏,喜志一时情。

宋淳熙二年,亳州蝗生,过雨而死。三年,淮北飞蝗,楚州、盱眙军界如云阵、风雷者逾时,遇大雨皆死。捡《文献通考》,蝗遇雨而死仅此二条。此诗初得雨时作,后竟不验。附录记后,以见天不可徒恃而人力宜尽云尔。

容山教事录书后

　　吾闽侯官谢退谷先生《教谕语》四卷，海内文宗咸以为教士良规，浙江、江右、陕西、粤西皆刊行。去冬，太守李公举其书以示江宁王邑侯，侯称善，许为重刊，寻摄他州去，未遑及。《容山教事录》，震泽张渊甫先生所著也。彝襄在京师，素闻先生名。去冬，因太守读是书，乃知秉铎句容，近在吾郡者有年矣。今秋，以试事来省垣，亲炙之，则蔼然粹然，醇儒也。尤邃《三礼》之学，著述甚富。近纂《宗法通考》，稿尚未竟，事毕归，适嘉兴钱小山大令任县事。大令前摄江浦，有贤声。兹任句容，下车与学博率士民筹积贮，并捐刊是书，委为校字。以彝老大无成，实愧斯役。大令汲汲吏事，首务教养之政，固其家传治谱，而学博之书将与谢先生并传。他日，士习端而民风醇，化刁顽为谨愿，斯刻之功岂小补哉？爰乐为书其后。戊戌九月廿六日甲子，金陵陈宗彝识于独抱庐。

容山教事录跋

学博张渊甫先生《教事录》一书，皆本《大学》以为言。其间如讲经要诸修身，谕讼期诸无讼。禁淫盗诸剧，即正心之的也；止妇女游观，即齐家之准也。杂说数条，首重廉耻，即慎独之功；利民要务，讲及蚕桑，即生财之道也。他如《捕蝗记》《义仓议》数则，推其作用，有佐治平，区区尽秉铎之职云尔哉？昔宋儒《大学衍义》一书，本其条目，列以时事，谓有裨于身心实学，足为千古求治者金鉴。学博更以切要之事，为庸近之言，俾愚夫、愚妇亦得共循大义，则教泽之涵濡者，正不独为一邑士子大其裁成已也。今天下不率教者，往往以儒为戏矣！而独怪身列庠序之中者亦或诬其师长，谓教官之职无关民社，所尽者不过曰教耳教耳，不知"教者，治之所由出也，亦以救治之所不及"也。余以承乏斯邑，未谙治理，深幸先生之有以教我。尤愿此邦人共受其教，良者自爱，莠者自愧，薰其德而乐其成，则斯《录》也不将与西山所著并传哉？嘉兴钱燕桂跋。

训士琐言

牛振声撰

训士琐言

九月朔，余戒饬一不应课士子，观者如堵。戒饬毕，余问曰："汝即是天，汝信之乎？汝有一物可以全天、合天而与天为一，汝信之乎？"不答。又问："汝心有仲尼，汝可为尧舜，汝信之乎？"不答。"'天地之性，人为贵'，贵处何在？'人为万物之灵'，灵处何在？'惟人也得其秀而最灵'，最灵处又何在？"仍不答。余因问："我该课汝否？"答曰："该。"问："何以该？"答曰："老师职司教谕，理上该课士子。""汝该应课否？"答曰："该。"问："何以该？"答曰："士子功课全凭老师督帅，理上该应。""不应课该打否？"答曰："该打。不打，则人人效尤，旷废学业，大干例禁，老师与门生均有应得之罪。"余曰：

> 汝心上件件明白，件件皆曰"理上该"。此即"汝之天"，即"汝之与天合一"，即"汝心中之仲尼""可为尧舜"，即"汝之贵"，即"汝之灵"，即"汝之最灵"也。今日之事，不但生一人以为理上该，即环观之众人亦莫不以为理上该。此亦"众人之天""众人心中之仲尼""众人之可为尧舜""众人之贵""众人之灵""众人之最灵"也。生既知理，余与生论理。理非他，乃天之所以为天也。生与众之不谋而合、皆以为该者，乃生与众人心上固有之良知，昭昭灵灵、光光明明，停停当当、现现成成，不待安徘、不本学虑、不由思勉。是者，即以为是；非者，即以为非；善者，即以为善；恶者，即以为恶。如镜之照，不迎不随。当恻隐即会恻隐，当羞恶即会羞恶，当辞让即会辞让。《中庸》之所谓"性"、《大学》之所谓"明德"，即是此物，乃人之所得乎天，而为虚灵不昧之心，人心即

天心也。惟人心即天心，人心之所是即天心之所是，人心之所非即天心之所非，人心之所谓"善"即天心之所谓"善"，人心之所谓"恶"即天心之所谓"恶"。本心而行，即本天而行。率性，率此也；明明德，明此也。未发谓之中，天下之大本立；既发谓之和，天下之达道行。一时如此，便是一时的圣人；一日如此，便是一日的圣人；终其身常常如此，则全是圣人，与天为一矣！至于与天为一人也，即天也各有仲尼、可为尧舜，不信然乎？不但此也，圣为天口，凡经传所载，圣人之使人法即天之使人法，圣人之使人戒即天之使人戒。古之君子圣人之言与天命同畏，其即此意乎？且不徒畏圣言也。《书》曰："天视自我民视，天听自我民听。""天聪明自我民聪明，天明威自我民明威。"小民之视听、聪明、明威即天之视听、聪明、明威，帝王不敢不畏；众人之视听、聪明、明威皆天之视听、聪明、明威，吾人敢不畏乎？《诗》曰："敬天之怒，无敢戏豫。敬天之渝，无敢驰驱。昊天曰明，及尔出王。昊天曰旦，及尔游衍。"古之人或顾误天之明命，或天命自度，或小心翼翼、昭事上帝。敬事即以敬天者，惟恐其得罪于天也。今吾人欲不得罪于天，不妨即祈监于天。每旦仰天叩拜，即矢此日依著吾心之良知而行，分毫不敢自昧。良知之所谓"善"，著实好之，好之而务求必得，如《毋自欺章》之"如好好色"；良知之所谓"恶"，著实恶之，恶之而务求决去，如《毋自欺章》之"如恶恶臭"。时时检点，刻刻体认，自一行一言以至一念，总以不自欺良知为主。至晚仍再拜告天，默绎此日心思言动有无自欺。有则长跪自罚，翻然力改；无则振奋策励，继续弗已。终日钦钦，对越上帝，自无一念一事稍有纵逸。如是，则人欲化为天理，身心皎洁，乃有以全乎天之所以与我者，方不得罪于天。慎独而慊慊，以此也；时习而说说，以此也；诚身而乐乐，以此也。今日俯仰不愧，广大宽平，在世上为贤圣；他日精诚不散，聪明正直，在冥漠为神明。存顺殁安，何快如之？奈人溺于声色货利、富贵功名，夺于艰难险阻、贫贱忧戚，纽于安常习故、苟且因循，遂自昧知、遂自欺天，无论其他。即如生从前若依今日知到理上该打之良知，而行何至于斯？生自此以后事事务遵余今日良知之谕，自无邪可闲、无过可改。孔子曰："苟志于仁矣，无恶也。"仁即是天，天即是知。苟志于此，行止坐立尽在觉中，匪僻之念从何而起？余尝有句云："最上工夫在志仁，欲仁仁至恶难侵。作人若不识头脑，强制纷纷枉费心。""最上工夫在志仁，欲仁仁至恶难侵。良知一点即头脑，倾刻立还太古心。"省克之功，莫捷于此。"告天"一段，乃余平日所服膺二曲先生之教。刻下从余居游者，皆令遵此，颇于身心得力。生再能转相觉导，使闻此说者皆能不昧天良，所谓"救得人心千古在，功名直与泰山高"，又云"只此心中便是圣，说此与人便是师"者，于生有厚望焉！

讲毕，众皆称快，余因借以勉众曰："此不独士子宜然，凡农工商贾、快皂藏获、妇人女子亦莫不宜然。盖人皆有心，心皆有知，知即是天。不昧知即是不昧天，不昧天即是作善，作善天必降祥；昧知即是昧天，昧天即是作不善，作不善天必降殃。人人皆天所生，心之知皆各人带来之天。人能不欺其知，各全带来之天，便是全受全归。"众大悦，余因约其语，赠俗言二绝云："知善知恶即是天，为善去恶天即全。明知明昧天良丧，梦死醉生实可怜。""知善知恶即是天，为善去恶天即全。明知明昧天不恕，身受灾殃谁可怜。"又有句云："独知独觉是天光，个个人心有太阳。纵使层云密密布，本来离照自辉煌。""本来离照自辉煌，何事掩遮兼盖藏。莫若纤尘全扫却，光华复旦颂无疆。"众欢欣而退。生又请曰："方策何以未明言'文王小心昭事'之事？"余曰：

　　仁敬孝慈、惠鲜怀保、伐密伐崇等事，皆无非上帝之事。文王皆以敬缉熙之，非小心昭事而何？岂惟文王？舜曰："咨，汝二十有二人，钦哉，惟时亮天工。"《皋陶》曰："兢兢业业，一日二日万几。无旷庶官,天工人其代之。"且叙曰"天叙",秩曰"天秩",命曰"天命",讨曰"天讨"。《易》言:"先天弗违,后天奉若。"《说》言:"惟天聪明,惟圣时宪,惟臣钦若,惟民从义。"《周礼》,天地春夏秋冬皆以名官,而总归于"寅亮天地"。推之,人人各有职业,无大无小,皆天之事,皆上帝之事。但能兢兢业业、一一无旷,便是"小心昭事"。即本学今日,每月必有课,不应课即打、不受打即革,皆无非上帝之事、皆无非昭事上帝之事,而劝戒谆谆,不辞劳苦、不惮辞说,明伦堂谕帖贴满、四乡城传谕纷纷。每遇讲圣谕外,取经书要义及圣贤格言,详细指说。又每月初五、二十,约爱听理学者多人,依古人讲学之法讲之,非兢业小心而何? 不观伊尹之言乎? "天之生斯民也,使先知觉后知,使先觉觉后觉。"夫以知觉为天所使,则明伦堂即"亮天工"之地,教官即"亮天工"之人。余尝有句云:"明伦即是亮天工,位育经纶在此中。若向此堂勤课讲,内圣外王思孟同。内圣外王思孟同,良知一点帝天通。不于此处加思省,支吾外面终无功。"余虽无觉人之学,而职任司铎,实有觉人之责。能觉人,则不负天之使而为天所喜;不觉人,则大负天之使而为天所怒。余不畏知,余不畏天乎? 夫又何疑于文王?

生跃然,曰:"生虽不敏,请事斯语,更使与生居游者皆事斯语! 再恳老师,于遍谕乡城士子外,附此说于《节孝汇编》之后。俾节妇、贞女、孝子、义士之家皆事斯语,不尤为风教之一大助乎?"余亦跃然,曰:"生能如是,是天下之大勇也! 生又望人人如是,是天下之大义勇也! 以此终《汇编义勇》之末,不徒昔之勇烈、节孝不得专美于前,人人尧舜、个个仲尼,其在兹乎?"遂不嫌支冗,毅然而附之梨枣。

　　迩来应课者不一,其人询及《中庸》之"性"、《大学》之"明德"在自家身上为何物,当下为余指点亲切。竟瞪目,千思万想,半晌,不能发一解,再问:"为子该孝、为臣该忠、为弟该悌、为友该信否?"答曰:

"该。""见宾该敬[1]、奉祭该诚、有善该迁、有过该改否?"答曰:"该。"
"贼不该作、诳不该说、天不该欺、财不该贪否?"答曰:"不该。"冲口而
出,其应如响,不烦思索。再问:"汝此时之随问随答,是汝身之何物
作用?"则又茫然。余曰:"此即汝生来天所与自有之良知,《中庸》之
'性'、《大学》之'明德'皆是此物。知之而即行,一毫不敢自欺,即是
率性,即是明明德。"闻者莫不言下大悟,如梦得醒。"噫! 身为秀才,
所学何事? 读书数十年,而自己认不得自己,与蚩蚩之氓何异? 本学
职任司铎多士,于固有之物,昧昧如是而听其自然,仅以课诗文塞责,
天良上如何过得去? 如何对得住官名'教谕'、人称'老师'? 惟是践
履弗实、道非心得,言之不能亲切有味,兼之以苦心为分明之故,致令
冗长凌乱,未克言简意该、层次井井。阅者恕其狂愚,谅其苦衷,于前
谕个中消息实实默验于心,扩而充之,转相印证,俾人人各寻主人、各
识头脑、各全本来面目,则本学受赐多矣!"或曰:"此学不讲已久,谕
示一出,势必毁谤日增,甚至诬骂,目为怪物者纷纷。"余曰:"诚如所
虑,程朱不免,何况庸陋? 如不肖,反己自尽,作为良师益友之箴规
可也。"

一日,有诸生数人来学,请曰:"老师言'人之心为天,人之事皆
天',人之身岂不居然一天乎?"余曰:

> 《书》言:"惟皇上帝,降衷于下民,若有恒性。"《诗》言:"天生
> 蒸民,有物有则。"夫恒性为帝所降,物则为天所生。人之一身,
> 非天而何? 二曲先生亦曰:"人之一身,皆天也。目之视、耳之
> 听,手之执持、足之运奔,孰为之哉? 自然而然,莫非天也。入宗
> 庙而生钦,过墟墓而兴哀。知孝、知弟、知仁、知义以至应事接
> 物,皆非人为。事至念起,自有照应。不学不虑,本至浑然,参以

---

① "答曰该见宾该敬",原作"答曰该见宾敬","该"与"见宾"之间有对
调号。

人为则伪矣,故'伪'字从'人'。昔象山门人侍坐于象山,象山起,门人亦起,象山笑曰:'还用安排否?'此正所谓'不学不虑'之实、人心本有之天也。"观于此言,人不以天待身,便是弃身,便是弃天。

又曰:"老师所言'精诚不散,在冥漠为神明',恐未必然。"余曰:

　　此二语亦二曲先生之言也。先生尝论颜子之寿,曰:"颜虽三十二而亡,而有不亡者,一念万年是也。《召诰》曰:'天既遐终大邦殷之命,兹殷多先哲王在天。'《诗》云:'文王在上,於昭于天。……文王陟降,在帝左右。'又曰:'世有哲王,三后在天。'又云:'秉文之德,对越在天。'知此,则知颜子矣。若谓形亡神灭,则《诗》《诰》及周公'不若旦多材多艺,能事鬼神'之语皆诳语矣,曾谓圣人而诳语乎哉?"又何疑于"冥漠为神明"之说?

又有问者曰:"谕中'性'与'明德'均指良知,亦有据否?"余曰:

　　有。昔有人问二曲先生"识性方能率性"者,先生曰:"识得识是谁识,便识率是谁率。识得良知,即是性;依良知而行、不昧良知便是率性,便是道。知良知之在人未尝须臾离,便知道原未尝须臾离。形虽有不睹、不闻之时,而良知未尝因不睹、不闻而少离。所以'戒慎恐惧'者,不使良知因不睹、不闻而少昧也。迹虽有隐有微,而良知昭昭于心目之间,见莫见于此,显莫显于此。自省自惕,自葆其知,斯不愧天知。"又曰:"天与我此性,虚灵不昧,无须臾之少昧;天昭鉴我此性,凛凛在上,无须臾之少离。虽欲不戒惧,得乎?"昔有人问"明德与良知有分别否",先生曰:"无分别。使知而不行,是明而不德,不得谓之良;徒行而不知,是德而不明,不得谓之知。就其知是知非、一念炯炯、不学不虑者而言，是谓良知；就其著是去非、不昧所知、以返不学不虑者而言，是谓明德。曰良知，曰明德，一而二、二而一也。"又曰："明德即心。心本至灵，不昧其灵，即是明德；心本万物为一体，不自分彼此，便是亲民；心本至善，不自有其善，便是止至善。"又曰："明德之在人，本与天地合德而日月并明。顾自有生以来，为气禀所拘，为物欲所蔽，为习俗所染，遂昧却原来本体。"

又请曰："老师'告天'一段必归本《无自欺章》，如何？"余曰：

二曲先生有云："自欺与不自欺，君子小人之所由分，即人魂之所由分也。不自欺便是君子，便是出鬼关、入人关；自欺便是小人，便是出人关、入鬼关。人若俯仰有愧、自昧天良，便是终日在鬼窟里作活计，尚得谓之人乎？人鬼之分，不在死后生前，日用便见。"又曰："纵心于幽独，自谓无人闻见。不思人即不见不闻，而天之必见必闻，未尝不洞若观火。故一念之萌，上帝临汝；一动之非，难逃天鉴。人惟忽天、昧天、不知天，是以欺己、欺人无忌惮。诚知上天之降鉴不爽，则凛然日慎，返观内省之不暇，又何至仲节昭昭、堕行冥冥？"又曰："大庭广众则砥躬砺行，闲居独处即偷惰恣纵。迹然而心不然，瞒昧本心，支吾外面，是乃小人之尤，身未死而心先死矣！虽然衣冠言动，其实是行尸走肉。"

又请曰："天工固不可旷，然必有伊尹之遇，而后得以斯道觉斯民，否则不尊不信。不信，民弗从。"余曰：

昔有以此言问二曲先生者，先生曰："只患不觉。果能自觉、觉人，遇不遇非所论也。王心斋一盐丁耳，偶有悟于圣贤之学，以先觉自任，挺身号召，随机开导，万众咸集，人人意满，虽皂隶、藏获莫不欢若大梦之得醒，初曷尝借名位？罗近溪生平刻意觉人,孜孜若不及,晚年犹携门人走安成、下剑江、趋两浙、游金陵,所在提撕,竭唇吻而不倦、老将至而不知,亦何尝有伊尹之遇耶?"以上皆二曲先生《四书反身录》中语也,愿与诸生将此语皆反诸身。

诸生闻余言,若各有所得而去。余又备录之。

附录 《牛泾村遗著三种》序文、目录、小传

孙敦曾《牛泾村遗著三种序》

吾友泾村,谕乐城,以教化为己责。凡所以正学术、端士习、厚风俗者,莫不汲汲求之。请于贤令尹李惺夫明府,采邑之勇烈节孝者汇为编,俾家传户诵,以牖其向善之心。犹以为未足,既复择往昔节孝行实数十则,后又以先儒语录,为《省克捷诀》,何其教思之无穷也?尝见村夫野老、妇人孺子,或观场暨谈义烈事,辄感慨欷歔、如身亲之,甚至涕泗滂沱、不能仰视。此其良心之发见然也。夷考其行,则犹未免为乡人也。抑又何欤?人虽昏庸暴戾,本心未尽泯灭,有触斯动,其发也几希,不能省察克治、保守而扩充之,故旋为嗜欲汩丧耳。是编事皆切近而语浅易,读者因其感奋之机服膺而力践之,处顺则勉为庸德,遇变则舍生取义,无浮慕亦无矫激,岂曰植纲常、扶名教?即圣域贤关,亦以是编为阶梯焉!我朝大化翔洽,学校如林,司训谕者闻泾村之风,人思尽职,不第游胶庠者为醇儒,将黎民于变三代之麻风,何难再见今日哉?道光丙午冬十月朔,濒阳孙敦曾省之氏谨序于汉南书院。

刘煦《牛泾村遗著三种序》

古无以"教"名官者。虞廷命官,司徒一职专言敷教,实为教官所自始,盖无人不在所教之中焉。《周礼·地官》宾兴三物,咸属犹此意。迨后世学校,隶诸宗伯,虽学设专官,而所教不过胶庠之俊秀。其于比户编氓,势无由及,则其教反隘。然如乡饮酒礼及举报孝子节

妇等事必由学申详，则谓学博之官只以督责青衿弟子而百姓不与者，非也。特自教官之职不明，则即在学生员尚不能实心牖导，其他抑又何说？又其所教者，总不离乎记诵词章之末，而身心伦常懵焉无闻，即教亦仍无足重。此皆教职不明之过也。泾村先生司铎乐城，毅然以教化为己任。所辑《勇烈节孝汇编》，余既为叙其简首，而先生犹以为无所法守，虽志士，蔑由兴也。爰类集古今之嘉言懿行，条各系以发明，又附以《省克捷诀》，俾咸知从入门径，而终之以与诸生论学诸说，以明天即在人、尽人即所以事天。此其用意笃厚，实欲人人共勉为圣人、贤人，而不徒为黉序之士导迷津。或者河汉其言，谓寻常俦类，奚可动言希圣、侈谈达天？不知人同此心，心同此理，天人一气，言大非诬；人可尧舜，心有仲尼，反身具足，不待他求。而其不明不行之故，厥病有二：一在自暴，一在自弃。自暴者，妄为尊大，不畏天命，敢侮圣言；自弃者，甘心菲薄，同流合污，自绝于天。二者虽殊，而其隐锢之积习，总因不便于己私。此正孟子所谓"道在迩而求诸远，事在易而求诸难"、昔贤所谓"过与不及皆无忌惮之小人"者是也，亦何怪其于先生婆心苦口、直倾血诚之言充耳罔闻而莫之省悟也？且夫教必有学，逸居而无教则近于禽兽，逸居而不学则亦近于禽兽，教以人伦即学以人伦。学之如何？子朱子之注《时习章》曰："学之为言效也。人性皆善，而觉有先后。后觉者必效先觉之所为，以明善而复其初。"其言最为详尽。故知效先觉之为学，则不独读书明理所以为学；即农工商贾、妇人女子，一言一行知求其善，亦无非所以为学。而其紧要，尤在一"觉"字。觉则能悟，如夜得昼，如迷得醒，要在提其良心，舍旧图新。一念之惺，去鬼即人，以人合天，是为天人；一念之诚，去禽即人，以人几圣，是为圣人。是曰良知，毋自欺为不知；是曰良能，毋自诿为不能。如是则无人不在学中，即无人不在教中，而教官之责乃尽，而教官之职乃明。先生躬行实践，凡所论说，悉本心得，而谆切往复，尤其恻隐救世之诚所积而流。余馆游此土，窃幸得遇先生，时闻绪论，稍知圣学端倪。愧行有弗逮，未免口耳浮慕。承先生不弃愚蒙，属为此叙。因就见闻所及，杂缀成篇。伏愿此间同人及时奋勉，用副先生谆谆雅意。极知所言谫陋，无当宗旨，而于扶世翼教之怀或不无一臂之助云尔。儒学教谕、乙酉科拔贡、乙未科举人、乐城书院山长刘煦序。

牛振声《牛泾村遗著三种序》

邑令惺夫先生之治城固也，于地方兴利除害外，尤以维持风教为急急。书院训课之加意培植，是以巍科显仕望诸生矣；《文庙碑记》之寓意鼓舞，又以贤人君子望诸生矣！而先生之心，有加无已。以为不表彰前贤不足以风励后进也，于是助书役工食纸笔之资，以博访孝子义勇；不褒贞嘉节不足以矜孤恤寡也，于是捐乡约邻佑之费，俾公举贞女节妇。而先生之心，犹殷殷恳恳，怵然惕然，以为不家喻户晓犹不足以使死者虽死犹生、观者因观兴感也。于是筹款得钱三百缗，发商生息，为后日建立总坊计，且告声曰："烦编集各项节略，刊送节孝义勇之家与凡非节孝义勇之人，俾共知①节孝义勇之事，而群欣然于节孝义勇之不可不为。"声感高义，遵谕编之，而见节妇中有艰辛抚孤成立者，有艰辛抚孤成立而并能入泮者，有艰辛抚孤成立不止入泮而且能中副车并能由选拔登贤书者，每遇此条，辄叹息其贤，以为不可及。或曰："寡妇之子，非有见焉，则不与之友。是子在寡妇，最难成立。自古为昭，非一日矣！"声曰："不然！彼孟母非寡妇乎？三迁为教，使其子为亚圣。尹母非寡妇乎？以善养，不以禄养，使其子为大贤。欧阳母非寡妇乎？画荻学书，谓汝父必有后，使其子为大儒。今孟子配享，尹子、欧阳子从祀，而其母亦皆流芳百代。所谓'子为贤人，父母是贤人之父母；子为圣人，父母是圣人之父母'者，不信然乎？可见母非孟母、尹母、欧阳母，犹未足尽教子之道；子非孟子、尹子、欧阳子，犹不足以尽报母之恩。彼入泮、登科，又非所急急矣！读是编

---

①　"知"，原书无，据朱刻刊误补。

者,母皆勉其子为贤人、圣人,子皆尊其母为贤人、圣人之母。即不然,能如集中所载入泮、登科,犹胜于不入泮、不登科,庶不负先生维持风教之意。而或时势独窘,智愚各殊,子之不肖亦不得为母氏病,此尤世所当谅也。"城固县儒学教谕牛振声序。

《牛泾村遗著三种目录》

传
卷一
省克捷诀_{七则}
卷二
训士琐言
卷三
勇烈节孝汇编

曩昔肄业村塾时,即耳乡贤城固教谕泾村先生之名,知为读书敦品君子。其奉乳母、表燕贞女事啧啧在人口,而著作罕见,所修族谱亦搜求弗获。闻友人张君育生藏有先生遗著,因借读之。其《省克捷诀》及《训士琐言》,居然讲学名言,为关学所不可少之儒。惟于节孝,则表彰已故,并阐扬其生存;于勇烈,不重在殉难,而重在《克己汇编》中类集古今嘉言懿行,系以发明。又以《省克捷诀》为后学从入之门。其论学又曰:"人心之是非即天心之是非,天人一气,尽人即所以合天。"婆心苦口,直倾血诚,揭阳明"致良知"之旨,以二曲"自觉觉人"挺身号召,随机开导。不惟士子服其教益,而汉南农工商贾于每月两次听讲,无不感发觉悟。一时士民咸以今之阳明、二曲相推戴,岂若世俗之教谕只知记诵辞章而不知人心伦理、只知督责胶庠之士而不知牖启编氓之众者比哉?顾旧刻体例似微有不合,兹拟重加校正,以臻完善。若原文词句,未敢轻为改易,俾存真面。原书《省克捷诀》附《义勇类》中,兹各分为类,不相统属;原书以《义勇节烈》为先,兹以《省克捷诀》及《训士琐言》为先;原书集古烈妇、孝子未曾标明,兹特标出，以醒眉目。大抵体例于原本虽不相同，实则悉宗先生之微旨，而不谬于儒先讲学之道。想先生有知，决不罪我，并质诸海内讲关学者以为何如。乙丑孟秋，邑后学柏堃谨识。

《牛振声传_{邑志}》

牛振声，字泾村。举人。少孤，倚乳母以成立。能自奋于学，为时名儒。官城固教谕，训士有法。其事乳母，恩同所生，笃于宗戚。堂辑《牛氏族谱》，乡邑称述焉。（以上摘自《牛泾村遗著三种》卷首，国家图书馆藏民国十四年［1925］铅印《泾阳文献丛书》本）

铎　语

柯汝霖撰

像　赞①

　　是文星,是德星。名山储其著作,遒人振厥声灵。括《易》《诗》之奥旨,吐辞藻而为经。鲁国灵光,重赋苹蒿于鹿宴;姚江化雨,嗣栽桃李于鲤庭。允矣蕺山《人谱》,庶几安定仪型。

　　后学锺寿铭敬赞。

序

春塘先生秉铎乌程，春秋愈高，著述愈富。门弟子循循受教，有安定风。膝下同怀兄弟应试，三人同时获隽，亦如在安定弟子之列，恪遵庭训。士大大皆艳称之。余与甬江棣笙先生张丈，时亦同官苕上，尝往来焉，叹弗可及。今年夏五月，先生哲嗣岐甫师台培鼎来官余姚教谕，以先生官钱唐时遗著一编见示，名曰《铎语》。余读之，肃然起敬，曰："此先生见道有得之言也，非先生不能有此语！惟先生久于铎，故语约而精、语浅而显、语朴而华，语上此语，语下此语，语智愚贤否而一致者此语。旨哉语乎！其接木铎之薪传、为木铎之嗣响者乎？"师以余言为然，将以是编付梓，且属序焉。余谓先生之有《铎语》也，不择地而铎，即不择人而语。今我师秉铎于姚，亦将以先生之语为我姚人语，不亦先生之铎将振响于龙山、舜水之间也与？先生讳汝霖，姓柯氏，嘉兴平湖人，登道光辛巳贤书。越五十五年光绪丙子，亲见我师登贤书。我师登贤书数年，又随侍先生重赴鹿鸣，而先生于是留荣名于天下，是亦先生《铎语》足以寿世之一征矣！余故眷念前徽，勉承师命，而乐为之序云。

光绪二十八年岁次壬寅八月朔日，前湖州府儒学训导、寅愚弟施继常顿首拜撰。

铎语目次

铎　语

平湖柯汝霖撰

原　性

水之源于山也，湛然清也；及其流焉，而清浊分矣。浊者，泥沙汩之；清者，不为所汩也。君子慎所以感之者，惧其汩也。

论　学

路有歧，曷褰裳焉？户有万，曷错履焉？辨之不明而能造道入室者，未之有也。《易》曰："差以毫厘，失之千里。"

粟不积，不足以赡饥；善不积，不足以立身。君子无一念而不在善也，无一息而不在善也。

圣贤之学，察之后明、由之后诚，明则精、诚则一。学至于精，则有以通天下之变；一，则有以立天下之本。

玉之剖于石也，砻诸错诸，而圭璋之器成焉；丝之吐于蛹也，缫诸织诸，而黼黻之章成焉。是故君子虽美质，不可以弗学也。

山之高犹可移也，海之深犹可填也，石之坚犹可入也，焉有研精覃思而不能深造者乎？君子为学之功，百之千之，弗得而弗措焉，果矣哉！

积土而成山，汇流而成海，学于万物而成圣，惟其不自用也。姬诹尹、辛，孔师孟、夔，虚而受，其庶几乎！

沟浍之盈而涸即随之，惟无本也。欲至于海者，其蒙泉乎？显者，隐之形；隐者，显之影。今之不谨其独而致饰于众著者，是不知影之随形也。

人知以利为利,不知以义为利。心广体胖,身之利也;父慈子孝,家之利也;兴仁兴让,国之利也。义之外,无利也。

声色犬马、金玉文绣之属,世之所忻艳。由君子视之,曾土芥粪秽之不若也,非自得于中而能如是乎?

为善最乐。为善而不乐,有间其善者矣。君子之于善也,性命依之,故积善而成名。

贪与吝皆非令名也,然亦视乎用之者何如耳。贪一也,用之以求利则恶矣,用之以求道则善矣;吝一也,用之以守财则恶矣,用之以守理则善矣。

忠孝贞廉,名之美者也。有其实而播其名,是自市也;无其实而居其名,是自盗也。盗财者,人殛之;盗名者,天殛之。

忠,臣以事其君;孝,子以事其亲。忠孝,庸行也,尽我所当为,而非求知于人也。作事而为声华以内之事,非至情也。

无不可白之心,无不快心之事,则利可也、害可也,险可也、坦可也,常可也、变可也,生可也、死可也。

六德为诸侯,三德为大夫,所作即其所召也。故高台美室非福也,鸣钟列鼎非福也,纡青拖紫非福也。能自修其德之谓福,德日修,福自遒。

犬以守夜、鸡以司晨,牛以服耕、马以致远,蛹以吐丝、蜂以酿蜜。鸟兽昆虫,天地尚不虚生,况人为万物之灵乎?

朝华之草,夕而陨落;松柏之质,凌冬逾茂:是以君子恶夫速成也。夫能深潜体道、暗然日新,鲜不实矣!

圭璧之玷,惟磨斯莹;日月之食,惟复斯明。贤人不能无过,而能改过。《易》曰:"君子终日乾乾,夕惕若。"

慎　习

暵一濡十者,物易腐;壅一戕十者,物易雕。见义理而悦,见纷华而亦悦,是两用其心也。一心不可以两用,世味浓者道味淡。

一心至微,百物诱之,其有不夺者鲜矣! 矧浸润而渐渍者乎? 邻于朱者赤,邻于墨者黑,慎之哉!

交　友

志刚者少委曲,意诚者少修饰,学问淹通者少退让,故益友未易亲也。未易亲而亲之,则获益多矣!《诗》曰:"他山之石,可以攻玉。"

甘腊多生毒,而药石可以延年。拒法言而乐谀言,则善柔之人至矣! 与善柔之人居,身欲修,可得乎?

薰莸不共器,泾渭不同源,鸾鸮不接翼,其类殊也。故观人者,必观其所与。

谨　言

理据其胜,千万言不如一言也;行极其至,有言不如无言也。故十言作于羲而止传画卦,五教敷于契而未及陈谟。

《颐之象》曰:"慎言语,节饮食。"自口入者,其害小;自口出者,其祸大。

有德者必有言,言即其德也。若无德而有言,是謦欬而已矣! 故得百华士不如得一真士。

持　身

飞扬轻躁,失之浮者也;错杂陵乱,失之纷者也;恣睢荡佚,失之纵者也;昏聩废弛,失之惰者也。其惟主敬乎? 敬则浮者抑、纷者定、纵者敛、惰者肃。

隋宫之彩,烂然可观矣,而求其生气,则不如野卉,贵其真也。本根既拨而徒炫其华,是牛首马脯之不若也,心其劳矣哉!

廉者易清,平者易和。清则无所污矣,和则无所戾矣。贪近盗,忮近杀,此之谓自贼。

外重者内自固,九容详于玉藻,五事衍于胥余,未有不束其身而能束其心者也。若形骸放荡、自托于达，则傲慢之心入之矣！

民物之恫瘝，不见于俗肠而见于澹衷。孟子曰："人有不为也，而后可以有为。"

日中则昃，月盈则食。盛之中，衰之始也。福过而灾，泰极而否。生斯世者，其有忧患乎？

操而不失之谓约，非简略自安也。才易傲，守之以谦；欲易纷，贞之以一；情易流，受之以止；志易满，承之以虚。若是者，上可以入圣，下亦可以寡过。

一人之身，百工之所为备。故日用所给，虽贵如帝王，不能尽如所怀，况其下焉者乎？

震惧则咸虚，咸虚则节制，节制则丰饶，丰饶①则豫顺矣；泰侈则乖睽，乖睽则蛊坏，蛊坏则困穷，困穷则寋难矣：持躬者宜防其渐。

应　事

天道至显，胡可昧也？人言至公，胡可忽也？鬼神之伺察至密，胡可掩也？师友之责备至严，胡可贷也？好善恶恶，吾心之真知，胡可欺也？夫惟不欺，故能诚。

干霄之木，生于毫末；燎原之炬，由于爝火。累微而大者，物之理也。故良农惜粒米而致富，烈女谨一笑而成贞。

器小者难受，难受者易满，过此则倾矣！戒慎恐惧，持满之道也，至于倾焉。嗟，无及矣！

事有由己者，有不由己者。孝弟忠信、乐善不倦，此由己者也；富贵利达，此不由己者也。由己者，有义存焉；不由己者，有命存焉：归于义命而已矣！

事皆起于造端。千金之堤而蚁溃焉，惟其不慎厥始也。而慎始之要，又在存心。盖事者，心之迹，未有心不存而事得其理者也。

---

①　"丰饶"，原作"饶丰"，二字之间有对调号。

　　事之不当为者,不可为也。当为而为,分内事也。则虽学冠古今、功盖天壤,非于吾分有所加也。

　　等金也,铸之为犁锄,则用以耕耘,而利人者多矣;铸之为剑戟,则用以杀戮,而害人者多矣!是故君子务审所用也。

　　烛天下之机变者,明也;激成万物之机变者,亦明也。故用明者,必穷之术也。

　　莫险于人心,而太行、孟明犹坦途也。设机置阱,口蜜腹剑,陷人于不及防,可畏哉!《易》曰:"弗过防之,从或戕之,凶。"

　　变故伏于不虞,亨途亦当动忍。但性不磨不莹,识不郁不奋。豪杰之深沉,未易得之膏粱醉饱中也。

　　祸福之来,不与人以中立。几微方动,而祸福两途即倚伏于其间,虽庸流亦可以自择,况智者乎?然得祸易而得福难者,何也?不知审其几也。

　　战阵之在疆场者,犹小事也,而大事则在屋漏。

　　心不可不小①,故气欲沉、神欲敛;刀不可不大,故胆欲坚、识欲远。

摄　养

　　户枢动也,故不蠹;流水行也,故不腐。心虽逸,形不可以不劳。

　　气候寒暖,即一日之内已多不齐。人之动静起居,何时不当节摄?

涉　世

　　闻誉而喜,闻毁而愠,其凡民乎?君子则不然,誉言至则益惕,恐善之不实也;毁言至则益修,恐过之日积也。

　　惟巧诲妒,惟争聚仇,惟慢召侮,君子何所处?曰反己。去巧安拙,妒者已;释争行让,仇者解;杜慢致恭,侮者止。

　　拗者,介之似;躁者,敏之似;蒽者,慎之似。惟具天下之捷识者,

---

①　"不可不小",原作"不不可小","不"与"不可"之间有对调号。

乃不惑于似而独得其真。

山川何时无钟毓？而所爱者古人，所薄者今人。人之古今，不在人也，在人之心耳。

平居慷慨、临事明哲，君臣之义，汎如萍梗而墟国屋社者多矣！

君父之近，朴诚尚无足恃，则涉世何可无心？

天下之祸变，见于数十年之后，常萌于数十年之前，人之能见几于未形者寡矣！《易》曰："履霜，坚冰至。"

二气有伸即有屈，五行有盛即有衰，四时有生即有杀，此天运之自然也。君子顺时而行之，因时而制之，已矣！

人知江海之有风波也，不知人世之尽有风波，故不免于人世之陷。利涉者，其惟中孚乎？

安危相倚也，成败相因也。于安防危，安终不危；于成思败，成终不败。造物者，只因人为转移也。《诗》曰："永言配命，自求多福。"

广　治

诚之至而金石开焉，信之至而豚鱼格焉。非其类者且喻之，况人乎？修德而不能化人，非德之至者也。

万物交，嗜杀也；生民争，先取也。何以治之？曰仁义。

古今有一至仁之事焉曰杀，盖特以济仁之穷。而霸者假以恣行其不仁，杀机一动，戕民之生，蘖民之气，而杀运终无极矣！

天下久安，君相耻言凶器，士民不识兵革。一旦奸宄窃发，豪杰束手而无如何。圣人之临天下，不恃天下之不乱，而恃其有防乱之资。《易》曰："君子以除戎器，戒不虞。"盖其防制也严而消弭也微矣！

天地人物，分不同而理同。天地一理也，人物一理也。尽其理则民安物阜，而参赞化育亦不外是矣，至矣哉！

治天下之道有二：曰举贤，曰安民。举贤即所以安民也。安民之道有二：曰顺欲，曰去恶。何谓顺欲？富教是也。何谓去恶？禁其扰富教者是也。

跋①

　　先子著述等身，大小四十余种。晚年尤嗜《易》，著有《周易解谊》四十四卷。前请序于徐寿蘅学使，抄本屡索未还，幸原稿尚存，不致失坠。其锓板者，仅《太上感应篇说颖》《关忠义年谱》《范忠贞年谱》等书。《武林第宅考》一卷，已刊入《丁氏丛书》。自余各种，经兵火后，多半阙残，亟资整理。今年夏，承乏舜簧。偶于行箧中检得旧藏《铎语》一册，幸获全帙，分十类，列六十八条，任钱塘教谕时作。始名《秉铎遗规》，后改今名。邑绅施丈衡甫学博见而善之，怂恿付梓。爰恭请弁言，敬谨厘校以授手民，俾姚人士圭臬有资，庶无负先志焉！刊既竣，用述其崖略如此。时光绪二十八年岁次壬寅八月，男培鼎谨识于姚江学舍。

---

　　①　原书此跋无标题。

演教谕语

高继珩撰

演教谕语

直隶大名府大名县教谕高继珩著

一、士贵立品①。诸生素日以文来质,余应之曰:"要作好文,先作好人。此时作好秀才,他时便是好官。为国家宣猷布化,为民间兴利除弊,大抵不出所读数部书中。即或不能中举人、中进士,而作一好秀才,孝父母,和兄弟,训子孙,乡党化之,并可传之其徒,俾读书种子相延不绝。昔陈寔居乡,争竞胥化,而盗牛者耻为王彦方所识。秀才不当如是耶?"

一、贵端本。有子曰:"孝弟也者,其为仁之本与?"仁者,人也。不孝不弟,便不可以为人。农艺黍稷、贾牵车牛,皆知孝养。下至禽兽,羊跪乳、乌反哺、脊令急难、鸿雁乐群,曾觍然为四民之首,而顾不识此义乎?人能向大本处作工夫,由此推之,待兄弟必能友爱,待一本九族之亲必能敦厚,待三党亲戚乡里必能睭恤,即从此治国、平天下,做到大人事业,仍是不失其赤子之心而已。

一、贵立志。子曰:"学而时习之。"又曰:"吾十有五而志于学。"试思圣人所学是甚么事、所志是甚么志,要非读时文、作墨卷、取功名便算了。《记》曰:"士先志。"既为士子,将贫贱富贵、饥寒死生一切置之度外,立定此志,坚如铁石,要作天地间不可少之人。秀才果能立志,不患无成矣!

一、贵知耻。孟子曰:"人不可以无耻。"羞恶之良,凡人皆有,特

---

① "立品",原书此二字外各带有圆圈以示强调。此次整理,将圆圈改为着重号,下同。

不自家提醒,便颟顸过去了。试思行人,乞人呼蹴,不受,此是何心?何以一见万钟,遂自蒙其愧耻,由他笑骂,岂非自昧天良乎?故为士时守严一介,他日为官必能操凛"四知"。

一、戒讼。纵有横逆之来,用孟子三个"自反"之法,任他烈焰烧空,化作天清气朗。若居心险健、欺压善良,或乡邑之中遇有词讼,幸其鹬蚌相持、坐收渔人之利,因而挑唆构衅、彼此成仇,究之黑白既分,身亦难逃法网。试思身列黉宫,人皆钦敬,乃甘曲膝公堂,为不干己事出而为难,甚至身家性命瓦解冰消,何若闭户读书、优游自得乎?孟子曰:"乡邻有斗者,虽闭户可也。"此秀才家风也。

一、戒枪替。秀才之荒者,多自暴自弃。其有才气者,又以谋利之故,为人捉刀。试思所得几何,傥来之财,只供浪费,随手散去;一旦犯事,戮辱随之。不惟不可,亦甚不值。诸生各宜洗心,安守本分。试看农夫力田,"是穮是蓘,虽有饥馑,必有丰年"。秀才安守砚田,必无恶岁,何苦行险徼倖、以身试法乎?戒之凛之!

一、《四书》要熟读精思,身体力行。圣贤言语,道理无不包括,遵其一二语,终身受用不尽,读时要字字从心上称量、身上打贴。读书所以明理,能将《四书》之理了彻胸中,一生作事便有把握。《四书》以融会朱注为先,以《朱子本义汇参》为善本。《四书合讲》亦可看,以所引全本《汇参》,其余一切高头讲章皆靠不住。若陆清献公《松阳讲义》、吾乡孙夏峰《四书近旨》、鹿江村《四书说约》均属近里著已,皆宜体会。

一、经要熟读。凡经中语皆与《四书》相发明,如《御纂四经》《钦定三礼》本当奉为圭臬。至汉唐以来,诸儒注经各有专本。古人每著一书,其中各有心得,皆宜博览以资考辨。《易》有汉、宋两家之学,或言象数,或言义理,二者不可偏废。《诗》《书》二经,解者尤夥。《春秋》要明书法,兼读《三传》,而《左氏传》尤需全读。《左绣》讲文法细入毫芒;《左翼》评语多采取其议论,可以增长识见;《左传补义》简当爽目,顾栋高《春秋大事表》若网在纲,范蘩照《左传释人》爽若列眉,魏冰叔《左传经世抄》别出手眼，参之可储经济之用。至于《孝经》，为人之根本，尤当切实讲求。《尔雅》《国语》《国策》，以次读之，时时要与《四书》印证，方非白读了。

一、史不可不读。以《御批通鉴三编》为主，参以各朝全史及袁枢《纪事本末》、张天如《续宋元纪事》、谷应泰《明纪事本末》，考其得失，不可徒事涉猎。惟寒士购书惟艰，先求旧板《易知录》通阅之。亲友之家有可借观，其人当亦不吝。每读一传，先要别其人品、明其是非，尤要设身处地、参酌时势、代为推论，方有真见。东坡先生创分类读史法，如天文地理、君道相业、吏治武功之类，每读一次，不杂一义，分数十次读之，久久自能贯彻无遗也。

一、性理不可不读。尽性之学，不外穷理。诸儒远溯渊源、上承圣制，荟萃精义、发为微言，实与格致诚正、修齐治平相表里。即《御纂性理精义》一书，日日温习而体会之，庶身心有所归著。况国家功令颁行，考场新添性理论一道。出而应试者，尤宜夙昔究心也！

一、古文宜读也。龙门之沉郁顿挫、兰台之醇茂渊懿、昌黎之谨严醇正、永叔之揖让雍容、子瞻之喷薄淋漓、南丰之朴实简洁，皆正轨也。至老泉之老横生辣，得之《孟子》《国策》而时有未醇；柳州之峭逸爽隽，得之《公》《穀》而规模近小：可徐及之。有明归震川直接昌黎，得其嫡髓。继之者，方望溪、刘海峰、姚姬传、张皋文，此皆古文中薪传正派。总之，古文以立意、布局、用笔为主，要须各成体格。真西山《文章正宗》、茅鹿门评选八家以及山晓阁、汲古阁诸选本，尽可择读。此外如归震川《文章轨则》、合肥康氏所刊之《古文辞类纂》亦有可观。其评点之详至，则以浦二田《古文眉诠》为佳。坊刻《释义》等部，断毋寓目，以近俗也。至汪钝翁之醇正、侯朝宗之阔大、魏叔子之纵横，均可博参，以为之助。

一、读时文。功令以制艺取士，士皆以此进身，此敷奏以言之义。择醇乎其醇而有气骨者读之。以《钦定四书文》为主，而浦二田之《制艺偶钞》评语细密，尤为善本。明之金、陈、归、黄，国朝之京江、望溪、韩慕庐、储中子,皆正轨也。精选数十篇朝夕讽咏,要须神与之化,以我之精神合之古人之精神,乃能有得。文安陈子翙、天津周跃沧先辈法程,尤宜追讨。管蕴山源出二方,气息朴茂,更宜揣摩。路闰生新刊"时艺"各编,批解详明,引人入胜,《核》与《阶》尤为显豁,所当体究也。

一、应试之文,太高则声希味淡、真赏难逢,大低又嫌腐烂无品。有体有用,骨肉匀停,即是投时利器。墨卷虽不可不读,择老墨中腔板悉合而风骨犹存者,二三十篇足矣。另有题单。

一、制艺首贵审题。审清起迄,相其来龙,观其去路,中间共有几层,结聚在何字、何句、咬得真、拆得开、(令)〔合〕得拢,一气呵成,自成妙论。向刊胡绮园延《文法金针》,论之详矣。

一、作文须讲局法。人身一小天地,文章亦然。破承起讲,首面也;讲下,咽喉也;提比,臂也;中比,腹也;后比,股也;束比,足也。分之各成体段,合之乃成一人。而最紧要者,周身之气也、血也、脉也,即文中所用之虚字眼也。尤要者,点题则眼目也,题之所以然则心也。咽喉通呼吸,灵也;血脉贯精神,足也。诸美具备,再讲相貌端庄、衣冠修整,可以出而应试矣。

一、学贵积理。口耳之学,过而辄忘。虽读尽天下之书,与不学等。学者,心未洞明,动觉隔碍。若今日积一理、明日积一理,真积力久,一旦豁然贯通,左右逢源、头头是道矣。

一、学贵养气。气从理出而又辅理以行之,孟子所谓集义以生气也。浩然之气,至刚至大,凡人同具。不养之而害之,所以奄然殆尽也。养得此气充足,达之文章,自觉浩乎沛然,昌黎所谓"气盛则言之短长、声之高下皆宜"。作者,要在善养耳。

一、文贵储材。材不外于经史,要须由原及委、分门别类而储之,乃能应而不穷。若专靠《串珠》《类联》《典腋》诸书,安免错误雷同之弊?如《四书经注集证》《四书释地》《四书摭余说》《禹贡锥指》《乡党图考》,均可借为资粮。庖人为馔,先储鱼肉;梓人为室,先备砖瓦材木：未有徒手而呈能者也。

一、文章宜学炼法。气也、局也，笔也、调也，句也、字也，皆由炼而得之。能炼，则泥涂皆化丹砂；不能炼，如蒸沙作饭，不可得食。古人云："心血为炉，镕铸千古。"古人所以能笔补造化者，得力于此字也。至于过炼伤气，原所宜戒。若能养得气调，何虑其伤？

一、古近体诗宜学也。诗以道性情，《三百篇》为之祖，大旨有三：比、赋、兴，词也；兴、观、群、怨，体也；温柔敦厚，意也。而"一言以蔽之，曰思无邪"。先以此为根柢，由是博览汉、魏、唐、宋之诗，进求其命意布局、声律格调，自能循途守辙、不涉歧境。先从《御选唐宋诗醇》李、杜、韩、白、陆、苏各大家入门，再能博览以尽其变，庶可进而愈上、卓然成一家言。若坊刻《唐诗合解》《而庵说唐诗》，不必寓目。诗者，思也，如我胸中所欲言，非风云月露、流连光景之谓也。谢君曰："为秀才者，能诗古文，必非俗品。"詎其然乎！

一、宜学试帖也。国家既以试帖取士，为士者不可不娴此体。纪文达公《我法集》《庚辰集》范围具在，要当善学之，勿失之滑、勿失之旧而已。吴毅人气骨超卓，别树一帜，为试帖独开生面。九家七家，各辟门径，要亦变不离宗。体系颂飏，戒衰飒，戒佻亵，戒饾饤板滞。要贵以意行气、以笔运典，层次分明、声调和谐。要切题，尤要有寄托。每句五字，一火铸成，不可不贯。做到熟境，通首一气呵成，自有反正开合，斯得之矣。

一、后场工夫宜预备也。功令三场取士，士之应试者率留意于诗文，至后场遂潦草塞责，往往因之摈斥，可弗尽心乎？经义既所素究，果能沉博瑰丽，自是名贵之品。若但能明白晓畅，亦可达其所见。策对详明，不出经史，以论体行之，自成一则古文。昔人论文曰"理弊功效"：理溯源头，弊则反面，功则正面，效乃后路。凡文皆不能出此四层，而于策论为尤，宜再能鼓以盛气、变化从心。贾茂董醇，何难并美？

一、赋宜学也。今日之好秀才，即异日之好翰林。不学诗赋，才何以秀？上自《离骚》，以及汉魏六朝，尚矣！唐人名作为律赋正宗，必须研究。《历朝赋汇》汇为大观，《国朝馆阁赋钞》代有名人，要亦不外层次清、波澜富，以意行气、以笔运典，声调铿锵、词意雅驯而已。

一、四六宜学也。奏牍笺启，用处甚多。上溯《昭明文选》，次及徐、庾、四杰，《四六法海》最佳。宋四六，亦可看其剪裁之法。我朝代有巨公。坊刻《陈检讨四六》典多气盛，惟失之泛；章藻功属对不板，亦有章法，腕力少嫌薄弱；吴穀人《有正味斋》纯学六朝，骨肉匀停；袁子才笔如天马行空，不拘拘于字面，而引用古事，铢两适均；杨蓉裳沉博瑰丽，微嫌丰缛。他如洪稚存、孔巽轩之古泽陆离，曾宾谷、吴园次之清和圆转，均堪采取；而纪晓岚先生敷奏诸篇，尤属大手笔。要有开合擒纵，运单行于排偶之中，方为作手。秀才果工此体，制艺、试赋自必词调和谐，动中音律，文体为之改观。

一、书法宜学也。学字宜从颜字入手，为其源出二王，心正、笔正也。《东方先生画像赞》为第一善本，每日临大字一二百，缩为小楷，乃不局促。由是而欧、而柳、而二王、而虞褚，学焉而各得其性之所近。苏灵芝亦出二王，《铁像》《真容》《德政》诸碑笔力开展，《道德经》尤精神团结，碑在易州，不难购觅。大要作字不外用笔、结体而已，程子云“即此是学”，学者宜留意焉。

一、字音不可不审也。北方凡遇入声，多读作平声。一字失拈，即足误事。今为汝等立下乘工夫：每日检韵本记五字；先从入声一屋记起，记完入声再记去声，再记上声；若平声，平素作诗时常翻阅，更觉好记；择其常用之字先记之，至不常用者犹可从缓。久久记之，自不至于错误。

一、字体不可不正也。古人云：“读书宜略识字。”今人动笔即讹，亦失于讲究之故耳。源本《说文》，证以《字典》《张氏字鉴》《佩觿》《汗简》及《字学举隅》诸书。六书虽分著其义，大旨不外从某字得义、从某字得音。寻究其源流记一字，而得义、得音之字即可隅反。苟能随处留心，数年之间可无讹误矣。

一、为学宜爱惜光阴。人生百年，如白驹之过隙。今日虚度一日，明日即不能挽。禹惜寸阴，陶惜分阴。我辈宜何如？生警惕心也。

一、读书宜求远大，不专为取科名。国家设科取士，士亦以科目进身。上下所以交相成者，固别有在。且人能自重，乃足以重科名。不然，即中举、中进士，适为科名玷耳。中不中有命，通不通在人。终身作一好秀才，其荣多矣。秀才尽心教读，从者必众。所得脩脯，用以俭约，尽足养家。教训子弟成材，将来必有兴者。即不然，书香不断，代代有秀才，岂不是好人家？若读书止知求功名、作美官，宫室车马、衣服妻妾之奉横亘胸中，念头便大差了。将来作官，何所不至耶？

一、读书要储经济。如真西山之《大学衍义》、邱琼山之《大学衍义补》、马端临之《文献通考》，推之如吕氏之《救命书》、魏叔子之《兵谋》《兵法》《救荒策》、吴荷屋之《吾学编》以及《二十二史名臣言行录》《皇朝经世文编》《切问斋文集》《康济录》，凡刑名钱谷、农桑水利有益于国计民生者，皆当宣究，以为他日致用之具。古人著一书，皆阅历久而后成，故言之凿凿。秀才不出乡里，何处阅历？有古人成迹在，其所得不已多乎？

一、学贵存诚，不诚无物。昔河间献王实事求是，学者步步脚踏实地，勿忘勿助，久久自有效验。若朝为一事，暮即弃去，已先不诚，安望有成乎？

一、学贵能悟。人之性质不齐，有聪明者，即有鲁钝者。然而无虑此也，知之成功，终归一致。苟能自移，即非下愚，要在人一己百、人十己千耳。若置其心思于无用，自甘冥顽，则不可治矣！人心之灵，用而愈出，要当苦思静索、反复探求。子曰："吾道一以贯之。"吾辈所读皆载道之书，所为皆明道之文。古文时文、古今体诗、试帖诗、经义策论、四六以及禀启书函、文移公牍，皆是一个道理、一个法子。其不同者，各有体裁、各有面貌耳。生等果能触类旁通，当不以斯言为河汉。若谓我是书生，止知作八股文，其余一概不能通晓，其八股不问可知已。

一、学宜审问。孟子云:"学问之道,求其放心。"子曰:"疑思问。"子夏曰:"切问而近思。"诸生不问,由于不思;不思,由于不疑。先思后问,求释疑也;既问仍思,求其是也。今与诸生约,每人订一本子,平日读书读文有疑难者,用笔条记,见时一番质问,心自豁然。夫弟子不必不如师,果能将为师者问倒,再为查书详考,并可别质高明。教学相长,师之获益多矣。勤学好问为文,是所望于有志者。

　　以上三十三条,并非高远难行。诸生循而行之,将来文风益见兴起,必有翘材特异之士进而愈上,希贤、希圣,为名臣、为名儒,以不朽于千古者,是予之厚幸也夫!

跋①

　　予守保阳，时得见高寄泉同年自刊所作时艺五十篇，皆当行出色、骨肉停匀，洵属投时利器，予服膺久之。嗣予于道光二十九年由清河调任分巡大名，次年寄泉同年亦由河间广文调任大名，相见甚欢，论文尤相浃洽。因令儿辈亲炙受业，复得饫闻根柢之学。今出示所著《演教谕语》，始以立品、端本为基，继以立志、知耻，而训之以经史、古文、诗赋、策论、正字，并扩为经济之学。三十三条，凡中人以上以下之资，皆可领会、奉行，不难由下学以驯至上达。俾士子童而习焉，从此儒行克敦、文章尔雅，以上副圣世作人之化，是编之有裨于学校岂浅鲜哉？年愚弟何耿绳跋。

---

　　①　原书此跋无标题。

跋①

　　福官肃宁教谕时,家大人以闽中谢君《教谕语》授之,命以语诸生。及之任,距河间甚近,闻教谕高寄泉先生语诸生者,较谢君尤浅近加详,福谢不敏焉。后二年,先生调大名县教谕,福亦卸肃宁教谕任,随侍往辰郡矣。今诸生受先生教者,如许复堂业香入翰林,王晓泉浚成进士,刘晋山启同由中书知辽阳州,张梦九与龄、刘博泉恩溥皆举孝廉,其余如刘东峰浴、周锦章诰等以名诸生讲学励行、有名于时者尚指不胜屈,是斯语之效也。天下人才尽出学校,教谕之语不綦重哉?窃愿以先生所著斯《语》,语天下教谕也。先生将之官博茂嵯尹,命大兴弟子刘铨福敬记,时咸丰戊午夏四月二十八日。

　　丁巳秋九月上浣,曲阜弟孔宪彝拜读。

　　戊午孟夏,当涂鹤船马寿龄拜读。

　　端阳前二日,前冀州训导、世小弟樊彬拜读。

　　戊午秋,仲弟边浴礼拜读于申阳官廨。

---

　　① 原书此跋无标题。

跋^①

越罗蜀锦，华则华矣，不如布帛之切于日用；猩唇熊白，美则美矣，不如菽粟之餍乎饥肠。博茂鳞尹高君寄泉，以所著《演教谕语》见示，所谓"布帛菽粟之文"也。披读数过，喜而归之。

咸丰己未仲秋，临潢友山氏龄椿题。

校官之职，经师人师。匪直课艺，实端民彝。先正有觉，辅斯翼斯。传世立训，视兹谠词。

寄泉四兄以所著《演教谕语》见示，敬题。番禺许其光。

语极浅近，理极深达。士人身体而力行之，无不学养兼醇、体用悉备。斯则寄泉鳞尹之大有裨于后学也！容城征君牖世苦衷，其身后得替人矣！

咸丰庚申孟春，闽中邱景湘镜泉氏识。

统观三十三条，皆系浅近易行，并能于生童锢习洞见症结，真苦海慈航也！督学使者、年愚弟龚文龄识。

为近时习气痛下针砭，苦心苦口，无一语不求切实工夫，有关于士习文风不少。督学使者李清凤识。

---

① 原书此跋无标题。

秀才须知

丁显编

秀才须知序言

余秉铎于睢，十有二年矣。德业未修，教言罔立，旷职素餐，恧焉滋愧。顾念睢学中英奇俊伟不乏其人，而考之历代史书儒林、道学、文苑、经师各传，卒未有籍睢宁者。即近今两舍生时艺争鸣，而望其束躬圭璧、著作等身者亦复寥寥。岂造物钟毓之有殊欤？抑由于准绳之未立，而党庠书籍阙如也。余蒿目时势，辄思有以易之。夫易之而不笔之于书，空言无补也。爰乃汇集群言，分类编次，复将古今书目次第载明，辑为一书，颜之曰《秀才须知》，俾知贤圣经猷悉属胶庠训范。卧碑圣谕，颁于学宫者，何等森严，而睢之人间有背而驰者，兹特弁之于首，凛王章也。《学政全书》，所以约束其身心者，极为详备，而睢之人或有陨越，为择其简要之条，以次叙列，章宪典也。经世格言，修齐诚正之经，罔不赅括，而睢之人未有精本，兹选驯且雅者，列为一门，式古训也。经史子集，学者圭臬，而睢之地阙焉未备，兹择其易购索者，分部记叙，崇学术也。睢为古晋陵地，英俊宏多，苟能于此篇优游而餍饫之，则进德修业之阶梯毕萃于此，不十数年而儒风丕变，卓有伟人，靖嚣陵而悉成纯粹，洗谫陋而咸进淹通，则余之所望于睢邑士君子者顾不重哉？

光绪己丑三月望日，睢宁学训导兼摄教谕丁显谨述。

秀才须知卧碑

睢宁学训导丁显敬辑

　　圣谕卧碑,设立学宫久矣!身列胶庠者多漫不经心,而穷乡僻壤又以离县窎远,未能宣读,因而荡检逾闲、不知约束矣!兹特刊刻于首,为秀才者务当触目警心、束身名教,庶处为名儒、出为名臣,断不至干犯名义、自罹罪戾。

顺治九年,题准刊立卧碑置于明伦堂,晓示生员。

朝廷建立学校,选取生员,免其丁粮、厚以廪膳,设学院、学道、学官以教之,各衙门官以礼相待,全要养成贤才以供朝廷。诸生皆当上报国恩,下立人品。所有教条,开列于后:

一、生员之家,父母贤智者,子当受教;父母愚鲁或有非为者,子既读书明理,当再三恳告,使父母不陷于危亡。

一、生员立志,当学为忠臣清官。书史所载事迹,务须互相讲究。凡利国爱民之事,更宜留心。

一、生员居心忠厚正直,读书方有实用,出仕必作良吏;若心术邪刻,读书必无成就,为官必取祸患。行害人之事者往往自杀其身,常宜思省。

一、生员不可干求官长、交结势要,希图进身。若果心善德全,上天知之,必加以福。

一、生员当爱身忍性。凡有司官衙门,不可轻入。即有切己之事,只许家人代告,不许干与他人词讼,他人亦不许牵连生员作证。

一、为学当尊敬先生。若讲说,皆须诚心听受;如有未明,从容再问，毋妄行辨难。为师亦当尽心教训，勿致怠惰。

一、军民一切利病，不许书生上书陈言。如有一言建白，以违制论，黜革治罪。

一、生员不许纠党多人、立盟结社，把持官府、武断乡曲。所作文字，不许妄行刊刻。违者，听提调官治罪。

顺治九年，颁行六谕卧碑文于八旗、直隶、各省。

钦定六谕文：

孝顺父母，恭敬长上，和睦乡里，教训子孙，各安生理，无作非为。

顺治十六年议准"设立乡约，申明六谕，原以开导愚氓。从前屡行申饬，恐有司视为故事，应严行各直省地方牧民之官与父老子弟实行讲究。

康熙九年，奉上谕"朕惟至治之世不专以法令为事，而以教化为先。其时人心醇良、风俗朴实，刑措不用、比屋可封，长治久安、咸登上理。盖法令禁于一时，而教化维于可久。若徒事法令而教化不先，是舍本而务末也！近见风俗日敝、人心不古，嚣凌成习、奢滥多端，狙诈之术日工、狱讼之兴靡已，或豪富凌轹孤寡、或劣绅武断乡曲、或恶衿出入衙署、或蠹棍诈害良善，崔苟之劫掠时闻、仇忿之杀伤叠见。陷罗法网，刑所必加。诛之则无知可悯，宥之则宪典难宽。念兹刑辟之日繁，良由化导之未善。朕今欲法古帝王尚德缓刑、化民成俗，举凡敦孝弟以重人伦、笃宗族以昭雍睦、和乡党以息争讼、重农桑以足衣食、尚节俭以惜财用、隆学校以端士习、黜异端以崇正学、讲法律以儆愚顽、明礼让以厚风俗、务本业以定民志、训子弟以禁非为、息诬告以全善良、诫窝逃以免株连、完钱粮以省催科、联保甲以弭盗贼、解仇忿以重身命等项，作何训迪劝导？及作何责成内外文武该管官督率举行？尔部详察典制，定议具奏"。遵旨议准：应将特颁上谕通行晓谕八旗、包衣、佐领并直隶各省督抚,转行府州县乡村人等切实遵行,务使民咸知尚德缓刑之至意。

康熙四十一年,御制训饬士子文,颁行直省各学。

国家建立学校,原以兴行教化、作育人才,典至渥也!朕临御以来,隆重师儒、加意庠序,近复慎简学使,厘剔弊端,务期风教修明、贤才蔚起,庶几椷朴作人之意。乃比年士习未端、儒教罕著,虽云内外臣工奉行未能尽善,亦由尔书生积锢已久,猝难改易之故也。兹特亲制训言,再加警饬,尔诸生其敬听之。从来学者先立品行,次及文学、学术、事功,原委有叙。尔诸生幼闻庭训,长立宫墙,朝夕诵读,宁无究心?必也躬修实践、砥砺廉隅,敦孝顺以事亲、秉忠贞以立志。穷经考业,勿杂荒诞之谈;取友亲师,悉化骄盈之气。文章归于醇雅,毋事浮华;轨度式于规绳,最防荡轶。子衿佻达,自昔所讥。苟行止有亏,虽读书,何益?若夫宅心弗淑、行己多愆,或蜚语流言、挟制官长,或隐粮包讼、出入公门,或唆拨奸猾、欺孤凌弱,或招呼朋类、结社要盟。乃如之人,名教不容,乡党勿齿。纵幸脱褴扑、滥窃章缝,返之于衷,宁无愧乎?况夫乡会科名乃抡才大典,关系尤巨。士子果有真才实学,何患困不逢年?顾乃标榜虚名、暗通声气,夤缘诡遇、罔顾身家,又或改窜乡贯、希图进取,嚣凌腾沸、网利营私,种种弊端,深可痛恨。且夫士子出身之始,尤贵以正。若兹厥初拜献,便已作奸犯科,则异时败检逾闲,何所不至?又安望其秉公持正、为国家宣猷树绩、膺后先疏附之选哉?朕用嘉惠尔等,故不禁反复惓惓,颁兹训言。尔等务共体朕心、恪遵明训,一切痛加改省、争自濯磨,积行勤学、以图上进。国家三年登造,束帛弓旌,不特尔身有荣,即尔祖、父亦增光宠矣!逢时得志,宁俟他求哉?若仍视为具文、玩愒弗儆,毁方跃冶、暴弃自甘,则是尔等冥顽无知、终不能率教也。既负栽培,复干咎戾。王章具在,朕亦不能为尔等宽矣。自兹以往,内而国学,外而直省乡校,凡学臣师长皆有司铎之责者,并宜传集诸生多方董劝,以副朕怀,否则职业勿修，咎亦难逭。勿谓朕言之不预也，尔多士尚敬听之。

乾隆五年钦颁太学训饬士子文

士为四民之首。而太学者，教化所先，四方于是观型焉。比者，聚生徒而教育之，董以师儒，举古人之成法，条规亦既详备矣。独是科名声利之习，深入人心，积重难返，士子所为汲汲皇皇者，惟是之求，而未尝有志于圣贤之道。不知国家以经义取士，使多士由圣贤之言、体圣贤之心，正欲使之为贤圣之徒，而岂沾沾焉文艺之末哉？朱子《同安县谕学者》云"学以为己"，朱子此言即是科举中为己之学。诚能为己，则《四书》《五经》皆圣贤之精蕴，体而行之，为圣贤而有余；不能为己，则虽举经义治事而督课之，亦糟粕陈言，无俾实用，浮伪与时文等耳！故学者莫先于辨志。志于为己者，圣贤之徒也；志于科名者，世俗之陋也。国家养育人才，将用以致君泽民、治国平天下，而囿于积习，不能奋然求至于圣贤，岂不谬哉？朕膺君师之任，有厚望于诸生。适读朱子书，见其言切中士习流弊，故亲切为诸生言之，俾司教者知所以教而学者知所以学。

秀才须知学政全书要条

睢宁学训导丁显敬辑

《学政全书》，刊发学官，入泮者均当披览焉。然贫寒儒素未能家置一编，即肄业门墙者，缘系官书，亦未能昕夕披阅，以故学校条规均属昧昧。兹谨择《学政全书》各门有关于诸生者汇集一册，愿为秀才者随时省察，勿致背道而驰焉，则幸甚矣！

崇尚实学

乾隆十四年，奉上谕"圣贤之学，行本也，文末也。而文之中，经术其根柢也，词章其枝叶也。翰林以文学侍从，近年来因朕每试诗赋，颇致力于词章，而求其沉酣六籍、含英咀华、究经训之阃奥者不少概见。岂笃志正学者鲜欤，抑有其人而未之闻欤？夫穷经不如敦行，然知务本则于躬行为近。崇尚经术，良有关于世道人心。若故侍郎蔡闻之、宗人府府丞任启运，研穷经术，敦朴可嘉。近者，侍郎沈德潜学有本原，虽未可遽目为巨儒、收明经致用之效，而视獭祭为工、翦彩为丽者迥不侔矣！今海宇升平，学士大夫举得精研本业，其穷年矻矻、宗仰儒先者当不乏人，奈何令终老牖下而词苑中寡经术也？内大学士、九卿，外督抚，其公举所知，不拘进士、举人、诸生以及退休闲废人员，能潜心经学，慎重遴访，务择老成敦厚、醇朴淹通之士以应精选，勿滥称朕意焉"。

厘正文体

顺治二年，定文有正体。凡篇内字句，务典雅纯粹，不许故摭一家言，饰为宏博。

顺治九年题准：说书以宋儒传注为宗，行文以典实醇正为尚。今后，督学将《四书》《五经》《性理大全》《蒙引》《存疑》《资治通鉴纲目》《大学衍义》《历代名臣奏议》《文章正宗》等书，责成提调、教官，课令生儒诵习讲解，务须淹贯三场、通晓古今、适于世用。其有剽窃异端邪说、矜奇立异者，不得取录。

雍正七年议准：嗣后，士子作文，以明理为主，放诞狂妄之语，应行禁止。令该教官及地方官严切晓谕，如有妄肆讥讪、侮慢圣言，治以应得之罪。倘教官及地方官容隐不究，一并严加议处。

约束生监

乾隆二十四年议准：士子身列胶庠，讦讼洵为恶习。董戒约束，乃学臣专责，不可不严立稽查。应酌量州县繁简，按季立簿，由学臣衙门印发。各州县于自行办理词讼及上司批查事件内，有生监属原告或系被告者，将两造姓名、简明事由按日登记。已审结者，将看语一并录出；未结者，注明“未结”字样。会学钤印，每两季申缴一次，仍将“并无遗漏之处”声明，听学臣衙门查核。至于生监为人作证，如系他人妄行牵连，许本生自行辩明，免其开注；若系无故多事、出身作证，即属不守学规，地方官详明学臣，分别戒饬褫革，照例办理。再，生监之显然成讼者，按簿可稽；其巧构讼端、潜身局外者，稽讼簿虽设，无由登若辈之姓名，应会学臣于甄别优劣、考校艺业之时实力整饬，详悉体察。一有唆讼之辈，饬令地方官严拿重惩。

优恤士子

康熙二十七年议准：学田租赋，应给赡贫士，务在严核举行，俾沾实惠。每年终,详开旧管新收,开除实在,造册报部。如有隐漏迟延及教官、学霸、豪强之家私据侵占者,查出,按法追究。

乾隆元年,奉上谕"任土作贡,国有常经。无论士民,均应输纳。至于一切杂色差徭,绅衿例应优免。乃各省奉行不善,竟有令生员充总甲图差者,殊非国家优恤士子之意。嗣后,举贡生员等著概免杂差,俾得专心肄业。傥于本户外别将族人借名滥充,仍将本生按律治罪"。

整饬士习

顺治八年题准:生员若纠众扛帮,聚至十人以上,骂詈官长,肆行无礼,为首者,照例问遣;其余不分人数多少,尽行黜革。

顺治十六年上谕:士习不端,结社订盟,把持衙门,关说公事,相煽成风,著严行禁止。以后有犯者,该学臣即行黜革;参奏学臣徇隐,事发,一体治罪。

顺治十八年题准:凡绅衿贡监,在地方抗粮不纳,并伊兄弟、亲戚、宗族包揽串通、倚势不完,及废绅黜衿抗粮不纳者,严拿解京,送刑部照悖旨例从重治罪。如旨到完纳,免其题解议处。

雍正三年议准:士子纠众结社,于人心风俗实有关系。应饬令各直省督、抚、学臣,嗣后,除宿学之士授徒讲学,及非立社订盟、实系课文会考者,无论十人上下,俱无庸议外,如有生监人等假托文会,结社聚党、纵酒呼卢者,令该地方官立即拿究申革。其有远集各府州县之人标立社名、论年序谱、指日盟心、放僻为非者,照奸徒结盟律分别首从治罪。如地方官知而故纵,或被科道纠参,或被旁人告发,将该管官从重议处。

雍正五年议准:文、武生员,倘事非切己,或代亲族具控作证,或冒认失主尸亲者,饬令地方官即时申详学臣,将该生员褫革之后,始审其是非曲直。

又议准:嗣后,各省有因事被褫之劣衿,敢有挟仇肆横、以图报复者，照所应得之罪加一等治罪。

又议准：生监中有串通窃盗、窝顿牛马、代写词状、阴为讼师、诱人卖妻、作媒图利者，将本身加常人一等治罪。

雍正八年议准：士子身立胶庠，应安分循理、恪遵功令，岂宜枉利营私？乃粤东士子往往把截住居地方，遇经过船只，勒取钱文，又霸占墟场，私行抽税，以及强取民间房租。似此刁风，殊干法纪，应令该督抚严饬各州县及教官严访详革，从重治罪。其互结之生监，照例同坐；有能据实首明者，免。若该州县及教官失于觉察，或经上司访出，或经旁人首告，州县官照劣生包揽县粮、不行查出例罚俸一年，教官照徇庇劣生例降三级调用。

又奉上谕"各省生童，往往有因与地方有司争竞龃龉而相率罢考者，或经教官劝谕，或同城武弁排解，然后寝息其事。此风最为恶劣。士为四民之首，读书明理，尤当祗遵法度、恪守宪章，化气质之偏、祛嚣凌之习。况国家之设考试也，原以优待士子，与以上进之阶。论秀书升，遭逢令典。凡尔生童不知感戴国恩、鼓舞奋勉，而乃以私心之忿，借罢考为挟制官长之具，何市井无赖至于此乎？盖因庸懦之督、抚、学臣希图省事，草草完结，不加严惩，以至相习成风。士气一骄，士品日流于下，关系非浅。各省生童等，如果该地方官有不公不法、凌辱士子等情，自应赴该地方上司衙门控告，秉公剖断。嗣后，倘不行控告而邀约罢考者，即将罢考之人停其考试；若合邑合学俱罢考，亦即全停考试。天下人才众多，何须此浮薄乖张之辈？是乃伊等自甘暴弃，外于教育生成。即摈弃，亦何足悯惜？如此定例，亦整饬士习之一端。著该部妥议通行"。遵旨议定：嗣后，如地方官果有不公不法、凌辱士子等情，生童等身受其害者，准其赴该管上司控告。该上司秉公审理，即将地方官题参，按其情罪之轻重，照例议处。倘系情虚，将该生员等治以诬妄之罪。倘该上司袒护地方官、不行准理或徇情营私、剖断不公者，一经发觉，将该上司从重议处。如有豪横之徒逞其一时私忿、辄敢聚众罢考、挟制官长者，照山陕题定光棍之例，分别首从治罪。其勒逼同行罢考之生员，褫其衣顶；生童，记名档案，俱停考试。如合邑合学同罢考，即将合邑合学罢考生员全褫衣顶，童生全停考试，仍照例分别杖责。如该生童已经惩治，之后果能改过自新，该督抚会同学臣察实，具题请旨。倘有不肖学臣市恩邀誉、辄敢暗中寝息或将罢考案内之人滥行收考者，该督抚查参，将该学政照徇庇例议处；倘该督抚通同徇隐，一经发觉，将该督抚一并严处。至教官有教导士子之责，倘有生员等罢考，是必其平日董率无方、不能约束所致，应将该教官照溺职例革职；倘于生童罢考之时，该教官畏惧处分，或有同城武弁与之从中调处寝息其事者，均照私和公事例治罪。

又议准：文、武生员，有武断乡曲、倚仗衣顶、横行欺压平人或将人殴打致死者，仍照定例加等治罪外，其被褫劣衿，有挟仇肆横并生监内有串通窃盗、窝顿牛马、代写词状、诱人卖妻、作媒图利者，照原律分别定拟，不必加等。

又议准：一应军民人等，凡有因事聚众、联谋敛钱、抗官塞署等情，实有不法情形者，均审明治罪，律有明条。至生童于临考时不待联谋、群相萃集，或偶与市民争讼、辄喧播观看，虽未有不法情事，实属嚣凌陋习，饬令学政等官时时训诲，务必率德改行。其荡闲逾检、有玷宫墙者，即行分别革惩，俾知畏法自守。

乾隆十年议准：凡录遗不取诸生，每群聚省会之中，遇监临司道出门，喧呼拥挤，纷纭求吁。此实士子陋习，应令该学政严加禁饬。如有不恪守功令、因录遗不取聚众喧呼者，即将该生等分别首从惩治。

乾隆三十六年议准：生员代人作证，经地方官审系全诬，则故撄法网，较之寻常包揽者其情尤重。若仅照平民一律定拟，实不足以示惩儆，应立行详请褫革，即照教唆词讼本罪上各加一等治罪。如计赃重于本罪者，仍照律以枉法从重论。其讯明事属有因、并非捏词妄证者，虽证佐确凿，而以全无关涉之事出入公庭，其平日不能读书自爱已有明验，亦应将本生严加戒饬。倘罔知悛改，复蹈前辙，该教官查明再犯案据，开报劣行，申详该学政黜革季考、月课。

康熙二十七年定：武生无武学处，照例属文学教官管理。除骑射外，教以《武经七书》《百将传》及《孝经》《四书》，俾知大义。提调仍将各学射圃修辑，置备弓矢，教官率武生较射其中，以饬武备。

雍正元年议准：学宫之内，广置斋舍，多设廪膳。凡属生员，苟能勤加课艺，互相砥砺，则亲师取友，裨益良多。至于新进生员，尤为进身之初，岂可使身无检束、听其游荡？应照国子监坐监之例，令其在学肄业，俟下案新生至学为满。或有亲老家贫、势不能在学肄业者，亦必分题考校，每月定期，使无旷业。倘有董率不严、怠于考课者，学臣于岁科考时，即以文章之优劣定教官之贤否。

雍正五年议准：嗣后，教官按月月课，四季季考。生员除丁忧、患病、游学、有事故外，照定例严加考试。如有托故不到者，即严加惩治；三次不到者，详革。如该教官内果能实心训迪、化导有方，学臣照例举荐。若因循苟且、视为具文者，即行题参革退。

雍正六年议准：嗣后，府学生员，百里以内，其月课仍在府学；百里以外者，在州从州，在县从县，令州、县学教官带理月课。

雍正七年议准：律例内刑名、钱谷各条，无不具备，仍莅政临民之要务。士子允宜奉为章程，预先学习，以为他日敷政之本。应令各省学政转饬各学教官，每当月课、季考之次日，将《大清律》与之讲解。但律文繁多，士子平日讲习经书，势难逐条遍读。应将律内开载刑名、钱谷关系紧要者详为讲解，使之熟习淹贯，预识政治之要。学政于按临讲书之时，令诸生各讲律例三条。士子中果有文行兼优而又能谙熟律例、才堪办事者，该教官申送学政。该学政详加考验，于任满时保题交部，带领引见。其作何录用之处，恭请钦定。

雍正十三年议准：讲习律例，定为考核之法。饬令各学教官，于详报月课、季考文内，将所讲律例何条、其听受者何人逐一声明，以凭学臣查核。如有怠忽不肯尽心听受者，亦列名开报。该学政分别次数,严加惩儆,务令各生细心体认,通晓熟习。倘该教官不实力讲解、仍前视为具文者,该学政查实,即行题参议处。

乾隆元年议准:定例,士子季考、月课有不到者,戒饬;三次不到者,即行详革。但三次月课,为期不过三月,士子或因住居窎远、不能如期赴试者亦间有之。嗣后,月课三次不到者,该学教官严加戒饬;其有并无事故、终年不到者,详请褫革。

寄籍入学

雍正九年议准:江西棚民近年读书愈众,饬令地方官逐一清查。有实在入籍二十年以上、有田粮庐墓者,准其在各居住之州县一体考试,量加入学额数。其年例不符者,不许滥行收考。至棚民之兄弟叔侄及外姻亲属仍居原籍,未曾同为棚民者不许顶冒应试。本籍童生亦不得混入棚民内冒考。违者,均照冒籍例治罪。本童各于应考时取具乡里甘结及五童互结,方准报名应试。

乾隆四十六年咨覆:直隶总督袁守侗咨称"生员杨继曾等祖父曾任静海主簿,后因无力回籍,寄居任所地方,历今四十余年。田产庐墓俱在静邑,原籍实无可归,似与入籍之例相符。第究系微员子孙,在任所入籍,应否准其在静海县学肄业"等语。查生员杨继曾等,既据该督查明,寄籍在二十年以上,已有田产庐墓,原籍实无亲族可依,与入籍之例相符,并取有两籍地方官印甘各结送部,应如所咨,准其在静海县学肄业,仍饬毋许两处互考。

秀才须知古今格言

睢宁学训导丁显恭辑

学校人材荟萃，束身名教者固多，而负惭衾影者亦复不少，则以古今格言未之省察也。不知先儒语录悉集经史精华，格致诚正、修齐治平之道悉在于斯。兹将往古箴铭、名贤训范分宅心、行事、修己、待人之道，条分缕晰，是固为秀才者所当触目警心者也！循是而精进焉，则进德修业之轨范、希贤入圣之楷模悉在其中矣！

学 问

学者，不患才之不赡，而患志之不立。徐干《中论》。

为世用者，百篇无害；不为用者，一章无补。王充《论衡》。

学者，博诵云乎哉，必也贯乎道；文者，苟作云乎哉，必也济乎义。《文中子·中说》。

君子爱日以学，及时以行。《大戴礼记》。

士之致远，当先器识，而后文艺。

理以心得为精，故当沉潜，不然耳边口头也；事以典故为据，故当博洽，不然臆说杜撰也。

道理书尽读，事务书多读，文章书少读，闲杂书休读，邪妄书焚之可也。

《大学》一部书，统于"明德"两字；《中庸》一部书，统于"修道"两字。

除了"中"字，再没道理；除了"敬"字，再没学问。以上吕简父《呻吟语》。

朱子《白鹿洞规》：

父子有亲，君臣有义，夫妇有别，长幼有序，朋友有信。

右五教之目。

博学之，审问之，慎思之，明辨之，笃行之。

右为学之序。

言忠信、行笃敬，惩忿窒欲、迁善改过。

右修身之要。

正其谊，不谋其利；明其道，不计其功。

右处世之要。

己所不欲，勿施于人；行有不得，反求诸己。

右接物之要。

朱子《论定程董学则》：

凡学于此者，必严朔望之仪：其日昧爽，师长率弟子诣先圣像前，再拜焚香讫，又再拜师长，入于室，各就案。

谨晨昏之令：常日日出，诸生升堂序立，俟师长出户，立定，皆揖。至夜将寝，会揖，如朝礼。

居处必恭：居有常处，序坐以齿。凡坐，必直身正体，毋箕踞倾倚、交胫摇足。

步立必正：行必徐，立必恭。毋背所尊，毋践阈，毋跛倚。出入必后长者。

言语必谨：致详审，重然诺。毋轻，毋诞，毋戏语喧哗，毋论及乡里人长短。

容貌必庄：必端严凝重。毋轻易放肆，毋粗豪很傲，毋轻有喜怒。

衣冠必整：毋为诡异华靡，毋致垢敝简率。虽燕处，不得裸袒；虽盛暑，不去鞋袜。

饮食必节：毋求饱，毋贪味。食必以时，毋耻恶食。饮不过三爵，勿至醉。

出入必省：非尊长呼唤、师长使令及己有急干，不得辄出学宫门。出必告，反必面。

读书必专一：必正心肃容，记遍数。毋务泛观，毋务强记。非圣贤之书勿读，无益之文勿观。

写字必楷敬：勿草，勿欹倾。王颜欧柳，各成一家。每日敬书数百字，日久自有进步。

几案必整齐：位置有伦，简帙不乱。衣笥书箧，必谨扃钥。毋使桌椅欹斜。

堂室必洁净：逐日以水洒堂上，以帚扫去尘埃，以巾拭拭几案。别有污秽，悉令扫除。

相呼必以齿：年长倍者以"丈"，十年长者以"兄"，年相若以字，勿以"尔""汝"。书函称谓亦如之。

接见必有定：正人君子，互相切磋，以时接见。非其类者，勿与亲狎。

修业有余功，游艺以适性：弹琴、习射、投壶、学算，各有定期，非时勿弄。博弈鄙事，不宜亲学。

使人庄以恕，而必专所听：择谨愿勤力者，庄以临之，恕以待之。有小过者，白于师长惩之。

朱子读书法：

循序渐进，熟读精思，虚心涵泳，切己体察，着紧用力，居敬持志。以上陈榕门《养正遗规》。

圣人论学曰"日新"，无一日之可旷也；曰"时习"，无一时之不勉也。

见得一分义理，即全得一分德性。

朱子与吕东莱尝谓学者曰："《四书》者，《五经》之阶梯也；《近思录》者，《四书》之阶梯也。"

六经之理与吾心之理贯通浃洽，则根柢深矣；六经之理与吾心之理触类引伸，则生意畅矣！

工夫只怕一个"待"字，只要一个"熟"字。

由经史穷理，可得性道之精；以经史论治，可知经济之大。

学者立志，必要做第一等事，必要做第一等人。以上胡清甫《弟子箴言》。

读书不识人伦道理，虽破万卷，奚益？

志高明，而后所就者大；心静虚，而后所入者深。

读经令人气敛，读史令人心开。

学问无中立之势，不进则退。

不振迅，则志日惰；不检束，则心日放。

好学，当以卫武公为法；省愆，当以蘧大夫为师。

遗金满籝，不如一经，古人所以称书为良田也。暴发之家，非无秀彦，苦于无书可读，虚负聪明。为父兄者，早为储蓄，俾知开卷有益之故。中人以上，固可望为通儒；中人以下，亦可免为俗物。

书之用无穷，然学焉而得其性之所近，当以己为准。己所能勉者，奉以为规；己所易犯者，奉以为戒；不甚干涉者，略焉。则读一句，即受一句之益。以上汪龙庄《双节堂庸训》。

子孙当以读书通世故，不当以世故分读书。

一时劝人以口，百世劝人以书。

看书贪多，贪多则不精。

人有极大之福才肯读书。

读未见书如获异宝，见已读书如逢故人。以上汪葵田《座右铭》。

欲高门第须为善，要好儿孙必读书。古联。

何谓至行？曰庸行。何谓大人？曰小心。何以上达？曰下学。何以远到？曰近思。

以心术为本根，以伦理为桢干，以学问为菑畲，以文章为花萼，以事业为结实。

以书史为园林，以歌咏为鼓吹，以义理为膏粱，以著述为文绣，以诵读为耕耘，以记问为居积，以前言往行为师友，以忠信笃敬为修持，以作善降祥为受用，以乐天知命为依归。以上刘忠介公《人谱》。

收吾本心在腔子里，是圣贤第一等学问；尽吾本分在素位中，是圣贤第一等工夫。

观天地生物气象，学圣贤克己功夫。

先读经后读史，则论事不谬于圣贤；既读史复读经，则观书不徒为章句。

心不欲杂，杂则神荡而不收；心不欲劳，劳则神疲而不入。

读书贵能疑，疑乃可以启信；读书贵有渐，渐乃克底有成。

爱惜精神，留他日担当宇宙；蹉跎岁月，问何时报答君亲。

不因果报方修善，岂为功名始读书？

心气凝静，觉分阴寸晷倍自舒长；意纵神驰，虽累月经年亦形迅驶。

万理澄澈，则一心愈精而愈谨；一心沉凝，则万理愈通而愈流。

舍事功，别无学问；求性道，不外文章。

读经传则根柢厚，看史鉴则议论伟。

开卷有益，读书便佳。

下手处是自强不息，成就处是至诚无息。

古之君子，病其无能也，学之；今之君子，耻其无能也，讳之。

一息之间，不可忘学；六经以外，别无奇书。以上《格言联璧》。

躬　修

不作无补之功，不为无益之事。《管子》。

知足不辱，知止不殆。《老子》。

轻诺必寡信，多易必多难。《老子》。

两喜必多溢美之言，两怒必多溢恶之言。《庄子》。

平易恬淡，则忧患不能入、邪气不能袭，故其德全而形不亏。

君子居必择乡，游必择士，所以防邪僻而近中正也。《荀子》。

道虽迩,不行不至;事虽小,不为不成。《荀子》。

入而行不修,身之罪也;出而名不章,友之过也。故君子入则笃行,出则友贤。《荀子》。

非澹泊无以明德,非宁静无以致远,非宽大无以兼覆,非慈厚无以怀众,非平正无以制断。《淮南子》。

心欲小而志欲大,智欲圆而行欲方。《淮南子》。

有阴德者必有阳报,有隐行者必有昭名。《淮南子》。

长于变者,不可穷以诈;通于道者,不可惊以怪。陆贾《新语》。

智莫大于阙疑,行莫大于无悔。《说苑》。

廉者常乐无求,贪者常虞不足。《文中子》。

闻谤而怒者,谗之囮也;见誉而喜者,佞之媒也。《文中子》。

独行不愧影,独寝不愧衾。《宋史》。

群居守口,独处防心。

大事难事,看担当;逆境顺境,看襟度;临喜临怒,看涵养;群行群止,看识见。

不足有为者,自附于行所无事之名;和光同尘者,自附于无可无不可之名:圣人恶莠也以此。

大其心,容天下之物;虚其心,受天下之善;平其心,论天下之事;潜其心,观天下之理;定其心,应天下之变。

心要常操,身要常劳。心愈操愈精明,身愈劳愈强健,但自不可过耳。

心要有城池,口要有门户。有城池则不出,有门户则不纵。

气忌盛,心忌满,才忌露。

喜来时一检点、怒来时一检点、怠堕时一检点、放肆时一检点,此是省察大条款。

仁厚刻薄是修短关,行止语默是祸福关,勤惰俭奢是成败关,饮食男女是生死关。

言语之恶,莫大于造诬;行事之恶,莫大于苛刻;心术之恶,莫大于深险。

富以能施为德、贫以无求为德，贵以下人为德、贱以忘势为德。

少年大病，第一怕是气高。以上系吕新吾《呻吟语》。

嗜欲正浓处能斩断，怒气正盛处能忍纳，此皆学问得力处。

"不为过"三字，昧却多少良心；"没奈何"三字，抹煞多少体面。

门内罕闻嬉笑怒骂，其家范可知；座右多书名论格言，其志趣可想。以上史搢臣《愿体集》。

自古圣贤，无不从朝乾夕惕中来。

吉凶者，失得之象也；悔吝者，忧虞之象也。悔，便是吉之几；吝，便是凶之渐。

《伊训》一篇，不外"祗厥身"三字；《曲礼》二册，不外"毋不敬"一言。

敬身者，于欲之所不能无、情之所不能止者，一拨便醒，以明镜照之；一醒便断，以慧剑挥之。

学者以"九容"范其身，则身在规矩中矣；以"九思"范其心，则心在规矩中矣。

一言而造无穷之福，一言而去无穷之害，在朝廷可也，在乡党亦可也。

怒多横语，喜多狂言，此时有定，可以见其涵养；家庭多率语，卑贱多慢言，此时不差，可以见其慎密。以上胡清甫《弟子箴言》。

守身远害之道，自慎言始。

有害于民物之事，不可存诸心；有伤于风化之言，不可出诸口。

谋事不可不慎，见事不可不明，处事不可不公，任事不可不勇。

处天下事曰公曰正，任天下事曰毅曰刚。

士无论显晦通塞，惟始终一节，乃谓之君子。

君子立身行己，与其通也宁介，与其凿也宁愚。

仁义，康庄也，由之者安；功利，捷径也，由之者有时而危；越礼坏法、罔上行私，邪窦也，亦险途也，由之者不知其所税驾矣。以上李惺庵《读书杂述》。

纵欲败度，立身之大患，当于起手处力防其渐。凡声色货利可以启骄奢淫泆之弊者，其端断不可开。汪龙庄《双节堂庸训》。

才舒放，即思收敛；才言语，便思简默。

不欺人，自不欺心始。

坐密室如通衢，驭寸心如六马，是处处检摄。

常存不如人之心，则业日进。

闲居，勿极其欢；寝处，勿忘其患；居其安，勿忘其危。

无口过易，无身过难；无身过易，无心过难。

心无私欲，自然会刚；心无邪曲，自然会正。以上汪葵田《座右铭》。

清明以养吾之神，湛一以养吾之虑，沉警以养吾之识，刚大以养吾之气，果断以养吾之才，凝重以养吾之度，宽裕以养吾之量，严毅以养吾之操。

颜子"四勿"，要收入来闲存工夫，制外以养中也；孟子"四端"，要扩充去格致功夫，推近以暨远也。

一动于欲，欲昏则迷；一任乎气，气偏则戾。

宜静默、宜从容、宜谨严、宜俭约，四者切己良箴；忌多欲、忌妄动、忌坐驰、忌旁骛，四者切己大病。

常操常存，得一"恒"字诀；勿忘勿助，得一"渐"字诀。

处逆境，心须用开拓法；处顺境，心要用收敛法。

谦退是保身第一法，安详是处事第一法，涵容是待人第一法，洒脱是养心第一法。

有作用者，器宇定是不凡；有智慧者，才情决然不露。

世俗烦恼处，要耐得下；世事纷扰处，要闲得下；胸怀牵缠处，要割得下；境地浓艳处，要淡得下；意气忿怒处，要降得下。

观操存在利害时，观精力在饥疲时，观度量在喜怒时，观镇定在震惊时。

莫轻视此身，三才在此六尺；莫轻视此生，千古在此一日。

不让古人，是谓有志；不让今人，是谓无量。

一能胜予，君子不可无此小心；吾何畏彼，丈夫不可无此大志。

经一番挫折，长一番识见；容一番横逆，增一番气度；省一分经营，多一分道义；学一分退让，讨一分便宜；去一分奢侈，少一分罪过；加一分体贴，知一分物情。

盖世功劳，当不得一个"矜"字；弥天罪恶，最难得一个"悔"字。

事当快意处须转，言到快意时须停。

物忌全胜，事忌全美，人忌全盛。

留有余不尽之巧，以还造化；留有余不尽之禄，以还朝廷；留有余不尽之才，以还造化；留有余不尽之福，以贻子孙。

天薄我以福，吾厚吾德以迓之；天劳我以形，吾逸吾心以补之；天厄我以遇，吾亨吾道以通之；天苦我以境，吾乐吾神以畅之。

度量如海涵春育，应接如流水行云，操存如青天白日，威仪如丹凤翔麟，言论如敲金戛石，持身如洁玉清冰，襟抱如光风霁月，气概如乔岳泰山。

品诣常看胜于我者，则愧耻自憎；享用常看不如我者，则怨尤自泯。

有补于天地曰功，有关于世教曰名，有学问曰富、有廉耻曰贵。

以"媚"字奉亲、以"淡"字交友，以"苟"字省费、以"拙"字免劳，以"聋"字止谤、以"盲"字远色，以"吝"字防口、以"病"字医淫，以"贪"字读书、以"疑"字穷理，以"刻"字责己、以"迂"字守礼，以"很"字立志、以"傲"字植骨，以"痴"字救贫、以"空"字解忧，以"弱"字御侮、以"悔"字改过，以"懒"字抑奔兢、以"惰"字屏尘俗。

天欲祸人，先以微福骄之；天欲福人，先以微祸儆之。

贪饕以招辱，不若俭而守廉；干请以犯义，不若俭而全节；侵牟以聚怨，不若俭而养心；放肆以遂欲，不若俭而安性。

防欲如挽逆水之舟，才歇手便下流；力善如缘无枝之树，才住脚便下坠。

欲做精金美玉的人品，定从烈火中锻来；思立揭地掀天的事功，须向薄冰上履过。

士大夫当为子孙造福，不当为子孙求福；当为此生惜名，不当为此生市名。谨家规、崇俭朴、教耕读、积阴骘，此造福也；广田宅、结姻援、争什一、鬻功名，此求福也；敦诗书、尚气节、慎取与、谨威仪，此惜名也；竞标榜、邀权贵、务矫激、习模棱，此市名也。造福者淡而长，求福者浓而短；惜名者静而休，市名者躁而拙。

谦，美德也，过谦者怀诈；默，懿行也，过默者藏奸。

敬守此心则心定，敛抑其气则气平。

酗酒者，德必败；好色者，生必伤。以上《格言联璧》。

应　务

轻诺必寡信，多易必多难。《老子》。

察见渊鱼者不(详)〔祥〕，智料隐匿者有殃。《列子》。

君子赠人以言，庶人赠人以财。

非我而当者，吾师也；是我而当者，吾友也；谄谀我者，吾贼也。以上《荀子》。

不如吾者，吾不与处，累我者也；与我齐者，吾不与处，无益我者也；惟贤者必与贤于己者处。《吕氏春秋》。

朋而不心，面朋也；友而不心，面友也。

自后者，人先之；自下者，人高之。以上《杨子法言》。

至道者少友，逐俗者多俦。王符《潜夫论》。

任能者，责成而不劳；任己者，事废而无功。桓宽《盐铁论》。

何以息谤？曰无辩。何以止怨？曰无争。

以势交者，势倾则绝；以利交者，利穷则散：故君子不与也。以上《文中子·中说》。

与君子游如长日，加益而不自知也；与小人游如履薄冰，每履而下，几何不陷乎哉？《大戴礼记》。

君子不乘人于利，不厄人于险。

贵而下贱，则众弗恶也；富而分贫，则贫士弗恶也；智而教愚，则童蒙者弗恶也。

与人以实，虽疏必密；与人以虚，虽戚必疏。以上《韩诗外传》。

明者远见于未萌，智者避危于无形。《汉书》。

以身教者从，以言教者讼。《后汉书》。

兼听则明，偏信则暗。《唐书》。

将事而能弥、当事而能救、既事而能挽，此之谓达权。

任难任之事，要有力而无气；处难处之人，要有知而无言。

腐儒之迂说、曲士之拘谈、俗子之庸识、躁人之浅见、谲者之异言、憸夫之邪语，皆事之贼也，谋断家之所忌也。

巧者，气化之贼也、万物之祸也、心术之蠹也、财用之灾也，君子不贵焉。

天下无难处之事，只消得两个"如之何"；天下无难处之人，只消得三个"必自反"。

接人要和中有介，处事要精中有果，认理要正中有通。

富贵，家之灾也；才能，身之殃也；声名，谤之媒也；欢乐，悲之藉也。故惟处顺境为难，只是常有惧心，退一步做则免于祸。

争利起于人各有欲，争言起于人各有见。惟君子以澹泊自处，以知能让人，胸中有无限快活处。以上吕简父《呻吟语》。

小人固当远，然亦不可显为仇敌；君子固当亲，然亦不可曲为附和。

可以一言而救人之厄、一言而解人之纷，此亦不必过为退避也。但因以为利，则市道矣！

攻人之恶毋太严，要思其堪受；教人之善毋过高，当使其可从。

人之谤我也，与其能辩，不如能容；人之侮我也，与其能防，不如能化。以上史撄臣《愿体集》。

言行拟之古人，则德进；功名付之天命，则心闲；报应念及子孙，则事平;受享虑及疾病,则用俭。顾东桥《左铭》。

好辩以招尤,不若切默以怡性;广交以延誉,不若索居以自全;厚费以多营,不若省事以守俭;逞能以诲妒,不若韬智以示拙。顾东桥《右铭》。

邪说诐行,生民之蠹、正道之贼也。孔子曰:"攻乎异端,斯害也已。"可不慎哉?

君子耻独为君子,小人亦耻独为小人,多方引诱,成人之恶为快,是在我心有主。以上胡清甫《弟子箴言》。

学者克己务严,论人当恕。

君子不自伐其功,而人之功惟恐其不录;小人常自掩其过,而人之过惟恐其不彰。

不侮人之谓恭,谀则不可;不忤物之谓和,流则不可。

朴质之夫,貌虽愚而可用;倾危之士,才纵美而难知。

人人之所趋者而避之,其人必淡于经营;人人之所避者而趋之,其人必勇于为善。

喜事之人不可用,任事之人不可无。以上李惺庵《读书杂述》。

大节不可迁就。

横逆之来,当忍耐。

小人无礼,当容以大度,庶不激成瑕衅。

乡居,则以排难解纷为睦邻要义。以上《双节堂庸训》。

缓事宜急干,敏则有功;急事宜缓办,忙则多错。

无事时,戒一"偷"字;有事时,戒一"乱"字。

救已败之事者,如驭临崖之马,休轻策一鞭;图垂成之功者,如挽上滩之舟,莫少停一棹。

处人不可任己意,要悉人之情;处事不可任己见,要悉事之理。

论人当节取其长,曲谅其短;做事必先审其害,后计其利。

凡一事而关人终身,纵确见实闻,不可著口;凡一语而伤我长厚,虽闲谈酒谑,慎勿形言。

严著此心以拒外诱，须如一团烈火遇物即烧；宽著此心以待同群，须如一片阳春无人不暖。

人好刚，我以柔胜之；人用术，我以诚感之；人使气，我以理屈之。

施在我，有余之惠则可以广德；留在人，不尽之情则可以全交。

小人亦有好处，不可恶其人并没其是；君子亦有过差，不可好其人并饰其非。

闻恶不可遽怒，恐为谗夫泄忿；闻善不可就亲，恐引奸人进身。

宽厚之人，吾师以养量；慎密之人，吾师以炼识；慈惠之人，吾师以驭下；俭约之人，吾师以居家；明通之人，吾师以生慧；质朴之人，吾师以藏拙；才智之人，吾师以应变；缄默之人，吾师以存神；谦恭善下之人，吾师以亲师友；博学强识之人，吾师以广见闻。

人褊急，我受之以宽宏；人险仄，我平之以坦荡。

能媚我者，必能害我，宜加意防之；肯规予者，必肯助予，宜倾心听之。

盛喜中，勿许人物；盛怒中，勿答人柬。

己性不可任，当用逆法制之，其道在一"忍"字；人性不可拂，当用顺法调之，其道在一"恕"字。

辱人以不堪，必反辱；伤人以已甚，必反伤。

处富贵时，要知贫贱的痛痒；值少壮日，须念衰老的艰辛；入安乐场，当体患难人景况。

世事让三分，天空地阔；心田培一点，子种孙耕。

只字必惜，贵之根也；粒米必珍，富之源也；片言必谨，福之基也；微命必护，寿之本也。

费千金而结纳势豪，孰若倾半瓢之粟以济饥饿？构千楹而招徕宾客，何如葺数椽之屋以庇孤寒？

心地上无波涛，随在皆风平浪静；性天中有化育，触处见鱼跃鸢飞。

以积货财之心积学问，以求功名之心求道德，以爱妻子之心爱父母,以保爵位之心保国家。

潜居尽可以为善,何必显官?贫贱尽可以济人,何必富贵?

多事为读书第一病,多欲为养生第一病,多言为涉世第一病,多智为立心第一病,多费为处家第一病。

天地不可一日无和气,人心不可一日无喜神。

拂意处,要遣得过;清苦日,要守得过;非理来,要受得过;忿怒时,要耐得过;嗜欲生,要忍得过。

言语知节,则愆尤少;举动知节,则悔吝少;爱慕知节,则营求少;欢乐知节,则祸败少;饮食知节,则疾病少。

闹时炼心、静时养心、坐时守心、行时验心,言时省心、动时制心。

先去私心,而后可以治公事;先平己见,而后可以听人言。

静坐常思己过,闲谈莫论人非。

家　政

积德之家,必无余殃。陆贾《新语》。

祖宗法度,不宜轻改。《宋史》。

慎言动于妻子仆隶之间,检身心于食息起居之地,这工夫便密了。《吕子节录》。

王士晋《宗规》:乡约当遵,祠墓当展,族类当辨,名分当正,宗族当睦,谱牒当重,闺门当肃,蒙养当豫,姻里当厚,职业当勤,赋役当供,争讼当止,节俭当崇,守望当严,邪巫当禁,四礼当行。以上陈榕门《训俗遗规汇载》。

奢贵戒其渐,奢贵绝其诱。

奢足以折福,奢足以招尤。

奢则必懒,奢则必贪。

奢之害,必至于丧身,且至于破家,终至于败俗。

妻子好合、兄弟既翕,此是家庭和气;夫妻反(自)[目]、兄弟阋墙,此是家庭戾气。

"正"字是居家第一义,"辟"字是处家第一弊。以上胡清甫《弟子箴言》。

持家以撙节为上。

积产千金,不如积书万卷。

世家大族,礼教之宗也。

风俗之盛衰,视乎闾里之奢俭。以上李惺庵《读书杂述》。

勤俭,持家之本;和顺,齐家之本;谨慎,保家之本;诗书,起家之本;忠孝,传家之本。

现在之福,积自祖宗者,不可不惜;将来之福,贻于子孙者,不可不培。

祖宗富贵自诗书中来,子孙享富贵则弃诗书矣;祖宗家业自勤俭中来,子孙享家业则忘勤俭矣!

子弟有才,推其爱,毋弛其诲,故不以骄败;子弟不肖,严其诲,毋薄其爱,故不以怨离。

公正严明,是做家长第一法;安详恭敬,是教小儿第一法。

融得性情上偏私,便是大学问;消得家庭中嫌隙,便是大经纶。

遇朋友交游之失,宜剀切,不宜游移;处家庭骨肉之变,宜委曲,不宜激烈。

奴之不(详)[祥],莫大于传主人之谤语;主之不(详)[祥],莫大于行仆婢之谮言。

治家严,家乃和;居乡恕,乡乃睦。

治家忌宽而尤忌严,居家忌奢而尤忌啬。

祖宗尚奢侈,未数传而华屋邱墟;父老竞浮奢,不数年而故园禾黍。以上《格言联璧》。

政治 范文正公做秀才时,以天下为己任。
今日之纯儒即他日之名臣,则政治之要,秀才亦当讲习也

善为吏者,树德;不善为吏者,树怨。《说苑》。

治大者,不可以烦,烦则乱;治小者,不可以怠,怠则废。桓宽《盐铁论》。

上者,民之表也。表正,则何物不正?《大戴礼记》。

凡治道,去其泰甚者耳。《汉书》。

理国以得贤为本。《后汉书》。

法禁者,俗之堤防;刑罚者,民之衔辔。《后汉书》。

兴农桑以养其生,审好恶以正其俗,宣文教以章其化,立武备以秉其威,明赏罚以统其法。《后汉书》。

治世以大德,不以小惠。《三国志》。

奢侈之费,甚于天灾。《晋书》。

为贵人,当举纲维,何必事事详细?《宋书》。

为官择人,不可造次。用一君子,则君子皆至;用一小人,则小人竞进。

为政莫若至公。

养稂莠者害嘉谷,赦有罪者贼良民。

以一人治天下,不以天下奉一人。

久安之民骄佚,骄佚则难教;经乱之民愁苦,愁苦则易化。

法贵简而能禁,罚贵轻而必行。

论大计者,固不可惜小费。以上《唐书》。

道远者理当驯致,事大者不可速成。人才不可急求,积弊不可顿革。傥欲事功急就,必为憸佞所乘。

为政不法三代者,终苟道也。

结人心,厚风俗,存纪纲。

勇不足恃,用兵在先定谋。

用兵之术,仁、智、信、勇、严,阙一不可。

宽大中要规矩,和缓中要果决。

催科不扰,是催科中抚字;刑罚无差,是刑罚中教化。以上《宋史》。

兴利无太急,要左视右盼;革弊无太骤,要长虑却顾。

为政之道，以不扰为安，以不取为与，以不害为利，以行所无事为兴废起敝。

为政，先以扶持世教为主。

无治人，则良法美意反以殃民；有治人，则弊习陋规皆成善政。

治世莫先无伪，教民只是不争。

居上之患，莫大于赏无功、赦有罪，尤莫大于有功不赏而罚及无辜。

弭盗之末务，莫如保甲；弭盗之本务，莫如教养。

明君，养恩不尽，常使人有余荣；差威不尽，常使人有余惧。此久安长治之道也。

圣人之杀，所以止杀也，果于杀而不为姑息，故杀者一二而所全活者千万；后世之不杀，所以滋杀也，不忍于杀一二人以养奸，故生其可杀而生者多陷于杀。

用人之道，贵当其财；理财之道，贵去其蠹。

居官有五要：休错问一件事，休屈打一个人，休妄费一分财，休轻劳一夫力，休苟取一文钱。

礼繁则难行，卒成废阁之书；法繁则易犯，益甚决裂之罪。

姑息之祸，甚于威严。

宽、简二者，为政之大体。不宽则威令严，不简则科条密。以至严之法，绳至密之事，是谓烦苛暴虐之政也。困己扰民，圣王戒之。

为政者，贵因时。事在当因，不为后人开无故之端；事在当革，不为后人长不救之祸。

新法非十有益，不可立也；旧法非十有害，不可更也。以上吕简父《呻吟语》。

养民生、复民性、禁民非，治天下之三要。

《文中子》曰："古之从仕者养人，今之从仕者养己。"切中后世禄仕之病。

正以处心、廉以律己、忠以事君、恭以事长、信以接物、宽以待下、敬以处事,居官之七要也。

法者,辅治之具,当以教化为先。以上薛敬轩《要语》。

吏治无良,未有不自大吏始者。我洁己,而后责人之廉;我爱民,而后责人之薄;我秉公,而后责人之私;我勤政,而后责人之慢。若非有诸己者,非诸人,止多众口耳,势必不行,以藏身不恕也。三晋民物,分治于州县。若树畜不教、荒芜不辟、流移不复、衣食不足、茕独不恤、寇盗不息、奸暴不戢、蟊蠹不除、诸弊不革、积衰不振、教化不行、邪民不禁、流民不察、游民不业、量衡不式、学政不严、地土不均、赋役不平、杂累不蠲、仓库不慎、侈奢不约、积贮不充、钱粮不办、道涂不治、商旅不集、乡甲不联、贪酷不斥、昏庸不戒、势豪不敛、馈遗不省、驿递不节、虚糜不去、幽隐不烛,有如此者,三晋司府,责有攸归,本院安所归咎耶? 吕新吾《明职》。

俭,美德也,余谓仕路诸君子崇尚尤急。数椽可以蔽风雨,不必广厦大庭也;痴奴可以应门户,不必舞女歌童也;绳床可以安魂梦,不必花梨螺钿也;竹椅可以延宾客,不必理石金漆也;新磁可以供饮食,不必成窑宣窑也;五簋可以叙间阔,不必盛席优觞也;经史可以悦耳目,不必名瑟古画也。去一分奢侈,便少一分罪过;省一分经营,便多一分道义。慎之哉! 魏环溪《寒松堂集》。

大臣以培养人才、维持风化为第一义。

以经史教育人才,使之修明礼乐、敦伦砥行,而文章亦焕然可观,通儒之责也;宏奖士类,使人主前后左右罔非正人,而方伯、连率皆能利济斯人、兴起风教,贤卿相之责也。

国之蠹,民之蟊贼,务驱而远之。自余随才器使,休休乎古大臣风节矣!

言其所当言,用则天下蒙福;即不用,存此言,于天下终须有济。

封疆大吏,须激浊扬清、绸缪根本,非徒察察以为明。

临民而欲邀誉于民,非良吏也;事上而欲希荣于上,非纯臣也。以上李惺庵《读书杂述》。

朝廷立法，不可不严；有司行法，不可不恕。

严以驭役而宽以恤民，亟以扬善而勇以去奸，缓以催科而勤以抚字。

刑罚当宽处即宽，草木亦上天生命；财用可省时便省，丝毫皆下民脂膏。

官不必尊显，期无负于君亲；道不必博施，要在有裨民物。

平民肯种德施恩，便是无位的卿相；士夫徒贪权希宠，竟成有爵的乞儿。

以林皋安乐懒散心，做官未有不荒怠者；以在家治生营产心，做官未有不贪鄙者。

勤能补拙，俭以养廉。

执法如山，守身如玉；爱民如子，去蠹如仇。

陷一无辜，与操刀杀人者何别？释一大憝，与纵虎伤人者无殊。

听断之官，成心必不可有；任事之官，成算必不可无。

无辜牵累难堪，非紧要，只须两造对质；疑案转移甚大，无确据，便当末减从宽。

官肯著意一分，民受十分之惠；上能吃苦一点，民沾万点之恩。

利一身勿谋也，利在天下者谋之；利一时勿谋也，利在万世者谋之。

不可假公法以报私仇，不可假公惠以报私德。

治道之要在知人，君德之要在体仁，御臣之要在推诚。

秀才须知当读书籍

睢宁学训导丁显恭辑

谚曰:"秀才不出门,能知天下事。"又曰:"一物不知,儒者之耻。"则甚矣书籍不可不多读也!睢邑人才林立,不乏英奇。而自古迄今,微特通经之彦不少概见,淹贯名儒亦属寥寥。揆厥由来,实缘家多寒素,不能积书;亦有世族大家经史粗备,而河流兵燹叠次漂焚,遂致学校修儒无从披览矣!兹将当读书目分门罗列,尚望多士集资购买,多多益善。从此,切磋琢磨,大洗孤陋之习,蔚为经籍之光,是则鄙人之所深望也夫!

经 部

《十三经注疏》,魏源《书古微》,郜坦《春秋或问》,郜坦《春秋集古传注》,《仿岳本孝经》,孔广森《大戴礼记补注》,《仿宋本四书集注》,孙应科《四书说苑》,袁铣《四书题解》《储同人批四书集注》,《礼记述注》,《周礼述注》,《周易传义音训》,胡培翚《仪礼正义》,朱彬《礼记训纂》,朱彬《经传考证》,《穀梁大义述》,《尔雅图》,《岳板五经》,《六经图》。以上淮南局。《御纂周易折中》,《钦定书经汇纂》,《诗经汇纂》、《春秋汇纂》,《周官义疏》,《仪礼义疏》,《礼记义疏》,《左传杜林合注》,张惠言《仪礼图述》,《穀梁范宁集解》,《十一经音训》,陆德明《经典释文》,《姚配中周易》,《郑氏尚书大传》,刘文琪《左传旧疏》,胡承珙《仪礼古今文疏义》。以上湖北局。《御纂诗义折中》,《十三经古注》,《四书反身录》,《大学衍义》,《论语后案》,《论语古训》。以上浙江局。《易程传》。江南局。《桂氏四书益智录》,《桂氏春秋比事参义》,《储批四书》,《洪平斋春秋说》,《成氏禹贡班义述》。以上江宁局寄卖。《论语古注集笺》,《周易孔义集说》,《春秋属辞辨例编》。以上苏州局。《通志堂经解》,《古经解钩沉》,许慎《五经异义并驳义》,唐张参《五经文字》,唐唐元度《九经字样》,宋岳柯《九经三传沿革例》,宋杨伯岩《九经补韵》,宋贾昌朝《群经音辨》,《唐石经》,宋刘敞《七经小传》,宋毛居正《六经正误》,宋钱时《四书管见》,宋郑樵《六经奥论》,元何异孙《十一经问对》,明朱睦㮮《五经稽疑》,顾炎武《九经误字》,俭卿叔《诗礼七编》,郑方坤《经稗》,程川《朱子五经语类》,江永《群经补义》,陈祖范《经咫》,沈炳震《九经辨字渎蒙》,《子夏易传》,李鼎祚《周易集解》,史征《周易口诀义》,《汉魏二十一家易注》,《周易虞氏义》。附《消息》《易礼》。《周易姚氏学》,宋翔凤《卦气解》,《易纬》,李衡《周易义海撮要》,毛奇龄《易小帖》,陈法《易笺》,胡渭《易图明辨》,毛奇龄《春秋占筮书》,惠栋《易汉学》,明陆士元《易象钩解》,许桂林《易确》,汉伏胜《尚书大传》,孙星衍《尚书马郑注》,阎若璩《古文尚书疏证》,王鸣盛《尚书后案》,盛百二《尚书释天》,蒋廷锡《尚书地理今释》,宋翔凤《尚书说》,龚自珍《太誓答问》,徐文靖《禹贡会笺》,惠栋《古文尚书考》,《书纂》,江声《尚书集注音疏》,俭卿叔《禹贡集释》并《尚书余论》,陈奂《毛诗传疏》,马瑞辰《毛诗传笺通释》,胡承珙《毛诗后笺》,徐璈《诗广诂》,包世荣《诗礼征文》,陆玑《疏考证》,王夫之《诗经稗疏》,王应麟《诗地理考》,焦循《毛诗地理释》,李超孙《诗氏族考》,林伯桐《毛诗识小》,苗夔《毛诗韵订》,翟灏《毛诗证读》,钱坫《诗音表》,夏炘《诗经廿二部古音表集说》,孔广森《诗声类》,晋孙毓《毛诗异同评》,唐成伯玙《毛诗指说》,林伯桐《毛诗诗谱考正》,王筠《毛诗双声叠韵说》,《鲁诗故》,《齐诗传》,《韩诗故》,《汉韩诗薛君章句》,汉韩婴《韩诗外传》,宋王应麟《三家诗考》,周邵莲《诗考异字笺余》,陈寿祺《诗遗说考》,宋吕祖谦《家塾读诗记》,宋严粲《诗缉》,顾镇《虞东学诗》,魏源《诗古微》,范家相《三家诗拾遗》,明陈第《毛诗古音考》,徐鼎《毛诗名物图》，江永《周礼疑义举要》，宋世荦《周礼故书疏证》，庄绶甲《周官礼郑氏注笺》，郑珍《考工轮舆私笺附图》，庄存与《周官记说》，张尔岐《仪礼郑注句读》，宋魏了翁《仪礼要义》，江永《仪礼释例》，元敖继公《仪礼集说》，宋世荦《仪礼故书疏证》，卢文弨《仪礼注疏详校》，金曰追《仪礼正讹》，胡匡衷《仪礼释官》，江永《释宫谱增注》，褚寅亮《仪礼管见》，郑珍《仪礼私笺》，盛世佐《仪礼集编》，徐乾学《读礼通考》，宋张淳《仪礼识误》，宋李如圭《仪礼集释》，附《释宫》。方苞《仪礼析疑》，元吴澄《仪礼逸经传》，《诸锦缫礼补亡》，俭卿叔《仪礼释注》，宋卫湜《礼记集说》，杭世骏《续礼记集说》，陆元辅《陆氏集说补正》，朱彬《礼记训纂》，万斯大《礼记偶笺》，江永《礼记训义择言》，孙希旦《礼记集解》，蔡云辑《月令章句》，江永《深衣考误》，胡培翚《燕寝考》，惠栋《明堂大道录》，惠栋《禘说》，王聘卿《大戴礼记解诂》，汪中《大戴礼记正误》，汉戴德《夏小正传》，毕沅《夏小正考注》，洪震煊《夏小正疏义》，附《释音》《异字记》。顾凤藻《夏小正校录》，洪颐煊《孔子三朝记》，明黄道周《表记集传》、《坊记集传》、《缁衣集传》、《儒行集传》，李光坡《礼记述注》，邵泰衢《檀弓疑问》，俭卿叔《礼记释注》，梁崔灵恩《三礼义宗》，金榜《礼笺》，武亿《三礼义证》，宋聂崇义《三礼图集注》，秦蕙田《五经通考》，宋陈祥道《礼书》，《御纂律吕正义》，江永《律吕新论》，又《律吕阐微》。毛奇龄《竟山乐录》，凌廷堪《燕乐考原》，汉蔡邕《琴操》，元熊朋来《瑟谱》，孙长源《琴旨补正》，明朱载堉《乐律全书》，杜预《春秋释例》、杜预《春秋土地名》，李贻德《左传贾服注辑》，臧寿恭《左氏古义》，洪亮吉《左传诂》，元赵汸《左传补注》，刘文琪《左传旧疏考证》，邵瑛《刘炫规杜持平》，马骕《左传事纬》，姚文田《春秋经传朔闰表》，高士奇《春秋地名考略》，陈厚耀《春秋世族谱》，王引之《春秋名字解诂》，高士奇《左传姓名同异考》，程廷祚《春秋识小录》，孔广森《春秋公羊通义》，庄存与《春秋正辞》，陈奂《公羊逸礼考征》，宋孙觉《春秋经解》，许桂林《穀梁释例》，侯康《穀梁礼证》，柳兴宗《穀梁大义述》，姚鼐《穀梁补注》，侯康《春秋古经说》，顾栋高《春秋大事表》，洪亮吉《春秋十论》，林春溥《春秋经传比事》，毛奇龄《春秋毛氏传》，明陆粲《春秋胡氏传辨疑》，明袁仁《春秋胡传考误》，唐陆淳《春秋集传纂例》、《春秋微旨》、《春秋集传辨疑》，元赵汸《春秋金锁匙》，郝懿行《春秋说略》，宋翔凤《论语郑注》，梁皇侃《论语义疏》，刘宝楠《论语正义》，毛奇龄《论语稽求篇》，程廷祚《鲁论说》，刘台拱《论语骈枝》，钱坫《论语后录》，方观旭《论语偶记》，宋翔凤《论语说义》，明陈士元《论语类考》，黄式三《论语后案》，宋孙奭《孟子音义》，宋翔凤《孟子赵注补正》、《孟子刘熙注》，周广业《孟子四考》，明陈士元《孟子杂记》，任兆麟《孟子时事略》，宋翔凤《四书释地辨证》，毛奇龄《四书剩言》，周炳中《四书典故辨正》，曹之升《四书摭余说》，林春溥《四书拾遗》，毛奇龄《大学证文》，宋翔凤《大学古义说》，吴昌宗《四书经注集证》，臧庸《孝经郑氏解辑》，严可均《孝经郑氏注》，阮福《孝经义疏补》，张叙《孝经精义》，周春《孝经外传》、《中文孝经》，孙念劬《孝经汇纂》，俭卿叔《孝经述注》，臧庸《尔雅汉注》，黄奭《尔雅古义》，翟灏《尔雅补郭》，钱坫《尔雅释义》，戴蓥《尔雅郭注补正》，程瑶田《释宫释草释虫小记》，董蠡舟《释祀》，宋翔凤《释服》，沈彤《释骨》，洪亮吉《释舟》，明孙珏《古微书》，赵在翰《七纬》，王谟《汉魏遗书钞》，钱东垣《郑志》，陈鳣《六艺论》，马国翰《圣证论》，黄奭《高密遗书》，阮元《诗书古训》，刘淇《助字辨略》，刘台拱《经传小记》，庄述祖《五经小学述》，崔述《考信录》，宋翔凤《五经要义》，附《通义》。陈瑶田《通艺录》，焦循《群经宫室辨》，宋王应麟《六经天文图》，陈懋龄《经学算书天文考》，姚文田《邃雅堂学古录》，邹伯奇《学计一得》，姚鼐《九经说》，徐卓《经义未详说》，《群经平议》，龚元玠《十三经客难》，叶凤毛《说学斋经说》，郑珍巢《经巢经说》，陈立《句溪杂著》，朱彝尊《经义考》，翁方纲《经义考补正》，江藩《汉学师承记》，唐唐元度《九经字样》，附《疑》。顾炎武《九经误字》，山井鼎《七经孟子考文补遗》，毕沅《经典文字辨证》，洪亮吉《汉魏音》，周春《十三经音略》，阮元《经籍纂诂》，钱坫《十经文字通正书》，王学宪《续皇清经解》，冯世瀛《雪樵经解》，陶起庠《十三经心畲》，彭芝庭《稽古日钞》，熊守谦《经韵集字》，《汉石经》、《唐石经》、《国朝石经》，顾炎武《石经考》，万斯同《石经考》，杭世骏《石经考异》，翁方纲《汉石经残字考》，孙星衍《魏三体石经残字考》，严可均《唐石经校文》，王昶《蜀石经残字》，彭元瑞《石经考文提要》，俭卿叔《北宋汴学二体石经记》。

小学部

汉许慎《说文解字》，桂馥《说文义证》，钮树玉《说文注订》、《说文新附字考》，陈瑑《说文引经考证》，陈建侯《说文提要》，顾广圻《说文辨疑》，许域《读说文杂识》。以上湖北局。张行孚《说文楬原》、《说文释例》、《唐说文笺异》，朱骏声《说文通训定声》、《说文发疑》、《陈氏说文》。以上淮南局。《说文分韵易知录》。江南局寄卖。《翻刻祁本说文》、《钮说文考异》。以上江苏局。段玉裁《说文订》，毕沅《说文旧音》，姚文田《说文校议》，钱坫《说文斠铨》，姚文田《说文解字考异》，王筠《说文系传校录》，段玉裁《说文解字》，广州新刻《说文通检》，徐承庆《说文段注匡谬》，王筠《说文释例》，严可均《说文翼》，李富孙《说文正俗辨字》，姚文田《说文声系》，苗夔《说文声读表》，胡重《说文字原韵表》，严可均《说文声类》，张惠言《说文谐声谱》，戚学标《汉学谐声》，附《古音论》。程际盛《说文古语考》，《惠氏读说文记》、《席氏读说文记》，钱大昕《说文答问疏证》、《说文字通通释》，苗夔《说文声订》，孔广居《说文疑疑》，邵瑛《说文群经正字》，王玉树《说文拈字》，江声《六书说》，曹仁虎《转注古义考》，夏炘《六书转注说》，谢启昆《小学考》，宋李从周《字通》，宋张有《复古编》，王筠《文字蒙求》，吴玉搢《别雅》，夏味堂《拾雅》，宋郭忠恕《汗简》，阮行《积古斋钟鼎款识》，宋洪适《隶释》，宋刘球《隶韵》，附《碑目考证》。宋娄机《汉隶字原》，顾蔼吉《隶辨》，瞿云升《隶篇》，附《续》《再续》。任大椿《小学钩沉》、《字林考逸》、《说文旧音》、《玉篇》，辽僧行均《龙龛手鉴》，元戴侗《六书故》，宋郭忠恕《佩觿》，元李文仲《字鉴》，《广韵》、《集韵》、《韵会举要》、《洪武正韵》,《柴氏古韵通》,吴省饮《官韵考异》,顾炎武《音学五书》,江永《古韵标准》、《音学辨微》,戴震《声韵考》,付《声类表》。段玉裁《六书音韵表》,洪榜《四声韵和表》,张耕《古音阐微》,姚文田《古音谐》,钱大昕《声类》,胡秉虔《古韵论》,宋吴棫《韵补》,顾炎武《韵补正》,宋丁度《礼部韵略》,金韩道昭《五音集韵》,明吕维祺《同文铎》、即《日月灯》。《韵钥》,毛奇龄《古今通韵》,李因笃《古今韵考》,《钦定同文韵统》,《钦定音韵阐微》,孙星衍《仓颉篇》,汉史游《急就篇》,孙星衍《急就章考异》,汉扬雄《方言注》,戴震《方言疏证》,杭世骏《续方言》,程际盛《续方言补正》,汉刘熙《释名疏证》,江声《续释名》,汉孔鲋《小尔雅疏》,宋翔凤《小尔雅训纂》,胡承珙《小尔雅义证》,明朱谋㙔《骈雅训纂》,程际盛《骈字分笺》,唐释元应《一切经音义》,唐释慧苑《华严音义》,唐颜师古《匡谬正俗》,黄生《字诂》,宋陆佃《埤雅》。

史　部

《二十四史全集》:《校本史记》,《两汉书》,《三国志》,《晋书》,《南》《北史》,《宋书》,《魏书》,《齐书》,《梁书》,《陈书》,《北齐书》,《北周书》,以上江宁局。《隋书》,《南北史补志》,以上淮南局。《旧唐书》,《新唐书》,《宋史》,以上浙江局。《旧五代史》,《新五代史》,《明史》,以上湖北局。《辽史》,《金史全》,《元史全》。以上苏州局。《西汉会要》,《东汉会要》,《唐会要》。俱苏州局。司马光《资治通鉴》,宋李焘《续资治通鉴长编》,毕沅《续资治通鉴》,《通鉴外纪》,陈鹤《明纪》。以上苏州局。《御批通鉴辑览》,《史通削繁》,《史鉴节要》。以上湖北局。《史记读本》,王鸣盛《十七史商榷》。以上淮南局。《纲鉴正史约》,《通鉴地理通释》,《通鉴答问》。以上浙江局。明凌稚隆《史记评林》,附《汉书评林》。梁玉绳《史记志疑》,钱坫《史记三书释疑》,王元启《史记三书正讹》,汪越《读史记十表》,梁玉绳《古今人表考》,蔡云《人表考校补》,附《续考补》。王元启《汉书律历志正讹》,汪迈孙《汉书地理志校本》,全祖望《汉书地理志稽疑》,钱坫《新斠注地理志》,吴卓信《汉书地理志补注》，《广州刻汉书地理志水道图说》，附《考正德清胡氏禹贡图》。洪颐烜《汉志水道疏证》，宋钱文子《补汉兵志》，王应麟《汉艺文志考证》，徐松《汉书西域传补注》，李光廷《汉西域图考》，宋娄机《班马字类》，附《补遗》。宋倪思《班马异同评》，姚之骃《后汉书补逸》，宋熊方《补后汉书年表》，钱大昭《后汉书补表》，侯康《补后汉艺文志》，惠栋《后汉书补注》，宋吴仁杰《两汉刊误补遗》，洪齮孙《三国职官表》，洪亮吉《三国疆域志》，侯康《补三国艺文志》，杭世骏《三国志补注》，附《诸史然疑》。《宋人三国志辨误》，潘眉《三国志考证》，毕沅《晋书地理志新补》，洪亮吉《东晋疆域志》、《十六国疆域志》，钱仪吉《补晋兵志》，郝懿行《补宋书刑法志并食货志》、《晋宋书故》，洪齮孙《补梁疆域志》，周嘉猷《南北史表》，岑建功《旧唐书逸文》，宋吴缜《新唐书纠缪》，沈炳震《新旧唐书合钞》，赵绍祖《新旧唐书互证》，宋陶岳《五代史补》，宋吴缜《五代史记纂误》，彭元瑞、刘凤诰《新五代史补注》，钱大昕《宋辽金元四史朔闰考》、《殿本辽金元三史国语解》，倪璠《补辽金元三史艺文志》，钱大昕《辽金元三史拾遗》、《元史世族表》、《补元史艺文志》、《诸史拾遗》，明王光鲁《元史备忘录》，汪辉祖《元史本证》，万斯同《历代史表》，洪饴孙《史表》，齐召南《历代帝王年表》，陆费墀《历代帝王庙谥年讳谱》，段承基《历代统纪表》，并《疆域表》《沿革表》。沈炳震《廿一史四谱》，锺渊映《历代建元考》，陈景云《纪元要略》，梁玉绳《元号略》，并《补遗》。叶维庚《纪元通考》，李兆洛《历代纪元编》，并《历代地理志韵编今释》暨《皇朝地理》。六严《历代沿革图》，陈方绩《历代地理沿革表》，钱大昕《廿一史考异》，赵翼《廿二史札记》，《沈、朱南北史小录》，郝懿行《宋琐语》，宋司马光《通鉴稽古录》，元胡三省《通鉴释文辨误》，陈景云《通鉴胡注举正》，钱大昕《通鉴注辨正》，赵绍祖《通鉴注商》，严衍《资治通鉴补》，附童和豫《刊误》。张敦仁《通鉴识误补》，并《通鉴补略》。刘羲仲《通鉴问疑》，宋刘恕《通鉴外纪》，汉荀悦《汉纪》，晋袁宏《后汉纪》，附蒋国祥《字句异同考》。宋王益之《西汉年纪》，《通鉴纲目》，陈景云《纲目订误》，张庚《纲目释地纠缪》，并《释地补注》。马骕《绎史》，高士奇《左传纪事本末》，宋袁枢《通鉴纪事本末》，明陈邦瞻《宋史纪事本末》、《元史纪事本末》，谷应泰《明史纪事本末》，杨陆荣《三藩纪事本末》，《南疆逸史》，《开国方略》，《九朝东华录》，魏源《圣武记》，汉刘珍《东观汉记》，郭伦《晋纪》，周济《晋略》，谢启昆《西魏书》，唐温大雅《大唐创业起居注》，唐韩愈《顺宗实录》，唐裴庭裕《东观奏记》，宋曾巩《隆平集》，宋王偁《东都事略》，宋叶隆礼《契丹国志》，宇文懋昭《大金国志》，王鸿绪《明史稿》，明邵经邦《宏简录》，宋萧常《续后汉书》，陈鳣《续唐书》，明柯维骐《宋史新编》，明钱士升《南宋书》，邵远平《元史类编》，晋皇甫谧《帝王世纪》，汉谯周《古史考》，宋罗泌《路史》，明薛虞畿《春秋别典》，汉陆贾《楚汉春秋》，汉伏无忌《古今注》，唐许嵩《建康实录》，唐吴兢《贞观政要》，唐赵元一《奉天录》，宋钱易《南部新书》，宋何光远《鉴诫录》，宋范祖禹《唐鉴》，宋句延庆《锦里耆旧传》，司马光《涑水纪闻》，宋王辟之《渑水燕谈录》，宋李纲《靖康传信录》，宋李心传《建炎以来朝野杂记》，《大金吊伐录》，《庆元党禁》，《宋季三朝政要》，宋葛禄权衡《庚申外史》，元王鹗《汝南遗事》，元刘祁《归潜志》，《元朝秘史》，明沈德符《野获编》，明黄瑜《双槐岁钞》，明朱睦㮮《革除逸史》，明王世贞《弇州别集》、《列朝盛事》，毛奇龄《胜朝彤史拾遗记》，计六奇《明季南北略》，吴伟业《绥寇纪略》，《明季稗史》，唐王定保《摭言》，叶上交《近事会元》，宋庞元英《文昌杂录》，宋程俱《麟台故事》，宋洪遵《翰苑群书》，宋岳珂《愧郯录》，宋赵昇《朝野类要》，元王恽《玉堂嘉话》，明陆深《科场条贯》，明黄佐《翰林记》，明王世贞《觚不觚录》，《明内廷规制考》，叶凤毛《内阁小识》，附《内阁故事》。黄叔璥《南台旧闻》，唐杜宝《大业杂记》，唐刘肃《大唐新语》，《士礼居宣和遗事》，宋张齐贤《洛阳搢绅旧闻记》，宋释文莹《湘山野录》、《玉壶野史》，宋朱弁《曲洧旧闻》，宋洪皓《松漠纪闻》，宋叶梦得《石林宴语考异》，宋叶绍翁《四朝闻见录》，宋孟元老《东京梦华录》，宋吴自牧《梦(梁)［梁］录》，宋周密《武林旧事》，《元东南纪闻》，元李志常《长春真人西游记》，明刘昌《悬笥琐探》，明吕毖《明宫史》，明刘若愚《酌中志》，孙承泽《春明梦余录》，杜登春《社事始末》，梁章钜《枢垣纪略》，晋常璩《华阳国志》，魏崔鸿《十六国春秋》，晋陆翙《邺中记》，《宋五国故事》，宋路振《九国志》，附《拾遗》。宋龙衮《江南野史》，宋钱俨《吴越备史》，附《补遗》。吴任臣《十国春秋》，附周昂《拾遗备考》。马令《南唐书》，陆游《南唐书》，并《音释》。梁廷相《南汉书》，附《丛录》《文字》。洪亮吉《西夏国志》，唐刘知几《史通通释》，宋吕夏卿《唐书直笔》，宋李心衡《旧闻证误》，明朱明镐《史纠》，章学诚《文史通义》，宋葛洪《涉史随笔》，宋吕祖谦《东莱博议》，明唐顺之《两汉解疑》，宋唐庚《三国杂事》，明唐顺之《两晋解疑》，宋孙甫《唐史论断》，明李东阳《新旧唐书杂论》，《明事断略》，王夫之《续通鉴论》，《空山堂十七史论》，计大受《史林测义》，《逸周书》，陈逢衡《逸周书补注》，朱右曾《周书集训》，丁宗洛《逸周书管笺》，《国语韦昭注》，《国语校注本三种》，《战国策高诱注》，《战国策校注》，程恩泽《国策地名考》，张琦《战国策释地》，林春溥《战国纪年》，《山海经笺疏》，并《图赞》。洪颐煊《校正竹书纪年》，陈逢衡《竹书纪年集证》，林春溥《竹书纪年补证》，《洪颐煊本天子传郭璞注》，孙冯翼《世本》，秦嘉谟《世本辑补》，《家语王肃注》，《家语何孟春注》，孙志祖《家语疏证》，孙星衍《晏子春秋音义》，汉袁康《越绝书》，汉赵晔《吴越春秋》，汉刘向《列女传》，附《图》。郝懿行妻《列女传注》，梁端《列女传校注》，汉刘向《新序》、《说苑》，林春溥《古史纪年》。附《古史考年同异表》。

传　记

　　宋胡仔《孔子编年》，林春溥《孔子世家补订》，孙严《孔子集语》，宋孔传《东家杂记》，孔继汾《阙里文献考》，狄子奇《孔孟编年》，郑珍《郑学录》，张澍《诸葛忠武侯故事》，晋皇甫谧《高士传》，《茆辑古孝子传》，晋习凿齿《襄阳耆旧记》，元辛文房《唐才子传》，宋朱子《名臣言行录前后集》，宋李心传《道命录》，元苏天爵《名臣事略》，徐开仕《明名臣言行录》，明王世贞《嘉靖以来首辅传》，陈鼎《东林列传》，《国朝满汉名臣传》,《国朝先正事略》,朱方增《从政观法录》,钱林《文献征存录》,李集《鸿征录》,杭世骏《词科掌录》。附《余话》。

诏令奏议类

《雍正朱批谕旨》,《陆宣公奏议》,宋范仲淹《政府奏议》,《包孝肃奏议》,《卢忠肃公奏议》,郭琇《华野疏稿》,《胡文忠公集》,《曾文正公奏议》,明黄淮等《历代名臣奏议》,《明名臣奏议》,《皇朝经世文编》。

政书类

宋王应麟《汉制考》,宋李攸《宋朝事实》,宋苏洵《谥法》,《汉官六种》,《唐六典》,《明会典》,《大清会典》,《大清通礼》,《皇朝礼器图式》,《大清律例》,《礼部则例》,《学政全书》,《历代职官表》,《吾学录》,唐杜佑《通典》,宋郑樵《通志》,元马端临《通考》,《续通典》,《续通志》,《续通考》,《皇朝通典》,《皇朝通志》,《皇朝通考》,《明通志略》,《文献通考正续合编》。

地理部

王隐《晋书地道记》,阚骃《十三州志》,唐魏王泰《括地志》,唐李吉甫《元和郡县志》,附严观《拾遗》。宋乐史《太平寰宇记》,宋王存《元丰九域志》,宋欧阳忞《舆地广记》,附《札记》。宋范成大《吴郡志》,宋朱长文《吴郡图经续纪》,宋周应合《景定建康志》,宋潜说友《咸淳临安志》,元于钦《齐乘》,明谢肇淛《滇略》,明康海《武功县志》,明韩邦靖《朝邑县志》,《大清一统志》,洪亮吉《乾隆府厅州县图志》,《舆地经纬度里表》,《六严恒星赤道经纬度图一统舆图》,《黄氏长江图》,《武昌航海图》,施彦士《海运图》,顾炎武《天下郡国利病书》,《日下旧闻考》,方式济《龙沙纪略》,汪中《广陵通典》,张澍《蜀典》,田雯《黔书》,张澍《续黔书》,严如熤《三省边防备览》,蓝鼎元《平台纪略》,黄叔儆《台海使槎录》,《浙江通志》,阮元《广东通志》,谢启昆《广西通志》,章学诚《湖北通志》,戴震《汾州府志》,洪亮吉《泾县志》、《淳化县志》,孙星衍《三水县志》,陆陇其《灵寿县志》,钱坫《朝邑县志》,段玉裁《富顺县志》,李兆洛《凤台县志》,董士锡《怀远县志》,洪符孙《道光鄢陵志》、《戴校水经注》,赵一清《水经注释》,附《刊误》。张匡学《水经注释地》(并《水道直指》暨《补遗》),汪士铎《水经注图》,齐召南《水道提纲》,傅泽洪《行水金鉴》,黎世序《续行水金鉴》,吴邦庆《畿辅水利丛书》,明归有光《三吴水利录》,陶澍《江苏水利图说》,王凤生《浙西水利备考》,麟庆《河工器具图说》,黄宗羲《昆仑河源考》,徐松《西域水道记》,万观承《海塘通志》、《西洋新译海塘辑要》、《皇舆西域图志》,徐松《新疆识略》,盛绳祖《卫藏图志》,松筠《西招图略》,李心衡《金川琐记》,唐樊绰《蛮书》,毛奇龄《蛮司合志》,严如熤《苗防备览》,陆次云《峒溪纤志》、《番社采风图》、《皇朝藩部要略》,宋徐兢《奉使高丽图经》,明郑麟趾《高丽国史》,周煌《琉球国志略》、《越史略》,周裕《缅甸日记》,明薛俊《日本考略》,图理琛《异域录》,何秋涛《北徼汇编》,陈伦炯《海国闻见录》,杨炳《南海录》,明艾儒略《职方外纪》,明南怀仁《坤舆图记》、《西洋地球图说》,徐继畲《瀛寰志略》,魏源《海国图志》、《西洋新译地理备考》、《西洋海道图说》,庄逵吉《三辅黄图》,宋宋敏求《长安志》,元李好文《长安志图》,徐松《唐两京城坊考》,唐韦述《两京新记》,周城《宋东京考》,明李濂《汴京遗迹志》,顾炎武《历代帝王宅京记》、《历代山陵考》,赵岐《三辅决录》、《辛氏三秦记》,毕沅《闽中胜迹图志》,元迺贤《河溯访古记》,顾炎武《昌平山水记》,魏杨衒之《洛阳伽蓝记》,宋李格非《洛阳名园记》,唐余知古《渚宫旧事》,晋嵇含《南方草木状》,梁宗懔《荆楚岁时记》,唐段公路《北户录》,唐刘恂《岭表录异》,宋宋子京《益部方物略记》,宋范成大《桂海虞衡志》,宋周去非《岭外代答》,元费著《岁华纪丽谱》,明屠本(晙)[畯]《闽中海错流》,宋王象之《舆地纪胜》。

书目谱录部

　　宋王尧臣《崇文总目辑释》,《宋衢州本郡斋读书志》,宋高似孙《子略》,宋陈振孙《直斋书录解题》,《四库全书总目提要》,《四库简明目录》,《四库未收书目提要》,《千顷堂书目》,《古今伪书考》,宋王应麟《姓氏急就篇》,唐林宝《元和姓纂》,汪辉祖《史姓韵编》,《九史同姓名略》,《辽金元三史同名录》,明陈士元《名疑》,黄本骥《避讳录》,牟廷相《周公年表》,林春溥《孔孟年表》,宋吕大防《韩柳年谱》,王懋竑《朱子年谱》,《陆象山年谱》,俭卿叔《颐志斋四谱》,张穆《顾亭林阁潜邱年谱》,六朝戴凯之《竹谱》,唐陆羽《茶经》,宋朱翼中《酒经》,《广群芳谱》,明邓玉函《奇器图说》,明王征《诸器图说》。

金石部

　　欧阳修《集古录跋》,宋赵明诚《金石录》,叶奕包《金石录补》,宋王象之《舆地碑记》、《蜀碑记》,宋陈思《宝刻丛编》,《宋宝刻类编》,孙、邢《寰宇访碑录》,并《今碑录补》。王昶《金石萃编》,翁方纲《两汉金石记》,钱大昕《金石目》,李遇孙《金石学》,宋吕大防《考古图》,宋王黼《宣和博古图》,王复斋《钟鼎款识》,宋王俅《啸堂集古录》,褚峻图《金石经眼录》,《西清古鉴》,刘喜海《金石苑》,《钱录》,黄易《小蓬莱阁金石》,《随轩金石文字》,明陶宗仪《古刻丛钞》,明都穆《金薤琳琅》,明赵崡《石墨镌华》,黄本骥《古志石华》,吴玉搢《金石存》,顾炎武《金石文字记》,武亿《金石三跋》,严可均《铁桥金石跋》,洪颐煊《平津读碑记》,祁书龄《吉金所见录》,各省金石记略,《书目答问》详。元潘昂霄《金石例》,梁玉《志铭广例》,冯登府《金石综例》,《汉魏六朝志摹金石例》。

子　部

　　《孔子家语》,复。《孔子集语》,《荀子》,《孔丛子》,陆贾《新语》,

马融《忠经》，贾谊《新书》，桓宽《盐铁论》，刘向《新序》、《说苑》，复。
《扬子法言》、《方言》，王符《潜夫论》，荀悦《申鉴》，徐干《中论》，《傅
子》，林慎思《续孟子》、《伸蒙子》，张弧《素履子》，《胡子知言》，《薛子
道论》，王崇庆《海樵子》，《风后握奇经》，《太公六韬》，《孙子》，《吴
子》，《司马法》，《尉缭子》，黄石公《素书》，诸葛亮《心书》，《何博士备
论》，李忠定《辅政本末》，《管子》，《晏子春秋》，《商子》，《邓析子》，《尸
子》，《韩非子》，《齐民要术》，《太元经》，《易林》，《鹖子》，《计倪子》，
《於陵子》，《子华子》，《墨子》，《尹文子》，《慎子》，《公孙龙子》，《鬼谷
子》，《鹖冠子》，《吕氏春秋》，《淮南子》，《金楼子》，《刘子》，《颜氏家
训》，蔡邕《独断》，《论衡》，班固《白虎通》，应劭《风俗通》，《牟子》，应
劭《古今注》，《聱隅子》，《懒真子》，《广成子》，明庄元臣《叔苴子》，刘
基《郁离子》，李梦阳《空同子》，王文禄《海沂子》，《燕丹子》，《玉泉
子》，《南唐金华子》，王嘉《拾遗记》，东方朔《神异经》、《海内十洲记》，
汉郭宪《洞冥记》，郭璞《穆天子传》，晋干宝《搜神记》，陶潜《搜神后
记》，张华《博物志》，唐李石《续博物志》，梁任昉《述异记》，张良《阴符
经注》，《关尹子》，《老子道德经》，明吴澄《道德真经注》，《庄子》，杨慎
《庄子阙误》，《列子》，《文中子》，《抱朴子》，《至游子》，梁庚桑楚《亢仓
子》，张志和《元真子》，《天隐子》，《无能子》，明王文禄《胎息子》。以
上湖北局，一百十本为一类。《韩诗外传》，《春秋繁露》，复。《逸周书校
释》，《尚书大传》，复。《周易姚氏学》，《左传旧疏》，《仪礼古今文疏
义》，《楚辞集注》，《楚辞辨证》，《离骚集传》，《离骚草木疏》，《离骚
笺》，《水经注》，复。《今水经表》，《九经三传沿革例》，《隋经籍志考
证》，《淮南天文训补注》，《刊谬正俗》，《阙史》，《鉴戒录》，《高士传》，
《古列女传》，《葬、宅经》，《酉阳杂俎》，附《续》。《涑水纪闻》，《世说新
语》，《老学庵笔记》，《意林》，《文心雕龙》，《人谱三篇》，《人谱类记》。
以上湖北局，八十本为一类。其中复沓甚多，因存合部，故未删去。毕沅《道
德经考异》，《玉函山房辑佚诸子编》，《诸子平议》，汉桓谭《新论》，魏
文帝《典论》，魏刘劭《人物志》，晋杨泉《物理论》，刘禹锡《因论》，宋刘

敞《公是先生弟子记》，黄宗羲《明夷待访录》，唐甄《潜书》，《檀萃法书》，唐魏征《群书治要》，梁章钜《古格言》。

理学类

《宋周子通书》，《二程全书》，《张子全书》，《朱子语类》，《朱子全书》，《象山语录》，《黄氏日钞》，《大学衍义补》，明薛瑄《读书录》，王守仁《传习录》，吕坤《呻吟语》，刘宗周《刘子学言》，陆陇其《三鱼堂剩言》，《陆清献公日记》，陈宏谋《五种遗规》，章学诚《妇学》，《小学集注》，《性理大全》，《性理精义》，《近思录集注》，黄宗羲《宋儒学案》，全祖望《宋元学案》，黄宗羲《明儒学案》，明陈建《学蔀通辨》，吴鼎《东莞学案》，《国朝学案小识》，《正谊堂全书》。

儒学部

《封氏闻见记》，附李涪《刊误》。《苏氏演义》，宋祁《景文笔记》，宋沈括《梦溪笔谈》，附《补》《续》。宋姚宽《西汉丛语》，宋王观国《学林》，宋洪迈《容斋随笔》，宋张淏《云谷杂记》，高似孙《纬略》，宋赵与时《宾退录》，《困学纪闻七笺》，元李冶《敬斋古今黈》，明杨慎《丹铅总录》，明焦竑《笔乘》，明方以智《通雅》，明周婴《卮林》，附《补遗》。顾炎武《日知录集释》，万斯同《群书疑辨》，阎若璩《潜邱札记》，黄生《义府》，王懋竑《白田杂著》，惠栋《松崖笔记》，陈祖范《掌录》，胡鸣玉《订讹杂录》，邵晋涵《南江札记》，王鸣盛《蛾术编》，钱大昕《十驾斋养新录》，洪亮吉《晓读书斋杂录》，锺褒《考古录》，孙志祖《读书脞录》，姚鼐《惜抱轩笔记》，桂馥《札朴》，李赓芸《炳烛编》，钱塘《溉亭述古录》，俞正燮《癸巳类稿》、《癸巳存稿》，陆继辂《合肥学舍札记》，宋翔凤《过庭录》，沈垚《落帆楼》，方东树《书林扬觯》，何焯《义门读书记》，王念孙《读书杂志》，卢文弨《群书拾补》，蒋光煦《斠补隅录》，《四库全书考证》，钱大昕《竹汀日记钞》，陈鳣《经籍跋文》，钱泰吉《曝书杂记》，赵翼《陔余丛考》。

兵　家

《历代兵制》,胡林翼《读史兵略》,顾祖禹《读史方舆纪要》,《明草庐经略》,戚继光《练兵实纪》、《纪效新书》,吕坤《救命书》,吴宫桂《洴澼百金方》,明焦勗《火攻挈要》,《新译西洋兵书》。

法　家

《唐律疏义》,附《洗冤集录》。宋郑克《折狱龟鉴》,汪辉祖《佐治药言》、《学治臆说》,唐张鷟《龙筋凤髓判》,李渔《资治新书初二集》。

农　家

陆龟蒙《耒耜经》,宋陈旉《农书》,附秦湛《蚕书》。元王桢《农书》,刘祖震《橡茧图说》,郑珍《樗茧谱》,褚华《木棉谱》,《元农桑辑要》,明徐光启《农政全书》,《授时通考》,郑之任《农桑易知录》,倪国连《康济录》,俞森《荒政丛书》,汪志伊《荒政辅要》,明熊三拔《泰西水法》。

医　家

《素问王冰注》,张琦《素问释义》,《难经集注》,《神农本草经》,《本草纲目》,汉张机《伤寒论》、《金匮要略》,《华氏中藏经》,晋皇甫谧《甲乙经》、《晋灵枢经》,晋葛洪《肘后备急方》,晋王叔和《脉经》,唐孙思邈《千金要宝》。

算　法

《戴校算经十书》,《九章算术细草图说》,《海岛算经细草图说》,《缉古算经考注》,《测圆海镜细草》,明顾应祥《弧矢算术细草》,元丁巨《算法》,宋秦九韶《数书九章》,杨辉《算法六种》,元朱世杰《算学启蒙》、《四元玉鉴细草》,张敦仁《缉古算经细草》、《开方补记》、《求一术通解》、《明安图割圆密率捷法》,钱大昕《三统术衍》,骆腾凤《开方释例》,项名达《句股六术》,《百鸡术衍》,纪大奎《笔算便览》,《算法圆理括囊》,梅珏成《算法统宗》,屈曾发《九数通考》,明徐光启《新法算书三十种》、《天学初函器编十种》、《测量异同》,年希尧《测算刀圭》、《视学》,罗士琳《比例会通》,李善兰《新译几何原本》,《代数术》,明徐朝俊《中星表》,《御制数理精蕴》,《御制历、仪象考成》,《梅氏丛书二十九种》、《勿庵历算书目》、《中西星经同异考》,江慎修《数学》,董方立《遗书算术》,《里堂学算记五种》,许桂林《宣西通》、《算牖》,《翠微山房数学十五种》、《衡斋算学》、《六九轩算书六种》、《夏氏算书遗稿四种》、《务民义斋算学七种》、《邹征君遗书八种》、《吴氏丁氏算书十七种》、《则古昔斋算学十三种》、《畴人传》。

术　数

司马光《太元经集注》,焦袁熹《太元解》,隋萧吉《五行大义》,司马光《潜虚》,焦袁熹《潜虚解》,宋邵雍《皇极经世书》。

小说家

《汉武内传》,《西京杂记》,《异苑》,《国史补》,《明皇杂录》,《杜阳杂编》,《尚书故实》,《北梦琐言》,《清异录》,《归田录》,《侯鲭录》,《续世说》,《癸辛杂识》,《辍耕录》,《山居新语》,《水东日记》,《菽园杂记》,《何氏语林》,《太平广记》,《居易录》。附杂家:《长短经》,《两同书》,《谭子化书》,《激书》。

释　道

《宏明集》,宋释法显《佛国记》,唐释元奘《大唐西域记》,梁释慧皎《高僧传》,唐释道世《法苑珠林》,宋释普济《五灯会元》,宋释法云《翻译名义》,汉刘向《列仙传》,晋葛洪《神仙传》,汉魏伯阳《参同契考异》,明白云霁《道藏目录》。

类　书

魏缪袭《皇览》，唐虞世南《北堂书钞》，唐欧阳询《艺文类聚》，唐徐坚《初学记》，《白孔六帖》，宋李昉《太平御览》，宋王钦若《册府元龟》，宋章如愚《山堂考索》，宋王应麟《玉海》，明陈耀文《天中记》，明俞安期《唐类函》，《宋锦绣万花谷》，宋谢维新《合璧事类》。

集部_{古今专集甚多，不能备载，择其尤者记之}

集部古今专集甚多，不能备载，择其尤者记之

汉王逸《楚辞补注》，明陈第《屈宋古音义》，《蔡中郎集》，《诸葛忠武侯文集》，《曹子建集》，《嵇中散集》，《陆士衡集》，《陆士龙集》，《陶渊明文集》，《陶靖节诗注》，《鲍参军集》，《谢宣城集》，《昭明太子集》，《江文通集》，《何水部集》，《庾子山集注》，《徐孝穆集笺注》，《初唐四杰集》，《骆宾王集》，《陈伯玉文诗集》，《张燕公集》，《曲江集》，《李北海集》，《李太白集》，《杜诗详注》，《王右丞集》，《孟襄阳集》，《元次山集》，《颜鲁公内外集》，《刘随州集》，并《补遗》。《钱考功集》，《韦苏州集》，《毗陵集》，《李君虞集》，《权文公集》，《韩文考异》，《昌黎诗笺注》，《柳集》，《柳河东集辑注》，《刘宾客文集》，并《外集》。《吕衡州集》，《张司业集》，附《拾遗》。《皇甫持正集》，《李文公集》，《欧阳行周集》，《李元宾文编》，附《外编》。《孟东野集》，《玉川子集》，《长江集》，《李长吉集》，《樊绍述集注》，《王司马集》，《会昌一品集》，《元氏长庆集》，《白氏长庆集》，《白香山诗集》，《姚少监集》，《樊川文集注》，《玉溪生诗详注》，《樊南文集》，《樊南文集补编》，《温飞卿集》，《丁卯集》，《文泉子集》，《孙可之集》，《麟角集》，《皮子文薮》，《笠集丛书》，《司空表圣文集》，《韩内翰别集》，《禅月集》，《浣花集》，《宋小畜集》，《和靖诗集》，《宋景文集》，《文正集》，并《别集》。《蔡忠惠集》，《司马文正集》，《元丰类稿》，《宛陵集》，《文忠集》，《苏老泉集》，《东坡七集》，《苏诗合注》，《临川集》，《王荆公诗注》，《山谷内集》，《后山集》，《柯山集》，《淮海集》，《李忠定公集》，《石林居士建康集》，《朱子大全集》，

《攻愧集》,《盘洲集》,《石湖诗集》,《诚斋集》,《渭南文集》,《剑南诗稿》,《水心集》,《龙川文集》,《严沧浪集》,《白石诗集》,《金拙轩集》,《遗山集》,《元遗山诗注》,《道园学古录》,《杨仲宏诗》,《范德机诗》,《揭曼硕诗》,《雁门集》,《九灵山房集》,《明宋文宪全集》,《逊志斋集》,《怀麓堂集》,《空同集》,《王成文全书》,《升庵全集》,《荆州集》,《沧溟集》,《弇州山人四部》,《震川文集》,《四溟集》,《夏峰先生集》,《二曲集》,《三鱼堂文集》,并《外集》。《汤子遗书》,《榕村文集》,《梨洲集》,《南雷文定前集》,《亭林文集》,《曝书亭集》,《姜斋文集》,《西河文集》,《樊榭山房文集》,《果堂集》,《东原集》,《鲒埼亭集》,《南江文钞》,《抱经堂文集》,《道古堂文集》,《潜研堂文集》,《春融堂诗文集》,《存悔斋集》,《校礼堂集》,《巽轩所著书》,《经韵楼集》,《复初斋集》,《揅经室集》,《晚学集》,《清白士集》,《诂经精舍文钞》,《学海堂集》,《壮悔堂集》,《宁都三魏集》,《遂初堂诗文集》,《改亭文集》,《存砚楼集》,《鹿洲初集》,《穆堂类稿》,《小仓山房文集》,《尊闻居士集》,《小岘山人集》,《安吴四种》,《定盦文集》,《曾文正全集》,《望溪文集》,《惜抱轩文集》,《东溟文集》,《大云山房初二集》,《养一斋文集》,《湖海楼集》,《卷施阁集》,《有正味斋集》,《尚絅堂集》,《小谟觞馆集》,《带经堂集》,《渔洋山人精华录》,《西陂类稿》。

词　部

《珂雪词》,《曝书亭词注》,《乌丝词》,《弹指词》,《饮水词》,《樊榭山房词》,《蘅梦楼词》,《茗柯词》,《疏影楼词》,《金梁梦月词》,《冰蚕词》,《空青词》。

文选属

《文选李善注》,附《考异》。汪师韩《文选理学权舆》,孙志祖《文选理学权舆补》、《文选李注补》、《文选考异》,梁章钜《文选旁证》,薛传均《文选古字通疏证》,张云璈《选学胶言》。

总　集

《汉魏六朝百三家》明张溥编，《文纪》明梅鼎祚编，《古文苑》宋章樵注，《续古文苑》孙星衍编，《文馆词林》唐许敬宗编，《文苑英华》宋李昉等编，《全唐文》，《唐文粹》宋姚铉编，《唐文粹补遗》郭，《宋文鉴》宋吕祖谦编，《南宋文范》庄仲方编，《金文雅》庄仲方编，《元文类》元苏天爵编，《明文衡》明程敏政编，《明文授读》黄宗羲编，《明文在》薛熙编，《皇清文颖》，《国朝文录》姚椿编，《湖海文传》，《历代赋汇》，《御选唐宋文醇》，《古文辞类纂》姚鼐编，《骈体文钞》李兆洛编，《七十家赋钞》张惠言编，《国朝骈体正宗》曾燠编，《唐宋十大家文集》储欣编，《元明十大家文集》，《金元明八大家文选》李祖陶编，《国朝文录》，《乐府诗集》宋郭茂倩编，《诗纪》明杨惟讷编，《全唐诗》，《全五代诗》李调元编，《全金诗》，《四朝诗》，《唐人万首绝句》宋洪迈编，《南宋群贤小集》宋陈思编，《宋诗钞》吴之振编，《宋百家诗存》曹廷栋编，《元诗选》顾嗣立编，《明诗综》朱彝尊编，《湖海诗传》王昶编，《十家宫词》，《镜烟堂十种》，《国朝六家诗钞》，《历代诗余》，《词综》朱彝尊编，《词综补遗》陶梁编，《明词综》王昶编，《国朝词综》吴景旭编，《宋六十名家词》毛晋编，《十六家词》孙默编，《历代诗话》吴景旭编，《词学全书》查继超编，《带经堂诗话》王士祯编，《说文锦字》，《子史精华》，《渊鉴类函》，《诸子品汇》胡高栋，《唐诗金粉》沈炳震，《格致镜原》陈元龙，《小知录》陆凤藻，《月令粹编》秦嘉谟，《读书纪数略》宫梦仁，《六艺纲目》元舒天民。

古今丛书

《图书集成》，《汉魏丛书》，《津逮秘书》，《世德堂六(千)[子]》，《古香斋袖珍十种》，《武英殿聚珍板》，《通志堂九经解》，《汉魏遗书钞》，《二酉堂丛书》，《玉函山房丛书》，《玉玲珑阁丛刻》，《泽存堂四种》、《楝亭五种》，《问经堂丛书》，《微波榭遗书》，《雅雨堂丛书》，《经训堂丛书》，《抱经堂丛书》，《平津馆丛书》，《岱南阁丛书》，《贷园丛书》、《汗筠斋丛书》、《知不足斋丛书》、《小玲珑山馆丛书》、《读画斋丛书》、《士礼居丛书》、《文选楼丛书》、《汉学堂丛书》、《惜阴轩丛书》、《艺海珠尘》、《学津讨源》、《省吾堂汇刻书》、《借月山房丛书》、《湖海楼丛书》、《琳琅秘阁丛书》、《得月簃丛书》、《台州丛书》、《墨海金壶》、《守山阁丛书》、《珠丛别录》、《指海》、《连筠簃丛书》、《半亩园丛书》、《宜稼堂丛书》、《别下斋丛书》、《涉闻梓旧》、《拜经楼丛书》、《岭南遗书》、《粤雅堂丛书》、《观我生室汇稿》、《海山仙馆丛书》、《古经解汇函》、《小学汇函》、《佚存丛书》、《茆氏辑十种古书》、《金华丛书》、《古逸丛书》。

《亭林遗书》、《船山遗书》、《西河全集》、《万氏经学五书》、《高文恪公四部稿》、《拜经堂丛刻》、《望溪全集》、《范氏遗书六种》、《文道十书》、《果堂全集》、《杭氏七种》、《丛睦汪氏遗书》、《戴氏遗书》、《潜研堂全集》、《苏斋丛书》、《燕禧堂五种》、《味经斋遗书》、《瓯北全集》、《孔丛伯遗书》、《东壁遗书》、《洪稚存全集》、《钱氏四种》、《经韵楼丛书》、《墨庄遗书》、《四录堂类集》、《郝氏遗书》、《传经堂丛书》、《焦氏丛书》、《陈氏丛书》、《珍艺宧遗书》、《茗柯全书》、《浮溪精舍丛书》、《李申耆五种》、《竹柏山房十种》、《陈氏八种》、《戚氏遗书》、《求己堂八种》、《修本堂遗书》、《鄂宰四种》、《俞氏丛书》、俭卿叔《颐志斋丛书》。

此外如《百川学海》《古今逸史》《秘书十八种》《说郛》《稗海》《格致丛书》《秘册汇函》《稽古堂日钞》《古今说海》《唐宋丛书》《十子全书》《武经七书》《龙威秘书》《心斋十种》《棟亭十二种》《函海》《唐人说荟》等部，纯杂不齐，校刊未确，只可节取，不可据为精本。余有《切韵求是图》一幅、《韵学丛书》三十六种、《七经诸家引书异字同声考》五册、《道淮图说》一本、《请复河运刍言》一篇，饾饤之学，毫不足观，然愚者一得，尚望抄存，以备参稽。　　此册书名，大抵从各省书局价目及《书目答问》抄出。至各书定价，局目或详；各书精本，检查《书目答问》便知。各塾仍须先购抄阅，以为圭臬。

　　古今书籍甚多，微特寒素之儒不能购买，即家号素封者遽欲筹钱数千缗置买群书,亦匪易易。兹立一集腋成裘之法。拟大县设十塾,小县设六七塾;每塾各集百户,每户岁捐千钱;每塾分为十阄,每阄统领十户,而十阄各立一首,十首又推一人为塾长。各户每年捐钱一千,限以六月送交阄首或缴塾长;院试之年,正月预缴。塾长逐年于收钱时,邀同九阄之首,商买本年书籍。乡试之年,赴省采买;院试之年,赴府公买。塾长仍须协同公正阄首一二人会买,以弭物议。而塾长又须会同别塾之长互相商议,此塾买某书若干部,彼塾买某书若干部,以杜重复。岁终,须将本年所买书籍汇载一册,照誊数本,分送各塾,册面书明"某塾某年购买某书"字样。一邑之中,大县岁可购书千缗,小县岁可购书七八百缗。定以十年为期,然后议罢。如此则大县可有万缗书籍,小县可有七八千缗书籍。每年户捐千钱,即极贫之家亦可勉为,而累少成多,十年之中积书数千万卷。立法存储,互相披阅,未始非地方一大善政也。倘有殷实之户,一人愿捐数股者,更属急公好义。且议入股之家,不拘秀才,凡家有子弟读书者皆须认捐,千钱无多,慎勿借辞推诿为盼。一县之中,秀彦良多。有此书籍,资禀之特异者枕经胙史,固可望为通儒;即资禀之稍逊者各有嗜好,或耽金石、或习声韵、或精地理、或谙算法,或以诗词歌赋名家、或以考据掌故迈众。吾知十数年之后,士风丕变,安在徐、颍之朴陋,不转为吴、越之淹通也哉?睢邑拟设七塾:县城为一塾,大李集为一塾,邱家集为一塾,高作集为一塾,小李集为一塾,木社店为一塾,桃园集为一塾,凡距塾二十里者均统焉。本年七月乡闱,购书甚易,即以己丑年六月为始。有志读书者,务望努力倡首,以底厥成,幸甚!三月既望,显谨述。

　　入塾读书者,固甚可嘉。或有为教读所羁、不能入塾,或借归披阅者,亦可通融。惟塾长必须立一大簿,书明"某月某日某人借去某书若干本,定于某时缴还",仍须令借书者觅一中保画押。倘借书之人或将借书损坏遗逸,即著中保催令赔偿。是所切祷!显又述。

学斋庸训

孙德祖撰

学斋庸训

会稽孙德祖彦清

读书十二要

一曰立志。心之所之谓之志。幼而学,能志在圣贤;斯壮而行,知心存君国。上达下达,分于一念。断不可志在温饱,惟以诗书为弋取富贵之具。借曰"科第仕宦,士人所以显亲扬名者胥出其中",固不必云"不为科名始读书也"。要之,科第、仕宦如愿以偿之后,上而卿相岳牧,下至一官一邑,莫不各有当尽之职。无论爵逾尊、禄逾厚、受恩逾重、报称逾难,即如教职一途,今世皆以为可有可无之官,宜若可以为不才养拙之地。然就余见在、汝所目击者言之,一年以来,有一日安闲自在乎?有一日自顾其私乎?然且寝馈不遑,刻刻以此间风俗、人心为念,自问豪无寸补而不免负惭清夜。则余之短于才、暗于识而穷于稍求称职之无术,正汝前车之鉴,得勿努力为异日自效之地乎?

二曰见大。五经、四子书,人人童而习之。其下者,识之无尔才质;少优者,则以为应制文字之用,而其它非所知也。程子所谓"未读时是此等人,读了后又只是此等人"。若是者,虽合《十三经注疏》倍诵如流,谓之不曾读得一句可也。须知八股文字名曰"经义",昉自赵宋,至明代而后,以之取士。前此二千年,何以炳若日星、未尝有一日不昭垂于天壤?非以切近则在日用伦常、远大极于圣功王道、弥纶六合而将与天地同敝欤?读者其必静諵。古今运会,迁流靡既,而圣人垂训亘万世而不可易。格致诚正、修齐治平,无一言不实有见地。通群经而一以贯之，而后吾身可出可处，资之深而取之左右逢其原。知此者，即借制艺以发抒心得，亦不患不加人一等矣！

三曰发愤。孔子曰："发愤忘食。"又曰："不愤不启。"夫以大圣生知，从容中道，宜无可愤；即在圣门诸贤，得夫子之循循善诱，如时雨化，亦可以不至于愤。而孔子云然，何哉？盖天下古今事理无穷，一事也，人能之而我勿能，可愧也；一理也，人知之而我勿知，可耻也。愧且耻，于是乎愤矣！孟子曰："舜何人也？予何人也？舜为法于天下，可传于后世；我由未免为乡人也，是则可忧也。"忧斯愤矣！"仰之弥高、钻之弥坚，瞻之在前、忽焉在后。"扬雄氏所谓"颜苦孔之卓"也，苦斯愤矣！下而至于近世，进取者之所有事，自制艺、试帖、律赋、小楷皆有大家，有名家。此大家、名家者，非有四目两口也，度亦不过以一心运五指、吮笔和墨而书之于纸，我何以心手之不相应而楮墨之不为我用也？念及此，虽金齑玉鲙方丈于吾前，有食而不知其味焉尔。夫如是，虽谓之忘食可矣。然而启矣，故读书不可以不发愤。

四曰专一。其条目在朱子《论定程名端蒙，字正思。董名铢，字叔仲，并江西人。学则》所云"非圣贤之书勿读，无益之文勿观"，诚为学之至要。然处今日而为进取计，则应制文字自不能不揣摩及之。大抵一日之间，必须半日温经；此外则自视其才力，限定若干时分用于制艺、试帖、法书；仍留若干时，择有益身心、有裨实用之书潜心玩味。程课一定，排日用功，今日如是，明日亦如是，不可间断，不可参差。方读经，一心凝注此经；方观书，一心凝注此书。习文诗、临法帖亦然，如是始可云专一。"用志不纷，乃凝于神"，古人不我欺也。若夫衣服、饮食，玩好之物、游嬉之事，尤不可偶涉念，虑分我心志，抑专心学业者亦自无暇及此。或者用心坚苦，至有形神俱瘁之时，则庭草盆鱼，间一游目，以导化机，其亦可尔。

五曰熟复。孟子曰："五谷者，種之美者也。苟为不熟，不如稊稗。"先儒以《六经》之文为布帛、菽粟，人生一日所不可离而亦取之不竭者也。然非熟读深思，则经自经、我自我。譬诸良田美種，弗播，何获？又何由得粒米充枵腹乎？必须立定课程，以半日专心读之，周而复始，不可略有间断。初时或不甚知味，涵泳久之，自然渐有领会。因习生悟，随读随有心得，神与之浃，欲罢不能。然后体诸身心，见之行事，可以因应不穷。即援笔为文，名言至理亦自能奔赴腕下，而有行文之乐。有如取友，必择而取之，固也。然必其人之性情、行历无勿详知之，而后可与日习，而日益亲密。设有急难，有不待呼吁而自至者矣。倘邂逅论交，并其里居、姓氏不甚了了，而望其缓急之可倚，无是理也。

六曰耐久。不可进锐退速，尤不可一暴十寒。盖读书贵乎发愤，然发愤而求速效，一鼓作气之后，有再而衰者矣，有三而竭者矣。始则妄冀一蹴而几，继且或至一蹶不振。所宜平矜释躁，循序渐进，期在必至，勿争迟速，惟不可中道而画尔。骐骥一日千里，驽马十驾足以及之。赋于天者不可强，勉于人者不可限也。苟能不误于歧路、不废于半涂；日计不足，岁计有余；人一能之，己百之；人十能之，己千之；困学勉行，及其至之一也。至于无故作辍，最为学人大患。孟子曰："山径之蹊间，介然用之而成路。为间不用，则茅塞之矣。"日日加功，积久自然驾轻就熟，一步易于一步。略一闲旷，又费一番收拾，甚至重起炉灶。力勤而功半，而从此怠弛、不复措意，以致前功尽弃者更无论矣，可不戒欤？

七曰及时。北齐颜黄门名之推，著《颜氏家训》。自言"七岁时诵《灵光殿赋》，至于今日，十年一理，犹不遗忘。二十之外所读经书，一月废置，便置荒芜"，又云"人生幼小，精神专利；长成以后，思虑散逸"。国朝陆桴亭先生名世仪，著《思辨录》，从祀文庙西庑。亦言："人自十五以前，物欲未染、知识未开，多记性、少悟性，十五以后反是。"故知修学务早，所谓"幼而学者，如日出之光；老而学者，如炳烛之明"。炳烛之明，虽愈于冥行无见，然何如及旭日方升、安步而致远乎？余自幼多病，每入夏辄委顿，经秋乃起，俗谓之痊夏，至十五岁后始渐瘥。坐是，经书全疏，至今为恨。犹幸十岁已知杂览，往往伏枕观书而不知倦。是时所浏览者，尚什有一二可忆及。二十岁后，荐丁家难，又遭寇乱，流离辛苦之余，重理旧业。终以弱小之累，奔走衣食，不能聚精会神、专心于学，聪明亦复日减，所读之书，掩卷茫然。而后叹少日之蹉跎自误，悔不可追记云。时过然后学，则勤苦而难成。深愿后起者及时自励，知惜分阴，切勿虚度也！

八曰虚心。虚之为言，非㗲然一无所有之谓，盖虚其器以俟容受之谓也。舜之大圣也，犹好问而好察迩言；颜子之大贤也，犹有若无、实若虚。夫岂由矫饰哉？江海为百谷王，其量深且广而常处乎至下，不择细流而内之，故为百川所归而能成其大。设为沟浍，雨集则盈，然其涸可立而待，并此而不加浚焉，且蹄涔之不若。天地间事理无穷，古今来人才何限？阅历逾深，见闻逾广。无论往哲，即求之并世英贤，学问文章事功德业可以经世、可以寿世者比肩接踵。一知半解、予智自雄、坐井观天，直蛙黾而已。孔子曰："学然后知不足。"盖识由学扩，量随识闳。就余所见，恃才傲物者，其人未必遂无片长可取，而其后卒至于一无所成，抑且生平遭际往往少亨多困。量小，固非载福之器也。故夫处境欲知足，为学欲知不足。足则自满，自满则溢。糠核之既餍，虽八珍不能以下嗌。其病源在不学，万金良药曰多读书。多读书则知不足，知不足则心自不能不虚，心不能不虚则益务学，益务学则巨细精粗在所不遗而能成其大。

九曰养身。养身者，非谓饱食暖衣无所用心也。少年血气未定，或以聪颖之故，知识早开，妄用精神于万不可用之地。天禀厚者，当其发荣滋长，未必自觉。然有一分精神，始可作一层功夫。假令暗中销减，必致神昏气薾，学问不能精进。及至年齿日长，当努力有为之日，人方壮往，我已衰颓，百无一就，悔之何及？其资禀弱者，甚且因之夭折而自促其生，可为浩叹。身体发肤，受之父母，不敢毁伤。本不第为读书者言之，而读书者尤不可不慎也！至于起居饮食，固不容役志于膏粱文绣，亦宜顺时消息，适其饥饱、调其寒燠，不可使客感偶乘，学业由之作辍。夫如是，而后可以读书。

十曰敦品。士为四民之首，达而在上，方将以"学古有获"者佐君相、致治平。己不正则无以正人，壹是以修身为本，固也。即穷而在下，仪型乡党以转移风俗，亦为士者之事也。是在多读有益身心之书，一一返躬体验，"勿以善小而不为，勿以恶小而为之"，积小以致高大，则实至而名自归。不但自淑其身，抑且感化乡愚、共登善俗，如是始尽为士之责。汉之陈仲弓，邑长耳，范孟博则太学生也，及身而名满天下，既殁而留芳青史。当时如王彦方者，且以布衣负重望，世俗至相戒以"宁为刑罚所加，无为王君所短"。至若两庑诸儒，以韦布从祀、馨香百世者代不乏人。然则天下第一流人，必自读书敦品始。虽然，执是说也，实之不务，惟知自居高品、俯视一切，而责人以尊己，抑又妄矣！君子自卑而尊人，则谦尊而光，故曰"敬人者，人恒敬之"。持身不嫌于严峻，而接物必要诸礼让。父兄宗族之所在，孔子之于乡党，恂恂如也。此义尤不可不知也！

十一曰知命。学之不成，实无可知。固非人不己知也，无可愠也。即使日积月累，居然有成，尤当思穷达有命，顺时听天，幸而得之。须知既得之后，志事无穷，求所以偁职者方且勉焉，日有孳孳，而折足覆𫗧之惧无时而可释，诚不敢侈然自满假也。当其可得而未得，不可有一豪邀幸心，须知忝窃非分之非福。虽可得而终于不得，亦不可怨天尤人、牢骚伊郁，须知古昔怀才不遇者何可胜道，我独何人，而敢鸣不平乎？要使立身行己不愧端人正士，足为乡间矜式，下至妇人孺子胥知读书人之可贵，则天爵既修，荣于华衮。举凡富贵贫贱，素位而行，可以听之于天，视于吾无所加损之事。斯之谓安命，斯之谓知命。

十二曰安贫。人生境遇，何常之有？惟居易俟命者，身困而心亨，能于疏水曲肱、箪瓢陋巷寻得孔、颜乐处，一生享之不尽矣。且人患无以自立耳，果其经明行修，不愧"经师""人师"之目，笔耕足以自给，砚田必无恶岁。极之为童子师，束脩之入虽微，节啬用之，未始不可仰事俯畜，断不宜有所歆羡、妄思迁业。试观四民之中，工既佣值无多,农又惧有灾祲,且其勤苦食力,决非吾辈所能堪;商则比来江河日下、机械百出,万金之业转瞬而冰消瓦解者指不胜屈。惟读书人操守五寸之管,安坐而食,粗茶淡饭,亦自身闲心泰,而尚有不足乎? 至于刑名、钱谷,为越人专门名家。读书读律,异流同源,宜若可为。然就余所见闻,学如牛毛、成如麟角,其由之积蓄成家而子孙克享者不过万中之一二。吾家四世食桐斋府君佐幕隐德,府君犹遗训后人,切诫勿习此业。略言"营私枉法,稍知自爱者或无此虑。惟是学有未至,妄冀速化。一据宾席,不免师心。冒昧从事,谬戾宏多。虽曰'无心之过',足造弥天之蘖"云云。此其万万不可浮慕者也。乃若甘居小人之穷滥而托生涯于刀笔,我感凤乡孙氏衣冠九世,忠厚传家,或不至有此不肖子孙玷我世德,是则无庸鳏鳏过虑,著之家训者尔。

　　右十二则,长兴学舍书示从孙家鹤,用为家塾程课而已。念兹此已逾期月,职在谕教,其于诸生忝居一日之长、未有一节之效。自问少年失学、老大无成,诚有惭于老马之识途,乃其千虑一得、求为骐骥先导者大要不出于此。爰付削氏,将以遍诒同学之士,相与商订而交勉之。庚寅上巳,手缮并志。

明伦篇上

　　伦曰人伦,"伦"之制字又从"人",可知为人必不能越乎伦之外,亦必尽伦而后可以为人也。是故其效极于人人,亲其亲、长其长,而天下平实,则孩提之童无不知爱亲而敬长也。天理之在人心者,愚夫、愚妇可与知能者也。今天下学校必署其堂曰"明伦"者,何也? 夫亦曰"惟为士者,尤当明乎其理而立人伦之准则也"。伦有五,曰君臣、曰父子、曰兄弟、曰夫妇、曰朋友,而忠于君、孝于亲为首德。作《明伦篇上》。

　　第一曰君臣。幸生累洽重熙之世,自我祖、我父而推之高、曾以上，远者且逾十世，食毛践土，何一不在大清覆育之中？乃蚩蚩者氓，方且耕食凿饮而忘帝力，妄谓天泽之分上下县绝，遂以"忠"之一字推而属之有禄位者，而几几乎若于齐民无与焉者。其亦思国家设官分职，厚其禄廪，而责以大法小廉。上者，欲其讲求治理，俾薄海永享升平之福；次亦欲其牧养吾民，使无一夫或失其所：凡以为亿兆苍生计也。何况我皇上钦承列祖列宗家法，无有远迩，一视同仁？一遇水旱偏灾，无勿溺由己溺、饥由己饥。虽在帑藏万分支诎之际，议蠲议振，朝上夕下，视民如伤，惟恐勿及。慈父之育爱子，何以逾兹？凡有血气，宜何如感戴生成、各图寸报？而顾自诿为日在中天，葵藿虽欲倾其心，而无如其高且远也。何勿思之甚也！夫以天地之覆载，何尝责报于万物？而万物要不可忘报于天地。其最为切近者，则曰"溥天之下，莫非王土"，尽力农桑，无敢嬉游坐食，薄两大自然之美利，庶几可以早登国课，少尽子民自尽之忧。不幸而遇有灾歉，则宜各求补救之方，以冀转歉为丰，勿致屡廑宵旰。至于《大清律例》一书，斟酌天理人情之至经，列圣钦定，勒为万世不刊之典，岂曰束缚而绳检之已哉？良莠不齐，不可不齐之以刑，用辅礼教之所不及。犹之父子有恩，而教督不容废于家也。民间即未能人人服习，要之安分守法，即为良民；反是则若苗有莠，负疚高厚矣！乃若士为四民之首，厕身庠序，被教泽为尤深。异日策名委贽，毕生从事"忠"之一字，而莫能尽其万一，固已；即终身韦布，亦当首明大谊，以率先民物。乃今之为士者，非无怀刑之君子，而罔知法纪、敢干宪典者亦往往而有，是直甘为莠民，并愚民之不若矣！此其故由于不知尊君，而后敢于犯上。夫州县之有长官，古者百里诸侯，亦自有君臣之谊；下至丞倅簿尉，何莫非朝廷所命？尊官长即所以尊朝廷，故言尊君者必曰亲上。当知官偁"父母"，自无不爱民如子。即或才力稍有不逮，未能人人而悦，然黜陟之柄在朝廷，举劾之任归宪司。敢于居下讪上、吹求攻讦，是乱民也。即在草野颛愚，尚不能曲贷其无知，而纵其陵犯。而为士者，或从而煽惑之、倡率之。迹其由来，盖地方官吏大抵仰体国家优待士子德意,于凡士类无勿加之礼貌,委曲周旋,所望人知自重,足资观感而有裨治理;而忘分者反从此侈然自大,目无官长,充其量可以无所不为,则君臣之伦不明故也。是诚有风教之职者所大惧也!

次二曰父子。父母生我之恩,比于天地。人即丧心病狂,未见有敢斥天地者;人即僮昏无识,未见有不知父母者。然人情,父常严而母常慈。抑且乳哺保抱,母之于子又常勤于父。是故婴儿子之未有知识也,或疏于其父,而于母则无勿亲爱者。古之人有忧之,为之语曰:"知有母而不知有父者,禽兽也。"夫众雌无雄,而又奚卵?虽禽兽亦不能无父,第限于禽兽之识,则字乳之外,固有所不及知耳。不谓观于今日,乃有觍然人面、滥厕搢绅而并其生身之母疾视而弃绝之者,是直禽兽之不若矣!此则余所痛心疾首而深为人心世道忧者也!然则父子之伦之不明也久矣!夫"孝"之一字,孔子以授曾子,著为一经,丱角受书,必诵习之。有若五经、四子书,亦未有不以是为训者。要之,统于所尊,言父可以赅母,而事之之必于孝一也。约而举之,则曰扬名以显父母者上也,其次守身而不辱其亲。言乎服劳奉养,则养志为上,养口体次之;敬爱兼尽为上,竭其力者次之。必也推父母之所敬,逮事王父母,则事之如父母;不逮事,则报本追远,春秋享祀不敢不诚。施及继母、庶母,下而至于子姓奴仆,极之禽鱼草木,父母之所爱亦爱之,终身无改。幸而父母有善,将顺而赞成之;不幸父母有过,几谏以匡救之。其最要者曰终于立身。将为善,思遗父母令名,必果;将为不善,思遗父母羞辱,必不果尽之矣!乃若不孝之诛,名例列于"十恶",注云:"谓告言、咒骂祖父母、父母;父母在,别籍异居,若奉养有缺;居丧,身自嫁娶,若作乐、释服、从吉;闻丧,匿不举哀;诈伪祖父母、父母死之类。"从而释之曰:"不孝之事多端,特举律所载者。"又曰:"不必皆极典,以有关伦理,故揭于卷首,使人知所儆。"盖制律之意微矣!此之不谨,积微成著。读刑律"殴祖父母、父母""谋杀祖父母、父母"两条,法至寸磔,犹有余辜,何莫非昧之于心而形之于迹、肇于细故而养成弥天之罪哉?至于伦曰父子,为子者当尽子道,为父者亦当尽父道。尽父道有二焉：曰养，曰教。教亦多术矣，而有言教，有身教。能孝亲者必生孝子，固天道自然之理；抑亦至性至情之感入于僮幼初开之知识，而习为固然也。而凡义方之教，亦莫如本身作则，使之耳濡目染而渐移于不觉，则父道尤以修身为本矣！

明伦篇下

余既作《明伦篇上》，为吾学中人言忠孝。吾学中人，岂无能知之、能行之而固无烦告诫者乎？第以中人之资多于上智，渐移于薄俗而忘子臣之分、得罪天地者容或有之，是校官之旷其职也，盖迫之以不得不言！乃若尽伦理而必备之，于吾身则虽施之有序，诚有不可偏废者也！作《明伦篇下》。

五伦之三曰兄弟。君父而外，惟兄弟以天合。盖以天下之大、人民之众，同我父母者，求多一人而不可得。念及此，而友悌之心可以油然而生矣！然而世则有薄其所厚者，由亲而疏，积渐可至于无复人理。深求其故，厥有数端。曰性情之错逆也。自孩提至成立，跬步不相离者，独有兄弟。其势不能时时存形迹、慎话言，而隙或生焉。世之善于处世者，非意相干，可以情恕；横逆待我，犹必自反。独至兄弟几微之失，而若有必不能忍者。此吾所未解也。曰境遇之丰啬也。一树之枝有荣有枯，亦天运之自然。乃朋友急难，犹或通财；乡邻隐赈，可无芥蒂。独至兄弟，而此肥彼瘠，视同秦越；彼有此无，反生嫉妒。此又吾所未解也。而其最为悖理者，则计较及于父母爱憎之偏。独不思兄弟何以见爱，毋亦善事父母而能得其欢心欤？我何以见憎，毋亦不善事父母而后至于失爱欤？夫不闻焚廪浚井、处人伦之至变如虞舜，亦惟自怨自艾而未尝敢仇傲弟乎？吾惟心父母之心，爱吾兄，则吾益敬吾兄；爱吾弟，则吾益慈吾弟。至诚可以感神，非但全吾兄弟，抑且顺吾父母，胡不勉而行之？而其尤宜切戒者，则昏瞀而为妻子谗间所中。妇人女子，每见小利；痴男呆女，岂知大体？古云"孝衰于妻子"，且有因之逆父母者，何况兄弟？虽然，"兄弟如手足，妻子如衣服"，斯二语者，五尺之童犹习闻之。今有人以护惜衣服之故，自残其手足，则为狂疾人矣！何独至于兄弟、妻子轻重倒置而勿之怪乎？夫妻亡可续娶、子夭可再育，犹衣裳之敝而可以改。为兄弟托体于父母，少一人则不能再得，犹支体之一断而不可复续。此谊至明，而其喻至切也！所以中于谗间者，大抵较量分财之多寡而因及于养生送死之费。此又大悖也！父母生养我至于成人，我竭力供为子职已耳。分财则譬如父母多生数人，任事则譬如父母止生一人，何所用其较量？若论生事，则人贵自立。风霜冰雪，皆所以磨炼贤豪。即在编氓，男耕女织，以之勤俭起家而有余。否则承遗产而较及锱铢，当大事而互相推诿，伤残骨肉，负疾伦常，充其量不过作富家翁、自了汉。而妇或得之以冶容而诲淫，子或恃之供狭游之挥霍，何苦餐此漏脯、饮兹鸩酒？而又有极可痛心者，则以争资财，速狱讼，绝不念祖、父留遗子孙，即有多寡之不均，犹是吾祖、父之子孙享之，而忍举之以饱贪囊、润刀笔。非特乃祖、乃父九原饮恨也，有心世道者睹此方且为之失声一恸矣！若此者，以箴末俗，为下愚言之。有贤士大夫者，视兄弟为一体，同其好恶，共其休戚。幸而兄弟贤智，则自为师友、切磨道谊，如二程之理学、两苏之文章，百世而下，犹将仰慕之；不幸而愚不肖，则至诚恻怛、委曲教谏，期于同归无过之地，不至辱及先人，而后吾心以安。然而不可骤致也，必其平日恭兄如父、爱弟若子，足使感入心脾而无间豪发，夫然后化之易而从之也轻。孟子曰："中也养不中，才也养不才。"凡今之人，有能之者。为之执鞭，所欣慕焉！

之四曰夫妇。《易》曰："有夫妇然后有父子，有父子然后有君臣。"盖夫妇者，人伦之始、王化之原也。是故天下有三纲焉，夫为妻纲，亦犹君为臣纲、父为子纲。纲正则目摄，而夫妇居室，尤其切近而易化者也。名门淑质，生而贞静，与夫饫闻闺训、夙娴礼教者，岂能数觏？其次则惟在为之夫者之齐一，其道当立于受室之始。"教妇初来"，诚至言也。少之时，血气未定，闺房燕好，圣贤亦不能为之限制。惟能知妻之言，齐以佐温清、以奉滫瀡，则将与之事亲。逮乎育子，而自胎教以迄就傅，虽有贤哲，基于婴孩，又将赖以启后。他如宾祭大事、中馈之职，胥资内助，不惟以琴耽瑟、好为宜家也。于是待之不容不有礼，而相敬如宾，不烦矫饰。夫如是，为之妇者，自待亦不容不重，而闺门肃、家道正矣！乃若治家之范，则有两言，曰勤，曰俭。人情劳苦则向善，而佚乐则易即于淫。古者，自王后蚕缫以迄于士妻衣其夫，未有无妇职者，凡以防淫佚也。此勤之说也。缟衣綦巾、荆钗裙布，诚难以概今世。然亦何至一簪之饰，直中人十家之产；一襦之制，费针神百日之工？其在豪富固不难斗靡而争华，乃至儒素亦不免毁家以媚内，甚者以良家而效妓饰。当治世而有服妖，使其深居闺阁，惟以自娱，物力虚糜，何苦为此？势必招摇城市，冶游无节，一任品头题足，见侮恶少而不知耻。其为风俗人心之害，何可胜道？则俭宜尚也！而又有极可伤者，至亲骨肉之间，浸润肤受而行其谗间。妯娌姑嫂之隙生，力足以参商我手足，甚或至于忘昊天罔极之恩。惟妇言是听，自陷于不孝而不觉。即使天良不至尽丧，然至其衅已开，而始求所以处之，顺之则害义，绝之亦伤恩，无两全之术矣，惟知者见先几而防未然。虽床第之私、燕昵之顷，苟有一语及我父母、兄弟，必正色而严拒之、深言以曲喻之。动以至情，蔼然其可感；纯乎天理，毅然而不可夺。妇人以夫为天，尝我而不答，饴我而不入，则亦惟有回心革面以从我终。至婉娩听从，家庭雍睦，非惟泯我伦常之憾，抑且成其贤淑之名，而夫妇之伦至矣！

　　之五曰朋友。朋友者，纯乎以人合者也。以视君父，既重轻县绝；以拟兄弟、夫妇，亦亲疏不侔。而古人以备五伦者，则以为人生伦理，将恃以弥缝而斡旋之也。上之君臣之伦，以职业相励翼，以贤能相推让，有同寅协恭而无党援门户，是故同僚亦侪僚友也。次之父子之伦，父与父言慈，子与子言孝，朋友之道，可以责善也。下之兄弟、夫妇，局中或难于自全，外人更无从置喙，亦惟气谊相投、信之有素者切切偲偲，可以酌理准情、尽言而无所顾忌也。而凡立身行义、劝善规过，莫不须友以成，是谓道义之交。他如合志同方、营道同术，奇文同赏、疑义同析,直谅多闻之友,其为益不异于从严师。虽至文艺之末,非友,亦无以为观摩而资攻错,是谓文字之交。曾子曰:"君子以文会友,以友辅仁。"友道顾不重欤? 乃若损友之三,则有习于威仪而不直者曰便辟之友,有工于媚悦而不谅者曰善柔之友,有捷于口语而无闻见之实者曰便佞之友。以之标榜声气,征逐酒肉,驰骤声色、货利之场,朋从憧憧,未始不快志。一时已难免,载胥及溺,而况延内阿谀? 而渎于下交,必且贪慕势利;而谄于上交,足以堕行检,足以败身名:是宜避之如寇仇而远之如蛇蝎者也。故夫交友者,在有知人之识,择而取之。择之奈何? 一曰德行。其为人也,明乎伦理而豪无所憾也者,惟恐其不我友而已,否则必无厚于君臣、父子、兄弟、夫妇而薄于朋友者。举凡进德修业,苟其所能知、能行,亦必无有所私而不我告。此其人,无论处常,足资身心之助;借令遇变,殆可为急难之依矣! 二曰学问。才美而骄吝者,吾不敢谓世无其人。然我能屈志,未必果拒我也。"近墨者黑,近朱者赤。"视夫独学无友而孤陋寡闻,相去当不可以道里计。况乎《易》占"丽泽"、《诗》咏"他山",一面神交、两心莫逆? 我以气求,友以声应,亦人情之常者哉! 若此者,皆我所求乎朋友也。先施之未能,方且引以为愧;而有施则必报,尤宜矢以弗谖。故曰"朋友之交",斯其信乎"朋友之道"也。若夫隙末凶终,叹全交之鲜;忘德思怨,悲友道之衰。一死一生知交情,一贫一富见交态。固挽近之漓俗,为有识所同慨。其亦邂逅倾心而轻于结纳者,有以致之彼哉,彼哉无所尤也。欲全伦理者,尚其知朋友之纯以人合,取之在我而慎之于始也。

勤俭说(庚寅[①])

　　勤俭者,治家之要义,夫人而知之。余则谓士子之为学必于勤,而立身必于俭。作《勤俭说》。

---

　　① "庚寅",原书刻于版心下。

曰勤苦，苦不如甘，然天下未有不由苦得甘者；曰勤劳，劳不如佚，然天下多有生于劳而死于佚者。人之心思才力，犹良金也，不经磨炼，则无以为干镆；犹美玉也，不加雕琢，则无以成圭璋。孔子曰："饱食终日，无所用心，难矣哉！不有博弈者乎？为之，犹贤乎已。"夫岂圣人而许人博弈哉？甚言不用心者之难而已。夫"勤"之字，从"力"。农夫之勤四体而勿敢惰，犹知非力稿无以望有秋。吾侪以砚为田，以笔为末，菑畲于经训而目耕之，犹之勤也。视夏畦之病，奚啻天渊，而尚不自力乎？无论不勤则无所获，而必无望于上达也。就令侥幸得志，肢体怠弛已成习贯，能于大任之加力求振作而免尸素哉？且古者常以一身兼耕读，故曰"三余"读书。三余者，冬为岁之余，乘农隙也；夜为日之余，阴雨为时之余，不可以从事于田，则乘此暇而务学。而犹不以为病者，耕劳力，读劳心，可并勉也。而非常之才恒出其中，耕莘之伊尹，其最显者也。今也穷年心力得专于学，而学顾勿成，勿勤而已。借曰窘空而无以为攻苦之资，古之人则尝然糠映雪以当膏油、编蒲辑柳以代椠素矣，而赡于财者无可诿矣！抑或苦于失时而恐不及学，则人休勿休、人卧勿卧，日计而益以夜之半，一月可得四十五日，寗越所以十五年而为周威公师也，而富于年者更可勉矣！扬子曰："有刀者砻诸，有玉者错诸。不砻不错，焉用用？"韩子曰："业精于勤荒于嬉。"惰之一日，耻之毕生，悔何及矣？吾愿学者之克勤也！

今日之民俗，习奢而忘俭，上下交困而不知返，谚所谓"人贫世富"也。就长兴而论，蚕桑之利，岁以巨万计，而又济之以山泽之饶。虽前此被燹最酷，三十年来休养生息，至于野无旷土，民困可以稍苏矣。乃己丑之水，议觞议振，不遗余力，而犹几几乎若有不可终日之势。何哉？盖顺成之岁，虽编氓鲜不长鱼大肉，罄所有而享之，御冬旨蓄，在所不计。又以地产丝絮，即佣贩率衣帛而褚轻绵。至于新丝上市，则囊家林立销金之窝，所在皆是。夫是以户鲜盖藏，可常稔而不可以偶歉。夫媮衣美食，处季世则然，岂承平所宜有哉？古帝王之经国也，必制三十年之通，耕九余三以为常，是故尧有九年之水、汤有七年之旱而民不病。今则非五风十雨,将不能无捐瘠矣! 彼蚩蚩者何足责? 责在士大夫之不能率以俭也。余尝得先师宗副使稷辰手书擘窠八言曰"勤能补拙,俭以养廉",至今宝之。以为由前四言可以进于学,由后四言可以正其身。夫曰"俭以养廉",则贪之必由于奢可知。士大夫而甘心贪墨也,非无为子孙作马牛者,亦或习于奢侈,用之无节,而不能不为无艺之征,求以给之。彼其速官谤而干宪典,犹一人之事,又乌知其害中于国计民生而为有识者所深忧哉? 是在学者立其志于未仕之时,而充其识于为学之始。在巨室,力有余而节啬以养其有余,惜食、惜衣即以惜福;在寒族,力不足而疏水以安于不足,素贫、素贱亦为素位。夫如是,富者足以保家,贫者足以立品。其达也,必树羔羊素丝之节;其穷也,必无降志辱身之患:皆俭以养廉之效也。夫士大夫者,邦国之望也。俭德可风,俗斯化之。至于家给人足,庶者富而教可施矣! 吾愿学者之克俭也!

正名(庚寅[①])

　　骨肉之亲,主于至诚,而不在文貌,然而名不可不正也。余尝见为人子者,于其父母兄弟,或终岁不闻,其有所俋焉? 盖有全无心肝者,亦有慕为轻俛者,其流极足。使如王濛、胡母谦之之敢于字父,濛有好仪形,每览镜自照,曰:"王文开那生如馨儿?"胡母辅之在湘州,三伏中坐正衙摇扇视事,其子谦之从容顾语曰:"彦国何为自诒伊戚?"按:濛、谦之,并晋人。文开,濛父纳字。彦国,辅之字也。而两间名教扫地矣! 乃其间则有不可解而自有说者。吾越谓父爹爹,丁邪切。谓母妈妈,上莫补切,下音转若马。或曰妈娘;甬中谓父阿伯,谓母阿妈。音转如某。皆以为俚俗,欲改从经典之所俋,则又嫌其近于文饰而难为俗听。此士大夫家所以多习于脱略而不自知其非也。乃至自俋儿子,明、越土音呼"儿"如"倪",正是古音。而亦以为俚,难于出口。就使果失之俚,亦思此俋自初解

语言时来，当时纯乎天性，于父母若何亲悉，常得此俪在口，时时回忆孩提境状，借以存赤子孺慕于终身，岂不足为纯孝之本？而必若有口不可得言者，久之而略分相，尔汝施之，尊如天地。之二人豪无忌惮，父子之分几何不与名俱泯哉？推而至于兄弟，阿哥，古"歌"字，以俪兄，始于唐。阿弟之俪，若何亲密而亦难之？一本之亲，可以渐疏而同于行路，其机即在于此。尝有贤令治兄弟久久不解之狱，不为辨其是非曲直，惟责令兄呼其弟，弟呼其兄，口不许绝声，目不许旁瞬，初犹勉强，久之不自知其何从生感，至于抱头大哭，搏颡悔罪，誓不复讼，卒以友悌闻。盖口者，五官之一，而心为之主。上智立人伦之埻的，其心纯一，百体皆从，天君之令，固无烦乎此。若中人以下，则心口互相提撕，犹君德之多成于启沃。孔子曰："必也正名。"富哉言乎！正名奈何？曰父母兄弟之俪，当循其初解语言时之所习，有言必俪之，俪之则必肃然起敬，而毋敢少肆。若佛者之口宣佛号，而如有丈六金身、庄严七宝放大光明于吾前，此即成佛之地矣！余自来此，每闻同学俪老师，辄内愧于此名之难副，往往汗浃于背。盖自是而知名之于实必有裨，而断断乎其不可忽忘焉！

主敬（庚寅[①]）

圣门之教，弟子应对进退，其先传者是。故阙党童子之居于位，夫子深讥之。幼仪，固小学之一事也。乃论者或谓，家庭之间，繁文缛节，势有所不行而于是乎为父兄者不复以之教子弟矣！不知惟家庭之间昵而易狎，其要在于主敬，而礼尤不可废。敬主于一心，礼循乎百体，有似乎敬内而礼外。余则谓内有余而外无不足者上也，其次则必外有以束其体，而后内足以敛其心。是故孝亲敬长必自恪恭严肃，而毋敢忽于燕居。始余及侍先王父义乌府君，习见府君日坐中堂，面南，凭一案，吾生祖母朱太夫人坐于东倚。东、西壁为坐各四，

---

① "庚寅"，原书刻于版心下。

常虚之,以待戚属之进见者。吾从祖伯父天益公,斑白矣,来见,非久语,不命之坐,勿敢坐也。近南倚槛为坐,东、西各二,盖诸母坐,为妇人之不可以久立也。至有所命,必起立肃对,坐常数起。而于诸父之进而立侍也,诸母亦必起立,无敢安坐也。及侍吾父,吾父母为便坐于西箱正东面,吾兄弟夫妇则皆有坐于下倚,东槛而西面,每侍,未尝不命之坐矣。然父母常坐,虽虚位,勿敢慢也。回忆其时肃然穆然如前日事,惟觉聚顺之有至乐而未尝苦其为劳也。家鹤之在此也,执从孙礼,惟谨之修,亦能严父执,勿愆于礼度,能率是以归而范于其家可矣,第恐其不敢肆于所严而或者忽于所亲也。敬肆之分,必勿狎于所亲而慎之于所忽,斯一心足以摄百体而放恣无自萌矣!王雱、安石子。安石尝与程明道论新法,雱囚首跣足,携妇人冠以出,大言欲斩韩琦、富弼之首。蔡攸,京子。与父以权势相轧,京正对客,攸入,遽诊父手,问体中得无不适,客怪之,京曰:"此儿欲以为吾疾罢我尔。"何至再见于今日哉?夫雱、攸非人类,何足言?有人性者,亦何至为雱、攸?然不端其本而谨之于微,其末流且将横决而莫之能障。君子常存敬畏,幸造端于祇父恭兄,而以是为名教中乐地也!

读北史一则示赵之修(庚寅①)

吐谷浑酋阿豺,有子二十人。豺命各奉一只箭,命母弟慕利延折其一,箭应手而折;命并十九箭折之,勿能折焉。阿豺因谓其子曰:"单则易折,众则难摧也。此足为兄弟同心、足御外侮之谳矣!"彼绝域君长,目未睹先圣之书,耳未闻名贤之戒,第以阅世之深,犹能因物理而悟人事,而况生长文物之邦、身被诗书之教?所以尽大伦而全天性者,习闻之于丱角之年,即不为御侮计,亦万不容有几微之玷乎!世间最难得者兄弟,兄弟而多,尤人生之幸遇也!若之修者,可羡也。之修勉之矣!

---

① "庚寅",原书刻于版心下。

之修字文安,为余友瑾伯户部家薰第三子。籍慈溪而居鄞,以父命,不远七百里来从余游。是有兄弟十人,其幼者犹在抱也。凡其持躬涉世与夫为学之方,余方就其所短而箴之。此则欲其兄弟之胥体之也,故书以诒之。

勿耻问

人不可以无耻,而亦有必不可耻者,问是也。孔文子不耻下问,子曰:"是以谓之文也。"下问犹不耻,而见偶于圣人,而顾耻问于所师友乎?夫学者,学为孔颜而已。孔子之入太庙、每事问,颜子之以能问于不能、以多问于寡,记之《鲁论》,固人人诵习之书也。盖愚夫、愚妇之所知、能,圣人有所不知、不能。不知,何病?问,又曷足耻乎?且我必无一物之不知,又何用明师、益友?为是则断断无可耻,尤断断不可耻也!耻问,则不知者终于不知,不能者终于不能,乃为可耻矣!孰若充此一念,勉力于学,有疑必问,问而有闻,必深思而熟记之,期于弗知勿措,以求愚者必明之效?夫以天地之大也,名理之赜、事物之繁也,诚非两端所可叩而竭。然而得尺则尺、得寸则寸,日积月累,必有可观者焉。特是问生于学,不学则非惟不知问,实亦无可问。问不足耻,不知问、无可问乃为可耻尔,故吾愿学者之善问。

节 食

子在齐,闻《韶》三月,不知肉味。又曰:"君子食无求饱。"士志于道,固不暇养口体矣!今且勿为高论,第与有口者言味。余尝读苏文忠公诗,得一截句云:"晓来清露满田园,莱菔生儿芥有孙。我与何曾同一饱,不知何苦食鸡豚。"旨哉言乎!夫园蔬入口,味含土膏,得此,肠胃清洁,灵明日开,其视肉食者鄙何如?纨裤儿生世不知何事可用其心,而独能竭智虑以营饮馔。其久也,粱肉之既餍,必至日食万钱,无下箸处。转不如饱尝春韭秋菘,风味随在,得享人间清品也。天生弃材,亦何足惜?所可惜者,明明可造之资,甘为口腹之人以没世也。若夫戒杀为佛氏之教,杀业因果亦为愚夫妇说法,儒者可置之勿论。然齐宣王之不忍一牛,孟子许其是心足王。盖亲亲仁民,推之爱物,虽施之有序,扩而充之,皆仁之端。蜎飞蠕动,无一物不含生负气,与吾同在覆载之中。以吾一味之甘,使之宛转号呼于刀楮之上,情必有所不忍。特以祭祀宾嘉,非牲杀无以备礼,而孝子之养亲,必有酒肉,皆在所不得已。于是为之节,曰"无故不杀",又曰"五十者可以食肉",而授之以行仁之术曰"君子远庖厨"。然则节损之而勿暴殄,其亦可矣!且暴殄之戒,非止矜物命也,口福亦在所宜惜。宋王黼权盛时,厨中饭颗狼藉,日随沟水秽恶流经邻寺,有高行僧为接取淘洗,干而储之,积至数困。其败也,老母至,仰给于是。又有世家子,食必炊以炼炭。炼炭者,炽炭表里通赤,而后入灶。云非是则有烟火气,不能下咽。后遇乱,求得粗粝,食之至饱。然则口之于味,何常之有?"晚食以当肉",诚至言也!夫盈虚消息之理,自有天地以来,莫之能易。赭寇之变,齿稍长者,大抵与于患难而备尝艰苦。晚出者或未及周知,然水旱偏灾,近时殆无岁无之。沟瘝壑瘠,何地蔑有?彼独非圜首方趾,与我同类者哉?念及此,虽疏食菜羹,可以甘之若饴矣!

节　衣

古之儒者俦韦布,士未受朝命则布衣,固其分也。今则无论贵贱,苟稍能自给,而衣必纨绮矣!抑且竞尚浅色,取其易渝;渝则改为之,以示奢丽焉。乃若花样之翻新、裁制之宽窄,月异而岁不同。彼操此业以逐末者,无责尔已。纨袴子弟,则终其身为之营营逐逐,日从事于讲求服饰而无一息得自暇逸,生世更有何等事业,皆在所不问焉,可慨也!孔子曰:"士志于道而耻恶衣恶食者,未足与议也。"孟子曰:"令闻广誉施于身,所以不愿人之膏粱文绣也。"读圣贤书,所学何事?此虽末节,余虑夫人之一心不能二用。若而人者,即有美质,将汩没而无望于远大也。夫一尺之帛,千蚕之命,肆意暴殄而无所顾惜，自问何以堪之。余生不过数十寒暑，目见今日之妇子号寒、求败絮以御风雪而不可必得者，往往昔之鲜衣华服、翩翩顾影少年也。人生禀受有数，造物即不必屑屑焉为之记注而乘除之，然盈虚消息自有一定之理。纵不为惜财计，独不为惜福计乎？余先世自入国朝，衣冠至今。我生之初，家门全盛，积产不薄。然祖父立教，持身以俭，童年擩染，习而安之。是以中更大难，蒙余荫而免于冻馁。今兹叨窃一命，惟是礼服为国家典制，且儒官以承大祭，不敢不饬。若燕居所服，夏取蔽体，冬取御寒，萧然布素，自有余适。诸生皆习见之，可知非由勉强。良以费少则易给，即此亦俭以养廉之一节耳。夫由一身而施之一家，推之一乡一邑。综而计之，大率今世所尚华服，一衣亡虑数十金，省一衣可燠数十人，人人称此意而为施，充其量可使天下无冻者。即不为博施计，留此物力于家，亦足以备缓急有无之用与！其相率踵事增华，而使两大菁英耗敚于无形之地也。"蜉蝣掘阅"，有识者深喟之，奚取焉？

若溪书院小课告白

前因同学于试帖不甚讲求，妄谓县中科目寥寥或由于此，欲得乡、会试不至以诗累文，非创立小课不可。经营历年，幸而克举。养成他日翰苑清才，律赋、小楷固宜兼擅。要之，目前所重，尤在试帖。此次第四名，仅试帖五首，以诗、字并佳，列之优等；他卷作赋者，转以疵颣，多所抑，置末后两卷；剿袭之迹显然，最所痛心疾首，故以为殿：编次颇费苦心。嗣后，与课诸子，自问于律赋不甚近者，不必强作。但能专治试帖，各出心裁，一以词句之工拙分上下，不以律赋之有无为轩轾。至于颂扬处，误抬失抬、误犯庙讳为大不敬；以及失拈、出韵、误写题字、笔画失检至不成字，皆干帖例。又应试文字，先求无过。虚实不对、韵脚不稳、用典错误、写成别字，其瑕疵虽大小不同，有一于此，难俪完璧。切宜慎之，不胜惓惓！四月二十日。

晋边水灾，前此得之耳闻，犹未悉其惨酷至此。月前，蒙陈大宗师赐示灾民图,诚有目不忍睹者。奉以溥劝同学,集资助振,苦于为数无多。因思本年恭遇恩科,七、八两月书院停课;其膏火,向章分前后届,作为夹课,按名给发;若溪书院经费出自阖邑公款,不佞虽任监院,未便专主;其添设小课,则经营手创,本为邑士上达起见;此次停课,两月膏火钱廿一千六百文,意欲拨充晋振。在与课诸子,遇课各有本届膏火,作者不至向隅;灾区得此,则积少成多,涓滴皆有实济。或者默契天心,酬以上第,于创始初意亦属相符。惟出自一人私见,未知众论是否允协。除灾民图业经实帖学门、谅已共见外,如有不以为然者,不妨各抒己意,于三日内投词,以凭再加斟酌。倘无异议,过此即拟移请绅董,提前送学,汇寄振局,幸勿訾其专辄! 六月十二日。

本月十二日告白:诸子更无异议,足见同心之雅,不胜欣慰! 业于十六日由绅董提交到学,汇寄上海振局,掣有收据,实帖学门矣。此次课卷尽多佳作,特疵颣仍未能免,讹字更往往而有,甚至经典所出亦复失检。是在平时随地留心,临文逐一详审,庶几渐臻完善。本学五年以来,凡官师课卷,遇有破体、误笔,必一一改正,反复注解,不辞烦渎,诸子当亦谅其苦心。独念其中有致误而不自觉者,大率取材于小板"类典"。此种书籍,本极庸陋,鲁鱼亥豕又层见叠出,最足害事,断不可靠此作生活也。再,此课重在试帖,每课五题全作即为完卷,赋之有无尚在其次。若杂体诗,间亦命题,究与结社赋诗,流连觞咏。指不同科,如吴元炯仅七律八首,未便列案也。六月廿二日。

答陈梅泉同年书

经年之别,东西相望。莫云春树,彼此同之。弟童年失学,壮岁奔波侵寻,老大一无成就。乃蒙奖饰逾量,至以郎君熙臣之英特,而欲令问道于盲,可胜惭悚? 尊旨,近时衡文巨公,多以实学取士,许、郑之学诚为可贵。以熙臣之才之茂,兼在妙龄从事于斯,甚善甚善! 弟则三十岁后,昉知读书必识字,而识字必治《说文》。既人事日多,记功日少,又苦无师承,冥行索途,卒无所获。至经学,则更不敢自信矣。伏承挚爱，不容不勉罄其瞽说。经事至国朝而昌明绝学，卓绝千古。《御纂七经》《皇清经解》二书，尤其不废江河者也。承学之士，初涉藩篱，诚不能无望洋之叹。第就其质性所近，或先河于一经、或借径于一家，要于专而精之、日扩而日充之，毋躁进而求速效、毋畏难而废半途。其所就之浅深大小，固视乎生质以为等差。不厌不倦、弗能弗措，必有成也。六书之学，《解字》《系传》二书是其纲领。此后擅其学者，人自为书，浩如烟海，而以金坛段氏为最精。虽继起者不无吹求，毕竟小疵不掩大醇。初学门径，斯为正路。入手功夫，则在熟其部目，通解六书之义，一见而能名之，不可刻日而责以贯通全书也。先就习见常用之字而擘究之，展转字乳，期于渐推渐广。既尽一家之说，而后次第众说，参斟而从其长，此为学之序也。肤庸窥筦，可以酬下问者止于此矣。抑尤有千虑之得，愿当芹献者。人生穷达，有命在天。不患无位，患所以立。有佳子弟，而必授以立身之业。与其随风气而以博一朝之遇合，不如务其大者、远者，求为可知而居易以俟命。经济以经术为根本，经术以训诂为梯航，固也。识字足以解经，通经足以用世，其亦可以止矣！必皓首穷经而惟以笺注虫鱼为事，万一得时，则驾试之一官一邑而无所措手，当亦有志者所弗取也。来书拟题一节，弟即有蠡测，实为无师之学。且考订之书，燹后所得寥寥，署中又不能尽以自随。既浅陋而加之以健忘，课虚责，有难于报命，非敢于年家子弟有所靳也。庚寅七月廿八日。

此稿曾进质仪征陈公，许为平正通达之言。因梓之，以谂志学之士，或有取焉。甲午上巳日识。

与杜苇邻书

愚少年失学，垂莫无成。来牍推挹过当，惟有愧恧，犹以识途老马，为有一日之长。举所业文字见质，读之惟觉英锐之气咄咄逼人，所谓"一日千里,在德门为名驹,于寒宗诚宅相"也。至戚不容自外,辄就所知率臆涂乙。荒落久矣,手生荆棘,多有见到、写不到处,以意会之可尔。所愿为吾贤勖者,大凡文字必于平正通达立基址、以光明正大拓匈抱,发为文章,自然堂皇冠冕。将来之富贵福泽,实券于斯。若帖括自有义法,敛才就范,必先民是程,乃为正轨。不可矜奇炫博,以趋时尚。学术之醇驳,关乎心术。世有巨眼,方于此观人品。即使诡遇获禽,甚不愿吾贤以此受知华士也。后起之英不易覯,止有才矣,或且恃之以傲物,器局褊浅,理难通显,则又牢骚满腹,动辄作不平之鸣。是皆失之不学,不直通人之一哂也。语云:"学然后知不足。"惟知不足,而后虚憍之气可以平;亦惟知不足,而后怨尤之心可以泯。愚前者有《读书十二要》之作,生平得力在是,吾贤文暇试浏览之。抑更有进者,人生穷达,有义有命。用之则行,则必思所以酬知,古今经世之文不可不多读;舍之则藏,亦必思所以自立,有益身心之书尤不可不多读。掌经之隙,盍以柔日读史?为名臣,为名儒,能反诸身而求所以自处者,庶乎不负此才,而异时之成就殆未可量矣!鹤孙才质万不逮吾贤,然长兴学舍从游之日,所口授者似有领悟,深望其筑基孝悌,培为仁之本,而居易以俟命。属在中表,幸惟子曾子"以友辅仁"之教,日以文行交修,互相励翊。若同辈之少年而近于轻薄者,虽文藻可助观摩,恐气类易于渐染,是则必宜慎之又慎者也!昆季自相师友,胜于寻常朋契什倍。中贤之养,尤为吾贤殷盼。郊祁、轼辙,天伦至乐,当不让前贤,专美青史。附致翘崖,以当晤语。匆匆不尽欲言。甲午三月八日。

　　苇邨名应棠,吾兄外孙也。尝以词赋受知南海潘公,丱角为博士弟子员。凤慧而勉学,必成佳士。余视从子犹子,其母亦视余犹父。于苇邨既喜其材质之美,尤愿以远大为期望之挚。故言之尽,谅不以为河汉之大而无极,亦甚愿后来英俊勿訾为尘垢囊也!

附刻论文^①

使于四方不辱君命可谓士矣_{举人王承湛窗课}

"行己之耻,耻在己;辱命之耻,耻在国"文紧顶上文,落脉真切,可谓读书得闲、气象轩昂,词华典赡犹其余事。

孔子答问,因材施教。子贡在"言语"之科,又以"达"偁,使不辱命,孰能逾之?夫子云然,而先之以"行己有耻"。所以进子贡者,有耻其君不为尧舜。意在言外,方见得君尊、命重,而不辱可贵。盖使臣折冲尊俎,至春秋而其任已重。然吴札、郑侨外,渐开战国策士之风。《史记·弟子列传》记子贡一出,十年之中,五国各有变,虽归重存鲁之功,不知其全类从横家言。果有其事,伤国体甚矣!安得云"不辱"?盖亦太史公好奇之过,采异说而未加别择者。能将此说隐隐剔清,庶不失子贡身分、立言有体矣!

后世使臣辱命,或中于黠虏之贿,或慑于强敌之威。斗筲何算?言之可慨。夫惟知耻近勇,由是养吾浩然之气而充之,则威武不能屈;次亦力行近仁,足以破私,不为利诱:要皆从"行己有耻"来。至于理明词达、用固邦交,则知者之事,子贡所优为也。世有其人,何至诒羞君国而为宗社之忧哉?

吾尝终日不食终夜不寝以思无益不如学也_{蒙养书院院课}

此题"终日"两句要有实发,否则与"思而不学则殆"题无别。"吾

---

① "附刻论文",原书刻于版心中。

尝"两字要参活笔，孔子十五已志于学，何至中间废而专用思？朱注引李氏语，诸卷多未体会。其甚者，率以"披""吟""诵""读"等字疏题中"学"字。殆幼时塾师讲书，凡遇"学"字，辄眼前指点，一概以"读书"当之。不知学之所包者广，其大端分圣功、王道。即如《大学》格致、二者重思。诚正、修齐治平，皆大人之学也；《中庸》博学、此"学"字似近读书，以有"博"字，可帖"博涉群书"言之。然《语类》以为"学之博者，谓天地万物之理、修己治人之方，皆要去学"，则仍不得专指诵读也。审问、慎思、明辨、笃行赅达道、达德、九经，皆诚明之学也。程子曰："五者废其一，非学也。"亦足为徒思无益之证。《四书》言学，各有所指，惟学《易》、学《诗》、学《礼》之类必以诵习为学。他若《大学·传》之"道学"谓讲习讨论之事，《论语》之"学而时习"为效先觉者之所为，此注本《广雅·释诂》"学，效也"。朱子皆就本义，分别解释，不可枚举，是在善悟者推类以尽其余耳。拈此，欲诸生平时揅究书理，字字体认亲切，则临文不至含胡影响；尤望授徒者临讲书必细看大注，字字切实讲解，勿误后起也！

不逆诈不亿不信抑亦先觉者蒙养书院课

此章大注："诈，谓人欺己。不信，谓人疑己。"两"己"字加得极的当、极明白，诸卷太半不能理会。须知"诈"字泛指尚可，"不信"二字不从"疑己"铨发，直是其人无信，"不可信"与"诈"字便无甚区别，孔子何必分作两句？此题之实字，宜求实义者也。"抑亦先觉者"句，有"常人逆亿，而觉非不先觉"一层，意在言外。"抑亦"二字紧顶"不逆""不亿"两"不"字，方有线索、有筋节。诸卷又多以"逆亿而觉，不得为先觉作"翻"抑亦"二字，殊欠体帖。此题之虚字，宜审虚神者也。四子书无一言不平易近人，然无一言不各有义缊，非熟读深思，融贯正非易易。赖有朱注揭日月而行，虽困学者，循此以求，不患冥行无见。即偶有未及详解处，因此识彼，推测而知，已省钻墼几许心力。若大注明明指出者，断不可忽略也。

疾固也蒙养书院课

上节注云："亩名呼夫子而辞甚倨,盖有齿德而隐者。"加"隐"字,盖从亩语意看出。可知朱子注《四书》,无一字不详审。此节注云："圣人之于达尊,礼恭而言直如此。"观题之上句,"非敢"二字,词气何等逊顺?可知朱注之妙,即可知此句断不宜作成当面讥诮作法,以"固"字为"佞"之反对,所不待言。"疾"字则当如"疾没世而名不称"之"疾",仍帖孔子自处言之,若曰"疑于佞而反之,必失之固。佞,诚非所敢,固实为所疾"云尔。诸作强半以"固"斥亩,作抢白语,以注"其警之深矣"句,作题之正解,全失孔子当时语意。傥全节题,可以不述口气。此意用作后路余波,未始不可,所谓"移步换影"也。凡作文,必先将本题全章白文涵泳有得,合之大注,若者为正解、若者为余意,分帖清楚,方可行文,慎勿卤莽灭裂。为之春秋时势,非有斡旋天地之力、胞与民物之心如孔子,出处殆未易言。观《逸民章》中伦、中虑、中清、中权,圣人犹有取焉,持以"异于是"者自明心迹,与此章正可参看。是故孟子愿学孔子,而伯夷之清亦亟偁之。知此则无论微生,即沮溺一流亦贤者辟世,不必过于诋毁也。

充类至义之尽也若溪书院县课

题当"充类"二字作一读,"至"字略顿,"义之尽"三字连读,谓充其类至于义之尽也。朱注解此句云"乃推即题之'充'字。其类,至此是题中'至'字,作'到'字解。于义之此'义之'二字是题字。至精至密之处此六字解题中'尽'字。两'至'字作'极'字解,非题中'至'字。而极言之耳,此五字解全句大意。'极'字亦帖'尽'字。非便以为真盗也。本题紧顶上句,一气贯注,故又加此七字联合上文。"本极明显。乃综阅各卷,以"至义"二字连读者什有三四。审其致误之由,盖以注中"至精至密"二"至"字当题中"至"字,于是题中"至"字与"尽"字几无区别,行文便处处窒碍矣。犯此病者,尹侯并加大点,盖为此恐诸生未能领悟,特为标举。

嗣后,一题到手,务宜详审题理,于题中所有实字、虚字字字讲解明白,印合大注,一无隔阂,然后下笔,方免缪辀。尤望平日温习《四书》,溥加邃密功夫,切勿囫囵读过。庶几临文实有把握,不至含胡影响、似是而非矣!

子曰吾之于人也一节 附生赵允升窗课

以"褒""贬"帖"毁""誉",不能谓之不当,然字义仍宜梳剔。褒贬者,轻重必不爽锱铢;毁誉者,抑扬实逾其分量。比而同之,将有褒无贬。《春秋》之作,有华衮而无斧钺,殊难通矣!至谓"誉虽扬善,亦过其实",时中之圣,岂宜出此? 当知有"诱掖奖劝"之微权,所以寓"与人为善"之至意,故不必自谢为无有,而亟以"有所试"者为后世誉人者法。此孔子言外旨也。近日方读《宋史》,于欧阳公、文潞国之偩王安石,及张魏公之误引秦桧执政,未尝不废书三叹。私窃以为,非圣人,誉岂易言? 而试果不可少也!

敬敷五教在宽 同上

文用孔氏颖达《正义》以父义、母慈、兄友、弟共、子孝当五教,非无根据。然《孟子·神农章》"使契为司徒"一节,实为此题铁板注脚。蔡氏沈《集传》从之,致为确当而不可易。功令,《书》用蔡《传》,固不宜立异。即如疏引文公十八年《春秋左氏传》"举八元,使布五教于四方"云云,杜注引此书,于"契在八元之中"上加"故知"二字,详文义,盖亦揣度之词,初无别证。《左氏》虽源出孔门,每览其纪述时人词令,有时牵就文藻、傅会成章。"吕相绝秦"之类,铺叙近事,尚多失实,佗可知已。此之设为史克之对,殆因莒仆衅起其父之偏爱,酿成弑逆,实为家庭之变。率沾母并分父、子为三,而分兄、弟为二,以取盈五数,未必可为典要。韩氏愈斥为"浮夸",非轻诋也。借令春秋时说经有此别解,孰若孔子祖述尧舜,身为契后,手订全书,微言未队? 孟子私淑诸人,相去仅百有余岁,必有师承,足征文献。然则信《左氏》，何如信孟子乎？至于就文而论，经艺体裁虽宽于四子书艺，然既述先圣，口气要须审其时代。尽有同出《九经》而夏商以后事实，断不宜用之。典谟中题者，文无定法。惟其是是者，理而已矣。文中若"鸰原之颂语"，在《小雅·小宛篇》，非"颂"，下字亦欠酌。舜岂预知有此书者而齿及之？裴芦然其、丸熊射牛，更无论矣！摘其甚者，遍加尖围标识，幸留意焉！①

---

①　《子曰吾之于人也一节》《敬敷五教在宽》二篇，原书无，据南京图书馆藏光绪十六年(1890)刻《寄龛杂著》本(索书号：GJ/30101421)补。

附　刻[①]

愿学堂记

　　长兴学舍，毁于粤寇，更三十稔，犹丛灌莽。岁在辛卯，永新尹侯丽枢来宰兹邑，谓学校之兴废系于治理者大，毅然以修举自任。经始于今兹春中，凡八阅月，费缗钱千七百有奇，而教谕之署复旧观。庀财用者，簿上元温君以燠、尉宜兴朱君廷珪；董版筑者，邑人国子生杨君春荣、理问衔杨君步蟾、廪膳生吴生师洵也。既落成，会稽孙德祖实始居之，乃以"愿学"名其堂而为之记。记曰：自生民以来，有孔子而万世之师道立；由孔子而来，有孟子而百代之学术正。备德行、言语、政事、文学之科，成德达才，而必务本于弟子之入孝出悌者，孔子之道也；传尧舜、禹汤、文武、周孔之统，守先待后，而必致良知、良能于孩提之爱亲敬兄者，孟子之学也。若夫格、致、诚、正本身，修以齐家、治国、平天下，而赅之以孝、悌、慈三者之絜矩，率性、修道，自戒惧、慎独，以致中和、位天地、育万物，而约之以忠、恕两言之"道不远人"，皆包"内圣外王"之学。子思受之曾子，曾子受之孔子，而孟子所从私淑者也。是故孟子曰："乃所愿，则学孔子也。"孔子之道，远之师表百王，而近之则切于民生之彝伦、日用；大之弥纶六合，而小之则为愚夫妇所能知、能行。诚能孝亲敬长，推之事事物物，循乎理之当然、存其性之固有而行吾心之所安，分无论贵贱、质无问智愚，其可与为圣人之徒一也。所以进其秀良、聚之学校而教之者，欲其绎先圣之绪

────────────────

　　① "附刻"，原书刻于版心中。

言、为人伦之仪表，尤在勉为有本之学，体立于修己而用之足以安人。得志，泽加于民；不得志，亦修身见于世也。然则士生圣教昌明之日、列四民之首而被熙朝之乐育，所以为报称者，亦惟愿孟子之所愿、学孟子之所学而求为圣人之徒已尔。重赖贤侯，兼资众力，得与诸生从容讲习于斯。登斯堂也，尚克知载籍极博，必考信于六艺，而《易》《书》《诗》《礼》《春秋》之精蕴毕萃于孔、曾、思、孟之书，博观而约取之，口诵而心惟之、而身体之。士之希贤犹贤希圣，患志之不立，不患学之不至。上焉者，天民大人，跂而及焉，达则行之，为邦家光，所以仰福圣天子寿考作人之盛治者于是乎在。其次明经修行，学为人师，以訇成后进，将使乡党视为仪型、闾里兴于仁让，亦足以酬明使君振兴学校之德意，而无所负具。官虽不敏，庶乎踌躇满志矣！

不佞丱角受四子书，读之数十年，未尝不以其闲旁涉四部，时有新得。要其至者，卒无以易孔、曾、思、孟之言。非谓四子之外可以束群书而不观，特以布帛菽粟六经之文，孔子集大成而传之曾子、子思、孟子。无论百家诸子，即群经精蕴，《四书》无乎不包。善读《四书》，则深者见深，由是以传心邹鲁，固优入圣域；浅者见浅，反身而践迹焉，亦不失为端人正士，而无惭于名教。世道人心之所维系，不在吾党欤？于学舍之成，窃取孟子之所以偁“亚圣”者揭之听事，与同学共之；并举蠡指所测，以谂吾学之英俊。老生常谈乎？是愚者一得也！记成于光绪癸巳冬日长至，以费绌，未能勒石。甲午春二月既望，付削氏，并跋。

昌江问俗录初编

汪先弼撰

自　叙

宣讲惟取俚俗，期于共晓，休文所谓"下笔大惭"者也。兹就行箧丛杂，遴其稍具文义者，略为摭辑。又长途行役，意绪鲜，聊拈韵以纪程邮，粗涩凑拍，去风雅甚远。以一时鸿爪之迹，过为存之，非敢云纂著也。或见而嗤曰："布帛菽粟之文、日用饮食之质，尽人知之。且空言不如行事，乌用是哓哓为？"则谨应曰："蔽锢不足言知，而穿凿或以滋害。中正平实之途有至理焉，固不能舍经常而别腾口说也。古人空言之托，后世有见之行事者，京师水利、山东河患是也。安定《学约》、朱子《学校贡举私议》，今变科举、设学堂，参酌损益，行之七百年后，乌在空言之果无裨于用乎？抑过化存神，圣人难言。以时艰之亟，朝野上下、文武百执事蚤作夜思，淬厉以求一当。顾宏纲纤目，百凡待举。所谓'可富可强，以教以养'者，或言之而未行、行矣而未效，盖图治若斯之难。校官卑冗已甚，仆仆乡村，不敢言瘁。惟蚩氓何所知喻，欲开启愚蒙，不得不联络士绅。贤者不可多得，且非一召即集，稍有款接，近苛扰者有之。又上下之情久阂，民有走险之心而官怀投器之忌，姑息与操切皆只滋奸弊，而治乃益窳。校官涣散之余，纠集团结，欲发明利益，不得不求问疾苦，稍有申理，疑干豫者有之。矧宣讲之设，大府用意良厚。设上以实求而下不以实应，每届下乡，于地方情形、利弊兴革概乎无闻，徒携讲生手善书，无论观听有人感发兴起与否，所至布席敷座、按条朗讲，比其返也，排比时日，依限呈报，于考成固便，然真意不存而虚文徒饰，欲仰副宪廑，得乎？今若实力举行，则必脱除文具，随时随地以真意组织。一邑虽褊小，方隅所囿，南北恒为风气，东西不相联属。校官一无权藉，腹诽面讥，在所不免。

势禁形隔,夫岂易言?且积非所成,相仍已久。凡公益所甚著,皆私计有不便,或显肆诋諆,或阴怀倾忮,稍涉径遂①,尤伏危机。以是众难而遽云'程效',何相期之厚而见责之备乎?不佞来自田间,渥承宪谕,共事皆当代贤者,不必过为引嫌,然亦曷可妄有逾溢?惟是周历之余,慨然有怀,本乎心之难已,率其职所当言,冀以浅近文法,借助口说并空文,不敢居若夫深切著明、施行尽利。次珊尚书所谓'型民善俗,良有司责',校官第司化导,以时巡行,于治效无豫。然实心、实政较空言裨益宏多,为治不在多言,又不能不有望于父母斯民者矣!"客既退,谨诠次其语于端。光绪甲辰嘉平中浣五日,权岳州府平江县学训导、安福汪先弼记于岳棚试寓。

---

① "遂",原作"机",据刊误改。

叙

今之县学，古之乡学也。古乡学之师官即师，自州长以降，各受教法于乡大夫，以教其所治，月吉读法，煦妪相亲，口讲而指画。《周礼·地官》言之甚悉。今制，县令与学官朔望宣讲，犹古制也。积久浸弛，湘中大府亟振励而督核之，檄学官月遍城乡一周以为例。祺令平江，适汪广文司铎兹邑，宣讲之暇，昕夕过从。已而示所著《昌江问俗录》一编，祺受而读之，凡民生利弊、兴革之宜演为条说，此古乡官所职掌者也。至若长途行役，阅历所得，谱诸咏歌，则古行人木铎徇路、采诗献太史之遗意也。更附录其《庚辛丛著》若干篇，感怆世变，厘正学术，均卓然自拔于时。广文著述宏富，曩读所著《工防营学堂讲义》通博古今、凿切利病。以广文之才之学，宜跻历清要，屈为学官而劬劬若此，可谓克举其职也矣！抑余有欲为广文言者。后世官师失职，儒与吏异，政与教殊，上与下益壅蔽隔阂而不相通。西汉盛时，凡乡射大傩、都肆乡会，皆太守与县令亲之，犹存古法。至东汉而其法遂废，浸淫至今，风俗人心日趋于敝。昔顾亭林氏慨然欲复古乡官之制，虽持论偶激，然三代明王之治与近。今东西各国之隆然骤强，要不越乎此也。今广文力思有以张之，雨雪之夕、溽暑炎熇之晨，勤勤恳恳，日与田夫野老、村妪牧竖奔走之、驰骤之，而不惮其劳。祺虽不敏，亦愿体广文之意，兴利革弊，以渐摩吾民。倘他日观于其乡，无男女少长、贵贱贤愚，均有所兴起奋发，相与臻德化之成，庶乎古乡官之制犹得存千百什一于今日也！夫施教导民，学官之责，亦县令之责也，故不敢以不文辞，而为之序。南海罗葆祺。

题　辞

　　异地同寅近两年，著鞭独让祖生先。盛名能副宏模远，卷帙长留手自编。

　　搜罗旧箧发新硎，荟萃成林字字馨。训俗型方无限好，教人恍似醉初醒。

　　学杜嵩从绝句哦，直摅胸臆俨同科。到家体格须裁伪，诗史由来不在多。

　　吏部文章工部诗，疏才未许漫题词。只因豹隐南山雾，聊向管中试一窥。

　　清泉盛元恺爱暄。

目 录^①

昌江训俗录初编　平江学署丛著之一

安福汪先弻敬述，门人朱开源、张嘉瑞、余贞锐、傅用霖参订，男德鳌、柄、植、桢校字

洞庭东去，汨水西流。遗踪屈子，故国罗侯。伟兹岩疆，实擅形胜。左江右鄂，民物殷盛。大陆风潮，环球文轨。金铁四飞，电雷怒起。地维割裂，天演竞争。中央弱点，卧榻鼾声。救时之要，首在富强。以养以教，之纪之纲。冷官局促，阑干苜蓿。匪曰著书，聊以问俗。辑《目录》。

个人义务，当官职守。论^②事之文，达辞为主。《禀牍》弟一。

宁俚毋文，宁切毋浮。斟量雅俗，调剂刚柔。《讲义》弟二。

戹言日出，学术滋荒。弥纶彝宪，分别圣狂。《学说》弟三。

少陵忠爱，左徒馨洁。感事忧时，达情宣德。《杂咏》弟四。

道因时变，法赖人行。左右欧墨，宏我汉京。《附辑》弟五。

百朋之锡，连汇之箴。夫惟大雅，式是德音。《序跋》弟六。

---

① 原书无标题，版心刻"目录"。

② "论"，原作"谕"，据刊误改。

禀　牍

禀报到任情形并四城宣讲由甲辰三月

敬禀者：窃卑职正月二十五到任，当牒县通报，在案。连日接见士绅，询知一切，大抵士林不乏英敏而朴僿亦多，民气本甚静驯而开通未豫。比告以遵奉宪示，城乡切实宣讲，以正士习而开民智。二月初三，小学堂并校士馆开学，摄令刘牧华邦送学查办，学堂委员董丞鸿勋亦到，即于该堂开讲，两堂生童一百四十余人排立肃听，助讲为附生黄甲芳、锺昌笏，宣讲圣谕各条目并《御制训士子文》。卑职以新到，亲加演说。如首条"孝弟"，告以犯上作乱之不可为；次条"君臣"，告以平等平权之不可训。余亦随条揭示，于学术、人心之故反复致意。初八丁祭，四乡士绅咸集。卑职于明伦堂宣讲，告以士绅为地方表率，宣讲必求实效，务于地方有益。又手订下乡规条，商酌兴办。察其词色颇相喻，谅深喜，以后下乡必能相助共济。向例，县城单日宣讲，三、八官绅咸集。十三，刘令因公下乡，卑职于乾元宫宣讲，唯汛、典在座，听讲人亦不多。十八再讲，面商刘令，筹所以纠集鼓厉之法。又以外人频来，地方渐有交涉。惟防患于微，人心向正，则彼衅自弭，多留一分元气，豫杜异日无数樛轕。宜亟与士绅联络，于宣讲之期倡率团结，以维持为调护。二十三，刘令传知四城蒙学堂，师生咸集来听，较往常为多，仪观甚肃。刘令以《小学》"做人底样子"口加解说。卑职以外国德育、知育、体育悉本中国圣学，证以《论语・弟子章》及《学记》诸经说，使浅近易晓；又分举农工商学，演为俚说；又大书"爱国必忠君"，告以君民关系之故之切，因力辟近时奇邪之说之诬。于时,观听之众欢欣鼓舞,有申请再讲者。该学童等机趣活泼,亦流连不遽去。二十八,复传集民立敬业小学堂师生三十余人并附近绅商率子弟听讲。是日甚雨,到者亦众。此卑职在城宣讲实在情形也。窃宣讲有益甚巨,卑职深绎宪意,有化导而无操切,有消弭而无抵排,渊识深虑,读之感敬。卑职仰体斯意,冀有少补,既不敢以空文搪塞,亦不敢为故事敷衍,总期随时随地、以渐以恒,倡导始自士绅而组织遍于氓庶,积诚所格,收效较捷,庶无负宪台杜渐防微、化民善俗至意。抑有呈者,宣讲固为良法,而讲义必经审择。卑职曩见闾阎宣讲多取善书,谈因果则迷信太深,语经常又肤迂鲜当。自各报盛行,异帜高张,名为开智,适以长乱。平江毗连三省,山箐易于薮奸。现江水盛涨,舟载上下,茶市、矿厂五方杂处,风旨所形,不可不慎。卑职现酌地方情形,杂取各说报删节增损,录为讲义,拟以活字刊刷,分贴分送,以期流播渐广、推行尤易,将来可期成效,而目前谨防流弊。再,卑职二月初一观风,计收一百六十余卷,作全题者十分之二,其中颇多佳构。内有宣讲问题,俟校阅既竣,择其条答详切、可备采择者录呈宪鉴,合并申明。所有卑职到任情形并宣讲各期,除递次讲义另纸节钞呈赍外,理合申明宪台,伏乞察核训示祗遵。须至申者。

抚宪赵批:据该县训导申报宣讲缘由,奉批。该训导到任伊始,所陈各节颇有阅历,一应条约饶有可采。日后果能顾其所言,湘中当首屈一指矣!传蒙学堂师生听讲,于发轫之初,偶一为之则可,以后不必再传。因果之说,迷信太深,最滋流弊;报纸徒肆横议,关系甚大:皆宜切实譬晓。不使弃人事而不尽,不使因浮言而贻误,是在善教而已。讲生最不易得,饬地方汇举优行;童生,由学考验,移县覆核申府,以讲生册送试。今值认真宣讲之际,可暂行一次,以期收得人之效。该训导嗣后务须认真办理,本部院听言观行,果能得力,自当从优奖励。此缴,折存。

禀报四乡讲竣由甲辰九月

敬禀者:窃卑职自正月底到任,遵奉前抚宪赵面谕,城乡认真宣讲。除节次禀报外,本月东乡讲竣,四乡圈绕已周。所至,先用粉牌大书:"第一,正人心,纲常伦纪为重;第二,开民智,种植工艺改良。"后列应行兴革事宜,大抵因地、因俗、因人为劝导。又以风气初开,蚩蚩多未通晓。欲启发愚蒙,必联络士绅。联络之义有二:于士则重心术以植根本、瀹智识以进文明,于绅则发达公理、提倡国民。以时事艰难、人心涣散,告以君民关系之密(功)[切],使瞿然各恤其私,合群私以成大公,上下知有应尽义务,由一人一家推之一乡以至一邑,冀将来有团结之效,而目前无歧出之弊。再,屡次下乡,行李简约,附近或单骑往返,远处皆寓歇店。所至未携讲生,恒以己意解说,缘遍历城乡,熟察情形。与其执卷朗诵、未终篇而已倦,曷若开诚相谕,或闻言而立悟?又宣讲意在联络,然礼节无防疏阔,而规矩必期整肃,务使观听之众有以发深省而儆佚志,以冀仰副宪台型民善俗、改良进化至意。现四乡讲竣,嗣后恪遵宪檄,周而复始,按期下乡,依限禀报。所有城乡宣讲各由,除讲义另赍外,伏乞宪台察核训示祗遵。须至申者。

抚宪陆批:据申阅悉。卷查该学到任后所陈各节,颇有阅历。今据申称"四乡圈绕已周",则地方一切情形,自必洞若观火。嗣后,尤望勉益加勉,因地、因俗、因人而善用劝导,庶几春风化雨、溥被胶庠。青衿泯佻达之风、黔首进文明之象,即可从此渐见矣!讲义说两篇,勤勤恳恳,于地方之利害、衣食之根本言之綦详,甚能动听;《告戒小学堂》《校士馆》两篇,语长心重,端是澄观有得之言。知该训导学有根底,非咫闻尺见者所可同日语也。仰平江县录批转移。此缴,义存。

讲 义

小学堂演说甲辰二月

育材期于致用，而为学必先务本。理本一贯，事宜兼赅。不佞承乏司训，自愧荒谬。然既豫有教育之责，曷敢以弗学自诿？兹当莅任伊始，举行宣讲。惟士为四民表率，训民必先训士，敬以有本、有用之学为诸生告焉。本者何？纲常名教之寄，无古今中外之分。中学原本忠孝，外国亦亟讲伦理。有谓外国伦理异中国秩序者，险夫谲诐之说，幸勿为所惑也！抑天演之说兴，学战竞，而教育之关系巨。《日本教育史》以国者人之积，人不竞则国不昌。故欲增长其国之识力，必先成全国民教育。中国教育方始，尤宜以社会伦理尽个人义务，始足开民智而葆国粹。学堂者，教育之基础也。查平江学堂就天岳书院改作，诸生既入学堂，向来书院积习断不可狃。外国学校有形式焉，有精神焉。形式，在外之事，规制难期骤备，精神则尽人可为。诸生从事教育，务宜振刷精神、恢宏志气理想，知识以求新而辟奇邪陂诡，毋见异而迁。精神者，事业根本。本实既固，发达斯宏。斯为有本之学。本既立矣，用可得言。自科举改章，士人竞讲时务。夫时务岂易言哉？昔司马徽称诸葛公为"识时务俊杰"，所云"时务"，盖以伊、吕、管、乐之事，求之澹泊宁静之中。名士抱负，正自不凡。诸生讲求时务，不可无此襟期。庶所学皆有实验，叫嚣揣摩一派无从沾染，成就较有可观。又外国学校既受国民教育，必合军人体格。以时艰之亟，中国力求自强，非人尽为兵不足以御外侮，非士先习兵不足以作民气。诸生务以悬梁刺股之事，励卧薪尝胆之志，炼习技艺，倡率勇敢。

不但为保卫身家之计，抑且备兼资文、武之选。咸、同军兴，平江以一邑团练力遏贼冲，屹然三省保障。英风壮概，晃耀无穷。诸生景行前烈，不可不勉！斯为有用之学。夫读书所以明理，理明，斯事无不举。诸生既赅体用，以渐措之施行。凡地方有益之事，悉吾辈当尽之职。一切利弊兴革，若团练可更兵制、保甲能兴警务，以及种植工艺有利于民者，悉次第举行；而陋俗因仍，恶劣若烟赌讼斗诸习，更剀切禁止，力求改良。州县者，乡邑之积。乡邑治，而州县悉治。富强之要，莫先于此。诸生既列士林、素孚乡望，推范希文"秀才"之心、引顾亭林"匹夫"之耻，慨念时艰、嘉惠桑梓，惟大任之增益、作小试之经纶，勤宣令德、勉副鄙怀，是所至盼！

明伦堂演说论赴四乡宣讲事宜

　　不佞来自省垣，亲奉宪谕，到任举行宣讲，认真开导，据实禀报。盖以时艰之亟，吾民开化未豫，处天演之界，优胜劣败，不得已而为国民教育；且不以强迫，而令学官案行，徐导婉谕，俟其自悟。向来官府，于催科讼狱外，凡利弊兴革及有关教养之事，听民自为之。今吾民不自为而大府代为之谋，宪意殷拳，宜如何感发愧愤、力图振作？平江绅士急公好义，当道倾向。不佞莅任伊始，岳、澧同隶，分巡诸生属在师生，情谊綦切。此次小学堂开学及丁祭大典，彬彬咸集，鄙怀尤为钦忭。盖以士志之向正卜民气之日昌，将来四乡挨讲，积诚所格，收效斯捷。观乡知王道之易，据实上达宪辕，邦人士之荣，亦不佞之厚幸也！兹拟县城讲竣，分赴四乡各村、团，于四月内圈绕一周，由近及远，周而复始。所望搢绅硕望、庠序英流嘉惠桑梓，勤宣令德。卬须之助，端赖同志，是所至盼！若夫官场气习、旅舍供亿，恪遵宪章，概从屏绝。不佞一介行李，随意食宿，所有讲生及应值人等伙食、辛资以及刊布通俗讲义等费概系自备，断不使经过地方稍有扰累。君子爱人以德，谅各体悉，无俟多嘱。谨将下乡规约列后。

　　一、讲仪。本学遵奉宪示,赴乡宣讲,酒食无取供给,礼节惟求质朴。届期知会团绅,安设讲台,供奉圣牌,叩拜,序坐,升台立讲;讲毕,序揖,随意坐散。听讲各色人等环列两旁、赤脚襤褛,概所勿禁;惟语言喧哕、举止恣肆,立行严斥。宪谕下乡宣讲,本与田夫野老、村姬孺子相问答,有浃洽而无扞格,有活动而无拘束。然于联络组织之中,必有整齐严肃之规,始为可观。

　　一、讲所。城乡皆择适中通衢。查平江四乡二百余团,联局二十余所。所到各乡,先日照会局绅,传知附近人等齐集听讲;未到之处,挨次补讲。若网在纲,总期周遍。纵不能家喻户晓,而风声所树,观听易孚。行之以渐,持之以恒,在在真意贯注,自有效验。

　　一、讲时。日中为市,城乡咸集。在城,巳正齐集,午初开讲。查平江各局、团相去远近不一,本学由城及乡,自彼至此,大约巳、午之交,随到随讲,断无延误。惟两学分途宣讲,再来又须时日。兹议初次讲竣,稍憩再讲。又乡村现届农忙,父老策杖,儿童驱犊,晚时聚集更易。该局、团传知晚间重讲,庶以布帛菽粟之至理,佐瓜棚豆架之闲谈。归家互相传述,尤为有益。

　　一、讲义。圣谕十六条,布在令甲。自《直解》既行,演义、像绘卷帙繁富。乡、团晷刻有限,不能遍讲。兹以十六条之目略加演说,余或因时、因地择切要者多讲数则。若劝兴水利种植、蒙学女学,整顿团规,严禁烟赌讼斗各节,每节无逾百句。讲义不必另撰,或取通俗说报删节增损,随时编定。庶取材既富、陈义较赅,宁俚无文、宁切无浮,妇孺共能知晓,鼓动尤见神速。

　　“诱掖奖劝,提撕警觉”八字皆有精义,士绅有本兹谊,著为讲说,随时呈核,择尤选录。将来裒然成帙,刊为《平江训俗》,仿曾文正《行军之歌》,成邵康节《击壤之集》,较他项著述尤益!

　　一、讲生。本学向设讲生二名,在城尚属不敷,在乡讵能常随?兹拟推广讲生,每团遴选口齿清晰、明白通达秀士二人,轮派助讲。讲生不出本地,讲义应更亲切矣!又该乡、团、局果能逐渐推广设会,时常宣讲于地方,丕著明效,见闻既确,当分别奖厉,以示鼓舞。惟宣讲为学官专责,不得以乡、团自讲,遽有诿卸,仍按期周历,以稽勤惰而资督率。　讲生系廪、增、附生,俟学宪按临时择举优行;童生,岁科试移县申府,以讲生册送。若夫搢绅硕望,雅意文教,提倡振兴,嘉惠桑梓,据实禀报抚宪,听候核叙。将伯之助,有邻不孤。益未闻而匡不逮,是在同志。

一、讲例。感人以言,所感已浅。言又不切,其谁肯怀?夫言之为病,非第不切己也。游谈已属不根,迂论尤为无当。或译述外情、引喻不伦,或慷慨时事、陈词过激,一有偏宕,适滋诟累。兹所编列,务祛斯弊。又本学莅任之初,博稽文献,延访绅耆,于合邑风俗略知大概。嗣后,所至必斟酌利病、指陈得失,或于眼前事理略加点缀,讲生演说之余,加以抑扬之致。本学当场督率,随意发挥,譬文笔之提挈,作顶门之警喝。宪谕所谓"开民智、裕民德、正民俗"者,其在兹乎?至日暮人散,从雍茶话,或商榷学术,研究时务,讨论折衷,语不厌详。惟诽议时政、臧否人物,或张皇谣传、关说词讼,悉严订禁例,切勿齿及。若夫耆德宿学、孝子贞妇,既昭仃谊,宜隆矜式。或造庐相访,或投刺致敬。本学职司教化,分所应为。又平江当江、湘、鄂三省之冲,山峻水激,凡道里夷险、户口厄塞以及古迹名胜、土宜出产,亲历所得,分门详记。俟圈绕既周,列表汇报宪辕,仿外国之调查,作本邑之游记。既富搜罗,兼资掌故。幸各详告,是所企望。

戒讼浅说五月

凡事皆起于细微,凡讼皆成于挑激。士人居乡,最重品行。地方偶有争论,须如古之郭有道、王彦方化争为让、型俗训方才是。有等教唆词讼,以刀笔为生涯,真是胶庠败类,不足齿数。平江士敦廉隅,此习谅所不染。惟意见参差,怙非负气之事时有所闻。盖尝论之,中国莫利于群,莫不利于涣。今风潮起于大陆,吾种族方有澌灭之惧。及今而图自存,必以张子疾苦。颠连无告之众皆吾同胞,同与兄弟姊妹一体之亲为心,庶乎有济。讼为凶德,《大易》谨系之,使人姻媾成仇而孙曾寻隙,盖涣之极而群之贼也。第所云"息讼"者,此中正有条理,非苟且涂饰,阉然取悦已也。读书人为地方正气,平居激发忠义,兴起国民尽个人之义务、结团体之精神;即或豆觞微衅、雀鼠起争,亦宜仗义秉公、消弭未形。昔贤谓良有司使民无讼必先能听讼,士大夫息事宁人,亦必乡评允协众望始乎。盖以外患之逼,欲借联络为抵制,靖方竞之气而萃已涣之群,惟公与正足以服人。否则不揣其本而齐其末,平时不甚孚洽,临事讵能听从?即或勉强寝事,然衅端未弭,事久而寻仇弥甚!犹之有司暗于听断词讼,概予驳斥息事,适生事耳。中国士夫夙乏公德,甚有自私自利之心炽而相䁅相恤之谊薄。无事,若秦、越人相视;一旦有事,外人窥我之微,或利用以为钩饵,或强迫使受羁绁,其不为丛渊之殴、萧墙之忧也几希。《周礼》,三物兴贤,六行、六艺必归本六德。知、仁、圣、义、中、和,皆乡大夫之事,言德而才在其内。盖惟德而后可仪型乡里,惟才而后可解排纷难,所谓"使民兴贤,出使掌之;使民兴能,入使治之"者也。于时,士安于校,农安于亩,工商安于廛肆;愿谨之氓群萃州处,长子孙、资事蓄,有友助扶持之谊、无仇忿怨毒之作。内治既修,外患何自而入?今乡官之制久废,然士大夫好行其德,利赖所贻,子孙且食其福。戒讼即以止争,而正人必先正己。《诗》曰"维桑与梓,必恭敬止",言修身也;又曰"洽比其邻,昏姻孔云",富辰引之,以喻王室,言辑睦也。邦人诸友,可不务乎?

　　再,案情牵涉妇女,官府从不轻传,所以养廉耻也。今寻常词讼辄用妇女出名,无论匍匐公庭,颜面何存?且一涉县门,守候、羁滞年轻妇女,尤为不雅。嗣后,妇女涉讼,非万不得已,士绅宜切加劝禁,亦造福之一端也。

戒风水争讼说

平江最信风水,坟山争讼甚多。又有远年坟墓,两族互争,甲以乙为冒认,乙又以甲为混占,彼此各执,翻控越诉,甚有平毁丢弃之事,离奇百出,害累无穷。须知风水本属渺茫,昔贤云"阴地不如心地",今因营谋混争,心地已昧。且风水所以酷信,以其可获福耳。尝见坟墓争讼日久,每至倾荡,且有激为械斗,酿成命件。未获福而先受祸,不祥孰大焉?每查两姓扛讼,非必合族同仇,大抵一姓中强有力者一二人主持,余辈不敢立异,附和以至群哄。查此一二人未必真出公愤,实有所难已,或以偏执之见、怗很之心,又或有所利而为之。夫偏执怗很,于义已悖。若因以为利使,豪猾得志、良善受害,明有国法、幽有鬼谴,能为若辈宽乎?该姓争讼已久,是非曲直,官府自有明断,非学官敢预。惟宜讲以正民心,以开民智。讼狱嚣竞,风水迷信启端甚微,为害甚大。听讲不乏读书明理之士,总宜开导愚蒙,遵断了息,切勿恋讼滋累,是所至望!

劝城乡整顿团练保甲及保护游历调和民教说六月

团练为内治之要,现奉上宪"通饬郡县切实举办"。查平江为省城东面门户,四乡形势,西北迤长,东南较狭,东有浆市、龙门、山枣之隘,西有绞车、朱砂、杖梓、黄桐之阻,北有天岳、大坳、上塔、燕岩之固,南有枫木岭、十八盘、火子坳之奇。咸、同军兴,寇氛四延。平江以一邑遏江、湘、鄂三省之冲,盖地形为兵家所忌,贼不敢轻易阑入。抑设险以守,团练最为得力。逮勇敢之气既倡,民不畏贼而能杀贼,乡士大夫用以出境援剿,迅奏肤功,故平江团练赫然有称于时。今承平既久,御防浸弛,然规制尚存,计四乡二百五十余团。甲辰,新设联总,因旧添设联局廿余所,立合防总局于城。士绅以时聚商,有事便于号召。此时就已有成规联络申儆，较他邑尚易集事。惟团练与保甲相辅，邑系岩疆，万山周匝，患不在外匪而在内奸。若西乡浯口、伍公市，南乡安定桥，北之南江，东之长寿，皆缩毂水陆、行旅杂沓，脱有外来奸人与内地游间，蟠踞句扇，为患不可胜言！今整顿团练，宜兼办保甲，为警务基础，非第诘奸禁暴、辅官力不及，抑萃已涣之群而绝无形之萌，以安良善、以弭危疑。平江无虞，湘东有可倚之形，于大局尤为有裨！抑有进者，自约章既定，外人遍来内地，地方浸以难靖。顾既任保护之责，不可不筹消弭之术。每见各省巨案，衅端恒启细微。或因教堂所在、游历所至，无赖造作语言，儿童抛掷瓦石，市虎传讹，乌合麇集。若近年衡州、辰州已事，本年施南教案，现尚未结。覆辙相寻，可为殷鉴。且即以大义言之，所云"保护消弭"者，亦地主之谊应尔，岂必怵于势而始然哉？稽西人邦交，有交涉、交际二义。交涉则国体所在，权利毫不假借；交际则友谊攸关，情文务期周挚。以时事艰难，列强凭陵，言之诚为痛心！然不上下一心、发愤自强，而徒于异国羁旅为野蛮举动，民智蔽塞，莫斯为甚！夫以众凌寡不可谓勇、以主慢客不可谓礼，弃好寻仇，因小失大，上忧朝廷、下危闾里，信义俱无、仁智不闻，若之何而不思所审处也？平江滩河迂阻，自伍公市上溯长寿，逶迤二百余里。此次东乡宣讲，若嘉义岭、献钟、三眼桥皆濒河市集，或洋人舟行、上岸闲步，亦或改涂遵陆，所望各团绅耆思患预防，平时剀切开导，临时妥慎调护为要。再，县城教堂，耦俱相安。本学所至，细访四乡，从教无多。即间有教民，然以共乡闬偕作息之人平居出入守望、关切绸缪，今从彼教，或为教士感动，抑或实有不得已。有识之士，当亮其初心而念厥曩谊，不必故为震惊，亦何可意存菲薄？纵偶有龃龉，难以理遣情恕，而公论尚存，宜听团绅平处。近民、教争讼，大府颁有定章，教士无从干预，地方官毫无岐视，总宜静俟审断，切勿别滋事端。尝谓中国受亏之巨如久病元气大伤，宜安静调摄，万不可再事攻伐。此时内治之要，士绅各尽义务，提倡振兴，合农工商而皆牖之于学，生聚教训，期以廿年，庶乎有济。日本区区三岛,自明治维新于今三十年,敢于撄强大之俄。然当发愤之初,亦几经盘错,始渐张国势。其朴实坚忍,可敬亦可师也。中国广土众民,声名甲于寰球。吾辈同为国民,盍亦返其本矣?

劝四乡兴水利种棉织麻及广积储说八月

　　平江土脉饶沃,民勤耕种。惟厥田皆在高原,水利未兴。间有平原广野,地势因山起伏。若西之瓮江、栗山巷、伍公市,北之梓江、嵌江、南江,南之安定桥、白雨湖、爽口,东之三眼桥、长寿街等处,连峰叠嶂中地势陡衍,或沿(洎)〔汨〕、昌二水回环萦拂,良畴盈野、畛隰弥望,以土狭之故,无引水沟渠、蓄水塘堰。夏令,晴至十日,辄苦旱暵,有就河作筒车者。然晴久,河流已细,机括亦不甚灵。五月,至南乡,见水涸望雨,乡农束手待泽,告以澧属因山作堰、就溪筑坝之法。于冬令,佥议计田赋功,相形势所在,浚之务深,积之务厚,人不甚劳。来春蓄泄得宜,炎夏足支匝月。夫插秧在芒种前后,弥月灌溉,已成熟矣,尚何苦旱之有再? 平江山涨易消,霎霖不至成灾。濒河沙滩淤渚,土性皆宜桑棉。乃四乡种桑绝少,山坡平坦及屋场低洼处间种木棉,以地质不甚相宜,收成稀少。夫种桑尚须岁时,木棉夏种秋收,衣被利赖,邑属布利甚厚。本境棉花无多,悉仰给洋纱,利源外溢,殊为可惜。且织纴未兴,妇功闲旷,平居习成浮惰,务为涂饰。每届红茶上市,城乡相率拣茶,良莠杂厕,颇逾闲检。尝谓茶为平江大利,而风俗亦受其敝,盖痛切言之。若多种木棉,终岁从事纺绩,不至舍业以嬉。逸则思淫,而劳则向善,于人心风俗有裨。又麻为土产之一,邑人知种而不知织。近驻俄胡钦使,考究西人日用之物,用麻多于用棉。若于沤麻、梳麻之法逐一改良,再讲织法,务使色泽鲜妍、纹缕缜匀,可以供外人之求而收已溢之利。即教导乏人,骤难仿造,亦宜精研土法,自种自织,不使江西、浏阳专有夏布之利,亦生计界中所当经营者也。又汨水自洞庭上驶,滩河窄狭,运载艰阻。邑属产谷有几? 脱遇荒祲,外境运入不易。本年秋收丰稔,宜趁价贱之时多事储积,备歉岁赈粜之用。平江绅富急公好义,万石厫已建数处。若赓续不已、备御无虞,尤善之善者也!以上皆根本至计,当前似为不急,而行之实为切要!深识之士,谅不河汉?

劝乡农赶种豌豆大小麦说九月

平江山多田少,稻谷无多,然土脉浇沃,岁可三收。本年早稻登场,继以红薯,均一律丰稔。惟红薯成实在霜降前后,天时尚早,腴壤置之旷废,来春弥望濯濯,殊为可惜。本学籍属安福,山田参半,土脉不若平江之腴,然秋禾既登,多种豌豆、大小麦,力穑之家春收较秋收为赢。盖佃户八月完租,春收任得多少,例不过问。丰年谷贱伤农,豆麦销场尤广,南北贩运价值较昂,故人多喜种。即山田硗确,亦搀和并种,为来春壅田之用。前至西乡,询知近年颇种二麦,有运出境者,豌豆则寥寥无几。邑属每遇荒歉,接济全资外境,然外境之运入不易。若多种豆麦,则户皆有收,可以备荒,可以易钱。田主不能(爪)[瓜]分,豪吏无从强夺,利赖甚大,何惮不为?惟种植贵早,豌豆、小麦下种必于九月,大麦则十月可种。又油菜宜早,九月能苗荢甲,便不畏霜雪。豌豆发生尤易,十月青葱蔚然,亩收必倍。若专事壅田,无论肥瘠,二麦间以油菜。仲春二月,黄花翠浪,景物鲜妍,尤为可观。管子称“岁有四秋”,四时皆有收成,齐国以富。《月令》,孟夏为麦秋。可见春收之利,古今无易。平江土质松浮,于豆麦甚宜。志称邑境向无红薯,乾隆间,邑令谢公自粤运种,教以栽植,至今足当半粮。可见地利视人力为生殖,惟在不以惰农自安耳。现九月仅半,天气晴燠,此时赶种不迟,慎勿竟置旷废,使地有余利也!

戒士民勿信谣言浅说十月

楚俗多谣,自古已然。平江毗连省会,道路播扇,风影传布,往往附会失实。稍一误信,于人心风俗大有关系,不可不辨也!夫谣言之布多端,大抵因近今事势依附影响。现粤疆不靖,地方举办团练。煌煌宪示,明言"团练系内治之要,无事豫宜讲求"。粤匪去湖南远,官兵屡胜,匪势就衰。《官报》所载"窜入永从丙妹等处",皆贵州境。湖南边防西南,递驻大兵。黄镇出境剿贼,频有捷报。辰、沅、靖、宝四属,去粤、黔较近,现均商旅通行、人心静谧。平江远隔湘东,万无足虑。九月,徐管带在北乡召勇,因省营戍边,募军驻防,内地并无事故。恐有谣言失实,万不可信!又曰,俄东三省开战,无论胜负奚属,中国谨守中立,于战局无豫。各报所传两国战事,路远探悉未确,不可轻听谣言,妄有疑揣。再,县城教堂教士恪守约章,毫无干预。现届皇会,乡民少见多怪,易滋哗扰。须知该堂仅教士一人,市廛栉比,屋宇无多,本学前曾周览,并无珍奇秘镭堪资游玩。其人说中国话,行中国礼。曹公有言:"彼亦人耳,非有三头六臂、殊形异状。"曩见洋人所至,妇女儿童聚观拥挤,殊属色相,且照约我宜保护。向来谣言,皆棍徒造作,借启衅端,乃乱民之尤。王法不育,明理之士无为所惑。抑有进者,现省城捕获票匪。平江为长、岳孔道,若辈踪迹诡秘,或甘言唆诱,谓入会可保身家。愚民多误信之,不知安分守己乃保身、保家良方,未有结盟拜会、以身试法而能自保者也。若辈无不犯之案,一经弋获,横被株连。即幸免败露,而名在册籍,时存惴恐。同一高天厚地,顾横生荆棘、自寻苦恼,亦可哀之甚矣!夫国泰则民自安。试观唐宋元明末造,国家多事,流离死亡,惨状所不忍述。今地方清晏,时和年丰。此次敷天同庆,吾民含哺鼓腹、携妻抱子,以嬉以游,乃升平上瑞、家庭乐事,为人世难得幸福。若辈自作不靖,甘外生成。闻有识字之人倡革命流血邪说,尤为悖诞!以若所为求若所欲,必易安乐为扰害,内地悉现惨剧,国事姑勿论,独不为身家计乎?"宁为太平犬,毋作乱离人。"语至痛而理易明,幸各三思,毋贻后悔!顷接省城确信,所捕皆江湖流氓、哥弟大刀匪会,并无读书人名目。外间谣言谓干涉学堂,不知各学堂悉照常肄习,遵守规矩,所传子虚乌有、不置一喙也。夫谣言易信,由民智未开,开智必先兴学,而兴学贵于务本。学尽士农工商,本在纲常。民彝,本学屡言之。兹因庆典盛集,手为俚说,敬敷斯谊。归家转相告语,较乡村宣讲尤为普遍。以后依次周历观乡,知王道之易,愿与邦人士观厥成也。

农工商浅说乙巳正月

　　中国自后稷播种,农政最详。晚近农学不讲,出产日少。西人因物土厚薄、审气候迟早,运以精心、持以毅力,农业遂为独步。中国学人鄙农圃为粗事,乡农拘守古法。骤闻西人农业发达,或诧为谰言,又谓奥博繁衍非中国所企。不知环球大通,智力相若,天下事岂有彼能而我不能者哉?夫天时地利,农事所重,而皆有借人事。此理中国亦知,乃西人人事则有独精者。以天时言之,风雨雷电霜雪于农业有密切关系。中国纯任自然,西人则以风者空气流行、雨者云气蒸润,既种树凿井,洁空气以滋雨泽。又凡物之生,均赖热力。太阳以大热而发大光,电气以大光而生大力。考知空中电气有效植物发生,地中电气有益种子发芽。于场圃周围建数木柱,连以铜线,结以铅板。能吸空中之电,从铜线下;引动地中之电,从铅板上。如甘薯用此法,可增三分之二,美国电气田收获约增五倍。至于霜雪冻凝,来春土质松浮,发生必易。西人因天时以审土性,犁锄深浅,有一定程度。于重粘地质,翻土高堆,既杀害虫,益滋肥料,并参化学,杂取草根、树皮,借霜雪浸渍,变无用为有用。此天时可以人事补助者也。以地利言之,凡土壤有上下层之别。上层表土色黑,下层底土质坚。表土为茎根蔓延,多含腐朽物质,乃利用部分。又雨水自山谷冲流,泥沙沉渍,谓冲积土,尤为肥沃。至若土粒微细而粘力强者为埴土,多含砂粒者为砂土。埴土过密,空气易阻;砂土过粗,肥料难施。惟砂、埴混合,西人谓之壤土,于农产最宜。此地利之可以人事调剂者也。若夫播种之法、栽培之宜,中国老农类能言之。然考究未精,新理鲜有发明。西人则选种疏苗、施肥驱害皆因气候风土,在在证以人事,审其施宜,与为应用,故农业日有进步,遂有今日效验。中国为古农国,乃广土自荒,不但不知新法,并古法亦废。不讲乡民力耕所入不足资事畜,或转徙外乡,稍遇荒歉,老弱殍于道途,强梁流为盗贼。静言以思,凡累累沟壑、沉沉囹圄之众,皆我负耒秉耜、可富可强之赤子也,痛孰甚焉?近沿海华民出为外洋开垦,名为受佣,实同奴使。中国未垦之地尚多,乃为外人利用,良可叹也!平江土脉肥沃,年可三收。若研究新法,岁入益丰。又山多田少,种植最宜,林木桑茶之利较稻谷尤赢,不可不务也!日本步武西法,农学译有专书。惟引用皆新名词,译笔亦不甚晰,纠纷蔓衍,士人尚难通晓。持是以语乡农,适滋眩惑。兹就浅近之理,略为演说。知彼所能,非我不能,且实不出我古法。不过研究加精,在我可资先导,事半功倍,何惮不为?或谓西人农学参有格致,中国民智未开,且器具物料暂时力有不逮。不知理取其新而事图以渐,就浅近易行者,相天之时,因地之利,参酌依仿,必有效验。乡村皆农家,本学不惮谆谆,欲为愚蒙开通智慧,于农业大辟利源,幸勿以为河汉也!　　工精制造、商利转运,与农业尤有关系。又工商互为乘除,工不能精,土货鲜少,商业因之减耗。平江无精巧工作,木石金土之制皆粗笨古法,粗手糊口而已。然同一出麻,浏阳能织夏布,而平江无有。编爆以浏阳为上,近平江加工仿造茶箱,附运南洋,去年输进之数至十余万。可见利由人兴,不必大宗货物,但使料精制良,销场自旺,惟在有心人经营耳。商务以茶为大宗,去年茶利较厚。然同一红茶,汉口市价,县城比长寿为旺,则以晴澳不时,色香味之殊仅争毫厘,拣择焙制之法有合不合也。由斯以推,若今年出茶,先告山户以新法采制,力求改良,获利可豫期已。再,中国制纸,向用竹麻稻草等料。近省城新法,用包谷梗、麦杆、笋壳、烂布制成,色泽不甚白皙,纹理较为坚致,销用甚大。平江林箐深密,沿河包谷最多,随地皆可仿造。前在省至农务试验场,有平江学生学习造纸,嘱令力求学成,回县自造,亦开风气一端、生计界中所当研求也。以上所举农工商,皆采东西新法,就平江现形切实言之,无穷冥不经之谈、神奇难测之术也。惟开智必兴学,外国农工商皆出于学,故人才多而实业亦盛。中国实学不讲,致智识日锢、生计日绌,不但商务、工艺远不如人，并自有农利亦失之。现新抚宪莅任，振兴各项实业，将遍设学以教，属在士人尤宜加勉！古人谓"一年之计始于春"，新正届序，万物昭苏。"往者不可谏，来者犹可追。"时哉时哉，扩农工商之界，持学战以竞胜，斯时尤亟亟哉！

四乡蒙学堂演说

书院改为学堂，自省会至府州县，一律开办。名有高等、中、小学堂之异，教科有经史、舆算、图画、体操之分。盖矫空疏之弊，求之实学，大旨不出德育、智育、体育，所以培成人材、增张国力也。顾教科各有专门，而人格基于蒙养。现风气初开，蒙养未能尽立。平江各乡，蒙学本多。所至细访，教法渐知改良。间有师生来见，告以"三育"之目，多难遽晓。兹特发挥大义，以资效法。德育者何？始于纲常伦纪、达之家国天下，平时涵养德性、变化气质，处常则有忠君爱国之忱、遇变亦具敌忾御侮之勇。斯谓伦理乃葆国粹，而一切平等自由、诐邪悠谬之说勿尚焉。知育者何？中国开化最早，秀灵冠于环球。自士人溺于科举，经世之学未究，乃至习为迂疏、务于琐碎，知识锢蔽，莫斯为甚！惟德育进以智育，去故见以浚灵明，使发达新理、振兴实业，程度日进文明、举动毋邻蛮野。斯谓学战乃能优胜，而一切革命流血、穿凿附会之说勿取焉！夫德育端本、智育扩识，教科已觉、改良学界，可冀发达乎？然未也，犹有体育乃个人自强之要、国权恢张之渐也。古者，童子舞勺象，士人习射御，中国本有体育。今泰西无论男女，自成童以至壮盛，皆重体操，故坚忍奋发、强毅有为。中国文弱已亟，际兹环球大通、列强并峙，今日欲求自强，非士先习兵、人尽为兵不可。故学堂必习体操，而蒙养尤为先务。年当幼稚，使屈伸手足，练熟技艺，庶身体强固，六淫外感无从而入。他日长成，能合军人体格，具有尚武精神，始谓完全教育。不然，虽有德育、智育，将安用之？惟学堂既习体操，必改服操衣，始为轻侨。昔赵武灵王骑射，令国人胡服，其见独伟，其意可师。豫有教育之责者，可不务乎？以上所言,本末兼该,文武并肄,较之往常教法实相径庭。乡塾学生,年皆童幼,科学虽难遽备,为师者本"三育"为教,成童之后,资质秀颖者可备中小学堂之选;即中人以下,改习农工商业,亦足淬厉精神、开启智慧。先生不至误人,学生无虞自误,益孰大焉?抑地方贵于自治,而教育必须普及。一邑户口繁盛,所在必须官立,无论力有不逮,且集费纠工,人情反多观望。考东西列邦学校,村町小学多于府县中学。中国乡塾林立,此时就已有基础参酌改设。学级不必求高,以简而易能为要;学费不必过奢,以筹而易集为上;学舍不必求美,以质而易就为宜。夫兴学至于简而易明、筹而易集、质而易就,则勿论何地何人皆可酌量举办矣!迨众擎既举,然后参仿西制,子弟年当就学、荒嬉自误者,量施科罚,于普及之中寓强迫之义。将来教育推广,由一乡以至一邑,达之天下无难,富强之要莫切于此。若夫因地制宜,其有实在贫窘、万难就校,更体察情形,多立半日、半夜学堂,授以工艺等事。现县城已立两区,盖以穷民不能就学,官为教之,既略知大义,亦不碍生计。宪意优厚,为吾民教养者至备。平江绅富好义急公,若于乡间市集仿建,造福尤宏。幸各留意,使合邑人皆有用而四乡无游闲罢民,则善矣!

学　说

闲邪篇

邪正不两立，有名教之责者距之、辟之恐弗及。然圣学未明而士气方嚣，遑议论而私门户，惧以启争也，故不曰"距辟"而曰"闲闲"之云者。自治之事，于人无争，闲邪存诚。"非礼勿听"，颜子"克己"之目，伊川著为箴。"古之学者为己"，其义有窃取焉！

今天下之变亟矣！国势弱而人心日蒀，渊鱼丛爵，既蚀固有之良；世教衰而学术益歧，刍狗土牛，且昧本明之哲：故学不可不讲而邪不可不闲也！邪说之相持有二：曰守旧，曰求新。今守旧之势已绌，且守旧不得谓邪，而阶乱滋戾实为邪说之归，不可不辨也！往且勿论，庚子之衅，恶外人之逼，不力求自强，恃乱民为抵排，诩诩自谓得计。此辈无所谓"旧"，亦不知有学，然授求新者以守旧之诟。今其势虽绌，而其说之依附浸淫，恐隐伏人心。盖民、教之隙久深，教民之焰益张，吾民怵于势而无可如何，则心痎腹诽，设一未然以群求快意。桀黠者起而乘之，假大义鼓众，而患且莫遏。甲申湖南乡闱，揭帖遍张，众怒愤盈，其时事皆乌有，而人顾惑之。矧今旅行接迹之实繁有徒哉，则因排外而借口尊攘，名虽正而不可不辨也！求"新"之说，祸积甲午，衅丛戊戌。中国向无"新""旧"之名，自甲午历戊戌、庚子，事执屡异，于是有"维新""守旧"、"顽锢""开通"诸目，议论梦嚣，莫衷壹是。《劝学篇》有曰"旧学不知通，新学不知本。务通以开民智，务本以维圣教"，语最平实。窃谓欲祛异同之见,宜浑"新""旧"之名。处竞争之世,不刻厉自强而寻衅门内,利未兴而害伏,甚无谓也! 近者,朝廷振兴庶政,当事深凿其害,以变法而无为乱法,明揭宗旨。特浸淫既久,益以依傅蔓衍,说屡变而心愈无忌。所虑少年学识未充,因求新而所览或驳,遂沉溺不觉,是又不可不辨也! 夫守旧而尊王宗圣、求新而兴利除弊,皆吾百姓秉彝之良、中国内治之要。乃因守旧而启庚子之祸,因求新而有戊戌之纷,二说交病,究之于新旧无与也。庚子之祸,病在不学无术而甘心一逞。譬之恶鼠之扰而纵燎于室,鼠失其穴,家与具烬。戊戌之纷扰,迄今未靖,无论去中国、弃人伦、致纪蠡常之不可,乃因无君而倡平等,云人皆有自主之权。夫所云"自主"者,即国必自强、人贵自立。反身而诚,求仁之术也。今夷君民之分,势必并废五伦,因衍其说曰:"子伸于父、妇伸于夫,则是逆子肆恶、悍妇踞门而家不可治。家不治,身不保矣! 且今之相维相系、四民安业而奸宄无作者,赖官法治之耳。若人皆自主,则法有不行。郡邑弱肉强食,攘敓杀越,不夺不餍,而国不可治。国不治,天下乱矣!"论者病官民之阂,未尝不喜其说之新。不知阂者未通,乱已四扇,父行劫而子杀人,苏氏犹为荀卿咎。矧万不可行之激说,国事姑无论,独不为身家计乎? 为今之计,重典以绳乱党,而勤吏治以恤民隐,庶有瘳乎! 夫若辈非不知说之不可行,特意见所激,偏宕益甚,遂不觉诪张至此,乃至替君权,诮历代史宬而云"十七家谱牒",诋累朝忠义而云"三千年奴仆"。纲常至重,非所忍言,竟悍然出之。即以若所言人奴固堪羞,然若不甘为奴,又谁甘若奴? 充其义而说且立穷,乌乎可哉? 明南都之亡,苏、常人奴结党,胁杀亲主。滇南普名声之乱,曰:"皇帝已非朱家,何论黔国? 公其明鉴也!"抑穷变通久之道,圣人屡言之,变法亦非所讳。第变与常相反,反则为灾;变与乱相寻,事且加厉。此其中有本末焉,有次第焉。当轴自有权衡,而学人之择言则不可不审也! 若夫刖趾就屦而不知足之已蹶、恶疣剖肌而不知肤之受灾,至愚极妄,适陨厥躯。暗于识而勇于行,易以异是。学者分别观之,亦可知所从矣!

事理通达,议论谨严,大要在尊重伦纪,则邪说无从置喙,尤为不恶而严之意。莲溪居士谨注。

明宗篇

班《志》有言:"孔子没而微言绝,七十子亡而大义乖。"盖为不知而妄作者言也。究之,斯文在兹,已著之微言;不刊之大义,固常著于天壤。微言在乎《六经》,《诗》、《书》、执礼,雅言,即微言。《六经》皆有大义。"思无邪"以蔽《诗》,"毋不敬"以括《礼》。《尚书》为古政书,夏、殷、周相因而损益,可知质文随时递嬗、纲常亘古不易也。学者生圣人后,因微言以求大义,本乎大中至正、易知简能之理,证以吾心同然,推之家国天下而罔阂。穷理治经,而通经可以致用。学如是,学斯宏矣! 秦火而后,去圣浸远。经典既多缺佚,百家之说复歧出求胜。赖汉、宋诸儒修明表章,圣道于是大明。汉儒训诂,首重家法;宋儒义理,厥有宗旨。家法在微言,宗旨在大义。二者皆治经之要,不可偏废,顾道本相通而流各有弊。汉学名物,流为琐碎。魏晋祖尚元虚。至唐而说经杂以老庄,义理之学转晦。宋儒出而主敬存诚,义理始明。然同时诸儒各以心得为宗旨,龙川近事功,象山尊德性,其始不过辨论往复、相商为学之方。其徒各奉师说,一再传而门户遂分。良知本孟子,大旨贵于扩充。阳明事功暴著,为学在致良知,于义理无害也。乃明季心学盛行,颖敏者喜为放纵,谨愿者习于空疏,论者遂归咎阳明。国朝乾、嘉诸儒起而矫之,相率治汉学,且以心学之荒诋阳明而并诃宋儒。夫汉儒训诂,必贯以宋儒义理。乃诸儒训诂虽明而琐碎益甚,其弊或博而寡要。天资高朗者思于汉学外别树一帜,复以宋儒义理检束过严,于是舍经求纬,因纬而摭拾诸子,取其零句碎义、恢奇曼衍之文以傅经,因强经就我,诩诩然曰"是六经外之微言,乃古圣人大义也"。然其始亦不过骛博嗜奇,以坚僻为经学蠹耳。咸、同而后,士人溺于科举,经世之学未究,内衅甫弭,外患沓至。近年桀黠之徒以世人浅陋,易为欺诳,乃以武断文致之术治经,又刺取异裔荒俗,缘饰其说,以惑天下。一念无所忌惮,遂上诬圣人,经训荒而学术歧,世道、人心均受其害,所关固如是哉!《小学》者,明大义之书。夫周秦诸子,理昭趣博,岂无一二微言足相比附?朱子以征引涉繁,意旨或歧,且所辑经传大义皆微言,弟本是习闻共见,范之天下后世而无弊,其矜慎如此。本堂之讲,一以朱子宗旨为宗旨。勿以为少也,一卷之书,终身用之不尽;勿以为浅也,古来真本领、大经济皆从切实平易处做起;勿以为迂也,理不胜欲则无事不可为,微独人禽之分,亦祸福所由判。夫人即至顽,未有不思徼福而甘蹈祸者,若之何而不知所致力也?《书》曰:"厥德修罔觉。"《诗》言:"学有缉熙于光明。"①致福之道甚备,大旨归本于德,继续不已而高明有融,恺悌所以徼神相、嘉乐所以荷天休也。若舍是不务,或横生意见而罔顾义之安,或故为矫激而反戾情之平,宗旨既差,文义皆谬,下乔木而入幽谷,是又与于自绝之甚矣!夫读书务精不务博,惟视学人之志与识耳。志向于正,识见于大。审思明辨,皆学之事。所谓"精"也,顾半部《论语》致太平。赵普之不学,或嗤其妄。然《诗三百篇》作谏书,古大臣朝夕纳诲以辅台德,则确有之矣!光武师友皆有渊源,开东京文治之隆;昭烈周旋陈元方、郑康成之间,为政之道,频见启诲。儒者无无用之学,其明征也。否则师心泥古,略法先王而足乱世。术,荀子所谓"谬学"也。虽博,奚裨焉?抑苏绰谄庸、适形其陋,荆舒刚愎、只济厥私者无论已。新莽始学周公而终为舜禹,盖假六艺以文奸言,《金縢》《大诰》之仿,特以涂饰耳目,后世争嗤之。不知当日巨奸用心,在彼不在此也。今以新莽尊纬之心,上悖宣尼从周之志,谓传记不如口说、大义别有微言。愤激之士憙其说之新而忘其悖,以窈冥之

---

　　①　"书曰厥德修罔觉诗言学有缉熙于光明",原作"书曰学有缉熙于光明厥德修罔觉诗言","厥德修罔觉"出自《尚书·商书·说命下》,"学有缉熙于光明"出自《诗经·周颂·敬之》,遂予乙正。

思想，倡逾越之主义。东瀛尊侠力，西欧伸民权。谂之东、西政俗，实不其然！乃意识所辟，日沿斯义以相推扇，斯有识所深忧也！少年向学伊始，所贵明辨宗旨，有义理以为灌输，庶趣向正而学识悉宏。"尚慎旃哉，犹来无悔。"断章取义，愿与同堂共勉之也！

　　西人法制最密，无处不设防闲，乃以"自由""民权"四字安慰民心。其实民权之不伸、民之不得自由，莫西法若也！后幅所见不错，所虑极远！莲溪居士谨识。

杂 咏

长、平行役，舆中杂忆古事，参以近所见闻，仿姜夔《咏史》，摭杂书此。俯仰古今，茫茫百感，非一时一事也。时甲辰天中节前二日。

危峰天岳插青冥，左障彭湖右洞庭。九派江流阀吐纳，道源西汇澧兰汀。

天岳山为道书二十五洞天，东汇泽为彭蠡，西为汨水之源，逶迤以达洞庭，岳阳以此得名。道水出安福，为九澧之一，会入洞庭。

五月山溪涨未消，中分几水亘长桥。南来贶我延年药，福石仙山长术苗。
书生抗疏上重闻，义在全忘元辅尊。董简原资存直笔，羿弓休误拟恩门。

明邑人艾穆劾江陵夺情，廷杖遣戍，宅在东乡。艾为国子助教，江陵有意罗致，使人喻旨，未就。劾疏上，江陵恚曰："我不及分宜远矣！"以分宜无同乡作难，艾，楚人，故云。有谓艾于江陵为师生，弯后羿之弓者，误也。

浮湘重访罗侯国，酹酒频陈屈子祠。卅载趋庭今历历，耒阳一案不须疑。

　　杜工部墓在南乡小田，旧称耒阳耒洲者误。先公《潇湘杂诗》有："大水泊漂无著处，耒阳一案至今疑。"戊寅，随侍郴江舟中，敬质所出，先公历举杜诗，以耒阳为疑。行役忆及，谨志于此。洪州军士《屈原祠》诗有"行客漫陈三酹酒，大夫原是独醒人"之句。今屈、杜，邑人合祠以祀。

美人香草三湘地，新样啼妆最入时。杰阁城南撑地起，八方风气总先知。时奉檄自南乡至省。天心阁为省城高处。

　　湘士觇气最先，目为顽固者，诬也。

历落炮丸嵌豹岭，喧阗箫鼓赛龙矶。东南锁钥都抛却，瞠目歌场问是非。沿江赛祀甚盛。
词客哀时余故宅，贤王思母有高台。江山五季雄图小，陋尔偏方杂伯才。

　　湖南一隅，有事，常为天下重。粤逆围长沙，扎浮桥、豹子岭，力攻未拔。东南行省遍陷，卒赖湖南完固，得以集师转饷，迅奏戡定。马希声据湖南之全，遽狃晏嬉，北不能规荆鄂，南未逾岭峤，坐失事机，陋无足数。

帝子扬舲来北渚，神君垂幔祀南宫。庄严宝座莲花涌，一例香烟让寓公。玉泉山士女云集。
乍合神光疑洛浦，两朝荒宴纪阳台。龙宫觅得长生药，珍重亲分柳秀才。

　　《楚词·九歌》,灵均间情也。小妻宛若,灵语肸向,祷祠流为巫蛊,《迁史》有微词焉。耶教西来,大士浸将灵歆,土著无论已。　　高唐神女,导楚宫于聚麀,陈思疑忌已深,敢显赋《感甄》乎?大抵美人香草,屈、宋借寓忠爱。子建遇同灵均,《洛神》一赋继响楚些。论世知人,贵有特识。小说谰语,不足与辨。

　　龙女谓柳毅以"龙寿万岁,与君共之",乌知汜水囚人、罗敷固自有夫?且柳下传书为吴中洞庭,移之楚地尤妄!

越人带下医三易,彭祖房中术几分。五百女男亲受箓,至今海外奉徐君。日本生殖学译本,湘中盛行。

百保鲜卑空授甲,六坊骁果首翻城。承平养士都消乏,圹骑无庸况府兵。

　　绿营易为乡勇,犹府兵易为圹骑,敝相因而势处必变。矧与外洋竞炮火之利,则以新法训练,行常备、豫备之制,尽人皆兵而牖之以学,乌可一日缓哉?

遗黎北伐常思晋,悍镇西迁竟代唐。千载海东频遣使,不闻世外有沧桑。

　　宋武入关遗黎,尚思晋室;至元嘉北伐,思慕之心已漓。朱三,砀山一盗,移唐社稷。六臣觍颜劝进,有势利而无廉耻,人心不足恃也。日本藩幕递争,至今一姓相承,明治改元而政定一尊,为中西未有。

实录有人疑国史,公评自昔徇时名。再来郭璞訾元宰,早死褚渊负俊声。

祢衡死为侵黄祖,王导生真负伯仁。乱世奸雄殊磊落,吴儿木石腹荆榛。

　　祢衡之死，主宾皆在醉梦，于曹氏何豫？若王导劙刃伯仁，并不得以王敦为解。世说郭璞见梦，称王导奸邪胜于王敦，信然。总之，祢、周皆以轻肆召衅，黄祖手滑，王导机深，故难免。孙登以"爱多识寡、虑短情长"戒(稽)[嵇]康，仙人驻世之方即圣贤精义之学，士君子处乱世而欲求自全，可知所择矣！

崛强汲黯终嫌戆，妩媚魏征弥足怜。入世于今翻别调，后生历练胜前贤。
五日开封司马喜，如君才调更谁(论)[伦]。党碑刻就臣京字，仍是相公知赏人。
直言媚主心尤佞，垢面趋时局更奇。舞罢八风贤祭酒，獐头鼠目尚非宜。

　　温公再相，尽罢新法；蔡京尹开封，五日竣事：彼自为好官计耳。时势易而宗旨又变，新旧奚择焉？急于求才而不熟察本末，鲜不为此辈所愚。　　祝钦明之佞，人知之。封德彝易佞为直，巧于佞者也。与安行推步、博端谨名，利口谄笑、诇干济才，皆舍己芸人、随所好而投。此荆舒垢敝，老泉有《辨奸》之论也。匡衡、杜钦、谷永，讳王氏大衅而鳃鳃后宫，假经术以文奸言，与张禹同为佞人之尤。万历初年，江陵启沃甚备，论者谓承慈圣意旨。当时宦官盗柄讲筵，并未一及，其委随可见。

陈咸千语惟教谄，考父三铭滋益恭。马厩饰仪甘局促，鹤群振羽笑氋氃。
谲谐孝直能微讽，蛮语参军善解嘲。多许由来殊少许，陋儒罔识且诐诐。

谈言微中,听者心怡,否则刺刺不休,徒取厌恶。此谲谏胜于披撄也。"回天非相公不可",权相盛怒之下,一言而解释无形。对山脱李梦阳于狱,抑何委婉乃尔?匪第词令妙品,尤征魄力沉雄。

独孤欢喜晋王恼,蒙面鹰扬计太忽。何似袁家新妇好,先将妲己送周公。

青宫十五帝王家,阿母娉婷张丽华。西上长安甘系组,秋风零落后庭花。

高颎为独孤门客,戕张、孔以媚妒后,心术甚不可问。史称晋王以"无德不报","我必有以报高公",为颎祸所自。乃独孤以"谓己妇人",从而媒孽。小人心术,何益?亡陈者,固此物。然使君德清明,虽佳丽三千,曾不足当兴王顾盼,否则"一自西施沉水底,越国生女尽如花",可胜诛乎?观于宣华之宠,卒酿人伦奇变。亡隋之祸,较亡陈更酷,可以鉴矣! 曹丕纳袁熙之妇甄氏,孔融谓曹公曰:"昔武王克殷,以妲己送周公。"曹惊所出,融曰:"近事度之当然耳。" 后主太子深为丽华所出,年十五,隋兵入东宫,凝坐不动。

晋阳警报羽如飞,更请君王猎一围。受策军中嫌未备,仓皇马上换龙祎。

军门面缚请尤频,不惜江山乞美人。若使长安明月在,大家好住永相亲。

北齐后主冯淑妃,军中册为皇后。晋阳警报亟,淑妃请更猎一围。战败,奔邺。内参携皇后祎翟,至驻马候其更服始行,被执,见周主。乞淑妃,周主笑曰:"朕何惜一妪?"斛律光为周所

忌,造谣曰:"百升飞上天,明月照长安。"后主奔青州,谓安德王
延宗曰:"大家好住,儿今去矣!"

锦帆十里大堤前,六代繁华叹逝川。谁似银航金作饰,万舻红海拥
神仙。
戈船海上美人军,战败归来裹血痕。手握灵蛇甘共命,玉儿终不负
东昏。

　　　　挨及女王绝艳,盛饰楼船,银航金桨,驶入红海口。罗马大
　　将为女王所昵,战胜,创甚,匍匐女王之前而绝,王亦握蛇以殉。

乐府新歌妩媚娘,桑条云想绣衣裳。如何内难亲戡定,又见杨花作
絮狂。
华清柳色映蛾眉,正是承恩出浴时。遗事开天今艳说,金钱赐洗禄
儿痴。

　　　　妩媚娘、桑条苇,于占皆为妖讖。五色云见苇后衣笥。又
　　《洪范》五行,氛祲之孽也。元宗亲戡内难,惠妃之宠寿王几至夺
　　嫡,未几而太真复进自寿邸。本心督惑,国是淆舛,即姚、宋长作
　　宰相,天下未必无事也。　　　唐代小说《开天传信记》《明皇杂
　　录》多荒唐差舛,温公采入《通鉴》,遂成信史矣!

陈桥旋旆拥黄袍,将校推诚尽节旄。夺取柴家孤寡手,当年太弟本
功高。
瓣香亲爇供张仙,周后含嗔侍内筵。一样国亡都有憾,驼冈北狩怨
婵娟。

　　　　陈桥拥戴将校,与太弟凤有成谋。依次传授,太祖盖默许

之，不待金匮留记始定大位也。花蕊夫人宋宫供孟昶像，太祖问之，托以张仙，宜子。南唐小周后，入朝，太宗屡召入宫，回邸辄嗔詈，后主常避之。靖康之变，宋宗室妃嫔皆由牟驼冈北去。

玉斧亲挥大渡河，珠崖旋弃况牂牁。两朝自有安边略，慎固封圻不在多。

河东未下首江南，筹策曾将大局谙。密迩幽燕仍卧榻，连声甘让别人酣。

三策御戎和战守，庙堂制胜赖群贤。崤函地势苏张舌，综画无人总枉然。

誓表欢迎可贺敦，大唐天子丈人尊。再来虏骑尤慓悍，陪嫁先须割剑门。

纳币郑公争两字，受书魏杞更新盟。南朝底事多虚饰，齿冷千秋说正名。

河北旋师九节度，辽东失律五将军。行间郭李犹无济，刘綖杜如伯区区讵足云。

　　御夷无长策，用正不如用间。安史之乱，土蕃、回纥入寇，汾阳出而虏交遂携。终唐之世，用回纥以慁土蕃，二虏皆受其敝。北宋混壹之初，不能用西夏以间契丹。洎积弱之余，忽约女直攻辽，又约蒙古灭金，用人适为人用，无策殊甚！明自辽左事起，插汉、朵颜诸部不能抚为己用，犄角仅恃朝鲜，复不加存济，朝鲜折，而辽左遂不可守矣！

陇西才气无双谱，李广。代北威名第一流。杨业。驾驭乏人终踬仆，将兵将将果谁优。

晋鄙赵括卿子蒽，临戎专阃用殊违。蔡州雪夜昆仑月，险著成功在审机。

臣罪当诛惟一死,可怜烈士竟灰身。禁中颇牧增深惜,异代方知有圣人。

　　因辽事而忆明季,为袁督师惜也。

铸错六州嗟道济,监军九道仗朝恩。天威咫尺天聪远,执法居前不敢言。

疆寄频分关内外,贼氛浸及陕东西。十羊九牧空赢角,一马遒巡蹶万蹄。

将军转旆为红妆,泥首关门叩九王。七姓从龙襄大业,真人灞上任回翔。

　　熊襄愍传首九边,犹云魏珰为之。崇焕千里赴援,有功无罪,乃降。珰宵奏,怒霆猝发。纵罪无可贷,一死足矣!糜身西市,何为者?思宗果于诛戮,而张彝宪、高起潜辈漏师失机,始终信任,乌得以亡国诿咎诸臣?当时关门内外分设十余督抚,权分而事益坏。永平之役,枢抚骈诛十余人。史称"帝之用刑已穷",又言"崇焕死而明之亡征已决",信然。　　皮岛形势,虽足牵掣,然毛文龙亦非可任者。使其不诛疆臣,稍为督过,惧死不赡,安知不为孔、耿之降?惟崇焕杀之太骤,又兵权仍分,旧部无威望之帅、亲信之佐莅之,岛事遂不可为。文龙籍隶吴中,辇金以饷朝士,清议皆切齿崇焕。西河为毛氏近属,以崇焕之磔市,人购肉快啖。仇口诬诼,异世犹然。若非两朝圣训揭示用间本末,史臣直笔为难。今《明史》备载崇焕陛辞一疏,于任事之难、召祸之易、敌间乘机、上意难测皆预言之,数文龙十二大罪,事迹昭彰,声情激越,凛凛犹有生气,可谓信史矣!　　明自辽事起,燕京已不可守。我朝屡薄京城,遍历齐、兖,以山海关间隔,迟迥不取,且冀和议之成。当时流寇四延,中原糜烂,在明惟亟和足以纾祸,乃朝士皆沿南宋陋习,帝复以和为讳,遂以致亡。洎大命既移,吴三桂开关前导摄政王入京,明臣上表劝进,不知真人尚在沈阳,五月定鼎,十月始莅燕京。天启圣清,信非偶然。

累臣遭际独承恩,黄幄亲封出上尊。犹忆当年袁主事,秋风匹马款关门。

青史奇冤太不平,行间功罪乏权衡。生降比似勤王好,御制哀文到沈京。

截发从师誓上穹,女儿心事逞豪雄。夏声必大非无自,请谱风诗续小戎。

日本女子截发神祠,以祈战胜,又多往军前看护伤病。

八道朝鲜势不支,仓皇辽左仗援师。藩封已失翻滋累,覆辙相寻竟未思。

松、杏之溃,洪承畴降,屡拜上酝、名马之赐。后随大军入关,招抚江南,张素存《松山哀》所谓"岂无遭际异,变化须臾间。出身忧劳致将相,专阃仗钺屡登坛"者也。崇焕在兵部,常匹马出关,察九边形势。松山败闻,传承畴死。帝自制祭文,将亲临奠,后闻其降乃止。明援辽事,起海内驿骚。近甲午之役,亦以日、高启衅,中国代受其敝。今朝鲜已自立,然实日本外府,俄欲与争而不能,盖日人经营已久。丰臣氏政策、大彼得遗言,彼此均未须臾忘也。

天为醉酒分鹑首,地仅弹丸扼虎牢。缥缈神山偏屹立,澜翻大海障风涛。

北地胭脂今在否,汉家园寝近如何。昭陵石马环相向,不比铜仙涕泪多。

　　自甲午议款，中、日战纾而日、俄衅结。俄踞辽东，实行领地政策，日人上下引为仇耻，兵事遂不可解。中国一哄之论，始德、俄，而今盼日，皆不置一喙。东三省本我重地，不能自强而庇托他人，日、俄奚愈焉？

西略方逾大吉岭，东封已遍太平洋。相持鹬蚌殊难解，欲掣龙蛇果孰强。
越裳翡翠无消息，成句。辽海人民有是非。政策中央余弱点，鲁戈何术挽虞晖。
望援已笑燕王拙，恃陋无如莒子孱。交涉如今成秘密，直从天演判强权。
域中谁似穆天子，海外今闻晁大夫。阆苑金银迷五色，再精计学析离朱。
强宾势已开门揖，异地才犹借箸筹。任使富强工擘画，太阿倒授总堪忧。

　　理财、练兵，中国内治之要，而皆假手外人，患曷可言？赫德请加赋，美员请更币制，心皆叵测。

景升上厩千斤牸，日累刍人费豆萁。养士当时都尔尔，隆中有客笑依刘。

　　刘表有千斤牸牛，笨重不能行动。魏武至荆，杀以向士。

九章竞衍商高业，八法细摹裴秀图。谁似王公言语妙，兰都弹指詟群胡。

音通鞮寄揉夷夏,体别仓庐异后前。黄土抟人今剥落,再拈白壤请雕镌。

> 世传仓颉、沮诵、佉庐三人造字,分行中西。欧西字母皆源罗马,音同而拼法各别。　中国种族源于黄帝,至为尊贵。近有震白人之强而自嫌其种,可怪也!

种族区分到五洲,人群进化验环球。万千世纪尊初祖,数典公然认狝猴。

冰期世界凝岩积,劫火乾坤有杞忧。地底搜求新历史,天空爆裂古星球。

> 西人分人类五种,由动物进化,以猴玃为人类初祖。又以地球流质热体,渐次凝冷,由冰期而岩积,递分层数,始有生物痕迹,变迁淘汰,成今文明。又以星球各有世界,地底尚伏积热,爆裂喷薄,终有毁坏之时。

罗马政书尊法律[①],《公羊》经说饰升平。亚当掷石皇娲土,一样成人仗掇擎。

捧心空慕邻姝艳,画饼求充俗士痴。侏饱朔饥非一例,环肥燕瘦不相师。

> 西国制度文为,皆沿罗马法律,今犹用之。《公羊》"三统"之说,谓世极乱而春秋亟治,为汉儒傅会,不足辨也。中西皆言洪水年代,相去不远。然中国当尧之世,声名文物已具。女娲抟土,荒远无征。西人则以洪水殄绝人类,惟挪亚一家得免,水退

---

① "律",原作"津",据刊误改。

下山，掷石为人，与所传"种源""天演"之说不符。

田舍麦收多十斛，于于骄语学官人。偶排驺唱惊邻叟，为靳沽钱换告身。

姹女数钱门作市，胡雏剪发舶浮家。红颜碧眼浑无忌，笑画蓝皮学品花。

吏道多端治日卑，誓除文法廓清之。中兴间气归湖岳，寤寐英贤有所思。

　　　　次帅在湘破除文法，承积弛之余，大旨澄清吏治，通上下之阂，而兴学治军，并仿刘晏、胡文忠遗意，亟求贤才自辅。规恢粗具，内召北上。

戟辕夜半隐寒簧，每念时艰费苦筹。地小回旋知不易，侧身何以释烦忧。

疆臣养望衡才少，国是滋嚣任事难。琴鹤严装趋就道，举头红日近长安。

狂泉逼饮廷臣喜，妒涘华妆丑妇妍。憎爱是非嗟变易，抟抟大地转球圆。

东南大势尊吴楚，绾毂中原互市通。有事常形天下重，武昌尤比建康雄。

　　　　江海互市，轮轨大同，武昌形胜尤重。南皮宫保，督楚最久。

关河萧瑟鄂城秋，大好江山等卧游。究竟艰难奇杰出，廿年经画重南州。

陶公种柳满江浔，也比甘棠树几寻。筹策富强纡伟略，南楼风月陋清吟。

东去大江流日夜,石矶西畤忽奔回。云中健鹘翮然下,人事天心莫浪猜。

祢衡作赋才原浅,崔颢题诗句自工。名士仙人都闃寂,英英后起望阿蒙。

　　　东南学校,萌芽江汉,今且遍于环寓。十年后,宙合当食其福,意勤而泽则长矣!

北宋党碑尊涑水,东京士节首甘陵。湖湘自有千秋业,海国浮名恐未称。

　　　湘中自朱肯夫。张燮钧。两学使力崇实学,士人泽古之余,潜心经世。今学堂普建,类多开敏奋发,勇于自任。昔胡、曾、罗、左皆起家经生,建树宏伟,光岳气完,积久弥昌。得贤大府提倡振兴,所至未可量也。日本称志士为浮浪,近湖南有"小日本"称。

张元夏国频腾檄,徐福亶洲旧泛艘。党派于今成变局,神山几见有回风。

名花宠锡维多利,遗像亲瞻拿破伦。历史西欧增异彩,九州而外有畸人。

　　　欧洲奇花,大径尺,以英国女皇名之。

忠孝偏根奴隶性,几人呫呫诩奇闻。卢梭旧约依然在,专制平权试细分。

　　　自"服从""奴隶"之说倡,忠孝皆非美名,谨厚者亦喜述之。

西人上下议院,借平权以行专制,所以富强在此,而君民之争亦剧。中国政学自有本末,不求自强实际,徒震其迹,以相炫耀。见弹而思鸮炙,问卵而求时夜,乌乎可?

弟昆境上话歇歔,凄绝龙川得第初。忧患余生豪气减,大廷不比孝皇书。

　　光宗不朝重华宫,龙川廷对以"一月四朝,徒为观美"。其有心迎合,与《上孝宗书》迥若两人。观于弟兄境上,问劳以冕服,下见先人为幸,其志可悲而其气已荼。盖患难之余,英华消沮,即天假以年,设施亦略可睹也。然则养才贵豫而用才宜早,人材几何? 能经几许挫折? 明祖之于解缙,自谓老其才以备大用,至成祖时而名节既亏,罪谪随之。苏轼文章,禁中叹为奇才,乃身婴党祸,仅以诗名,不能不为当时之宰相惜也。其有道力未坚、热中已甚,若张说易术希进、元稹贬节求合,既乖素履、顿负初心;又有悒怏失志、依托非门,始自附于君子、终竟甘为小人。小人济以才知,为祸益酷,天下事不堪言矣! 朱家之请季希曰:"陛下求之若急,不南走越则北走胡耳。"田蚡谮灌夫曰:"此辈仰视天,俯画地,日冀幸天下有变。"语各有旨,就用人言之,若张元、施宜生、赵燧、李岩之流,皆心怀觖望,横决以求一逞也。魏武于陈琳,天后于骆宾王,言下均有悔意。"突将尽奔黑獭,衣冠悉往江南,国谁与立?"高欢犹知之。况当大通之时,际多事之秋,而可故分派别、启争元黄乎? 瞿式耜告永历曰:"今天下大乱,凡重茧跰足而至者,非怀抱忠义之人,亦乱世取功名之士,宜爱惜、保全、收召,使尽其材。"伟哉言乎! 蕞尔桂林,一隅屹然,为滇黔保障。国步已移,人心犹属。荩臣谋国之忠,为可思也!

聚妇须如文叔好,生儿孰若仲谋才。中宫曾赐郭家穴,继体犹传邺

下台。

真人赤伏膺兴运,乐府黄初有别裁。本色英雄都落落,陋哉目论不须猜。

避乱邓攸甘弃子,致齐周泽解弹妻。名心未净翻增累,故辟荆榛绝径蹊。

论交鲍叔称知我,见顾刘邕善啖人。欲语性情殊不易,每输肝胆向谁亲。

怪迂石介徒惊俗,疏懒(稽)〔嵇〕康枉学仙。福薄大都缘器小,深沉自古重名贤。

陶侃屑钉储①有用,谢元綦履置②相宜。投刀慷慨平生志,宰世先从割肉知。

移书会猎气飞扬,老友乔公好婿乡。强说火攻甘下策,阿瞒终不服周郎。

> 东南三大战功,淝水、采石皆有内衅;赤壁之功较奇,曹公贻孙权书,以遭杂疫气,烧船自返,非周瑜水军所能挫衄,其崛强可想。

(符)〔苻〕坚淝水投鞭日,谢傅东山赌墅时。谙练军机归镇静,庸人扰扰讵能师。

夜半中官瞰相公,欢呼酣饮气沉雄。试将博局论兵法,先策临河第一功。

> 真宗澶渊夜遣中使密觇寇准,方饮博欢呼,喜曰:"朕无忧矣!"

---

① "储",原作"胥",据刊误改。
② "置",原作"雅",据刊误改。

吴山立马画图横,迅扫江南净洗兵。大定已颁新赦诏,奇功应自出书生。

举族青城怅北轮,澶渊往事信非伦。于公再造勋尤伟,败局谁知有甲申。

北使行人执有辞,册封谁遣诱吴曦。如何战守毫无策,万里飞头请太师。

　　　金当章宗时已浸衰,侂胄举兵虽遽,然衅端既开,力与相持,未必不可战胜。方信夫以吴曦之诱,金实败盟于先,苟折之以礼,和议固可徐就也。

直辟关门蹒①北畿,南迁主议未全非。公然固守甘②孤注,皇帝家见远送归。

　　　土木之变,京城守备虚弱。徐珵倡议南迁,未可尽非。

辛勤军府广陵开,南渡仓皇事可哀。为念先朝摒痛饮,沉沉已报五更回。

　　　史可法在扬州,除夜思先帝,痛饮沉醉,隐几卧。知府任民育以相公此夕卧,不易得,命鼓人仍击四鼓。

龙纂征歌凤纸妍,南朝兴复渺云烟。城中又立刘盆子,降表签名共赵钱。

---

① "蹒",原作"蹂",据刊误改。
② "甘",原作"摒",据刊误改。

　　宏光奔芜湖，南京拥所谓王之明者立之。甫三日，赵之龙、钱谦益、王铎奉以降。

青史谁从辨是非，近年征战话依依。小姑江上凌波立，艳说彭郎独夺归。
北来将帅偃征鼙，天堑长江限马蹄。时势潜移形胜异，榑桑东驶大秦西。
维新争说汉三杰，泥古犹余鲁两生。大陆风潮随地涌，不凭力竞斗心兵。

　　意大利独立，史有"维新三杰"。

亚欧语尚传黄祸，南北争因释黑奴。开遍蔷薇春晼晚，纷纷红白竟何辜。

　　元世祖兵力直抵欧州，今欧人犹以黄祸为戒。花旗南北，因释黑奴，争战最剧。又欧州有红白蔷薇花之战，屠杀数百万，历百年不息。

辽阳消息近知闻，争战频年未解纷。卧道熊罴殊寂寂，当关虎豹两狺狺。
武功盛说两金川，从此西徼解甲眠。讵意百年翻逼处，辀车新简为安边。
文成公主和亲日，顺义夫人款塞年。昔虑虏强今虑弱，慈悲望与拯危颠。

　　西藏为唐吐蕃，太宗以文成公主下嫁。插汉、朵颜诸部，自明世三娘子内附，边邮无事。惟皆佞佛，故势亦浸弱。今藏地接壤英、俄，内、外蒙古皆虞强俄之逼，西北渐以多事。

伏波横海事专征，铜鼓蛮江正苦兵。蔡亦吾人嗟水火，那堪仍岁废
春耕。

民劳谁复念如伤，为饮贪泉意转茫。安得庙堂纡至计，不求颇牧重
龚黄。

新闻六郡选良家，西入援军势骤加。蕞尔桂林征战久，辅车自古重
长沙。

骄兵似篦诚难制，群盗如毛未易芟。铜柱天南留有待，摩崖伟绩可
能嵌。

　　　粤西乱势蔓延，戡定非易。惟疆臣不私畛畋，募兵转饷，庶
乎有济。秋间，湘军西援，贼势渐披。然疮痍之余，伏莽甚多，非
博求循良，未易靖也。

花门藩辅今谁寄，玉塞声威向不凡。缚裤随人终失策，还君绛袖裲
裆衫。

　　　乌鲁木齐为车师后庭。伊犁，古乌孙。新疆形势：内地，天
山为纲，南回北准；外地，葱岭为纲，西哈萨克、布鲁特诸部，毗邻
疆俄，浸削弱矣！甘肃董军，所部多回族。

上京旧迹尊王会，名士新亭笑楚囚。往事空嗟填憾海，富民谁与策
良筹。

欲辟利源咨富媪，谁凭骄子怅天公。六州聚铁知犹少，虚牝输金数
未终。

　　　船山《宋论》亟诋李纲固守，盖痛思宗殉国，光时亨辈阻挠南

迁发也。大抵事变靡常，区处当酌时势。前事之得，后事未可为师。靖康固守，因澶渊定盟，幸蜀、幸吴之议绌而莱公得专其成。思宗固守，则以土木之变，徐珵倡南迁，于忠肃斥为邪说，再造之勋历久，称述勿衰。岂知事变虽同，时势迥异，泥古方足杀人哉？金末奔迸，南京添筑子城，徒以自缚。法为普躏，长驱都城，和议定而知城守无益，尽隳巴黎城垣。拿破仑深入俄都，反客为主，无异处阱。综观得失之数，可以鉴已！

汨罗二水出长沙，笑杀笺经老作家。耳学何如亲历确，天河几见有浮槎。

　　汨罗截然二水，至湘阴境合流，出磊石，近邹氏新图误合为一。且有以长沙罗刀河当之者，大误！

拒楚曾经缔合从，卢戎密迩旧提封。南迁未改罗侯国，不比群蛮结濮庸。

　　罗国在宜城西山，楚迁之枝江，又迁之湘东，今湘阴、平江两县地。春秋时，国于湖南者九，罗其一也，汉末为汉昌县。

英雄割据数孙刘，管领湖山占上游。天意三分成定局，不争进取斗荆州。

　　孙、刘分荆，以湘水为界。孙权析置吴昌，即今县也。荆州绾毂吴、蜀，势在必争。然荆为刘表旧地，刘琮虽降，刘琦守江夏，孙氏未尝有也。且赤壁之役，孙、刘合势，武侯以左将军，岂可无尺寸地？乃此谊不明，孙既自居地主，刘亦俨同寓公，曰借曰索，曰分曰袭，彼此纠纷，汔为曹氏之利，可叹也！

慷慨儒官快请缨，频年转战误归耕。湘乡疏草今犹在，太息文章累盛名。

　　　　邑人李次青方伯，以东安训导，治乡兵讨贼，尝领安岳军援剿，顾兵事连蹇。曾文正上疏以将略，为著述所累，深致惋惜。

觥觥平子气纵横，功在枌榆有定评。今日西华甘寂寞，漫将佚事说朱甍。

　　　　天岳书院地基为张子衡方伯捐置，又建万石厫仓于城。

危楼百尺耸晴岚，山色排青水蔚蓝。绝好三峰成鼎立，峥嵘文笔拱东南。

　　　　邑人建奎楼城东，与西、南二塔鼎峙。落成日，某往莅祀，祝曰："状元宰相，时俗见也。愿出名臣大儒，为科名重。"是科捷南宫者二，一入词林。

间关百战庆生还，射虎无心鬓已斑。坐拥雪儿宵进酒，割鲜闲话贺兰山。

盘马精神余健骨，登龙谈宴试新醅。饮酣振触平生事，奇气青霞郁未开。

乱山渡水舟编筏，峭壁当关石作扉。卅载湘东严筦钥，地形虽险仗兵机。

社仓几费筹荒策，乡练犹传杀贼名。保障茧丝知有属，殷勤抚字赖阳城。

郊原雨霁有农歌，一例当风晒湿簑。共说今年时节早，新晴正好插撑禾。早稻接种晚稻谓撑禾。

喻公桥下水潺沄,岭上苏姑正作云。山北山南浑不辨,采茶歌里喜知闻。

绰约山前万绿霏,夕阳人影认依稀。阿侬向晚情尤怯,款款相随缓缓归。

江楼晓起偶凭窗,鸂鶒飞来恰一双。昨夜宁州山雨急,涨痕深浅认渔舩。

薯粉团成玉糁羹①,于今利赖说官清。年来更喜销场好,震耳南洋爆竹声。红薯为谢令自粤运种。

茶庄分设利争沾,价减无如秤屡添。赢得女儿都上市,大家赛趁手纤纤。

茗叶浓薰堆屋角,蓝芽初茁瓮篱根。若教种植研新法,屦取湖桑辟利源。

> 邑人秋稻登场,种薯以当半粮。编爆由茶箱附运南洋,去年输进之数约十余万。红茶上市,三斤为一斤,计价九扣。麻、靛皆土货大宗。惟桑树无有,妇女多事拣茶。若遍兴桑蚕,多种木棉,以赋妇功,又不止兴利已也!

峰腰多半住人家,笑把鸦锄学种花。十日山行频遇雨,停车闲与话桑麻。

看山未践连云约,题壁偏留印雪痕。五月昌江天溽暑,薰风不与解烦温。

> 在平意境怫悒,诸咏借资排遣,不敢言愁也,此微及之。
> 刊送讲义,店壁多贴者。

---

① "玉糁羹",原作"玉白糁",据刊误改。

早年下第刘蕡策，此日监门郑侠图。上德未宣情未达，劳劳身世笑迂儒。

　　　宣讲能通积闳之情而萃已涣之群，必凭借权限，以真意组织，始为有益。然岂易言哉？

闷中频进迂辛酒，客里闲吟许卯诗。在侧二豪殊扰扰，洞仙世外绝訾諆。

　　　机事、机心，为好行小慧者言也。若"毒手尊拳，交相暮夜"，当局顾泊然若忘，老苏所谓"机阱伏于肘腋"，可危之甚者也！

汉家将相溷风尘，淮市逡巡圮下嗔。卑屈有时浑妙用，英雄原不类常人。
三章首解嬴秦法，六艺勤搜孝武书。制度西京原蔚炳，休将黄老薄清虚。

　　　自老氏守雌，举天下习于卑屈浇涊，甘为辱贱，不顾机深者以阴柔行忮很，而祸乃益烈。《箕畴》系弱六极，而《大易》阳刚为君子，可思也。　　天后酷吏之祸，搢绅惴息。师德唾面，有为而言，不可为训。

迂疏究竟非儒术，深刻相原出道家。海外别输新学说，专凭意蕊灿奇葩。

　　　西学由虚入实，本坚忍以臻精微。故上测天空、下探地窟，旁究水火光电，而用乃益宏。影响所被，国家收富强之效。然必附丽事物，始有实验。若专恃意想，而不范以名义神识，所构常有一窈冥不可企及之境,以求赴其的。其于治也,有权无限,害不可胜言。今处竞争之剧,固不能钳制以愚黔首,然亦曷可纵弛以兆乱象?此非一人计虑、一时损益谓能尽善也,惟与时变通而调剂盈虚,庶乎有济。法伸民权,以养独立精神,而屡世构乱;日替藩幕,专事尚武教育,而个人自强:效验为可睹矣!圣人论学、思不可偏废,思而不学则殆矣!安上治民,莫善于礼。礼主于敬而基植于学,整齐严肃之中,裕宏毅重远之略,可以砥身,可以强国。故《周官》以政行礼,宏纲纤目,西政不能外也。　宋儒精粹处在扶植纲常、羽翼名教,若言心言性,大段多岐。于时学派所演:天资高朗者,妙悟悉近禅机;小廉曲谨之士,则收视返听,置心无用。厥状痿痹不仁,龙川当朱子时,已切言之矣!近泰西哲学谓人群由于进化,则性善之说绌;谓传达由于脑筋,天君亦百体之一,揭竞争主义,角胜天演,则存心、养心之说自废。盖宋儒主静,哲学役心于动。故格致较有实际,而逾越纵恣之患以起,不可不辨也!　道家刻深,为名、法所始。西汉武、宣,吏治近之。若唐明、宋徽皆有崇道之名,实以伎术为戏剧。宋真宗天书释惭、明世宗章醮祈福,去道尤远,于治无豫也。秦自焚坑之后,燕、齐方士大抵儒家者流,有托而逃。徐福殖民日本,设想甚奇,度必坚卓刻苦之士。又日本当唐、宋之际,从事僧侣教育。释迦舍身度世,可以赴蹈水火。风气渐渍,通国习为强忍,故尚武。宜近日本以国民教育养成军人体格,归功欧化而忘国粹所自,数典遗祖,亦昧之甚矣!按:西人谓脑筋比电气尤捷,极言传送之灵,似也。究之自家腔子里细加体验,知觉虽系脑筋,而权度究在方寸。犹之称物轻重,抑扬视乎锤。所以抑扬者,固有定盘针在也。

欲询疾苦总缠绵,生计年来不似前。笑说吾曹官独冷,爱民赖有使君贤。

桂岭宫墙纪训辞,析薪此日重留贻。先生官冷心原热,夫子墙高道不卑。先澹晚堂成联。

衰庭晚子承欢少,久客羁思作计痴。三月罗湘春又暮,那堪重读望儿诗。

　　　　同治丁卯,先公权桂郡学正,署在圣宫,东楹题联如左。先弼奉檄平江,密迩宫墙,敬志先泽,借资循省,庶几仰体训言,不至弛弃职事、妄自菲薄则幸矣！先《澹晚堂集·丙寅星沙酬赵吟箧三律》之一:"惯作星沙客,蹉跎感暮龄。薄资营冷宦,晚子续衰庭。献璞经三刖,传家重一经。少年同学者,落落只晨星。"《戊寅兴宁暮春望弼儿不至》:"家乡千里隔重湖,赖有儿曹来省吾。信说春三月定到,老人西望眼欲枯。""此去星沙接澹津,水程迢递记行频。布帆无恙湘江晚,极目天涯倚闾人。"

校书唐代重诗人,细雨南村路绝尘。此日落花风景好,我来恰喜是乡亲。

太史连营山作幕,鲁侯旧垒水环城。卧龙不与三分略,江左人才孰抗衡。

　　　　唐澧州诗人李群玉《过平江》有"南村小路桃花落,细雨斜风独自归"之句。幕阜,以太史慈拒刘表从子刘磐得名。城外鲁德山有子敬遗垒,前环汨水。

地僻最宜高士宅,山深开遍女儿花。蓝桥有路仙源近,手瀹瓶笙唤吃茶。

丹崖万丈明霞色,翠壁千寻净练纹。昨日迅雷今日雨,那知都是两山云。

洞庭北走江三折,禹穴南探岭五重。我与山灵欣识面,喝开云海矗芙蓉。

> 连云与幕阜南北相望,云气常覆其上。山有吴真人炼丹坛石室,广数丈,唐田游岩隐此。有笋石,白雪莹然,簇若蜂房,尖类削成,所谓"翠壁"也。汨水西入洞庭,水皆三折作"昌"字形,故曰"昌水"。

庭前添种檀藥竹,珍重怜才到此君。更喜平安消息近,儿孙成长接青云。

九老留题征寿石,三贤遗爱擅专祠。谢公自有东山在,堪笑吴江浪采诗。

> 唐九老题名石在幕阜山。三贤祠祀宋王文正旦、唐质肃介、元欧阳元公,皆宰平江者也。元邑诗人胡傲轩,载之《苏州府志》,盖误以平江路当之。

练习边才思太岳,艰难国计上元和。救时良相今谁是,史笔千秋总不磨。

移山未遂愚公愿,割腕宜坚壮士心。时势英雄资激发,冲霄剑气起龙吟。

> 李赞皇、张江陵,皆救世名相,设施甚伟。江陵储练边材,久任督抚镇将,边警晏然。江陵殁而用事者力反所为,九边皆债帅,又枢辅牵掣,万历之季辽事起而国遂不支。赞皇削平三镇,强藩悚息。以用兵必先理财,兵兴而度支无匮,尤为特识。宋祖置封桩库,将恢复燕云,赵普等不能赞成。至徽宗时,而小人倡"丰亨""豫大"之说,遂以阶祸。人之度量相越,岂不远哉?若明援辽,席累叶承平,遽议加饷,尤所未喻。使江陵在,而辽必无

事；即有事，亦必兵饷裕如：曷至以一隅动全局哉？三代下少完人，贴括语耳。人各有能不能，三代上才全德备能复有几？船山深恶申、韩，于李、张相业皆有诋词。有激之论，未足据也。

瓯北诗"朝有名臣见，已是衰运来"，吾乡黄工部反其语云"天知有衰运，故遣名臣来"，与近传"时势英雄"颇合。然欧西英雄能造时势，而亚东时势乃造英雄，则以立宪、共和政体各别，人才成就未可强同也。

浊醪当以《汉书》下，谰语无如楚俗狂。旁采风谣兼读史，马蹄秋水绎蒙庄。

长夏溽暑，疲于行役，因排比事实，缀为韵语。每出辄有所得，积久成帙。惟意在自遣，竞病，固未谐也。正月在省，纯卿朱观察签出通假数则，友人夏伯聃亦言之，比即遵改。然声律向乏研究，通体疵累尚多。是编本外集，过为存之。抑以切磋琢磨乃道学自修之要，惜所纠只是，然为贶已不浅矣！乙巳[①]浴沸节，斗文谨记。

---

① "巳"，原作"未"，据刊误改。

附　辑

上湘抚赵中丞论学务教务书_{癸卯八月}

窃人材之盛衰关乎学术，国运之隆替系于人心。以时艰之亟，朝廷振兴学校，本末兼赅，东西并采，规制至为闳远。又轸念民依，体恤周挚，薄海内外，喁喁倾向，岂复有所过虑？然而势趋所重，患生于忽，明昧向背之几，不可不正其本而防之微也！以学术言之，中国开化最早，学术之正，远人倾服。然人材驯至窳陋，民智益以蔽锢，非中学未善，实俗学滋诟也！自科举行，而"学"之名专归于士。所谓"士"者，仅工帖括。兵农工商皆别于士，不知有学。于是学之途隘、学之术荒，学校制湮，国家遂受其敝。今变科举，设学堂，务为有用之学，似也！然别士于学，不合四民，兼肄学者一而不学者什伯，恐僝且弱者如故也！考西国教育之科有三，曰德育、智育、体育。始于欧洲上古，历二千余年，修明讲求，粲然大备。论者谓西国富强之基实原于此，中国欲救学校之敝而起人材之衰，舍是蔑由矣！虽然，此其中有本末焉。不揣其本而齐其末，恐敝将滋甚！三代盛时，无地不设学，无人不教之以学。观《学记》所记及圣门《弟子章》，德育、体育、智育咸备。孟子言三代学皆明伦，实赅外国国教、伦理两科；四端贵于扩充，圣门德育悉本义理，灌输外国哲学家所云思想，能如是乎？至"德慧术智，存乎疢疾""大任之降，动忍为增益"，言德育而智育、体育赅焉。此圣学之大也！今欲兴学，窃谓不必过为区分，第取我三千年体用明备之学，参以东西教规，尽人尽地，归之教育，智育扩识，体育练身，尤重德育端本，民智渐开，国势可振也。抑孟子以是非言智，重在明理;智恶其凿,则豫防其弊。今西国民智虽开,弊端已伏,强权争而思想歧,平等、自由之说祸遍欧美。中国有激之论,方推衍以相述,且援日本为喻。不知日本俗虽尚武,义本尊王,勃兴之效,在彼不在此。显露伯罗都,泰西哲学家也。其论教育以义理为宗旨、心理为方法,又言离德育别无智育。《日本教育史》谓合于中国古来教法,盖鉴近今析钗之弊,思有以矫之夫?彼方挽其流而我反扬其波,不亦慎乎?抑西国之盛,近者未及百年。前此君民相争,大乱屡起,历百年未已。中国末季之酷,未闻若斯也!盖西人坚劲刚忍,民气最嚣,又负气好胜。故善用之,工艺制造,精心毅力,可以震耀寰球;不善用之,则争胜必思自由,自由必至平权。彼中先识之士,惧民与君争,倡宪法限制之;又以国与国争,为公法统治之。然宪法之立,国会持权,党祸竞作;公法之行,强弱因乎国势,虽立法而实未受治于法也。中国风气虽分南北,而畏上奉法,民气较静。惟堂廉暌远、术序荒芜,又圣学渊深、难以骤喻,文字繁重、不能尽习,故志以偷而识日蔽。论者谓西人之言学也尊今,中国之言学也泥古。惟尊今,故才智开明、屡变益上;惟泥古,故意识拘狭、进步未遑。究之,纲常民彝,国所与立,根本所在,无古今中外一也。苟汲汲民智之开而不务之于本,恶分之严也、以为压制,忌情之郁也、流于放恣,徒取外人已然之迹、偏胜之效,不论质性、政俗相宜与否,屑屑焉心摹手追,恐蔽塞未开、祸患已伏。各国在中国,外相联而实相忮。设乘我人心之嚣,攘地牟利,乘机以相震荡,瓜分豆剖之惨较土崩瓦解尤酷。无本之学,患必至此,若之何而不思所以预防也?昔东汉崇奖名节,冲、质、桓、灵之季,主频暗而国步无摇,魏武求士,弛跅士习始渝。究之,治国安民之略未遒,而虚无纵恣之患起。六季,朝士视君国如奕棋,江左一隅迄为北朝所并。唐代天策之英,二三文士外,大半北人。终唐之世,东南人才衰乏,积渐然也。北宋振兴儒术,南宋表章正学,于是士皆砥砺廉隅、赅贯体用。前明迄国朝,东南事功节义,炳焉称盛,学有以兴之也。盖纲常名教之寄,即在平淡无奇之中。虽沉潜高明,各视所诣而出处本末,成就较有可观。且经常之说,尽人饫闻;人心向正,中国恃以不蔽。今处竞争之世,为正学绝续之交,抑人才盛衰所判。设少年根本未植,浮慕时尚,顽锢腐败之目既群相姗笑,改良进化之名复有以歆之,势必西学未谙、中学已亡。乃至语言文字,国家荣名、威权所系,亦如衣服居处之竞相慕效,相沿既久。或如波兰禁绝土音、印度废弃宗教,正学沦胥、人材歇绝,变迁之酷又不第盛衰已也!或谓学堂之兴,虑根本之荒,先之以经而宗之于圣,重在德育。不知中国之士好为务名而锐于趋时,昔齐俗夸诈、越俗轻猜,以为管、范之治使然。然礼义廉耻,张为四维。生聚教训,期以十年,又曷尝不务之于本、卒之有应?不应者,性移于习,而令从所好也。曩者,国家取士,经策并重,积久浸成虚文。设明经宗圣,今虽明立科条,而风会所趋,渐昧本始。蔽锢虽开,识解或歧,以为文明别有极点、忠孝未必美名,即尽人皆学、合群以教,且恣使就学、就教于外,恐宗旨误会、主张或过,意气竞而议论淆,世变尚忍言乎?故曰"开智必本兴学,而兴学贵于知本"。以人心言之,自华、夷互市,中国人心大异。唐东城老人曰:"长安少年有胡心矣!"今少年岂惟胡心哉?揣摩钩距之术熟,而约束整齐之具穷。风潮起于大陆,中国受其冲激。俶诡倾险之士,日决眦扼挽、凌厉求伸。其说影响所被,人人有藐弁髦、裂冠冕之思,乃有瀛渤通匦谣讹、纷歧舆情,内眩国是、外输四方。冀幸有变、仰视天而俯画地者,更不知几何。斯又防之不胜防也!然而,议者或曰:"阛阓狎处之伦,见闻较杂;江海藏奸之薮,诐遁易穷。中国大矣,人民众矣!我乡里谨愿之士、耕凿作息之氓,含和吐气、咏德蹈仁。内地人心之固,结寰宇如户庭也夫,奚虑?"嗟乎!元嘉北伐中原,滴思慕之心;建炎南迁河北,鲜声援之固。人心不可恃,古则然矣,今庸愈乎?且昔人以时事浸不佳为惧,今亦知人心潜移默蚀、浸微浸渐之大可惧乎?他族之逼处亦甚矣!教案之兴、教祸之酷,愚民拙于求全、黠民乘以图利。从教向皆讳匿,今则明目张胆矣;向仅出无赖,今则缝掖搢绅有趋之者矣!以要约之故,朝廷调停迁就,原非获已。然既不能限制,复优予权利，丛渊之殴，势所必至。夫民相率从教，岂真传教之徒有所兴感而然哉？中国大患，情处于阂而势极其涣。州县与民不亲，有事至官抑勒鱼肉，民之吞声饮泣、心怨腹诽者比比矣！今见官畏教甚于民畏官，不但直者不敢曲，曲者并可使直。民情郁遏已久，有不怦怦者乎？抑睦姻任恤之谊衰，而公私扰累之事繁。今教士与为存济，互相隐蔽。缓急人所时有，身家所迫，名义奚恤？如鱼趋壑，如鸟投林。不出数年，从教者众，中国之民尽矣！夫事有似迂而行之实为切要，欲挽已逝之人心，不可不亟筹抵制之术也！自款议既就，教堂之建遍遐陬。彼挟全力、期必行者何哉？西人之谋人国也，通商、传教并重。通商仅朘民财，传教兼蚀民心。故郡邑有教堂，不啻为所属；地官名为保护，实供指挥。彼于教外行压制、教内恣逾越，聚我萧墙之众，抑扬分合，操纵使为异同，务使我民因利害而自谂从违，设浸淫既久，思想益奇。尉缭子说秦散金三十六万，六国士皆为用，其明鉴也！然则欲筹抵制之术，不清其源，徒惴惴虑民、教之衅，日讨国人教训之、申儆之，无益也！夫彼有教堂，我无教堂，情以阂而势益涣。曷若自立讲会，不必有教堂之名而隐为抵制，阂者使通、涣者使聚乎？惟讲会之设，收人心于既弛，必兼维持、联络二义。维持在民彝物则之大，联络于离披回惑之余，此非徒口舌所能争也。论者以中国圣教昭然如揭日月，何事于讲？朔望宣讲，著在令甲，奚事于会？不知演剧至孤孽艰危之迹，妇孺亦知感泣，不移时，旋忘者；乍见之，真挚无豫，切己之害痛也。椎埋剽劫之奸，斧锧在前，追捕在后，庸竖皆知不可；一转念，顾毅然为之。势所胁，则效死弗恤；利所饵，则本性遂移也。今彼教号召，大抵不出势利，而我徒持具文相劝导。文非不备也，然而所感已微矣！曩见阛阓宣讲，布席袨袆，仪观甚肃。究之，熙攘往来，熟视罔睹，未有驻足倾耳者。联络既未能豫，遑言维持。又天主福音开堂，曩时仅其徒侣，近年观听较众。彼于维持、联络二义，实能兼之。今立讲会，讲章之亲切、会约之整肃，权舆固必审。然既以维持为联络，必稍予会权。权非士民敢言，惟官为变通，使讲会收外溢之权而吾民仍各守本分，戴德畏威，无所干逾。试参酌缓急，为名实之副，备刍荛之采，可乎？郡县学谓之教官，卑冗委琐，贤者无以自见。窃谓设立讲会，会长任之教官，彼教品类淆杂，我则尽四民以广为收召。四乡多设分会，任以公正绅耆。无事问疾苦，而筹生聚欢然，有以相联；有事候有司讯鞫，教官不必预闻。惟胥役苛扰，应为限制。若有冤抑，代为申理，庶有司不至枉民、教官无虞侵权。此议若行，大利有四：上下之情不阂，民无疾视长上之心，官有众志成城之效。一也。硕儒耆绅有讲会以讨论、研习农工商之业，因生计而浚以新理；贫民骤受教化，茅塞顿豁，改良进化于是乎在，不第萃已涣之群已也。二也。册籍分别良莠，格心既易，迁善不觉，行之以渐；团练可寓兵制，保甲能兴警察。三也。利弊兴革，经众议而上闻于官，公理既昭，敝俗浸化，不必有下议院之名，自可复古乡约之隆；抑智识较扩、町畦胥融，民、教即有龃龉，亦能先事消弭。四也。盖人心于国脉，如谷气之周人身。人心向正，即外患荐至，譬之病久，谷气犹实，六淫自无所虞。设尽我固有人心攘夺无余，国粹既湮，种祸斯亟，奴隶悬于眉睫，国民与国家累焉相迄以尽。虚瘠而峻用劫剂，恒干亦不能存矣！惟维持、联络，提醒国民精神、振兴国民义务，激之以耻、儆之使惧、牖之以诚、真之以恒，利导既久，人将自奋。西人尝笑中国徒憾通商失利，不求所以抵制。设讲求工艺外，国货无从销西，商不禁自绝。今设讲会以固人心，邪正途分而尊亲谊明，中国无人从教，教士废，然自返。国以之强，种以之荣，斯又一利而无不利者矣！然不以为利且甚为不利者，惟至贪极酷之官吏耳！究之，彼自营私计，以官为市，见有利而瞢于害。试深长思之，若辈曷尝不利哉？教民多而教案日纷，强健几穷于应。至教祸兴，外有强邻之责，次贻大府之忧，身家勿论已。且即幸免教祸，而民、教争讼，奉令承教于教士，低首下心于教民，此中委曲之故，当官徒付浩叹，孰若教官与为？寅僚士绅，同属编氓，分有以相慑、情有以相联，开诚布公，不但无手足之掣、且可收臂指之效乎！汉宣帝曰："庶民安其田里、无叹息痛恨之声者，政平讼理也。与我共此者,惟良二千石乎？政之不平、讼之不理,以情阂势涣、官不与民亲也。"宣帝兴自民间,故言之亲切如此。今州县为古二千石循良之选,端由亲民,有明察之上、忠信之长,慈惠之师必取乎是矣！顾或又为说曰:"州县既有学堂,复设讲会,赘也！况宣圣于耶苏,例教官于教士,亵也！抑立会设堂,久悬例禁,得毋近自由之说、虑民权之张乎?"不知学堂聚庠序之英俊、讲会合乡里之善良,事有兼资、义无相悖。功令,教官无豫民事,以本省也;士人不得私立社会、干预公事,鉴明季党祸也。论者谓国家防民意多、利民事少,恒慨乎言之。究之,奸弊之丛,盛于豪猾;盟会之结,遍于江湖。斁法蕴乱,莫斯为甚,又孰能禁？夫教谕、训导,职司化民,顾名思义,分所当为。且合一国而纳之轨物,以正民俗,以定民志,官有权而民无权也。即有权,亦爱国挚念,非平权主义也,又何窒碍之有？惟此议在抵制教堂,保固自有权限,故必夺其所恃。设不深原本始,仿彼教之保护,予吾民以利益,即日为劝导,民将望望去之。匪第去之,彼教之焰益炽,子弟供役父兄,患不可胜言矣！中丞以葛、范之名贤,膺湘楚之重寄。伏读学堂条教及颁示讲义,大旨推崇正学。又整饬吏治,革州县积弊。复令校官勤为宣讲,讦谟硕画,久有成规。明学术以正人心,安内即以攘外,循斯义以理,湖湘之福、天下之幸也。抑有进者,湖南风气朴僿,学人深闭固拒,矜已已甚。自开通以来,稍稍变矣。学堂遍兴,考选之途较宽。士骤受教育,袭西学皮毛而遗弃伦理。且教科之初级未备、师范之蒙养无闻,悬一格以为程度,或匝月而毕、或逾年而毕。明如需才孔亟,躐等之心甚苦。然以浅尝为速化,谓成材可期而成效聿著,信乎？抑学者心醉欧化、借径日本,译述丛出,精编殊鲜。其有虚构事实,肆为诋諆;巧附学科,云便课本。借餍嗜奇之目,实滋好乱之心。中国以版权所在,任其流布,不知彼行权而我辱国,属在邻好,讵能无言？乃既不能争,又不能禁,于是绝秦诅楚之文皆夏校商庠之笈。现届秋闱,坊肆采贩尤驳。试竣,珍为秘枕,携归互相称述,不匝月而僻陬咸播。厥风所中,使人嗔喜失常,如饮狂酲。学术巨蠹,人心所大忧也。又永、宝、郴、衡各属毗连粤西，林薮阻深，俗尚强武。黉序则新、旧相争，乡闾则民、教互讧。今粤疆不静，楚俗多谣，稍有构扇，易起衅猜。惟学术，人心所在，豫示之的。经正民兴，邪慝无作，可以消释未然、辑安无形，大局更为有裨。某术业未深、年华易驶，冷官就铨、真除无期，非有所冀希。顷奉檄由鄂来湘，以诐说之恣、异教之横，深维积渐之由、必至之势，慨念时艰、旁皇寝兴，欣逢福星临莅、纪纲修举。湖光岳色，喜运会之聿新；墙壤涓流，益高深而知隘。不惮梼昧，敬缕区区。生三闾行吟之乡，乃心君国；缅廿周大陆之纪，惧续印波。积悃所掳，择言未审。下士颛愚，罔识忌讳。惟恕其迂戆而赐教焉，幸甚！

　　开智在明学术，合群务正人心，为庚子汉局学堂讲义。适次帅莅湘，奉檄南来，为书以呈，宪意颇不谓谬。事后不复留稿，兹检于丛残中，录之以备参考。甲辰小除，记于岳棚试寓。

　　于古今中外利弊，洞见本原，故持论有根据、有归宿，足警邪慝之心而立名教之防，非一孔之儒所能窥其涯涘。近日，守旧者拘，趋新者诞，能从根本上讨求实用，斯为仅见，良深佩慰！莲溪居士谨志。

湖北工防营学堂汉文讲堂条约庚子九月

　　一曰教忠。忠孝大义，亘古不磨。诸生以世局艰难，缱绻从戎，须知忘家为国之谊、移孝作忠之事。忠者，尽己之谓，非必策名委贽、显官厚秩然后尽忠也。统带为一营之主，哨官又统带所命，训练而约束之也。诸生宜勤加服习、励志报效，若家人之有严君、弟子之事先生，务使情意浃洽、心志齐一，上纾公家之急、下慰私门之望。《孝经》曰："立身行道、扬名父母，孝之大者也。"又曰："事君不忠、战阵无勇，非孝也。"知此而在国忠臣即在家孝子，理本一贯，事宜共勉。

一曰循礼。军为五礼之一，坐作击刺，步伐止齐，创制具有精意。今就浅近者言之：无事，堂堂之阵，正正之旗，金鼓以为进退；有事，左攻于左，右攻于右，队伍不至纷乱。大抵军礼不尚虚文，一以整齐严肃为主。诸生果能勤习操法、恪守营规，能称节制之师，斯有彬雅之观。抑诸生偕来湖湘，大半亲友，今编伍聚处，密迩朝夕，尤宜互相戒勉、循循矩矱，庶几袍泽之雅，可收臂指之效。昔晋侯登有莘望师，曰："少长有礼，其可用也已。"盖大搜以示娴习。平时无礼，子玉适与相反，礼之不可已也如是。成毁所关，可不谨乎？

一曰申律。兵贵精不贵多，道在有以教之，则纪律不可不明也。盖兵无纪律，无事骄惰，有事哗溃，虽众，无所用之。孙武，吴宫美人之战可教；亚夫，灞上天子之车勿驰。韩王之阵，背水愈奋；岳家之军，撼山更难。无他，纪律严明也。否则执冰以嬉公徒、凭轼而观战士，徒为戏耳，尚足用哉？今西操尤重纪律，凡口号旗号、阵式营制，平时务须谙悉，临事可免张皇。曾文正尝言："训练之法，不外一'熟'字。技艺熟，则一人可敌数十人；阵法熟，则千万人可如一人。"今讲明纪律，请于"熟"字外更进"严"字，盖熟能生巧而严可使整也。

一曰练识。行军之道无定法、有定形，道在洞悉机宜，宁斗智，不斗力。术贵参用奇正，则韬略不可不讲也。韬略之讲，先练胆，次练识。好整以暇者，豫娴于平时；好谋而成者，深惧于临事。古训具在，致力宜勤。抑自中西大通，时势迥异。今西北事棘，而东南防重。武汉辐毂，形胜长江，争战古迹实繁。诸生讲堂之上，宜列图以证，按籍而求。凡古人已陈之迹，悉吾辈前事之师。至枪炮器精而战守事异，近欧西战史若俄土、普法之役，纪载详备，开卷了然。资彼阅历，浚我灵明。是曰先导，非同小补。

一曰修备。备以待事，非事至始备，故曰"备御不虞，善之大者也"。本厂为制造军械重地，防营之设，所以为备。龟山踞武汉之胜、扼水陆之冲，顾盼皆足为重，有事在所必争。今彼族之盛气方张，会党之阴谋未已。现届冬令，汉上飞挽络绎，脱有奸人伺隙为患，何堪设想？且一夫可以发难、跬步皆足为阻，是不可不豫备也。备之之道，厥有二义：曰慎，曰坚。慎则持重，坚则无瑕。尽其在我，庶免疏虞。

一曰明耻。耻之为用，孟子亟言之。盖耻则思奋，必有刚大之气、坚忍之志。非第学人有事，抑为兵家要义。昔吴夫差尝用其耻矣，立庭之诵，言未终而全越已下，惜乎其气既盈而志遽荒也！古今申明大耻，用之兵事而有效者，惟越句践、齐田单乎？欈李为俘，而举国同仇；田单覆亡之余，七十余城不崇朝尽复：耻之为用大矣哉！近欧西力争，普耻受役，于法一战，而为日耳曼盟主。然法为普蹶，可败不可弱，亦耻有以激之。今列强要挟，大局岌危。凡有血气，宜深痛愤，深维国耻、激励戎行，士气既奋、众志自成。惟志在雪耻，道先自强。既不能令，又不受命，齐景所以涕出也；十万横磨，轻挑敌衅，石晋所以为辱也。度德量力之具无，息国知其必败；讲武务农之有效，卫侯终以浡兴。往鉴具在，可勿思乎？

一曰祛虚。兵，危事也，赵括轻易言之；兵，诡道也，宋襄迂拙出之。务虚名而鲜实际，其弊必至于此。盖"虚"之一字，军营最忌，诸生总宜朴诚坚忍、切实研究。凡操场技艺、学堂功课，勿为敷衍苟且之计，视若身心性命之事。若夫进锐退速者虚憍之气、外强中干者虚浮之习，以及巧捷而务工口给、荼滑而鲜有血诚，皆谓蹈虚，断难有成。开讲伊始，尤宜力祛。

一曰戒习。习俗移人，贤者不免。愚谓移于习俗之人，必非贤者。豪杰虽无文王犹兴，尚何之习足移哉？今防营新建，营主殷殷设学，冀以启牖新知、涤除旧染。宪意期待良厚，则自待愈不得轻。昔岳帅起于偏裨、蕲王拔自卒伍，皆专阃授钺、功勋赫然。诸生须知，学堂造就，非徒目前弁兵之材，务胜他日将帅之用。兴言及此，断宜自爱。若夫性耽安逸、事工欺饰，党会为逆乱所萃、市井乃卑污之薮，下流恶居，自好不为。著有戒约，无多及焉！

右学约八则，皆讲堂所学，而兵法营规赅焉。盖既以汉文开讲，所以植厥根基、泽躬尔雅，惟显示法戒、豫为程督，庶教一兵有一兵之益、习一艺有一艺之用。且尊君亲上之谊饫闻平时，正学昌明、天良激发，自不至见异思迁、徇末忘本。昔楚庄王之教国人，加之申儆；宗留守之团乡寨，励以同仇。本曩哲强武之效，为当今切实之图，勉规上进，毋辜厚望，是为至要！

　　枪炮局、工防营两学堂建于庚子七月，时南北道阻，人心危疑。大旨辨章学术，端本而不病于拘，致用而无惑于歧。历办四载，学生颇知奋勉，堪备器使。现学堂普建，文、武兼资，爰附兹约于末，以资印证。乙巳四月既望，斗文记。

跋[①]

　　捧读大作,于汉学、宋学以及时务之学靡弗研究。尤可佩者,讲汉学而无破碎之习,尊宋学而化门户之见,谈时务则不泥于守旧、亦不倚于求新,可见宗旨之正。凡所论说,均切实可行,非学裕本原而胸蕴经济者乌能及此?至碑序杂咏,辞旨高隽,犹属余事。此时秉铎宣讲,不过小试其端。时势多艰,需才孔亟。前程远大,愿共勉旃!

　　弟支恒荣跋。甲辰十二月初七日,书于岳州考棚。

---

　　① 　原书此跋无标题。

跋

  光绪癸卯，今大司农次珊赵中丞莅湘，以校官宣讲为开启教养之钥。甲辰正月，汪君斗文司铎平江，于其行也，重以相属。鸿勋适奉檄会筹学务，君方履任，见其开始讲义并下乡规条；冬月至省，获读全编。其言折衷古今、斠校利病，为平人教养计者至纤且悉，而盱衡事势，恺挚动人，于乡士大夫三致意焉。盖本形式以求精神，凡事期有实济，故言之深切如此。乌乎，可谓贤矣！抑余重有感者，尧舜以来之政学，递传于孟子，当七雄力政、天下云扰，所称述诸侯王者不外教、养两端。正德、利用、厚生，《五亩之宅章》尽之，而谨庠序、申孝弟，则合劳来匡直、辅翼振德为一义。盖政与教合，救衰起敝之要莫先于此。后世官、师职分，吏奉行文书，上与下不亲而教、养胥失，浸淫至今。海外诸国挟其至富亟强、整齐画一，乘中国之虚，凌厉不可复制。瞀儒骇于创见，欲举先王道揆、法守概从屏弃，屑屑师夷为务。夫师夷诚非所讳，然立国各有本末，不求精神所在而徒为形似，庸有愈乎？抑道与时变、法因人行，居今日而筹补救，富强尚已。顾舍耕桑而空言富国，地广大，荒而不治，国谁与立？舍谨庠序、申孝弟而空言强国，则人有异心、变起伦常，而祸伏萧墙，天下事尚忍言乎？君赅贯体用，中西政学之书尝博稽之，而私忧窃计，于孟学独有深契。微弟所学之正，抑识时务为俊杰，理有至当而说固无以易也。世局滋艰，卮言日出。孟子之学，激诡之士有依傅以饰其私者。至政学宏纲，则以为迂远，或鄙夷弗屑道。学术之荒，世道、人心均受其敝。读君斯录，亦可悚然悟矣！鸿勋不敏，政学未窥涯涘，深绎宏著，敬推本孟学以发其微而广厥谊，于教养探原官师合职之旨，庶无鳌乎？君砥行于家,喆嗣珵芝学博以朴谨受知次帅,历办将弁、忠裔两学堂,经营草创,规制闳整。人服次帅知人善任,而不知其渊源世德、树立有自。鸿勋属在群纪,爰并识之,以见伦理之学权舆家庭,完全教育于人格为不可乏也。

甲辰冬月既望,澶渊董鸿勋谨跋于长沙吴门寓舍。

昌江训俗录跋

　　《昌江训俗录》者,余友汪君斗文司铎平江、训其邑之士庶作也。忆光绪壬辰春,游学湖院,与共(齐)[斋]舍,初睹其旧簏萧然、残书数帙而已。既而察其蕴蓄甚富,邂逅所知未尽,始逡巡以兄事君,而君亦以余可交,日敦情愫矣!丁酉秋,同时出院。越五年,相见鄂渚,君方主汉阳枪炮、工防两学堂。时南北艰阻、事变频仍,君鉴旧学之荒而虞新学之歧,所为条教谆谆,以矫空疏、戒奇邪、明体达用为主。间与同时诸贤议论商榷,使东南学校蔚然肇兴江汉间,君豫有劳焉。平江当洞庭之委,土脉饶沃,民气朴厚。今以教于汉上者励平江之士,庶固知其必有效也。抑政学敝而礼俗弛,吾民教养未豫,外衅起而乘之,而患乃益迫。今绎《明宗》《闲邪》诸说、《务本业》《辟利源》诸议,深切著明,可见施行,盖殷然有救世之思焉,又不独为平江述已也。君于学无不窥,而退然自下,恒若弗逮。与交,初落落难合,而意思谆笃,历久弗渝。天怀萧澹,弗屑计较微纤,遇城府深阻、礼法苛谨之士,辄以为苦,然坦怀倾诚,人亦无所忤也。为文若弗经意,顾下笔恒弗能休,论事综括古今、盱衡时势,不为恢诡可喜与夫高远难企及之论,而亦嫉夫皮傅依傍、托理学以文陋、为大言以徼诱者。盖所蓄既深、识规其大而气足以举,故粹然成一家言,非咫闻尺见者可道也。《杂咏》俯仰时会、感怆无端,举凡国计民生、学术人心、吏治边防与夫中外交涉之故,言之綦详,而一邑户口阨塞、生聚教训亦纤悉备载。盖通儒经世之作,非才士声病之学。然情文排嘉,有温柔敦厚之遗,固无螫风人之指也。少有志用世,晚就冷官,非其所好。在平意境怫郁,诸咏第资排遣。惟感次帅知遇,勤勤冀有少补。其用心颛挚,犹可于言外味之。乌乎,足以风矣! 君著述宏富,斯作特绪余。又宣讲义取质直,雅不欲存。世兄成志撷拾编辑,出以示余,以知好之素,敬志梗概。昔高适年五十以书记出秉旄节,今时艰滋亟,君年方艾安,知不为世用? 异日者,出所学以大厥施,或于余言有征也。光绪甲辰长至日,同学弟夏德渥敬跋于长沙忠裔学堂。

书昌江问俗录后

右《昌江问俗录》，安福汪先生著也。先生文章经济，卓绝一时。生平撰述数千万言，皆哀然成帙。顾以南辕北辙、踪迹靡定，尘箧残丛，几佚殆尽，然先生亦不欲以此襮于世也。甲辰春，司铎昌江，与彼都寮寀承流宣化，导民以礼，风之以乐，喁喁多士，听睹一新。又策蹇巡行郊野，进田夫畬叟勤勤导谕。故其为文也，平易朴实，不为奥博以炫宏通、不为高远以矜创异，期于蠢迪检押、旁开圣则，大氐通民智、正实学为务。仆马息肩，则就物土民情发为吟咏，于军制、财政、交涉、防守数大端确有实验、间有评论。亦著书暇余，于中西新旧之辩，区畛尽消，仍不悖近日科学之旨，可谓慎矣！自魁儒辈出，著作日繁。国朝王氏姜斋学有本原，其文雄豪迈骏，令人兴起。外如魏默深、冯林一、黎莼斋诸老宿指陈时务，一归平实，皆渊然经世之言。先生烛远洞微、旁搜广摭，陈义之高、立词之正，恍忽过之。异日罔罗烬简，必有宏篇巨制出而为一世楷模者，是编特嚆矢耳。为述大略，殿之左方，以告世之读先生书者。乙巳孟夏，门下士锺声铿谨识。

评　议

　　连日演说暨观风题，均极得开通士民智慧、鼓舞日新实业要窍。师道立则善人多，莘莘士林何幸得此？三复宏篇，无任钦挹。甲辰二月十三。

　　汪师台著《训俗》之篇，言简而赅、理明易晓，洵足整饬士习、启瀹民智、联结团体、维正人心。仲冬上浣五日，彦丞弟刘华邦谨识。

　　甲辰孟春，斗文广文权昌江学篆，大府以宣讲事重委。越夏五，余亦幸厕宰官之庭。公暇，时相过从，见其言论丰采、吐弃凡近，心仪久之。本年三月，出手编《问俗录》相示，属书其后。余读之，觉援古证今，不偏不倚，洵足益世道而正人心。至其杂咏，格调之高古、气息之深纯，尤非老手莫办。自惭不学，不能表扬万一。然既承雅命，又不获辞，爰缀数语以当寸莛撞钟之助尔。乙巳天中节后一日，古吴陈道昌谨识。

外一种：
长兴县学文牍

孙德祖撰

己　丑[①]

劝谕生员示正月二十日

为剀切劝谕事：钦惟我圣清稽古右文、崇儒重道、特隆学校、董以官师，所以为举贤育才计者，至深切也！长兴县学，自廪膳、增广生员各二十人外，凡遇岁、科两试，取进附学生员，额视大县。本学先后奉大部，选授是职。窃幸典章文物，必有可观；俗美风良，易于举职。乃莅官以来，访求学行并懋、足以师友交资者，爝余遗耇三数人外，后起之英，指不多屈。深求其故，盖咸、同之际被寇尤酷，二十年来休养生息，犹不逮盛时之半，以致比户弦歌大非昔比。至于童试取进，一仍旧额。入学较易，而学中不尽通才；幸获一衿，而此外若无余事。殊不知朝廷作育人才，非但取充学额而已。上自公卿牧伯，以至百职庶司，莫不以科目为右途，而什九取材于乡校。凡为士子，期于致君泽民，以为显亲扬名地者。即使文艺优长，犹未足以竟学人之志事。昔范文正公为秀才时，志愿"先天下之忧而忧，后天下之乐而乐"，是何如气象，诸生独不闻之乎？今且并时艺之未娴，无以副宾兴之盛典，则其大者、远者更无论矣！其亦思天地生我何为、国家养士何用，小就自安，可为浩叹。兹者，恭遇皇上大婚、亲政庆典，并举恩榜宏开，正多士遭际非常、凌厉云天之日，允宜及时奋发、同沐湛恩。生等果能勉为有本之学、各呈有用之材，从此阶科第以建功名，使论者交推名世之英、归美胶庠之地。本学一官承乏，与有荣施。至于学中文、

武并列,虽经义、韬钤,致身或异,而文经武纬,殊途同归。诚能以礼义为戟橹、以忠信为甲胄,则公侯扞城,非无上选。业已进之宣圣之门墙,何可自外熙朝之乐育?本学分属师生,谊均子弟,不胜愿望,用布腹心。生等其各竭尔才、敬修厥业,以仰承圣世之栽培、以无负具官之勤恳。勉旃毋忽,有厚望焉!切切。特谕。

申诫生员示同日

为申明诫谕事:窃惟学校为国家养士之区,学官有董率诸生之责。本学自莅此邦,具见文风衰茶、士气凋残,深用疚心、不辞苦口,业于本日恺切谕劝。尔诸生天资颖敏、禀质秀良者,自能曲体恫瘝,交相策励矣!至士习之弊,有亟宜申诫者。钦惟世祖章皇帝《钦定卧碑》,谕禁生员不许干预他人词讼。粤我圣祖仁皇帝《圣谕十六条》,世宗宪皇帝衍为《万言广训》,于和乡邻以息争讼、息诬告以全善良,尤再三致诫。凡有血气者,胥在涵濡闿泽之中,皆当佩服祖宗之训,何况尔诸生倍承教养、特荷匋甄者哉?乃以本学所闻,吾学中读书明理、奉公守法者固不乏其人,而恃衿妄作、荡检逾闲者亦往往而有,大抵不务本业、无以自存,甘居下流、罔知自爱。而其为害闾阎、尤堪痛恨者,则有告讦唆讼恶习,以刀笔为生涯,视狱讼如儿戏。愤时嫉俗者,至有"学中多一生员,县中多一讼棍"之论。言虽过激,事岂无因?本学忝司督率,责有专归,此而不惩,何以辞市恩溺职、姑息养奸之咎?又况生员犯法,罪加凡人一等,律有明条、理无幸免,一经举发、万难庇护。诚不忍其身婴罪罟,尤负疚于谕教不先。尔诸生当思"贫者,士之常",语云"士穷,然后见节义",又曰"咬得菜根,百事可作",可知士子立身,首以安贫为要。矧教唆词讼,必期颠倒黑白、耸人听闻,亦大费揣摩,孰若用此心力专治文史?昔宋元宪兄弟画粥断齑,读书不辍,大宋卒成状元宰相、为时名臣,小宋亦以文章华赡、致身清要。古人类此者,指不胜屈。任举世所习闻,可以生人景慕。借使穷通有命、富贵难求,则陋巷箪瓢、曳纵歌颂。昔贤芳躅,前事可师,但求俯仰无惭，足使身名俱泰。生等果能缅君子之怀刑、惩小人之穷滥，率循礼教、服习诗书，使乡党视为仪型、风俗由之加美，圣朝自有举优之典、用补乡举之遗。本学必当申详学宪，仰候量材采录，断不敢尸素旷官以蔽贤，当"不祥之实"。以视作奸犯科、身败名裂，为名教所不齿、为国法所必加，何去何从，可以醒悟。伏读《圣谕广训》，有曰："学校之隆，固在司教者有整齐严肃之规，尤在为士者有爱惜身名之意。"然则董率之责，学官任之；学行之修，必生等自励之也！为此，痛切申诫。务宜猛省前非，盖惩迁善。如敢视为具文、诲谆听藐，定即严加惩创、决不曲予包荒。各宜凛遵毋违。切切。特谕。

痛诫武生示同日

为痛切诫谕事：伏查《大清律例》，开场诱引赌博，放头、抽头者，初犯，杖一百、徒三年；再犯，杖一百、流三千里；生员，问发为民，各治以应得之罪。定例綦严，凡在士林，宜如何怀刑守法！本学自莅此邦，访闻学中武生颇有染于旧俗、以开场聚赌为业者，明目张胆、肆无忌惮，在该生等固已自居鄙倍、甘入下流。殊不知国家设立学校，文、武并列，所以教养而裁成之者，一视同仁，本无区别。本学仰惟朝廷育才之至意，到任以来，凡武生之循分进谒者，无不加之礼貌、同其诱掖，并不敢意存轩轾、于尔等稍有菲薄。所期人知自重，因之默化潜移。乃迄今已及数月，莠习犹未闻尽革，此则本学最所痛心疾首、引以为己疚者也。尔等即不自爱，其亦思"武生"二字作何讲解乎？夫名之曰"生"，则固与文生同居士类，高出庶民之上；谓之曰"武"，不过以马步、弓刀为其本业，重在武艺，将使之顾名思义，亦非有所鄙夷也。四民之中，农工商贾占一业以为生者，尚不敢一日辍业以嬉，何况骑射技勇，方且以之效用于国、显亲扬名，尤一日不可荒废者乎？今且舍之，不复措意，而甘为博徒。无论博徒之名至丑而其为业至贱也，第论其居心不外乎夺人所有、以为己有。其形迹直类于寇攘，而又不可以必得，势不能不出于局骗；而又不可以为常，势不能不出于引诱。于是乎为所引诱、被其局骗者，势必至倾囊倒箧、磬其所有，有产者斥世产、无产者举重息。迨至业空债迫、水尽山穷，其强者作盗贼、其弱者死冻饿，其顽者为穿窬、其懦者经沟渎。人命劫盗大案，往往由此而出，为害何可胜言？即不至于是，而嗜赌者流，类无不亡魂失魄，多有老父迈母弃而不养、妇啼子哭忍而勿恤，陷人于不孝不慈、非复人类，得不谓开场聚赌者为之罪魁祸首乎？言念及此，即使国法森严，有所不顾，独不能为被害者设身处地、稍存恻隐之心而有所不忍邪？又况害人者还而自害，漏脯救饥、鸩酒止渴，非不暂饱、死亦及之，天理昭彰、豪发不爽。尔等试观开场聚赌者，有身名安泰、子孙昌盛者乎？本学职司谕教诸生，虽分文、武之名，皆有师生之谊。为此，不惮痛切晓譬。务望翻然悔悟，各各勉修学业，以图上进。即或自分才力有限、难期远到，则农工商贾，尽可就便自占一业，以为生计。孟子曰："矢人岂不仁于函人哉？矢人惟恐不伤人，函人惟恐伤人。……故术不可不慎也。"尔等但能存一不忍害人之心，天道福善，必无困穷之理。与其处心积虑作此恶孽，隐干天谴、明犯王章，何如安心立业、勉为良善？虽置兔扬鹰，不必尽登上选，要使不辱"武生"二字，亦足当本学优礼而无所负。倘经此次谆谕，犹复不知改悔，则是冥顽不灵、万难感化，断不容其忝窃衿裾、秽我庠序，惟有指名详革、照例治罪。各宜懔遵无违，毋谓言之不预也。切切。特谕。

酌停填补考课谕 二月初一日

谕书办知悉：据呈，考课填补旧卷，请示开课日期。查此课缘起，前府宪丁原为讲求实学起见乃课。历数月，各卷大半泛不切题，则于躬行实践豪无裨益可知。兼有"生员锺骏翔等渎请均分若溪书院膏火"一禀，奉宪批痛饬，有曰"词同刀笔，并无纯良气象，徒负培植之心，此种生徒多一人即多一讼棍"云云，实为洞见隐微、词严义正。本学莅此，万不容以谕、教两言为分外事。然立志惟求实效、不骛虚名，似此有损无益之举，深所不取。诸生果有高才硕学，究心《五经》《四子》之书，确有见地，身体力行，则应制时艺，功令以之取士，实为诸生进身之阶。本县书院讲舍，月无虚课，尽可切实发挥，各抒学识。所有填补考课，相应停止可也。

生员胡俊人等犯斋禀讦详文 附夹单。二月初五日

为申详事：窃据长兴县属湖郡，素号大邑、俗本善良，自遭燹难，老成零落、风气日偷。在学文、武生员，安分守法者固不乏其人，荡检逾闲者亦正复不少。卑职自去冬到任后，检阅新、旧各卷，局赌唆讼之案不一而足。伏念职司学校，董率是其专责，犹恐到官日浅、访察未周，举报优劣，例准声明展限。是以先后接见诸生，必备举所闻、分别劝诫，切谕以有则改之、无则加勉，庶几驯良者振兴鼓舞、顽梗者革面洗心，所愿禀承上宪主持风教之闳纲、奉宣圣代作育人材之至意。此其区区忧悃，矢以寤寐勿谖。不意本月丁祭之前一夕，乃有附生胡俊人、费昌言、费增，武生钦增祥、朱思贤等叩关禀讦佾生汪荣章，指攻冒籍，坚请立即谕革。惟时，卑职正在蠲洁斋居，坐待质明行事，当以文庙释奠大典。生等据偶前来与祭，宜如何恪恭严肃、各展精诚，即有切己之事，尚不容搀越投词、有干斋禁。至于清查籍贯、预杜冒考，例由廪生识认保结，责有攸归。生等附列学籍，惟应专心一志、修学励行，事不干己，断不容妄有所预，致开告讦之风。剀切晓谕至再至三，乃该生等犹复哓哓争执、不可理喻，意图允准、词近要挟，势不遂，其借端索诈之私不止。卑职访得县属险健成风，时有衣冠败类潜结党援，遇事生风，欺良压懦，正在开诚告诫，谕以有犯必惩。该生等敢于联名禀讦、挺身尝试，则其平素不安本分、为害闾阎已可概见。自非亟予惩创，虑亡以肃胶庠而端士习。见据武生朱思贤叩偶"所控情节原未详悉"，牵率列名非其本意，立时吐实，尚知畏法，似可暂予摘释，责令改悔前非，当将原禀详悉批示。其生员胡俊人、费昌言、费增，武生钦增祥四名，除牒县查取该生等有无在县控讦及经人告发案件外，合将附生胡俊人等干犯斋禁、联名禀讦、意图借端索诈各缘由，

先行据实详请宪鉴施行。

再禀者：卑学佾舞生一项，传讯各该廪保，金俩"廪生等先后遵例保充，预备供事文庙，具有切结，并照向章声明，不应童试，由学详奉前宪台批准，并蒙分饬毋庸入册"，在案。卑职覆查旧卷及历届岁科试册底，实在从无佾生投考。博访绅耆，亦与各该廪保所俩相符，似不至有冒籍、冒考情弊。兹据生员胡俊人等禀讦汪荣章，检查佾生名册，并无其人，其为捕风捉影、妄肆攻讦尤显而易见。卑职到任未久，卑前学任内果有冒滥，无所用其回护。惟念教职为谕训诸生之官，诸生于教官即有师生之谊。卑前学设有失察之处，该生等虽不应干预，然苟能确据所见、切实面陈，无论其心为公为私，其于学师尚不失为诤友，而足资砥砺廉隅之助。乃必俟其去任以后，始行告讦，使所控果实，卑前学亦不能辞应得之咎。此风若长，深恐劣衿学霸气焰日张，任教职者非但畏其要挟于目前，亦将虑及报复于日后。即有实心任事之员，确见合行记劣之辈，势且逡巡瞻顾、不敢过问。其为学术人心之害，诚非浅鲜。驯至黜劣之典虚县，劣生益无所忌惮，而士风之日坏，振救愈难措手矣！前项既据各该廪保具有切结、历蒙前宪台批准之案，并声明不应童试，奉批概不入册，于考试大典不致关碍，似未便以劣生攻讦，琐屑吹求，致滋纷扰而长颓风。除严饬各该廪保于嗣后投考童生遵例识认、切实保结，仍由卑职详加稽察、力杜冒滥外，该生胡俊人等禀讦一节，可否无庸置议之处？卑职为顾全大体、防维流弊起见，是否有当，合再禀请训示遵行。

三月十一日，奉学宪潘批"据禀具悉。该生胡俊人等，于致斋期内，纠人赴学讦控不干己事，殊属罔知礼法、不安本分。理应黜革，姑从宽，暂予停试一年，以示薄惩。该教官仍随时察看，果能改悔安分，详候核办。缴"。

谕饬欠考生员勒限补考告示_{九月初一日}

为谕饬事：伏查《学政全书》，内开"乾隆十年，奉上谕：直省文、武生员，三年岁考一次。若临场不到，即行黜革。其游学、患病者，皆取结开报，限三月内补考，违限者分别降黜。定例綦严，所以考优劣而示劝惩也。近闻各处士子任意迁延、屡次欠考，此风渐不可长。嗣后，无故临点不到，即行黜革外，凡系病假生员，其上届开报者，下届果系游学未归、患病未痊，该教官查谳确实，再行详请展限；一俟病痊、回籍，即送补考；如欠至三次以外，俱不准展限，竟行黜革。钦此。嗣于乾隆二十七年，续奉部议：生员三年岁考一次，其文字之妍媸、品行之优劣，劝惩攸关，与官员考察大典相同。设有不到，即应黜革"云云。仰见国家育材、学校所以严立章程者，原期其置身庠序、无荒学业。该生郑揩熙等于本届岁考已经欠至三次，兼之试前并不呈明游学、患病等情，本学并无从查谳是否实有事故，节经一再严传，仍敢置若罔闻，胆玩已极，不得不照例详革。实恐积成疲敝，学规日就废弛，势且靡所底止，非故为操切也。兹奉学宪潘批示"仍予勒限传催补考"，合再饬传，并行严切晓谕。该生等务宜仰体上宪格外矜全之德意，速将欠考缘由切实结报，依限请补，以凭本学确谳得实，转乞宪恩收考，毋再延缓。至生员邹琪等，试前并不呈请病假，即系无故临点不到，照例亦应黜革。本学念其欠考一二次不等，究与欠至三考者有间，是以分别附详，一体饬查。至今延不呈覆，其为玩误则同，自应一并严传。如再不据实结报请补，亦惟有照例详办。该生等须知宽典不可屡邀，慎勿迁延自误。切切。特谕。

拟请宪奖监工绅士禀_{九月廿八日}

谨禀者：窃卑学年久失修，崇圣宫及名宦、乡贤祠，明伦堂倾圮尤甚。卑职自去冬到任之初，目击情形，无日得安寝馈。嗣于本年春间，商同本县谢令焯鋈倡捐，择要兴修。查有本县绅士，监生杨春荣、理问杨步蟾、附生吴师洵,好义急功、实事求是、延采众论、委令监工。溯自四月十一日开工以来,该绅士等随同卑职常川工所,中经长夏,往来骄阳烈日中,不避酷暑,兼之任劳任怨、事事精核,不妄虚糜一钱,实属异常出力。该生吴师洵并随时问业,先后所呈文字饶有才气,允为可造之资。本年岁试,该生及步蟾之子杨毓琳并蒙宪恩,取列二等,准其以岁作科,一体恭应恩科乡试,由卑职德祖捐给考费,以为鼓励。旋据该生吴师洵面禀"工程紧要,情愿不赴乡试,并将所给考费缴还",似此公而忘私、取与不苟,尤为卑学不可多得之人。见在所有各工将次告竣,傥该绅士等始终一节,可否准由卑学具详仰乞宪恩,将附生吴师洵特予注优,并将监生杨春荣、理问杨步蟾兄核赐匾音,饬由卑学会同谢令敬谨摹制、给领,以示奖劝。理合先行禀请宪示遵行。肃此,祇叩钧安,伏惟慈鉴。

　　十月初十日,奉学宪潘批"如禀办理。缴"。

职员徐梧禀批十月廿五日

　　据禀,生员吴学知即菊生在家聚赌。查得好赌为学中武生恶习,文生沾染此风者尚少。前经专行痛切告诫,大张晓谕。吴学知系属附生,自必通解文义,不应豪无感动、甘居下流。至所俪"日夜沸腾,邻里不安",此则宜为乡党所不容,何以仅由该职挺身与校?更难保无启衅别故、架词耸听,姑候饬查覆夺可也。

生员吴学知禀批十一月初一日

　　前据职员徐梧禀控,业经批示。并访得徐梧即金宝,其胞弟武生徐桐即银宝,积惯开头放赌,叠次破案,由县提讯属实。该生禀诉各情,不为无因,自应据实详办。查《卧碑》,首列"生员之家,父母愚鲁,子既读书明理,当再三恳告,使父母不陷于危亡"。此案,该生虽属妄被反诬,究因伊母起衅。该生既不能感格于先,又不能弥缝于后,实亦不为无过,合行严饬。嗣后,务宜用心几谏,感以至诚。如伊母始终自恃女流、任性肇事,惟该生是问,毋谓言之不预也。

与谢建臣大令书十一月十五日

日前,因案饬送武生周庆丰到学,旋据该生呈诉,并请讞手指受有余妇咬伤,叩求牒请归案讯究。当饬其廁身庠序,罔知自重,即有亏负,亦属咎由自取。仍谕令从此安分守己,无负贤父母格外矜全之德意。除不准砌词渎诉外,责取切结,嗣后谅不致多事。惟结中未将保辜一节叙明,有背尊指。第念原告伤本无它,尚非紧要关目,不妨从略。兹将结文送案,附存备核。该生虽籍隶府学,敝学例准就近约束。将来万一再有违犯,务望随时移会,决不概从姑息,博取宽厚之名。此其区区之隐,定在烛照,理合备文牒送。以先未奉有来文,并图取捷,以免逼岁案悬、谬附通才,当亦知我者所深许也。

晓谕请振各生告示十一月廿六日

照得今岁江浙秋霖成灾、民间困苦,早蒙抚宪据情入告,感荷皇太后颁发宫中节省巨金,并钦奉特旨,拨帑行振,要以力田逢歉、饥寒交迫者为最急。此次灾区尤广,据本县官绅清查,长邑被灾土、客民户已多至七万余口,虽沐恩膏,犹恐难以遍及。赖县尊谢出身科第、嘉惠士林,业经移会本学,行查实在贫生,拟于万难筹措之中,设法拨款分润。本学到任甫及一年,穷乡僻壤,耳目势难周遍。除真知灼见外,严饬书斗确切举报,并分投延访绅耆,期无冒滥。此其苦衷,莫可言谕。节据生等纷纷呈叩入册请振,其身家殷实、为本学早经知悉而妄行渎请者已不乏其人;甚至有衣冠济楚,敢于挺身面渎,接谈之下,酒气熏人,尤为不知大体、罔顾颜面。廉耻道丧,殊堪痛恨。为此,恺切晓谕。尔等须知上宪恫瘰在抱,际此国帑支绌之时,不惮为民请命,至烦圣母深宫垂恤、损膳施恩,良由我皇上宵旰忧勤、感乎慈鉴。

即在草野颛蒙,少有天良,犹应感戴深仁厚泽,不忍以稍能自给之身家,与鸠形鹄面、流离沟壑者争此苟延残喘之升斗。又况此款尚须禀候大宪筹拨,为数若干,未有把握;即由本县官绅创捐协济,其果有急公好义、踊跃输将者集成巨款,更难操券。尔等文生,既服习诗书,当知有廉节;武生亦名在庠序,有异于凡民。县尊谢不俟尔等控告,业已筹念及之。尔等所当仰体贤父母士民一体之忧,静候本学查明应行抚恤各生,造册牒县,照例由县尊核准详奉,移拨实数若干到学,即行榜示,按名实发,不准吏胥中饱刻扣丝豪。至不应在振而妄行渎请者,分别查准查扣,事归实济。所扣各生,姑免另榜示饬,以全体面,尤宜自反知愧,毋任琐渎。切切。特示。

申谕请振各生告示　十二月初四日

　　照得天灾流行,国所时有。地方肥瘠、帑藏盈虚、与时消息,读书明理者所宜知也。本学籍隶宁、绍,粤寇之难,较湖属为轻。现在情形,固难一律而论。然如道光廿九、三十两年绍属水灾,不下今岁。本学孙业已就傅,及见先君子创捐千二百缗,并亲历近乡、手写户口,以辅官振,而凡在学生员请籍贫生、别行抚恤者未有闻焉。虽今昔不同、方俗各异,本学费所闻于宁郡者,大率不甚悬殊。是以本届于诸生纷纷呈请振恤,深为骇异。比及访知长邑旧例,但据生等自行呈请,无不一概入册,移县拨款,均匀散给。是以此次所有生等呈禀,初拟一概收录,以俟照旧办理。嗣见有衣冠济楚,决非寒士,挺身面渎,侃侃而谈,以为分所应得。始知生等习染旧俗,呈禀殊不足凭,而又仰维国帑支绌,不容冒滥,不得不博访周咨,以冀实贫者可沾实惠。业经恺切晓谕,在案。生等试思,本学到任未久,豪无惠及生等,方且扪心抱愧,正可借此以要结士心,抑且少费几许心力,何苦不出于此而必过为刻核,即准以本学乡郡士俗,不能易地皆然?本学虽禀性迂疏,亦万不至固执一隅之见。惟念民俗之善良,全在士林之表率。使学中人尚不知顾名思义,惟以苟得为务,则无知氓庶又何足责?势必仰负深宫损膳施恩之德意，暨我皇上宵衣旰食之深仁，而卒至于不均不平，开刁民纷扰之渐。本学即昧尽天良，惟知市恩沽誉以为身谋，独不畏上宪明察、万一推求祸本、治其溺职之罪乎？除已将查得实在贫生造册牒县并面商格外筹恤外，为此，再行明白申谕。其各谅我苦心，同回善俗，不任盼切之至。特谕。

请惩闹仓生员详文 十二月初五日

为劣生恃党闹仓，详请分别黜革、注劣事：伏查长邑旧有东、西两仓，积谷备歉。东谷仓为客民积储，前署县丞陈焘一手经理，县人无从干预；西谷仓系土民分区捐积，向由县绅承办，见已遵旨散放，按区招领。此项积谷，原为预防灾歉，周济贫民。至在学贫生，经本县谢令焯釜移知卑学清查，另行筹恤，在案。乃有积欠三考劣生张百忍，以在城平定区第一至第九各庄居民务农者少，应振之户无几，尚未给领，该生胆敢倡率附生胡俊人、钱征祥、孙承祖、邵爱棠、钦厥勋、王毓瑞，武生吴鹤龄等到仓，指款勒索。该绅等素悉其人品不端，意在侵吞，不便给领。张百忍等居然恃党肆闹，裾毁绅董冯敬承衣服，妄行詈辱，勒索洋银二十七圜，人各侜分三圜去讫。以致附生费昌言、费增效尤继起，续取洋银六圜。该仓先后取有领状两纸，计十一人。内监生钱鎏一名，系钱征祥之父，并不在场，由该生捏写，以便多得一分；胡俊人家居别区，势难有分，领状捏写族子童生胡雪名字，本人亦并不知情。该绅等临时既不行知会，事后犹复隐忍，未经告知，并由卑职风闻，访查得实。地方钱谷，事有专司，卑职原不应思出其位，何况际此振务棘手，但使当事者抚循有术、弥缝无事，更不容别生枝节、致滋纷扰？惟念该生为卑学理应管束之人，加之近在同城，横行至此，安保不酿成他衅、有碍大局？卑职虽至愚极懦，苟求目下无事而畏事，适足以酿事。养奸有类于养痈，万一一溃难收，岂得置身事外？再四思惟，实难置之不闻不问。再查张百忍、钱征祥两名，近以本县谢令访闻，县城大雄寺僧不守清规，照例责逐，该生等从此生心，即于前月向城西清凉寺住持平空讹索,不遂所欲,指控该僧引诱妇女入庙烧香,坚请封禁。经谢令查系诬控,批饬不行。又孙承祖一名,本属浪游无检。七月间,偶遗团扇一柄,嗣于它处认识,拾得者业已交还。该生谂知其人前曾犯案,指窃索诈,砌赃呈控。经县签差二名提讯,该生犹以玩视重案,在该县门房咆哮,逼勒添标健役。及至比告提到,又以索诈洋银五十圜入手,强请开释。经谢令当堂集讯,严饬销案。计以一扇之微,婪索多赃,甚至目无官长,至于此极,尤堪发指。其时,卑职德宗府委送考在省,势难兼顾。卑职德祖事前既不能认真约束,事后又未能即时申详,应请宪恩记过,以为昏庸不职者戒。其附生胡俊人、费昌言、费增三名,系另案详奉扣考之人,此次俯念其家贫属实,已为入册候振。原冀其从此安分守业,不咎既往。乃该生等犹复不知愧悔,实为冥顽不灵。除前详胡俊人同案武生钦增祥较为安静,仍酌予振恤,以上三名当即扣除贫生名册、先行示儆外,其武生吴鹤龄闻查,禀偁"业将分得洋银三圜散给贫户",并粘单备查,尚知畏法。原禀呈电,拟请与本不在场之监生钱鎏并不知情之童生胡雪,免其置议。其附生胡俊人、费昌言、费增、邵爱棠、钦厥勋、王毓瑞六名,拟请暂行注劣,仍准卑职访查此后有无犯案,再请核办。所有附生张百忍、钱征祥、孙承祖三名,敢请一体黜革,以肃学校而靖地方。伏候宪示遵行。

　　附呈吴鹤龄禀一扣。

　　本月三十日,奉学宪潘批"据详,附生张百忍、钱征祥、孙承祖三名,恃符妄为,遇事生风,尤敢倡率勒振,劣迹较重,均著黜革。其随同勒振之邵爱棠、钦厥勋、王毓瑞、胡俊人、费昌言、费增,均著一并注劣,以儆效尤;如不悛改,再行革办。至该教谕于诸生剀切开导,殊足嘉尚;其自请记过之处,著无庸议。缴,单禀存"。

拟办欠考各生详文十二月初五日

为查明积欠三考文、武各生,详请分别给顶、黜革事:窃卑学积欠三考、例应黜革附生郑揞熙、武生沈镇方等,前经详奉宪批,格外施恩,遵即勒限传催补考去后。查得附生郑揞熙、武生沈镇方,并于道光三十年蒙前宪吴考取入学,见在老迈,无志上进,已符给顶年例。附生张裕猷久患癫痫,家有胞弟张百忍不加收恤,见由妇家如法看守,虽未经该生亲族呈报,核与给顶条例,亦属相符。以上三名,应乞宪恩准给衣顶,以免悬占学册,效尤延玩。此外,除附生张百忍另案详革外,所有附生高嵩岳、武生沈凤翔、孙秀增三名,查无游学、患病等情,始终玩视岁考大典,置若罔闻。实缘前此欠考三次各生,仅由卑前学销除名册,不行申详立案。该生等往往恃无管束,以为得计,遇考则逍遥事外,平素仍恃衿横行,以致卑职此次照例清查讶为多事,非蒙宪台核准黜革,饬由卑学遵奉榜示,虑无以挽弊俗而肃胶庠。至文理荒谬、奉牌戒饬各生王耀文、姚佐清等,至今借口欠考,各生抗传未到,拟俟高嵩岳等奉准宪批榜示开布大公后,再行传提;如敢始终抗违,仍由卑职续详请办。理合附详,祗请宪鉴示遵。为此,备由呈乞照详施行。

　　光绪十六年正月十一日,奉学宪潘批"附生郑揞熙、张裕猷,武生沈镇方,均如详准给衣顶。其附生高嵩岳、武生孙秀增,虽欠三考,姑从宽,仰再严传,限六月以前随棚补考;如敢抗延,即行详革。至武生沈凤翔,本衙门册内仅欠两考,仰即查明更正。缴"。

请革聚赌武生详文十二月初五日

为详请事:窃查卑学士风之坏,由来已久。卑职到任以来,访得最为闾里之害者,文生以告讦唆讼为业,前经择尤详办,奉宪批准行,近来稍稍敛迹,于健讼一层略有转机;至于武生,积惯开场聚赌,亦经剀切晓谕。乃有在城武生徐桐,窝娼聚赌,先后两次破案,由县提讯,责取切结,犹复不知改悔;另案举发,刻尚抗传未到。似此怙终不悛,再难姑容。除将卑职劝禁示谕附呈钧诲外,理合详请宪台察核。为此,备由呈乞照详施行。

　　附呈告示一通。
　　本月三十日,奉学宪潘批"武生徐桐,如详黜革。缴"。

上学宪夹单禀十二月初五日

　　谨禀者:窃浙省今岁水灾为近年所未有,长邑于湖属尤为困苦。业经本县谢令移查在学贫生,拟俟请款振恤。查卑学同治年间办灾成案,但凭该生等自行具禀,一切入册,覆县拨振。卑职原拟照旧办理,嗣经亲收呈禀,见该生等颇有衣冠济楚、望而知其决非寒士者,亦自偶极贫,逐队而来,觊觎升斗,一经究诘,豪无遁饰。此其不知事体、罔顾颜面,颓风断不可长。加以灾区既广、帑藏方虚,即使集捐协济,亦属杯水车薪、左支右绌。卑职何敢不为当事者通盘筹算,惟知市一己之私恩、惜一身之精力,任听浮冒,驯至不均不平、开顽民纷扰之渐?势不得不格外慎重,切实清查。除先后两次恺切示谕,并实查得文、武贫生百十八名,续查补入二名,共百二十名。博访绅耆,大致可期无滥。至长邑土、客杂处,抚绥甚非易易。见在官绅同力妥筹振济,风闻乡间尚有传单聚众者,其中难保无劣生从中主唆。卑职职司所在,自问罪何所逭?节经体察远近情形、采听公私舆论,金以乡愚多奉劣生为主谋,而乡间劣生尤视在城者为进退。要之,学生有数,责成专在学官。但使学官认真约束,若辈有所顾忌,不至明目张胆、为庶顽倡率,未始非弭患无形之一助。兹据劣生张百忍等居处城市,结成死党,积惯择肉而噬、遇事生风,无识者有所歆羡,渐有化良为莠、滋蔓难图之惧。再四思惟,惟有择尤亟行详办,逆折其萌;并肃禀密陈,务求迅赐批准黜革;并乞札行本县谢令开列已革各生,责成该令严加管束,并饬令明白示谕。嗣后,该革生等如敢再有干犯,准其照庶民一体惩责。卑职愚虑,窃以为火烈之惠,所全实多。实冀卑学生徒此后不至效尤而起、罣罹文网,胥出自宪台委曲周全之厚赐也。至积欠三考各生,亦属卑学积弊,未便姑息。其武生之窝赌,尤为闾阎大患。及此痛加惩创,或者莠去苗新,日有起色。凡此,皆经延采众论,以为刻不可缓。缕缕私忧,期于地方、学校两有裨益。即使不辞丛怨,亦万不敢过为操切,上累宪台怙冒之仁。至卑职德祖自请记过一节,分所应得,出自血诚,敢求俯鉴下忱,勉如所请,稍宽其清夜负惭之隐。此后自当力矢愧奋,万一稍有微效,仍恃恩私,核赐销去,不胜急切仰望之至。肃此,祗请钧安,伏惟慈鉴。

附呈告示两通。

榜谕贫生领振告示十二月廿一日

照得本年水灾,由县移查贫生,业经本学先后示谕,并查得实在贫生百二十名,造册牒覆。兹准本县移奉抚宪批饬:贫生请振,最为恶习,应不准行。奉此,自属万无款项可拨。惟念生等究在士林,清寒可悯,除由本学孙、费合捐洋银六十元,仍商允县尊谢捐助洋银百二十元,移送来学,以凭均匀散给,核计每名应领洋银一圆、钱五百有五文,合即榜示。各该生务即遵照,于本月廿四、廿五两日内亲诣本学,照数领取。生等尤当感念县尊谢顾恤寒峻、慨捐廉俸,所宜安分守业、表率乡间,期于风良俗美、感召天和,自兹以往,同享丰亨之福。慺慺血诚,各宜仰体无违。切切。特示。

谕奖沈生继昌许生卓元告示同日

照得本年灾振，所有查明贫生百二十名，案奉抚宪批饬，不准请振。业由本学商同县尊捐俸，通融办理，另行榜示。兹有沈生继昌，先已访系实在贫生，列入实册。旋据该生沥陈，境虽清苦，究在士林，不敢滥邀振恤，叩请销去贫生名册前来，实属束脩自爱、廉介可风。本学不胜嘉悦，除将实册该生名姓摘销外，仍于均匀散给中，将该生应得之数，由本学捐助数内扣存，作为奖励。该生虽不安受振之名，此款究由本学捐助，师生谊均朋友、推解本乎人情，与非伤惠、受岂伤廉？为此，示仰该生沈继昌刻日来学领取，仍候面询学行。如果资质可造、禀性清纯，应与详请学宪，酌加优奖，以示鼓励而资观感。毋须延逶，致负殷拳。再据附生许卓元，访得尚非极贫，本未入册。该生第闻举报，亦以义不受振，叩请察核。处境虽或不同，立志要无或异，亦属可嘉。并仰该生许卓元就便来学，以便量才奖进。毋违。特示。

谕奖附生倪继宽倪筷沈书荣告示同日

为谕奖事：照得本年灾振，在册贫生，查系实在安贫守约。业经商同本县谢捐俸，酌量惆恤，由本学刻期按名、均匀散放。兹据倪生继宽率子筷禀"请销去贫生名册，愿将应得捐助郡局振务"，又沈生书荣禀"奉父命，不敢领振，愿将应得捐助本学文庙工程"，诚为不愧儒修、可敦薄俗。除据情分移湖郡仁济堂振局及本学工程处照收外，合亟谕奖。特示。

教谕孙手书楹帖加奖：

清寒有守斯人少，慈孝传家乐境多。

右奖沈生继昌。号锦轩。父母并在，堂有五子，以耕读自给。

期回善俗求良士，愿及英年养干材。

右奖许生卓元。号金波。弱冠，可造。

安贫大可风顽懦，好善优于立义方。

右奖倪生继宽。号莲塘。子附生钱，号松孙。

非是父不生是子，遵斯道无愧斯文。

右奖沈生书荣。号敏斋。

答施衡甫先生书 十二月廿一日

书来，敬悉壹是。附到振局收票一纸，此节前经面陈忱悃，自信情理两全，乃蒙盛德斡旋及此，钦佩之余，转不任其愧惕。谨以呈缴，务乞即向局中更正尊衔；如局收不便改注，亦惟有为灾黎蒙惠者代祝福寿绵延而已。开示前撰《宁绍会馆征信录叙》，拟惠润笔，代为助振。寒斋清苦，诚不能不以笔墨为生涯。第会馆为两郡义举，蒙绍兴人也，方以初任来此，未能稍效指臂之助，以为惭负，辱征小文，谊无旁贷。况闻馆中各款正苦支诎，岂可增此无名之费？即以长者恫瘝在念，凡可以隐为周转者，无微不至。至若与人为善之诚，施及驽下，能无感入心脾？惟是一郡振务，得此不见为裕；一馆公费，出此转形其歉：蒙固万万不敢受。窃意此举，亦似在所不宜，尤望炯鉴，勿更齿及也！垂委劝振一节，体察长邑情形，溥劝大捐，犹赖省府委员雷厉风行，甫能少有眉目，尚属杯水车薪。设由蒙等别树一帜，昌言劝输，无论官卑资浅、人地生疏，蚁负一粒，势难如愿。即就学中生徒而论，其应在指捐者，未始不乐得趋轻避重、借口塞责。借令稍有所得，或恐有碍大局。且蒙等此次查核贫生，甄别颇严，业已不辞嫌怨。近日又有仓谷一案，虽非分内应办，蒙等为整顿士习、冀回风气起见，续经详办劣生数名，犹苦良莠不齐，难保无托于公事、思与有司为难者。环视眈眈，大势岌岌。目前幸而稍稍有所顾忌，不至明目张胆。然而朽索六马，时虑有衔蹶之变生于意外，防不胜防。若曹方苦学官拘束，乘此得间而入、略效涓滴，便可自居好义、责望优借。万一从此放胆肆行，即不妨就事论事，加之绳检，而转无以厌伏其心。职思其居，兼权利害，此则万难效助之实在情形也。垂询敝学贫生，振务旧由县中筹费，年终移学散给。蒙等去年到任，已届冬仲，未及饬理，曾照章办过一次。见在公项既无可拨,由县详请,又奉抚院批饬不准。蒙早经见及于此,先已偕可尊兄酌量各捐洋银三十圜。兹又商允建臣大令捐廉百廿番,通融办理。计实在贫生百廿名,每名可得洋银一圜五角。蒙等今年奉银,前已将两年捐助文庙工程,所余半年,不敢妄费丝豪。尚有不敷,零星凑集,才能如数。虽属绵薄,已竭微力。良以贫生请振,积成恶习,诚有如抚部批饬者。惟念寒畯际此凶灾,实有难图饘粥之人。此次清查所得,尤为厄穷堪闵。蒙等既食长兴之粟,则凡长邑数万户之饥寒困苦,岂容膜视?然而虚抱此心,实无此力。必不得已,则诸生师友之谊尤为亲切。循念《孟子》"爱无差等,施由亲始"两言,就力所能,勉为分所当为。终苦节衣啬食、推解无多,不能遍及灾民,寝馈抱惭,无能自解。固不敢以兹豪末,妄觊施济之名,而所以仰副垂委者止此矣!建臣大令百廿番,实系慨捐廉奉、惠及孤寒,应否存注,是在朗鉴。蒙本以菲材,方幸借末秩为藏拙之地,不图丁兹灾祲,又不能苟且偷安、置身事外。经月以来,昼则接见诸生,收录呈禀,随时体谅。得闲,仍遍诣公正绅耆,分投请教,期于分所得为者不遗余力。夕则手治公私函牍,挑灯起草,率漏下三商未已。约计先后不下万言,句斟字酌,以求有当于事理之平,而于士俗民风稍有裨益,心劬口苦,几于以血和墨。可遵兄家有老母,虽有少君随侍里居、无违色养,终不免遥望白云、心县两地。加其贤阃来此,一病数月,弥复牵愁万绪。蒙不忍事事浼其分任,坐此精疲力尽、神昏气苶。日来又感受风寒,痰癥大作,刻惟日恃两粥,深惧此后更难支持。力疾报书,草草为罪,统惟矜鉴。再,王君一节,夙仰先生德望,为令君钦佩,用敢代达尊函,请其从公断结,此后义不再提一字。缘蒙到官之日,即与令君为约,自非有关学校、例宜与闻者,决不干预一事也。王君嗣又来学,已谢绝之。盖虽明知其理直,而敝学生徒旧染污俗、多工唆讼,正在开诚谕禁。设于此稍参末议,若辈闻之,必且谓学师亦曾为讼者参酌可否;即不至公然面质,恐腹诽在所不免也。此则蒙所大惧而不敢不斤斤固执一隅之见者也。至其助振一节,彼此更不暇道及来书云云。鄙意王君方有讼累，况所控欠项未必追得，必寻诺责，似亦未安。附致区区，并祈烛照。

与谢建臣大令书 十二月廿八日

生员周恭先，以被勇殴辱，禀请代乞惩究。适以病躯，未克诣商，饬价呈候示遵。顷据传示云云，弟虽不敏，业已早如尊旨慰解矣！体察该生实为谨愿，不似好事之流，乃奉谕之下，依违不决。询据小价，始知沿途大有不识姓名之人口偶公愤，以为秀才见辱至此，从此不用读书。明系经弟惩创者借此肆其非剌，隐责以苛求士子而不能护惜斯文。弟之约束生徒，实不免操之太切。惟念目前士风之坏，几几乎不可收拾，自非痛加绳检不足以挽回风气，一身丛怨，所不遑恤耳。窃谓士习不可不饬，士气亦不可不养，必期毋使毗重毗轻，始可望其日就帖服，非不知际此冬防吃紧、深资勇力。然各有统带，其责成不异于弟；兼且各有口粮豢养，视弟之空言约束者，难易县殊。总之，劣生之与悍勇，其不宜骄纵一也。该生比已委曲慰遣，敢祈传语姚、丁二弁，将弟之苦衷、已蒙烛照者详为剖悉，切谕各勇丁。凡有涉生员之处，勿以弟之严于约束，而谓秀才从此可以陵藉；稍稍敛戢，顾全大局不少，无论弟之感同身受矣！

生员李献征等禀批 十二月廿八日

查贫生名目，专指家道实在清寒、仍能安分守己、不失读书人本色者言之。人生境遇，十年消长，贫者未必终贫。非如廪膳生员凭文考补，粮随额定所有。本县年终津帖一项，向章本未为尽善。本学去冬到任，迫于时日，不及更张，曾经照办一次。原拟此后必须准情酌理改定章程，要于周急而不继富。无论本年见因岁歉款绌，由本学商同县尊谢捐俸，通融办理，为数无多，止能姑恤安分贫生，势难人人而悦。业经先后剀切示谕，该生等不应毫无见闻。兹据禀列各生，查有已经本学会同县尊捐俸周恤者，有访得尽能自赡、无须乎此者，有另案正在详候学宪分别惩办者。即使年谷丰登、款项有著,事归本学酌办,务求实济,断不能但凭旧册,奉为不刊之典,岂容无知妄渎？既据并经禀县,仰候县宪批示,移会到学,再夺可也。

上学宪潘笺 补三月廿五日

　　德祖蠡城下士,雉校卑官。惟蚖虺臣,凤仰名卿于鸳掖;效牛马走,近依太史之龙门。拂冠剑之清尘,施蚜朦于下植。轾材自问,轩舞何言？是盖伏遇大人阁下,祥金在冶,吉玉县冰。风清筱簜,辖十一郡而肃虞庠;露育薪蒸,化三千人而恢孔篆。谓夫乡校咸储材之薮,实于匠人观翘秀之成。于是药笼在御,深、勃勿遗;必期藻鉴当空,媄、盐增饬。树风声则从隗始,加月旦而诏歌前。岂惟尺短节取,乃寻度夫侏儒;未效片长谦光,已照临乎培塿。遂使甊瓽瘦鹤,振翮芊门;濡沫纤鳞,奋鬐虬户。伏念德祖心诚慕学,齿已知非。菲枕文囿,用诅足于三冬;抗席儒林,长弥惭于一日。虽俊士、造士,谕教责有攸归;而经师、人师,表率斯未能信。抚衷增怍,受宠逾惊。惟有禀承矩篗,夜行求炳烛之明;董率衿裾,秋驾奉瓣香而拜。敢陈蛾悃,上渎鸿慈。祇请崇安,伏惟钧鉴。

上学宪夹单禀 同前

　　谨再禀者:德祖前以《金华县志》事两至婺州,伏见金华县学教谕谢骏德,尽心职守、实事求是,具有明效、士论翕然。因其今年六十初度,尝预为作叙,实惟由衷之言,尚无过情之誉。仰惟阁下激浊扬清、兴廉立懦,举凡可以宏宣文教、乐育人才者,有见必褒、无微不至。用敢渎陈,附尘清听。如蒙俯赐采内,酌予优加奖励,使两浙学官仰承风谊,争自濯磨。虽杷土为益,不足增嵩华之高;而葑菲勿遗,实隐抱刍荛之愿。至于州县志乘,文献所存,窃谓地方最要之举。书虽未必详赡,要之愈于不修。《金华县志》,前经曹令砥成捐廉兴办。德祖任修列传,及谢教谕分纂者,业于去秋脱稿。全书体制,亦由德祖草创凡例,粗具规模。以同事、兰溪县举人邓锺玉过为矜慎,未即成书。曹令夙俪能吏,具有干材,此之稽延,深堪惋惜。伏承使节夏首按试婺郡,傥荷垂询及之,该令必能奉谕敦促,指日观成。长山人士获有居今稽古之资,而凡续纂所收,幽光胥阐,溥沾波及,非止嘉惠一方已也。感沐裁成逾格,不辞琐屑,干冒尊严。无任瞻依,统惟炯照。

庚　寅①

与王振轩同年书

献岁彼此谒贺，并未把晤。伏惟道卫百顺，吉祥止止。旧年春首，惠我红梅两盆，业赋二诗言谢。以吾同年之诒，虽非华时，手自调护，不以假手奴人。入冬居然蓓蕾满树，除夕已开数萼，窃用自慰，可以无负故人厚贶也。弟颇曾涉目種树之书，培植盆梅，其道多端，寒斋地促，不能一一如法。所能尽心者，灌溉以时，时时移之向阳，使严冬常若有春夏气。而其最先得手者，剔去蠹蝎，不使暗蚀伤本；并剪去气条，不使漫无收束、轶出范围而已。草木无知，犹解人意邪？因念官此，虽曰末秩，实糜国家刍粟，岂其坐华醉月、惟以流连嘉卉为事业哉？伏承主讲若溪，风以春风，雨以夏雨。弟所当任者，同年任之。职司谕训，而诿之书院掌教，实不胜其惭恧。然犹有一线，求原于知己者。学官之于诸生，职当尽于来学，势实穷于往教。凡循分进谒者，固已殚竭愚虑，知无不言。至于切磨文字，非月课，无所借手。弟到官以来，无一月不命题传课。到者何人？同年当亦闻之。其所以裹足不前者，曰奖赏未及注明耳。无论广文官冷、奉入无多，就令尽举以资鼓舞，其视书院膏火何止霄壤？此外又有三讲舍肄业者，方且置常课于不问，举前令君创始之初所以作育人才之至意，不循其本，而惟日事较量锱铢，与有司为难。譬之此盆梅两树者，日日灌以醍醐，不至饱蠹蝎、长气条而终于无一华之可得不止。非但此也，气条

之长，一岁无华已耳，继此犹可剪裁，以待来年；蠹蝎不去，则将并其本根而伤之。此弟之所以不为妇人之仁，痛剪气条，尤以尽剔蠹蝎、惟恐不殄其种类之惧，而姑置灌溉以为后图也。才短质弱，理董振务，致为竭蹶。甫逾五十，渐形衰老。第入年以来，得此二梅点缀岁朝，一片寒毡，饶有春和景象。惟愿此间士气从兹欣欣向荣，日有起色。同年倘有佳兴，能见过欣赏、一抒积愫否？酸寒况味，葱汤麦饭，亦非叱嗟可办。何日得闲，先期报我，渴盼无似，夙谊兼荷知悉，倾吐肝膈，不直一哂。鹄候来命，优图畴叙。不宣。庚寅人日，德祖再拜。

请奖学宫监工绅士详文正月初五日

为详请事：窃卑学前于光绪十五年春间会同本县谢令焯鋆唱捐，重建崇圣宫、名宦祠、乡贤祠，并兴修明伦堂等处。各工程于四月十一日开工，节次赶办。嗣于九月廿八日，由卑学禀拟，请将监工出力绅士杨春荣等分别奖励。奉批"如禀办理"，卑职德祖并面奉宪谕"准行"，在案。兹于年内一律工竣，该绅士等造具收支清册呈送本县，备核存案。一面仍照册榜示通知，业由谢令率同阖邑绅耆谂收，实属工坚料实、毫无虚糜。该绅士杨春荣、杨步蟾、吴师洵随同卑职常川工所，时经八阅月之久，始终勤奋，众目共见，舆论翕然。理合照缮清册一分恭呈冰案，仰求电察。除劝捐绅士另由卑学面奖外，敢乞宪恩核照前禀，将该绅士、监生杨春荣及其胞弟、布政使司理问衔杨步蟾酌予匾音颁下，卑学会同谢令敬谨摹制、给领；并将附生吴师洵准予注优，量才奖进，以示鼓励之处。为此，具详申请。再查，该绅士等平居谨敕，见义勇为；此次灾振，分查户口，亦属实事求是、不辞劳瘁。合并附闻，祇请宪鉴施行。

附呈学宫工程收支清册一本。

正月十六日，奉学宪潘批"据详已悉。杨春荣等，准给予'有功庠序'四字匾额；吴师洵，准以优行注册，以示奖励。缴，册存"。

谕诫奉宪注劣各生告示正月廿一日

为谕诫事：照得例载举优黜劣，以示劝惩，原以造就人才、整齐士习。各学文、武生员，有抗粮生事、包赌唆讼以及勒索窝顿等情，校官即行据实详报，免其置议。若漫无觉察、沽名邀誉、纵容劣生、不行举报者，照溺职例办理。可知生员犯法、学师失察处分，定例綦严。本学莅任以来，节次谆谆劝诫，不啻三令五申，并将学校条规捐资校刊、按名分给，俾得从容循览、佩服勿谖，生等宜如何仰体殷拳、各修操行？乃有附生张百忍等，结成死党，遇事生风；武生徐桐，叠次聚赌，豪无忌惮。本学职司所在，不能不力肩风教，尤不容不自顾考成。业经据实详奉学宪潘批准"武生徐桐，如详黜革。附生张百忍、钱征祥、孙承祖三名，恃符妄为，劣迹较重，均著黜革。其随同勒振之邵爱棠、钦厥勋、王毓瑞、胡俊人、费昌言、费增，均著一并注劣，以儆效尤；如不悛改，再行革办"。奉此，除已革各生，并奉学宪札饬本县谢严加管束外，合行示谕。为此，示仰该劣生等知悉。嗣后，傥能安分守己、痛改前非，尚可予以自新、观其后效。若只竟罔知自爱、怙终不悛，本学亦惟有一例详革，不能废法博誉。总之，士林为风气所关，待之不容不优，责之亦不能不厚，必期挽回积习、决不稍事包荒。其各懔遵教诫、立品怀刑，慎勿视为具文，致贻后悔。切切。特谕。

上抚宪禀正月廿七日

谨禀者：窃据光绪十五年秋霖成灾，浙西尤剧。由本县谢令焯銮移知卑学清查实在贫生，以便详请拨款筹恤。伏读《学政全书》，内开"乾隆三年，奉上谕：各省学租，原为散给廪生、贫生之用，但为数无多。偶遇歉季，贫生不能自给，往往不免饥寒，深可悯念。伊等身列胶庠，自不便与贫民同给升斗。嗣后，凡遇振贷，著督、抚、学政饬令教官将贫生开送地方官，覆实详报，视人数多寡，于存公项内量拨银米，移交本学教官均匀散给，资其饘粥。如教官开报不实、给散不匀及为吏胥中饱者，交督、抚、学政稽察，即以不职参治。至各省学租，务须通融散给极贫、次贫生员，俾沾实惠。此朕体恤生员之意。若生员等不知自爱，因此干预地方、肆行不法之事，该督、抚仍应照例查察，无使陷于罪戾。钦此"。遵查，卑学向有学田三百余亩，载在志书。经燹失收，前经卑前学牒县行查，尚未规复。除廪粮由县作正开销外，其贫生一项，旧额三十六名，历由本县于租余款内年终拨解匀给。向章未为尽善，卑职于十四年十一月间到任，迫于时日，不及详核，曾经照办一次。原拟嗣后酌定章程，要归平允，不幸去秋逢歉，款更无著。既据该令移会，理宜切实清查。当经查得实在贫生一百二十名，正在造册牒覆间，续由该令移奉宪批严饬，自属万无款项可拨。抑且卑学生徒因此肆行干预者已不乏其人，业由卑职访查得实，详奉学宪批准，黜革附生张百忍等三名，记劣附生胡俊人等九名。其中孙承祖一名，另案情节较重。以事在七月间，卑职德宗奉委送考在省，势难兼顾。卑职德祖事前既未能认真约束，事发又不能即时详办，并经附详自请记过。感蒙学宪曲予宽免，格外嘉奖，在案。宪批"生员请振，最为恶习"，诚为烛照无遗，曷胜钦服？惟念该生等良莠不齐，顽梗者既在所必惩，驯谨者似不容不恤。此次，卑职查得贫生实属居贫守约、饘粥无资，情殊可悯。是以拟于十五年分卑学谕、训春夏两季俸银前经捐助文庙工程外，妄将所余秋冬两季应领俸银作为洋银六十圜，并商允本县谢令捐廉百二十圜，按名各给一圜五角，通融抚恤。所有清查散放情形，卑职拟有告示四通，陆续通行晓谕、分别奖饬，另纸呈电。惟是士风靡敝，卑职化导无方，未能一律就范。前奉宪饬，深切著明，理合遵奉。一时从权出此，尤属办理不善。用敢沥情，叩乞恩赐，严加训饬。至于民俗之善良，全在士林之表率。卑职职司所在，诚不敢不勉策驽骞，以期仰答鸿慈。犹恐耳目有所未周、文告势难遍格，难保无始终藐法、挟私上渎者，可否随时札饬？卑学实力查办，庶于士俗、民风两有裨益。俾得幸免庸懦不职之愆，不任悚息、屏营之至。再，卑职德祖于遇灾后，目击时事艰难、民情困苦，妄竭愚虑，以为善后防患之计，拟有条陈三事，不揣冒昧，附尘冰案。是否可采，并求清诲。肃此，禀请钧安，伏惟慈鉴。

附呈示稿四通、条陈一折。

上抚宪条陈灾后事宜正月廿七日

伏惟和风甘雨，固民物所同沾；金饥木穰，亦国家所时有。遇灾既虚靡帑藏，行振尤仰费苞筹。感荷劳来安集，鸿野幸免于哀嗷；然且蠲振劝输，鱼泽已虞其告竭。是则未雨绸缪，必预求夫桑土；而忧天魖管，宜勉效夫杞人者也。及今虑后，由迩迄遐，厥有三端，敢抒一得。不揣狂瞽，请为宪台陈之。

一、长兴县属堤防，亟宜饬理也。伏见邑境地势卑下，卑职到任经年，节经察视，水则极平时测谳，下田低于水面自一二尺至四五尺不等。农民惟恃有圩，以为之限。考"圩"字不见字书，出于俗制，呼仍如"斗"。盖以环田如"斗"，义有取于象形；垒土以成，配"土"旁而结体。其为土田之部，虽或大小不同，亦犹河之有堤、海之有塘，所以卫稼穑、备水潦者一也。去年七月，蛰蛟四起，长邑山乡近冲处所先已溃决成灾；至水势较缓各区，犹能抢护卑薄，车戽积水，尽力补救。及经秋季，霪雨四旬，积涨逾月，浸润酥透，人力难施，以至各圩太半倾圮，阖县几于陆沉。卑职于水退后，接见乡居诸生，必谕令协同耆老，力劝溥加修筑。诚恐圩倾过甚之区适在土瘠民贫之地，势必有资补助，乃能责以缮完。除见经商同本县谢令焯鋈一律剀切劝谕，并分投确查民力是否实有不及，务期悉心酌剂、设法筹措外，拟乞宪恩迅赐札饬该令，以此一节为灾区善后第一要义，稍假便宜，专其责成，以为将丰补歉地步。此外府县有类乎此者，似可推而行之。其在长邑，转瞬春作,全赖乎此,窃谓为刻不可缓者也!

一、被水各属虫蘖,亟宜预防也。伏见去年灾祲,始由蛟水。卑职近奉学宪面谕,敬承宪台,拟将桂林相国《伐蛟说》刊布属郡,饬令各该牧令如法搜掘。仰见宪虑周详,所以为民生国计防患未萌者无微不至,钦佩之余,几于感泣。惟念恒雨之后,恐有恒旸。溯自去腊迄今,天气融和,灾黎不至冻馁交迫,未始非天心仁爱、隐加哀护。然冬雪稀少则虫蘖必多,万一将来雨泽愆期,曾经过水之田难保无鱼虾遗卵,一遇旱干土燥,或经春乘发生之气,或入夏为郁热所蒸,皆能化为蝗蝻,甚者飞蔽天日。言念及此,可为寒心。考之载籍,质之老农,蝗类自春至秋,无时不可发到。其初生也,稚小如蚁;不过数日,渐如苍蝇,渐如蟋蟀。及此羽翼未成,扑搣尚易;稍一疏懈,长翅飞腾,难于措手矣!应乞宪恩,严饬各该牧令溥延境内绅耆,画疆分任,或饬由田主自行督率佃户,或责令保甲遍行教诫农人,凡低洼淹水、曾为水族游处之田,务宜刻刻留心细察,一有蠢动,登时尽数殄灭,俾无遗種。或云去年大水,幸在秋末,非卵育之时。窃恐物理难穷、天意莫测,即使贪天惕日,未始不可侥幸亡它,究不如早为之防,免致灾生意外、临时失措。至螟螣之属,丑类实繁,虽不至如蝗之甚,而皆足以害我嘉谷,亦宜申谕及之,必期一并扫除净尽者也!

一、江浙濒湖,水利亟宜讲求也。伏见此次霪潦,浙东、西苦雨时日大率相同,而宁、绍等郡成灾较浅者,以濒海出水通利,田禾被浸为日较短,虽熟谷不无芽蘖,尚不至尽付洪流也。卑职目击长邑乡农苦于田成巨浸,水消无日,势不能待其涸出,于是相率刺船田上,多方捞取,少有所得,蒸炒充食,暂顾目前。其为困苦,已不忍蒿目。其力不能得船者,则皆束手呼天,坐视已成万宝沦没烟波无际之中。终岁心力,腐为泥淖,无由博取粒米以充枵腹,言之尤可为痛心。遍询故老,金侜"太湖水满,潦无所归之故"。伏查同治五年邑绅王御史书瑞疏请疏通江浙水利,略云"湖州处太湖上游之最要,苏、松处太湖下游之最要。下游疏通而上游阻塞,则害专在湖州;上游疏通而下游淤滞，则害在苏、松，仍并及杭、嘉、湖三府。然则太湖上、下游之疏通、阻滞，实江、浙濒湖五郡之命脉也"。卑职諗得，去年春夏，长邑屡经霖雨，河水暴涨而消退极速，从无淹至旬日者，则以其时太湖水浅也。由此推之，由湖府入湖，各口未必尽塞，而苏、松入海之口是否全无淤滞，非履行所及，莫能悬拟。窃恐不能不有事于疏浚也，卑职亦知此役工费浩繁，际此国帑万分支绌，岂容妄议兴作？然东南财赋之区，天庚岁入，深资转漕；万一再有灾歉，关系大局不浅。可否仰乞宪鉴，函商苏省督宪、抚宪，分饬濒湖及由湖入海水道经由各道府州县，一体履勘，切实查覆，通盘筹算，会衔奏请，以纾两省五郡亿兆苍生沉溺之患，而裕国家惟正之供。是则一孔之见，不敢自问愚贱而安于缄默者也！

以上鄙见三条，勉竭愚者千虑。窃禄微员，虚抱忧时之隐；谬陈至计，实同出位之思。伏惟宪台恫瘝在念，怙冒无遗。一路所仰戴者福星，两浙正回春于冬日。固知杷土莫增岱岳之高，或冀细流幸内汪洋之度。抑愚虑尤有请者，近来州县积成疲玩，上宪虽随时随事札谕严切，往往视为具文，势必委员督办。窃以为牧令仰荷朝廷简任，职在亲民，自非醉生梦死、形同木偶，理不容罔顾民依、甘居不肖。即才识或有不逮，一经上宪指示机宜，殷拳诲迪，宜无不振刷精神、力求自效，原不尽赖委员督率。至于奉委各员，幸值宪台冰鉴澂明、优加任使，更无不奉公洁己、弊绝风清，万不至有丝豪累及地方之虑。然土俗民情，究未必尽胜于实任人员久于其地、上下相习而胥能得其要领。卑职中年道长，耳目所及，牧令之茸闒者，甚乐有委员同肩其任，但能支应无缺，不至为所挑剔。即于公事并无实际，方且容头过身、借口塞责；而实心任事者十分全力，必不能不分用于仪文酬酢之中。人生精力有限，凝注在此，必不能不疏略于彼，无名之费固在所不论矣！如蒙俯采刍荛，可否札饬各该牧令，专其责成，明定章程，信赏必罚？仍谕令首府县切实加函，遍行开示宪旨。所以不行委员者，实为体恤下情，尤在专其责任。必据奉行之是否实力、有无成效，以为考成举劾，万无宽假，毋得仍前玩忽、溺职辜恩。庶几勤能者得以专心壹志、奉宣德意，而疲茶者亦无可推诿，不敢不努力奋兴、痛洗旧习，似于吏治不为无补。凡此非卑职所宜言，所以倾沥肝胆、干冒尊严者，为民请命，迫不择言。敢陈蚁悃，妄渎鸿慈。不任瞻依，惟祈亮察。

参办锺鳌父子上学宪禀<small>闰二月初一日</small>

窃惟学官职司风教，立教首在明伦。孝悌固天性所同，学校尤观型之地。乃有出身庠序、敢于罔念劬劳，既理谕情感之俱穷，实犬马羔豚之不若，是宜亟严枭獍之防、勉效鹰鹯之逐者也。卑学附生锺莼者，浙江试用训导锺鳌之次子也。鳌家有生母，年逾八十，不念身为独子，悍然与母别居，并将伊长子、卑学廪生莘夫妇无故屏逐，责令随侍祖母、授徒奉养。莘束脩岁入无多，事畜万分竭蹶，尚赖莘妇贤淑，斥卖嫁衣，勉支菽水。鳌坐拥厚资，绝无顾恤，一任残年风烛，几于衣食不周，甚至累月经年未闻一过省视。嗟乎！谁非人子，忍忘白发？有何怨毒，誓及黄泉？是可忍也，孰不可忍？卑职到任即有所闻，续经访得事由，溺悉于莼，入其谗间。觇兹非种，志在必锄，犹以谕教不先，或冀感移于后。旋于己丑岁试，莼沐恩取入卑学后，由鳌盛具脯脩，偕来谒见。卑职当将赞仪力却，助伊瀡瀶之供，实望伊父子激发天良、有耻且格。一面属其从子举人荪传述意指，委曲开谕，仍节次传莼月课，极拟课余就加教诫，动以至情。不意时更期月，风谕百端，莼既终始抗传不至，鳌亦豪无悔悟之萌。伏读《圣谕广训》第一条"敦孝弟以重人伦"，推阐极于天理人情之至，尤引孟子"好货财，私妻子"两言为切戒。又查《大清律例·名律·十恶》第七"不孝"条内，开具"父母在，别籍异居，若奉养有缺"，皆在不赦之列。鳌具官教职、有觍面目，不思勉修伦纪、表率士民，止知舐犊之私情、甘昧慈乌之反哺，全亏子职、不畏王章，实为名教之罪人，犹尚校官之滥厕，是则木铎蒙羞、儒冠同愤者矣！谨按：世祖章皇帝《钦定卧碑》，首列"生员之

家，父母愚鲁，子既读书明理，当再三恳告，使父母不陷于危亡"。卑
职前曾手缮学校条规，刊发在学生徒，期于罔勿，力行身体。为纯者，
即使罪非由己，亦宜多方几谏，勉盖父愆。何意自居愚父之骄儿、祇
竟怙终于长恶？宪台凭文取士，鉴空衡平。至于文行是否相符，甄别
责在卑职。勘得卑学附生锺纯，罔恤祖母之失养，是谓不顺；忍陷其
父于无母，是谓不孝。至于离间长兄，见屏于父。兼有胞弟年未及
冠，正在血气未定之时，岂必一无少年之过？为之兄者，所当尽心教
诫、善全骨肉，而乃唆使伊父不加收恤，听其放荡无检、流为匪类，不
顾家门之丑、全无手足之情。此又不友、不悌之实在劣迹也。似此蔑
伦悖理，有一不可为人。犹且隐忍含容，何以维持风化？至若锺鳌
者，身非生自空桑，何至独无人性？语云："知有母而不知有父者，禽
兽也。"良以羽毛之族已不比于人，而乳哺之恩，犹能知衔感。鳌忍于
生身之母视同行路之人，通国皆俪不孝，言之可为发指。鳌出学在
先，卑职到官于后，未有师生之分，本无约束可加。惟念伦理攸关，不
容置之弗问。用敢据实禀请宪鉴，准将卑学附生锺纯立予黜革，以明
大伦而昭炯戒。伊父试用训导锺鳌，合无仰求察夺、照例严参，并分
别咨行抚、宪两司，一体核办之处。卑职为世道人心起见，不任悚息
仰望之至。前件理合会同训导费德宗合词具详，据俪训导亦自有母，
未能躬奉晨昏，无以折服锺鳌父子之心，不敢会衔举劾。查卑学见无
衙署，实难迎养，并非该训导忘亲自便。卑职前经询悉，该训导生母
年甫六旬，尚未衰迈，兼有归后大宗之胞弟，未曾析爨。伊弟前年身
故，弟妇矢志奉姑，致为雍顺。祖父遗有田产，饬由伊长子附生定燮
耕读持家，足资养赡。该训导仍节衣缩食，不时邮奉旨甘。其于天显
之亲，似属无可置议。设有隐微之憾，日久自难欺饰，卑职禀性拘虚，
决不忍一日与同寮案。迹同情异，何嫌何疑？惟既据沥情引避，自未
便强以所难，又不容以有所顾瞻，失之徇纵。为此，单衔禀劾。所有
改详具禀缘由，合并声明，敬祈电察。肃泐，祇请钧安，伏惟慈鉴。

本月十一日，奉学宪潘批"据禀具悉。附生锺菀，离间骨肉，有乖伦理，著即斥革，以儆浇风。此缴"。

谕禁生员干涉振务告示闰二月廿八日

为谕禁事：照得今届恩振、义振，节经县尊谢会同阖邑官绅清查造册，明白榜示，尽收尽放，滴滴均在民间。无论有无多寡，皆宜感戴朝廷德泽、官长贤劳，各以循分守法、安生乐业互相劝勉，使祥和之气酿为丰年，十雨五风，胥蒙乐利。至于在学诸生，大抵读书明理，尤当化导乡间、同回善俗。为良为莠，判若天渊。如有不知自爱之徒，敢于干涉振务、煽惑乡愚、聚众选事、无理哓渎，是谓胶庠败类。本学职司所在，万难置之不问；一有所闻，定即立行照例详办。为此，剀切谕禁。各宜懔遵毋违。特示。

榜谕廪保告示三月十五日

为榜谕事：照得童生考试，例由学官选择品行端正、操守谨严之廪生，令其保结，所以杜弊端而专责成也。前届己丑岁试，本学到任未久，未经甄别，以致与考童生有籍贯未清、临场扣考者。本童廪保，实有应得之咎。见届科试，理合逐一遴选，开具准令；出保廪生，先期榜示。除照例造册申送学宪、府宪察核外，为此，谕仰各该廪保知悉。务于所保童生识认真切，剔除诸弊。一经认定、画押后，傥有刑丧故犯、枪倩顶替以及冒籍跨考、身家不清等情，或经人告发，或自行败露，查谳属实，定将该廪保立即扣除，严拟详办。各宜懔遵毋违。特示。

童生不准延宕卷费谕三月十九日

为传谕事：兹据县礼书张鸿宾禀偁"去年岁试，童生卷费至今尚多未收，以致不敷办公、万分陪累。见届科试，实在无力筹垫，叩求察核,恩赐谕饬"前来。查该书备办试卷纸张、值差饭食各项公费,全赖各童卷费稍资津帖;该童生等,小试是其进身之阶,应出之费本属不容吝惜。抑且该书承办考试要公,傥因用度不给、少有延误,定干斥责,亦应体帖人情、不忍旁累。即或各童少年无识,为之父师者所当以"忠恕"二字谕教子弟,庶几文行交修、器识宏远,目前入学即成佳士、异时出仕亦为通材。本学莅此,首以士风之纯驳为己任,随时随事,不忘教诫。此虽末节,亦于人心风俗有关,合亟谕饬。此次科试各童,所有卷费,务须即时如数给发,毋得延宕诒累。该书亦只准循照向章收领,足敷办公而止;毋得挟持刁难、意外婪索,致干牒县究办。特谕。

分拟黜饬闹仓生员详文三月十九日

为详请事:窃据本年闰二月,由本县谢令焯鋈先后将武生于敬庄、附生沈书荣移送卑学,另文开具"本月二十六日,在仓监放春、加两振,有贫户孙加福、于世海、高万潮票册不符,查系武生于敬庄为之涂改。又本月二十九日,白乌区乡民到仓渎求补振,不可理谕,查有附生沈书荣在场。理合移送详办"等情。卑职当经讯据该生于敬庄申诉"乡愚迫于饥寒,虽蒙核实给振,妄希意外多得。生系伊等近邻,不合听其央恳、增改名口,实在一时昏缪,万不敢意图分肥、通同作弊"。又据该生沈书荣申诉"本日由同村附生王以庄强邀入城观看散振实情,不知王以庄鼓煽乡愚、渎请补振。到仓后,当蒙县主传问,不料王以庄闻声避匿。生先不知情,无从分剖,以致被拘。伏念生前奉父命,力辞贫生振款,感蒙奖给楹联,理应闭户读书,不负引披,万不合不问情由,听从王以庄来仓,百喙难以解免,何颜见我父师?"言次泪随声下,大有置身无地之状。卑职犹恐其畏罪狡饰,未便深信,逐节分投密查,核之陈诉各情,尚属相符。并访得该两生平素颇偭安分,牒查县案,亦无控讦及经人告发案件。虽属咎有应得,似乎情有可原。业由卑职商同谢令严加戒饬该两生,拟乞宪恩,准予贷其既往、暂免黜革。卑职仍当随时教诫，不敢稍有宽纵。至附生王以庄，胆敢唱率乡愚、到仓肆闹，加之陷人于过、临时兔脱，非但目无法纪、抑且居心阴险。卑职既经访查得实，理难徇纵。正在拟详请办间，续准县移"去年二月中，该生王以庄挟监生陈熊借贷不遂之嫌，冒认城山湾沈氏祖坟，将其墓碑'沈'字改凿'王'字，移置陈熊所买石料中，砌词诬控陈熊盗买伊祖坟石。旋据沈氏裔孙沈义成闻知呈控，并据陈熊呈诉前由，及职员蒋嘉言等公呈确凿证据各到县，当经澈底查明，示期候审。该生王以庄延不就质，以致案悬未结，请烦查照核办"前来。理合并案详请宪台察核，准将长兴县学附学王以庄暂行黜革，饬县归案审办，以儆险健而端士习。为此，备由呈乞照详施行。

四月十一日，奉学宪潘批"附生王以庄，如详斥革；武生于敬庄、附生沈书荣，既经严加戒饬，姑从宽，免予深究。缴"。

上府宪禀 四月十六日

谨禀者：窃卑职等于本月初九日面奉宪谕，有训导锺鳌呈控卑学无故扣保、无罪详革等情。遵奉之下，莫名愧悚。伏查《学政全书》，廪生保认童生，教官实有选择究举之责。本届科试，兼奉檄饬，于县考前将廪生逐一甄别。仰惟宪台慎重考试大典，训示周详。卑职等虽至愚极懦，何敢因仍积习、颠顸从事、豪无振作？查有卑学廪生锺莘，前于己丑岁试，滥保冒籍童生宋炳南、许葆仁两名，经同时廪保举首，由卑职详奉宪台，核准扣考，有案。俯念莘父锺鳌有生身老母别居废养，见在依莘以毕余年，似在矜全之列，暂且不予深究。此则卑职等过于宽纵、咎有难辞者也！又查，长兴邻县宜兴童生积惯前来冒考，临场既例禁攻讦，积弊实难以剔除。业将奉宪实力甄别，及准令出保廪生照例造册、详请训示，并通详学宪，在案。其未将锺莘扣保缘由声明，实望其从此知警，开以晚盖。此又卑职等失之优柔、咎有难辞者也！至卑学士风靡敝，以文生好讼、武生好赌为最。卑职任事以来，曾经分别痛切告诫，刻有学校条规，按名分给。犹以空言无补，不能不择尤详办一二，寓劝于惩。节次以籍灾闹仓，详革文生三名；窝娼聚赌，详革武生一名。及今年二月，又有不顺不孝之附生锺纯，经卑职德祖单衔禀准黜革。此则事关伦理，学官职司所在，尤其出于万不得已者也！查锺莘、锺纯并系锺鳌之子，鳌呈控前由，或在于此。卑职等才庸识暗，实仰赖宪台日月之明、无幽不烛，而后敢于一意孤行，毅然以风俗人心为己任也。卑职德祖犹以在学生徒多至五百余人，势难人人面加教诫。于今二月中，择取手治文牍有关澄劝者捐俸刊行。或冀苦心苦口，尽人而喻；仍恐举措乖方，在所不免。跋尾陈臆，许诸生据以面质其过，期于朝闻夕改。缕缕血诚，不敢稍有矫饰。至于教职一途，什九出身寒畯，大抵苦于官微俸薄，未免品汇难齐。然士大夫立身本末，首在明于义、利之分。卑职等方以躬修操行率先多士、互相惕励，假令言行相违，自必难逃公论。上之负惭于高厚，何地自容？下之贻笑于生徒，何颜自立？何况卑职德祖叠承雨露之恩，至优极渥？惟有及余生犬马之年，求末秩涓涯之报。此后分所得为、职所当尽，誓不以无因得谤、有所畏葸，甘于暴弃、自外生成。所有感激下忱，用敢沥情上达，并将所刻条规、文牍并另缮上年详稿附呈电察，吁乞宪恩，终始曲成，频繁教督。不任悚息仰望之至。肃此，祗请钧安，伏惟慈鉴。

上学宪夹单禀四月廿二日

谨禀者：窃查长兴考童，尚无刑丧、枪替等弊。惟冒籍一项，以邻县宜兴小试人多，入学綦难，积惯以长邑为捷径。试前既未易觉察，临场又例禁攻讦，自非责成认保，实难剔除弊窦。锺莘于岁试滥保，业经举发，若再不行扣保，其认真公事者既无以示劝，其不能修饬者更无以示惩。见经卑职实力甄别、榜示通知后，据各廪保面禀"县试前仍有宜邑童生四名来此，生等已经峻拒"。卑职访查属实，业以各该生等颇知谨饬,面加奖谕。续于府试见有两县指攻冒籍,不免纷扰。窃幸禀承训迪,侥幸获免于戾。惟前详未将锺莘扣保缘由声明,实属疏漏。至其区区鄙臆,有不能不吁乞宪鉴者。查锺莘平素品行本未纯正,兼以伊父与母别居,祖母由伊奉事,情有不甘,常常就索养赡之费,子父责善勃豀,时有所闻。卑职理宜详请究办,伏念伊祖母年逾八十,恃伊以毕余生,未免过予矜全、曲加宽假。曾历次切戒,以父虽不孝于母,子要不容失礼于父,仍劝以善事祖母,即为顺孙。所以一切含容,无非望其善全伦理。至于考试大典,断难通借。前届滥保,详府有案,照例根究,不难水落石出。如果知情贿保,该生自问应得何罪?今此仅予扣保,不追既往,虽不致徇情废法,已不免法外用情。锺莘稍有天良,似不应尚萌缺望。卑职德祖前者面奉宪谕"恩威并济"四言,勒为官箴,铭之心版。自非于法万难宽宥,何敢任意过为操切?除遵奉宪批、另文详覆外,理合沥情,仰求严训。肃此寸禀,祗请钧安,伏惟慈鉴。

会县举报封员钱江等学行详文 四月廿八日

为会详事:窃卑职等前于宪辕莅浙之初,奉有札饬,内开"各县有节行高峻、文学深通者,无论学士大夫、诸生布衣,均为开载"。仰见宪台主持风教、奖励群伦,有善必扬、无微不至。伏读雍正四年上谕,有曰:"州县教官等官为一方师长,选贤荐能,是其专责。"钦惟职司所在,敬承延访之殷,所宜勉竭蠢愚、各抒闻见。先以卑职德祖、德宗到任未久,不敢率陈。经今匝月有余,一体详加访察。查有六品封员钱江号晓峰,见年七十六岁,世居县城南门。制行清高,禀性静退。夙精灵素,隐于岐黄。施诊施药,以济困穷;利物利人,出于诚悃。自来地方官幕无勿慕其品行,乐与周旋。该封员款接殷勤、情礼周至,而乃绝口不谈公事、绝迹不入公门。其于县属健讼之风,足为力障狂澜之柱。加之义方之教,早立于家。长子候选州同用藩,前者洪逆之难,夫妇同时殉节;次子廪生福瑛,虽早年无禄,而名在士林;伊孙附贡生、世袭云骑尉荫堂,亦复承训祖庭、能传世业,孝顺为本、朴讷无华。家教之纯,乡评允协。又廪贡生邱树棠号荫轩,见年六十余岁,世居县西南乡邱家村。文行交修,仪型可式。故父在日,间有耄龄之失,能几谏以全令名。胞弟武生树人不无少年之过,能教戒,使成"善士""孝悌"之目,人无闲言。其教养长子武生炳熙、次子附生炳垣,亦具有家法,并无俗染。去年灾振,长邑不逞之徒借词鼓煽,吠声吠影,如蜩如螗。访有惟新一区,由该贡生首将"因灾滋事,律有明条"切实指示乡邻,戒以怀刑守法,仍将邻区妄控各端分别为之剖析,词严义正,言简意赅。事理既明,群疑尽释。以故当阖邑波靡之时,环所居一二十里间,无一字之告讦,无一言之非议。自非生平操行有以厌服人心,勿信勿从,何由致此? 以上二员,洵属敦本尚实、行谊表著。未有瑰奇之节,虽若易能;用回浇薄之风,不为无补。又乙酉科举人王承湛字祥生,见年二十五岁,世居县城中西街。幼时随宦粤东,多从明师指授。生有夙慧,业已早成。今者奉讳家居,绝不与闻外事。少年华胄,一无声色之娱;弱冠巍科,不以才名自足。卑职等皆尝见其所业文字,理法双清、学识并茂,词华典赡、气象光昌。其在文学一科,不愧"深通"二字。足当华国上选,讵止专门名家? 然且虚怀若谷、谦抱堪风,味经籍之甘腴、嗜问学如性命,以之励世磨钝、策驽立懦。其于"宪札饬访"一节,亦属名实相符。卑职等访求得实,意见相同,用敢胪陈,合词上达。月旦有评,仰副轺轩之采;风声所树,庶开教化之源。理合详请宪鉴,应否酌加奖进以示鼓励之处,仰祈察核示遵。为此,会衔备由,呈乞照详施行。

　　五月十二日,奉学宪潘批"据详已悉。封员钱江高年积德,廪贡邱树棠文行交修,俱足以风励末俗,均给予'里闬仪型'四字匾额,以旌其门。至举人王承湛,年富学优,不预外事,殊堪嘉尚,著给予'勉副盛名'四字匾额,以示奖励。缴"。

奉宪会县谕劝士民告示 五月十五日

为奉宪匾奖耆儒学行,示谕通知,以昭激劝事:伏读雍正四年上谕,云云。又奉光绪十四年学宪潘札饬采访。云云。仰见国家郅治,以旌别淑慝为大源;轺轩采风,寓激扬浊清之至意。本县、学职司所在,宜承举善之风;闻见既真,敢任蔽贤之咎?业于本年四月廿八日,谨将访得耆绅钱江等行谊表著、名实相符,胪陈事迹,详奉宪批。云云。除择吉摹制、躬送悬挂外,合亟示谕阖邑士民一体知悉。尔等须知,志修操行,无弗实至名归;宪奖贤才,期于风移俗易。在搢绅固为四民之望,即齐民亦必一善不遗。所愿向风慕义,革薄从忠;讲让型仁,兴廉立懦。耆老则布准绳于子弟,儒林则端仪表于乡间。其良者以孝弟为本源,其秀者用文章抒经济。自兹比户可封,树风声而永垂坊表;行见在邦必达,承露湛而同被丝纶。本县、学禀承宪旨,获效微忱,实于欢欣鼓舞之余,不胜想望翘鏖之至。其各勉修志业、体此殷拳,力返敦庞、慰余拭目。切切。特示。

孀妇王金氏禀批 五月廿六日

此案前于三月间,由增生计炳章禀偁"族侄女金宝带婢作客伊家,有锺姓来村指为王宅逃婢,当将金宝主婢交地保随同锺姓送县。恐遭牵累,叩乞存案"前来。当经密访,该生平素颇偁安分,所禀亦属实情,并无不合。并查得锺姓即附生锺震楣,业经分别存记矣。兹据该氏禀控"由朱老太婆报知,随同往彼鸣保扭送",情节不符,显有避揑,暂且不予深究。至该氏养媳,据偁"同时走失",并指为金宝母女拐去。虽无实据,尚为事出有因。控县究追,不难水落石出。何得因计炳章家道殷实、为人谨愿,便加罗织?禀中"人钱两失"一语,如见肺肝。总之,民间词讼,学官例不与闻。惟学中生徒优劣,则本学到任以来,刻刻引为切己之事,有闻必记。诚如该氏所偁,正在整饬学校,岂容劣生滥厕?然亦必须众证确凿,始行举发;断不能但据一面之词,纷纷传质,致滋扰累而开刁健。既据控县有案,仰候县尊讯断可也。

监院切谕若溪书院生童告示六月初二日

为剀切晓谕事:照得书院为栽培多士之区,膏奖实鼓舞人才之具。虽云意美,尤在法良。是以上自省府、下逮州县,所有书院肄业生童,其课卷偶有剿袭雷同,无不榜示扣除。凡以育贤智之良材、杜愚不肖之妄作而必以校官监院者,未始不借其有管教诸生之责,为便于施惩劝也。本监院任事以来,目击剿袭雷同之卷不一而足。访知从前不用扣除之例,誊榜又只合计批饬卷数附后,并不按名开列,使之众目昭彰、有所愧耻,以致沿袭颓风,效尤而起日甚一日,成为积重难返之势。甚至岁试大典,犹敢用其故技、相率尝试。奉有学宪潘牌示"发学戒饬",长兴一县多至十有余名。本监院承乏校官,谕教是其专责,虽感荷宪恩垂鉴,曲予宽贷,谴谪未加,要不敢不引以为疚,如宿疾之在体而灾患之切肤也!见在坊刻成文汗牛充栋,衡文者纵能过目不忘,势难遍加搜览。非有雷同,未必败露,足使匈无点墨之人得与真才硕学争一日之短长。夫以时彦文章较先正优劣,未能驾而上之,即不能不偶为所抑,虽或苦志于平日,犹将退阻而不前,既于鼓舞人才之道大有所妨。乃若中人之质,习见剿袭之可以逸获侥幸亦人情之常,自非优于才识、不入下流,保无误用心思、从风而靡,驯至荒其问学、勿求精进,且于官师栽植之心不能无负。又况营营逐逐,不顾是非之辨、义利之分,充此"苟得"一念,何事之不可为?至于习为固然,父兄不知诚、师友不加箴,而"廉耻"二字扫地无余,固不惟学术之深忧、抑且为人心之大害。言念及此,未尝不叹息痛恨于作俑之人,流毒于我长兴人士者无穷,而孔子之斥为"无后",盖天道之必然,非深文以曲诋也!为此,商允县尊、山长,嗣后各课卷必由本监院收齐加记,然后校阅。其前届袭旧雷同之卷,照例扣除、发还。至甄别录送肄业册底无名者，理合定以限制，一并清厘。傥实有事故、未及甄别而有志预课者，准其来学禀明、的名请补，仍于卷面填写"请考"二字，由本监院查明前此并无借名、剿袭、扣除情弊，酌与附送县尊、山长，量加采录。本监院为整顿院规、转移士习起见，一切恪遵省、府书院成例而行。业经委曲通融，以示体恤。诚不敢任贤智之德，亦断不肯避愚不肖之怨。所愿在院各生童平时奋志力学、遇课各出心裁，必期读书则一日有一日之功夫、遇课则一课有一课之进益，从此文风蒸蒸向上、月异而岁不同。务交修乎学行，以勿负官师培植之心；指远大为前程，毋但觊膏奖些微之利。本监院苦心孤诣，惟求举职，不暇求谅，而亦不能无厚望也！切切。特谕。

生员严承宪等禀批 六月十六日

书院为生等肄业之地，岂容妇女闯扰？胡钰堂之妻，无理来院滋闹。本监院业已访闻，牒县谕禁，并请据情惩办，必不使一邑弦诵之区任人蹂藉。生等所宜仰体官师培植之心力，于问学志在远大，不可因此引绳削墨、苛求愚贱。自非有关大体、理不容默者，颜子之犯而不校，孟子之横逆自反，愿生等交勉之也！

监生胡钰禀批 同日

据禀，事属细微，实于书院馆童无涉。伊妻何得听信豪无知识之幼子，挺身入院肆闹？良由平日自恃女流，习惯寻衅撒泼，以致无所忌惮。民间大案，多从微物细故而起。一世横行，难免一朝罹法。妇人有罪，罪坐夫男，律有明条。为胡钰者，常时不知管束，已有应得之咎。甚至书院规矩谨严之地，不顾是非曲直，纵令妇女闯扰，犹敢自偶"监生"，砌词来学妄渎。须知监生虽例准俊秀报捐，亦应稍知礼义，庶不致辱及衣冠、玷我名器。此案业经牒县，除合行严饬外，仰即自行投案，听候核办，无许多渎。

请补旌节孝详文七月十二日

为《长兴县志》节孝妇女，援案吁乞奏请补旌事：窃惟完贞全节，虽巾帼足以枝柱纲常；阐幽表微，惟学校责在维持名教。是故节孝荣褒乎两字，而姓字芬播乎千秋。朝廷所以端风化之原，亦官师所以为导扬之具也。卑职等猥以菲材，忝司木铎。前奉学宪、宪台潘檄饬采访之，敢不以表扬名节一端为勉效职司首义？溯自光绪十四年十一月间，卑职等先后到任以来，检寻旧牍，上及十年，举报请旌，曾无一字。盖土俗不以为可重，而激扬几至于无权。蒿目之余，疚心实甚。当于十五年二月，属绅士而广其咨询，并切戒以勿遗幽远；集书斗而资之笔札，申厉禁于需索分文。业于是年六月访得沈王氏等十口，本年二月访得徐章氏等十四口，两次移上省局，汇详请旌，并有未及年例沈高氏一口、未符年例许丁氏等二口附请宪奖，在案。谨案：同治十三年重修《长兴县志》，《列女》一门内开节烈贞孝妇女已符年例、注明待旌者多至千余十人。虽偏隅图录，亦足流彤管之芳；而蔀屋冰霜，未遍树乌头之楔。卑职等实专其责，敢忘于心？兹于本年春，奉本府锡札奉候补道邹函抄"湖北巡抚翁补请旌表罗瑚女等奉礼部议准"一折，饬即查照办理。遵即摘缮《长兴县学表节录》一帙，计节妇冯御时妻王氏等八百九十五口、烈妇从九品施立家妻钦氏等七十二口附从死三名一口、贞妇举人钱庆集聘妻王氏等六口、孝妇贡生朱志琛妻孙氏等四口、烈女朱秀姑等二口、贞女从贞女一口、孝女潘玉嗜等三口，又前明节妇锺经书继妻沈氏等二十三口、烈妇进士冯遵祖妻陈氏等十五口附从死一口、贞妇陈愍妻倪氏等四口、烈女刘烈女等二口，遵用官韵编排姓氏，于五月间捐俸刻成。正在拟详间，续于邸抄敬承宪台会同学宪潘、督宪卞、抚宪崧援照前抚宪刘奏案，请将《杭州府志》采访贞孝节烈妇女补行旌表，奉朱批"著照所请。礼部知道。钦此"。仰见宪台表彰潜德、敷布皇仁，凡在蚌蠯下逮、辀轩所莅之区，胥归采听兼收之列。伏念《长兴县志》已符年例、注明待旌各妇女等，或姓氏仅存、或事迹略具，类多人往风微、戚属已凋零殆尽，亦有单门寒族、子孙皆愚贱无知。要其开载之初，自必乡评允洽，准以杭属奏奉补旌，事同一律，未忍以无人举报，任听其湮没勿彰。用敢刷印《长兴县学表节录》四册，祇呈冰案，可否仰求察核，会同学宪、督宪、抚宪援案奏请，一体补行旌表之处？所愿励清风于两浙，与戴照临；庶几扬潜耀于重泉，永垂坊表。卑职等不任悚息仰望之至。为此，具由伏乞照详施行。

同日，详府牒县，存案。

本月十九日，奉府宪锡批"既据径详，仰候各宪批示。缴，《表节录》存"。

本月二十日，奉学宪潘批"候抚、部院察核会奏。缴，《表节录》存"。

八月初一日，奉抚宪崧批"查贞孝节烈妇女补行旌表之案，由该县暨儒学加具印结，详送核办。今该学送到《表节录》，既无事迹清册，又无印给同送，碍难核转。仰长兴县确查属实，加具县、学各结，再行详送核办。事关奏咨，慎毋忽略。切切。此缴，册存"。

十二月十五日，遵抚宪批，加具印结，牒县。

光绪十七年二月廿五日，蒙本县谢加具印结，转详。

三月十一日，奉学宪潘批"据详已悉。仰候抚、部院察核办理。缴，各结存"。

四月初二日，奉抚宪崧批"仰候察核会奏。另札行知，仍候学、部院批示。缴，结存"。

浙江巡抚、部院崧札："照得该县儒学采访贞孝节烈妇女、援案吁恳天恩敕部照例补行旌表缘由，经本部院于光绪十七年五月初六日会同督部堂、学部院，附片专差具奏，合行抄片札知。札到该县，即便转行知照。无违。特札。光绪十七年五月十八日。"

　　计黏抄片：再查，例载"节烈妇女，实系阨穷堪悯。或因世远年湮、未经呈报，尚有府县志、事迹可凭者，准其补请旌表"等语。兹据湖州府长兴县知县谢焯鋆详称"该县儒学教谕孙德祖、训导费德宗采集《长兴县志》内节烈贞孝妇女锺沈氏等一千二十八口，刊成《表节录》一本，加具印结，详请具奏"前来。伏查该节烈贞孝妇女锺沈氏等，或侍奉高堂、克兼子职，或抚存弱息、得续宗祧，或未婚而坚不字之操，或捐躯而矢靡它之志，均属阃穷堪闵、孝义兼全，洵为巾帼完人、宜沐褒扬盛典，合无仰恳天恩俯准，敕部照例补行旌表，以阐幽光而维风化。除将该学所刊《表节录》及结送部查核外，谨会同闽浙督臣卞宝第、浙江学政臣潘衍桐附片陈请，伏乞圣鉴训示。谨奏。

光绪十七年六月二十日，奉朱批"著照所请。礼部知道。钦此"。

劣生悔过详学宪文 八月初三日

为劣生悔过，吁乞宪恩核赐摘销事：窃卑学附生邵爱棠，前于去年十二月间，随同勒振，由卑职详准注劣。续经访得该生实系为贫所迫，一时误听人言，尚属初犯，平素别无劣迹。覆核全案，情罪较为可恕，兼自奉批注劣以来，痛自悔艾，力求澡雪。仰惟宪台奖优黜劣，以恩济威。所以杜无识者之效尤而起，严其化良为莠之防；尤在勉有志者以咸与惟新，开其改过迁善之路。伏查该生已丑岁试，蒙恩录取一等，序当请补锺莘捐贡廪缺。卑职以劣生例应降等，随详声叙，奉准以名次在后之蒋价拔补。该生虽有应得之咎，已足以示薄惩。见届庚寅科试，闻其有志观光、勉图上进。所有该附生邵爱棠注劣之处，可否吁乞恩赐摘销、一体收考，示以上宪权衡至当、明镜无私？士风所系，不得已而用惩；一眚能悛，未尝念其旧恶。使知盖愆者不惜湔祓之立加，庶几负疚者不至暴弃以没齿。再，去年二月间犯斋攻讦案内，详奉停试一年之武生钦增祥，奉批随时察看，果能改悔前非，准予详候核办。嗣于十二月间，其同案之附生胡俊人、费昌言、费增，仍敢结党勒振、始终怙恶。该武生独知感沐宽典、不蹈覆辙，业由卑职随案附详宪鉴。见在亦复兢兢守法、别无过犯，可否一并恩赐摘销、免其停试？期于惩劝交施，足资感创，鸮音渐革、泮水改观，有以上承仁宪弃瑕涤染、曲成不遗之德意。如蒙允准，卑职拟传该两生剀切教诫，责以卒为善士；仍当严加督察，不敢稍有回护，致干宽纵之咎。慺慺愚忱，是否有当？理合备由呈乞照详施行。

本月十九日，奉学宪潘批"邵爱棠，既经悔过自新，姑准销劣；钦增祥，兢兢守法，别无过犯，如详免其停试。缴"。

会稽马氏兄弟孝弟上学宪禀 七月十二日

谨禀者：卑职前奉宪奖长兴封员钱江等匾额，除敬谨摹制分送外，一面会同本县知县谢焯鋆、卑学训导费德宗，剀切晓谕阖邑士民，开示宪台奖进耆儒、风厉末俗之至意。凡在士林，莫不欢欣鼓舞、同声悦服。是知扬清激浊，观感为最神；而易俗移风，转移尤易效也。窃惟两浙均在輶轩所辖，一善必无葑菲之遗。有为越郡民风所系，得之愚贱闻见者真，何敢避内举之微嫌，不以备上台之博采？伏见会稽县监生马晋良者，故监生肇勋之三子也，世居县东北乡小皋部村。与其伯兄监生庆祺、仲兄监生庆恩、季弟县学生彦良，并以孝友为本、忠厚存心。晋良属在弱冠之初，尤有白眉之目。辛酉、壬戌间，卑职避寇海濒，地曰南汇。马氏亦挈眷而来，相处数月。惟时晋良兄弟俱已成室，见其一家处患难之中，妇孺亦肃雍由礼。因其尚有幼女未字，及职子仁述并在孩提，遂与肇勋订成姻好。嗣于及岁迎娶成礼，不幸新妇旋患心疾。卑职遭难家毁，方就其村赁庑而居。舍宇既苦无多，一婢仅供提汲。如法看管，势有难周。仍由晋良兄弟以父命迎归，医疗百方，糜费无算。在父母恩女之心，虽无间于出阁；若兄嫂育妹之事，则已毕于过门。晋良等乃能仰体亲心、谊敦手足，并且感及妇子，同力扶持。有如盥栉琐事，诸嫂皆身任之。病者无所识知，役之一如婢媪，偶有不如其意，甚至引掌批颊。诸嫂惟有顺受，豪无怨言，佣妇或代为不平，则晓之云："假如我曹奉侍迈姑，以失指受责，方负罪引慝、自怨自艾之不遑。今者感蒙二老仁慈，惟有小姑在所怜恤，区区末节，理不容较。又况出于有疾，非其本心。未便捆成痈创，何所用其蒂芥？"据此一节，凡戚党胥传为美谈。累自寒门，职夫妇尤闻而愧恧，业以事出无可如何，且适成其一家慈孝，亦忍而姑听之，非敢于恝置也。迨及戊子、己丑两年，肇勋夫妇相继寿终，晋良仍戒其兄弟恪遵遗命，依前留养；其诸妇亦复尽心照顾，不异尊章在时。至今年春，职妇闻其外感增疾，医言不起，念其究属子妇，理宜殁于夫家。命职子仁述往迎至再，始由晋良躬送前来，犹以伊妹未尽妇职，为向职妇叩头请罪，声泪俱下，至诚恻怛。非但职妇母子逾益痛伤，即在戚属，见者莫不感叹。及其告殂，职妇眷念姑妇之情，殓以成人之礼。晋良复固请棺衾务从其薄，稍宽其地下负愆，语挚情真，一无矫饰。盖其兄弟并笃于天伦，而惟晋良尤深明大谊。节次由职子仁述缕缕邮陈，历历如缋。卑职方以竭蹶于微员，久置家事于勿问。至如晋良兄弟四人至性至情、可歌可泣，即非身受，仅属耳闻，不能不谓之难能可贵、为之重吁累叹也。近惟绍兴薄俗，最可虑者，莫如儿女之姻亲，动辄寇仇于婚媾。偶有出嫁之女，邂逅死亡，其母族往往婪索斋荐、挑剔衣衾，甚者詈辱翁姑、殴伤夫婿，从前遣嫁资装必攘还而后已。即有所生儿女，不暇恤其将来。今日之参辰，即往时之胶漆。亲戚之依，莫能自保；流风所染，习为固然。此其相率效尤，实为无复人理。卑职前于光绪初年见有郡城陈氏一事，曾纪入所述《寄龛甲志》，所冀近征天道之昭彰、力挽人情之恶薄，然而有惩无劝，空言何补？砺世磨钝，虚愿难酬。仰惟宪节所临，在在以风俗人心为念；土风之采，亟亟于扶良化莠之机。有如监生马晋良等，实属孝悌可风，洵足针砭痼习。而其地既处于乡僻、其人又不务声华，窃恐官师未及周知采访，难期无佚。卑职职司有在，岂容兼顾乡间？特以民俗攸关，情实难忘桑梓,用敢沥情琐渎。另缮《甲志》一则,并呈电察。幸沐恩私,俯加采听。肃此,祗请钧安,伏惟慈鉴。

　　本月二十一日,奉学宪潘批"据禀,马晋良等兄弟四人孝友事迹,洵足以风励末俗,著给予'善体亲心'四字匾额,以旌其门。仰会稽县转给该生等遵照。缴"。

跋①

　　蒙于费君，前者同纂《慈溪县志》，相处久，俩莫逆。天假之缘，又同官此土，同以戊子仲冬之月任事，益相励以职业。深惟学官虽曰微员，风教之任不为不重。期成善俗，必也躬修操行以率先多士，盖无一日不及费君交勉之。或者自效于万一，实仰赖大宪主持闳纲于上，得以有所禀承，亦维寅寮、乡士大夫相与左右扶翼于其间。然而经岁之中，手治文牍，积之不啻盈寸矣！凡此皆其苦心苦口、所求谅于同学之士者也，爰取有关惩劝者举付削氏。后有所得，且以次赓而续之。古人行事，必求可以告天。蒙则期于学中人士胥见之而得其用心之所在，其言而有当也。秀良者，教学相长，可以益进于德业；不逮者，亦庶几有所感创而同归于修谨。所愿望也，其言而或悖于理、拂于性乎，能执以规我，是诤友也。蒙方幸于有过之必闻，尤愿诸生之弗惮面质也！

　　光绪十六年春三月，教谕孙德祖彦清谨跋。

---

　　①　原书此跋无标题。

辛　卯[①]

邮示长兴四义塾条约

余以菲材，猥蒙学宪潘檄调，校书省垣，未能兼顾所职数月矣！然此心无一日不在长兴之文风士习也。前由邑侯谢以县中义塾日就废弛，属为整饬。念塾中虽止蒙童，傥得明师善于教育，无论长成皆庠序之英，亦安知无杰出之才、异时足备朝廷桢干？况塾师并在学籍，设有虚糜馆谷、误人子弟者，学官职在董教，亦不容知而弗问。今定以校书事竣回署，即由城而乡，遍诣各塾，稽考课程。略具条约，先行传示。

一、戒荒功。一暴十寒，虽有易生之物，难期畅茂。见寓宗文义塾，习闻省垣各塾条例，塾师每月放假不得过三日，过三日必自请代庖。良以读书最忌间断，蒙童更非成材之比，其心尤易放而难收，务宜各自检束、不轻离塾。此后，于学徒所读书上，必须标明月日、句勒起讫，每日习字亦必逐日标朱，饬令以次收存，勿得抛散，以凭稽考塾师有无旷课。学徒或自行请假，必须查明是否正事始准给假，仍宜于书上标记，以免推诿。

一、戒欺饰。读书贵于纯熟。设或在塾日少，自知难以塞责。因之涂饰耳目、自欺欺人，逐日虽到塾上书，有如官府点卯应景，之后仍行散诞。师既自便，学徒能安分勤读者有几？自必荒于嬉戏，如是则书必不熟。省塾每月必由绅士定期到塾，按名抽背十叶五叶，以考

塾师勤惰。今拟依此而行,自回署之日为始,月必周历各塾一次。书虽逐日点授,仍以学童能熟与否为主;不熟,仍作旷课论。

一、戒任性。为师之道,在于宽严得中。不率教者,固不能不以榎楚收威。然必须自问教之之道是否已尽吾心,而后用其扑责,则受责者自然心服而知愧奋。其质鲁者,尤当耐心训迪,必细审其力所能及,期于读之必熟,不妨少上几句。万不可平时漫不经意,到应归功课时,一味以鞭挞从事,肆行陵虐。要之,教法之善否,一言以蔽之,曰用心而已。

以上三条,就校书之隙,悬拟大略。将来周历各塾,体察情形,再行详悉指示。果有不愧人师、尽心教育者,自当酌加奖励。其或专心塾课而家业清寒,不遑兼顾,因之不能自赡,仍拟捐俸,量与资助,以尽师生之谊,以酬善教之劳。傥才力不及、不胜其任,或视为具文、毫无振作,定即知会邑侯,不拘关订期日,随时另行访请;甚者,必严加戒饬,以为自误误人者戒。昔吾师杜莲衢夫子联年及四十,以家贫晚达,开门授徒,删改门人文字,用心过甚,深夜便旋庭中,尝眩仆,久之始苏。其后竟联捷,入翰林,官至内阁学士、广东学政,告归,犹享林泉之福者近十年。余曾举所知,蒙潘公采入《两浙辅轩续录》,为人师者可以劝矣! 至于在塾学童,有资质秀良、读书勤奋者,亦备有纸张笔墨,择尤加奖,以示鼓励。庶几蒙养有功,大成可冀,必有良材出乎其中,足以效用于国,庠序亦与有光焉! 余日望之。

岁贡李祥征等禀批十二月廿六日

长兴于浙西夙侪望县,宜乎人文蔚起、有光庠序。乃经燹以来,无论清华之选未有闻焉,即名登贤书者亦寥寥可数。深求其故,盖自功令遇考增设五言八韵,主司衡鉴,必取兼长,长兴人士特于词章之学不甚讲求。本学忝任若溪书院监院,细校历届课卷制艺,时有佳构;至于试帖,入格什无二三,推之乡、会各试可知。抑干科目未必不以诗累文,何况馆阁考课必用诗赋,尤为有志上达者不可不修之业乎？据禀，见在瀹灵讲舍主讲胡绅长龄、斋长李生福征先后身故，拟请将二席裁撤，酌改若溪书院小课，实于作育人材不为无裨。事属可行，仰候牒县会同筹议，刻期兴办可也。

壬　辰^①

申报宣讲劝善要言详文 二月初三日

为申报事：窃卑学于正月十五日奉宪札，准抚部院咨开"案准兵部火票递到军机大臣字寄'光绪十七年八月初八日，内阁奉上谕：朕恭读世祖章皇帝《御制劝善要言》一书，仰体天心，特垂明训，精详切实，俾斯世迁善改过、一道同风，实足变浇俗而臻盛化。惟原编只有清文，特令翻书房加绎汉文，发交武英殿刊刻成书。兹据奏刷完竣、装潢呈览，著每省颁发一部，交各该将军、督、抚照式刊发，各属学官每月朔望同《圣谕广训》一体敬谨宣讲，用示朕钦承祖训、辅教牖民之至意。钦此。遵旨寄信前来'。承准此，当经恭录，札行书局遵式模刊。兹据该局刊竣成书，除分札颁发各属、钦遵办理外，相应咨请转饬"等因。奉此，旋于二十七日奉本府札，同前因，饬将遵办缘由申报，并奉到颁发《御制劝善要言》一部。即日在于县学明伦堂恭设香案，望阙叩首祇领，敬谨盥沐，展读终卷。伏见翼《九经》成劝诫之书，集群言则折衷于圣。继《钦定六谕》而作，开《广训》万言之先。洪惟世祖章皇帝自天垂训，上体天心；亦粤我皇上法祖传心，宣昭祖训。牖兆民以迁善改过，可使斯民为尧舜之民；绵万世而一道同风，将见盛世迈羲轩之世。窃惟校职有率先之责，胶庠实教化之原，必期字字服膺、言言身体，庶几课躬修以为士范，即以端士习者淑民风，敢不勉竭蠢愚、仰承德意？所有钦遵上谕、每月朔望同《圣谕广训》一体敬谨

宣讲缘由，理合具由申报，伏乞照详施行。

　　本月十七日，奉学宪陈批"据详已悉。缴"。

上学宪陈禀四月初一日

　　窃惟民俗之转移，归本于士习；而人材之进取，发轫于儒童。其在诸生，校官尚有举报优劣之典可奉，以为惩劝之资；至于童生，则大率以绳检莫加，或姑息于僮昏无识。不知无忌惮者，今日之狡童，设幸进，即他时之莠士，实庠序中无形之隐患也。卑职有见于此，平日则以善教课业师，临场则以严束责廪保。前于庚寅科试，业蒙前宪潘牌示"长兴童生驯谨，量拨府学三名，用示奖劝"。该童等感戴之余，益加修饬。今届壬辰岁试，由县开考，各童进退由礼，场规肃穆，终场无一人不具衣冠者。署县事邵令同珩，于终覆日照章款以酒食，皆拱立静候，送牌排班，肃揖致谢。非但邵令及其宾从胥叹为罕见，即阖邑绅耆莫不欣欣色喜，幸礼教之可兴。比及府试，程、安两学廪生并不照例在傍认识，外邑亦复参差不齐。卑学各廪保先以庚寅科试奉前宪潘俯鉴，其恪守礼法、剔除积弊，牌示一体注优，此次益加敬慎，衣冠整肃，齐集点场，恪恭从事，为湖属所未有。属与归安同日考试，归邑生童内惭生妒，谗侮该廪保等无所不至；该廪保等惟知各敬其事，豪不与校。乃至场中归安童生仍无端寻衅，肆意欺陵；长邑各童尤能彼此相戒，一切含忍。卑职德宗奉委监场，皆所目击。在该生童等固为分所当然，然士习嚣陵、积非成是，相形之下，似属可嘉。场后，卑职等业经传集各该生童面加奖励。伏查去年七月间，卑学转据举人张承德等禀词，请予规复向章，酌拨府学数名，详奉前宪潘批准，在案。如蒙宪明远照、量与优借、宽其进取，虽诸童才学不齐，未必尽人人入彀，谅其习于谨敕、士气纯良，当不至佻达成风、胶庠丛诉。借以转移浇俗，似亦不无小补。敬承宪台主持名教，举凡士习民风，在在胥关塵注。用敢缕陈所见,仰备采择。伏惟亮察,不任悚息。

此禀初为转移士习起见声明,手缮密封,临上削稿,旋荷宪明俯如所请。上台大公至正、权衡至当,断非下吏所得借以市恩博誉。惟念长兴人士偏承逾格裁培,所当互相劝勉,不忘所自。嗣是,各各交修学行,必期仰答鸿慈于万一。爰追忆录存之。

武生钱宝成禀批 六月三十日

查得张姓积欠武生凌兆熊钱文是实。该生租住张姓之屋,凌兆熊向索租钱作抵,尚在情理之中。该生以租由张姓,未便应允,亦无不合。见在业将租屋退还,凌张缪辖自于该生无干。除切谕凌兆熊毋得牵连旁累外,已据禀牒县,量予摘释,免其投质矣。至凌兆熊控生搬匿栈货,固属子虚;该生控兆熊纵妻张氏敲毁什物,并无确据。同在庠序,岂容沾染讼棍恶习、砌词眷听?合并严饬。

谕客民吴金魁单 八月三十日

照得客童周维聪禀控客民吴金魁一案,本年四月奉学宪陈牌示"该客民是否已遵县批服礼,仰长兴教官查复"等因。奉此,当经饬斗查据,客保伍发云面偁"除案内陈朝科一名另案在逃外,问悉吴金魁父子,业向周维聪服礼,其脩金送过洋银六圜是实"。六月十四日,据该客民吴魁即金魁禀偁"束脩已经照送"。禀内未具实数,并未加具切结,词意含混,殊难凭信。至所偁"理楚后,周维聪远游,不知去向,不得邀同取结",本日周维聪正在亲身来学禀催,并添控客得贿矇禀。核之该客民所禀,显有不实、不尽,亦难保伍发云不代为饰说。事关宪案,未便含胡详复,理合传集质讯。姑念离城遥远,且节近秋收农忙之际。除切实批饬外,仰斗再赴该处传知该客民立即投明;客保伍发云将实情另行具禀,并将前禀"遵批服礼"一节加具切结送学。该客保有无得贿、是否矇谎,亦仰叙明结内,以凭转据,详请销案。至周维聪钞黏关书"岁脩洋银五十圜",虽未终局,如止送过六圜,亦欠平允。该客民宜邀同黄锦富等,酌照学徒九人各加二圜,致送约近半年束脩,庶几情理两全,免致周维聪于心不甘,讼端难杜。本学此次不行传质,该客民等可以无荒农业,兼免上城舟车旅食之费,并且严饬去斗毋许需索分文,所省谅亦不少。移此无名之费,帖补应出之款,似亦允协。此系本学斟情酌理,谕劝及之。能否遵行,听其自愿。再,该客民等既在县境流寓有年,见已安居乐业,将来果符年例,尽可呈请入籍应试,得有上进之阶,不难光大门户。即使念不到此,但能读书明理,人知孝亲敬长、奉公守法,蒸成善俗、同迓休祥,使世世子孙永享承平之福,全在业师教导,师道岂可不尊? 此后稍有积蓄,力能教其子弟,务宜访求行止无亏、通解书理之师,然后关订。一经聘定,必须致敬尽礼。万不可草率于前、轻慢于后,致滋口舌,因之相率,视从师为畏涂,甘心养而不教,任其子弟不明礼义、放浪为非,重则陷于刑戮、轻亦倾家荡产。此又本学为该客民等身家久远起见,不惜苦心苦口、劝导及之,并仰去斗一并传谕。毋忽。

会办府学武生姚云芳详各宪文 闰六月十九日

为详请事:窃卑职丽枢于本年三月任事以来,访求利弊,佥以赌风之盛最为长邑大害。无论愚民被诱,倾家荡产、几酿命案者时有所闻,即奸宄混迹、乘间窃发者亦莫如赌场为甚。叠经晓谕,有犯必惩,期于绥靖地方之中,兼寓培养元气之微意。至在学武生,恃衿蔑法,尤为习染难移。卑职德祖、德宗曾经痛切谕诫,并择尤详奉前学宪、宪台潘,黜革县学武生徐桐,批饬卑前县谢令焯锲榜示晓谕。近来稍知敛迹,略有转机。乃有府学武生姚云芳者,敢于明目张胆,在县境上莘桥地方专赁房屋,开场聚赌。经卑职等访查传案,该生妄以名隶府学,始终藐抗,豪无悔悟。伏念齐民俗而期其驯良,先在端士习而去其稂莠。长邑士风之坏,以武生局赌为尤。私幸积年恶俗祛除有渐,所当防微杜隙,毋使芽蘖潜萌。矧查县属武生隶府学者多至数十人,设有徇纵,深恐效尤而起,一溃难收。查《学政全书》,内开“雍正五年议准：嗣后，贡监有应行褫革者，准地方官申报褫革发审"，又"雍正六年议准：府学生员干犯学规者，许州县教官严加管束"，又"乾隆二十年，钦奉上谕：地方官均有整齐士习之责。嗣后，无论文、武生监，傥有不遵约束、恃符生事者，即行按法究治，毋徇私誉"。窃惟言"贡监"，则文、武生员，似在所包；言"约束"，则劣生玩抗，责无旁贷。卑职等往复筹商，实难姑息。除移会湖州府学查照、另文具详外，合将府学武生姚云芳实在开场聚赌劣迹先行详请宪鉴，可否准予黜革，仍饬由卑职等会同审讯，照例惩办之处？伏乞训示遵行。

　　本月，奉署府宪张批"地方生监，恃符作奸，全在该县令、教官随时诫饬，诫之不迁则以法绳之。此是正办。该武生姚云芳，赁屋聚赌，既经该县学访查饬传，仍敢玩抗不悟。此种胶庠败类，实为地方之蠹，断难姑息。仰长兴县会同该县学先将府学武生姚云芳移查详革，一面会同提案，研讯明确，照例详办，毋稍轻纵。切切。仍候各宪批示。缴"。同月，奉署巡道宪宗批"赌博为盗贼之媒，劣衿为护符之魁。府学武生，籍隶长兴，为该县所应约束。县学近在目前，应助府学耳目之不及。据会详，府学武生姚云芳，赁屋开场聚赌，必已经旬累月，亟应褫革讯办。仰即传案，会同确讯研究开赌之时日。纵容之房主、地保，照定例从严治罪详办。仍候三院暨臬司批示。缴"。同月，奉学宪陈批"武生姚云芳，在该县上莘桥地方赁屋开场聚赌，尤敢恃非县学，任意玩抗。应即如详斥革，严提讯办，以示惩儆；并即会同县学出示晓谕，严拿党与，以除恶俗。仍录批移府学遵照，并候督部堂、抚部院批示。缴"。七月，奉署臬宪王批"据详暨附禀均悉。仰湖州府核饬，将武生姚云芳衣顶斥革，讯明详办，以为恃衿局赌者戒；一面仍由县剀切严禁赌博，傥敢故违，即行拿办。仍候两院宪、学部院暨巡道批示。缴"。同月，奉护抚宪刘批"刁徒胆敢籍武生为护符，开场聚赌，扰害地方，自宜遇案惩治。所有该府学武生姚云芳衣顶准予褫革，希按察司即饬该县作速提案，讯究明确，录供详候察办；一面由县会同该学再行剀切示禁，随时拿办，以安民生，勿任率延。切切。仍候督部堂、学部院批示。缴"。八月，奉督宪谭批"仰浙江按察司会同布政司，饬将该武生姚云芳衣顶斥革，讯拟详办，毋延。仍候抚部院、学部院批示。缴"。

廪生吴师洵禀批十二月十八日

乞养义子以乱宗族，律有应得之罪。条例虽有"义男为所后之亲喜悦者，听其相为依倚"之文，深惟律设大法，例顺人情，诚为曲体入微，原属并行不悖。至如所禀，该生故叔不娶无后，亲族皆知，兼于卫倪氏并未成婚，则倪氏螟蛉之子断不容捏冒吴姓，渎乱士族宗祧。除据禀准予存案外，仍仰该生邀集公正亲族，以理谕禁。尤愿阖邑贤士大夫同肩风教，各就见闻，剀切告诫。毋任愚夫、愚妇干犯人伦之正，驯至鼠牙雀角，秽迹彰闻，累及文物名区，蒙人禽杂处之诟，而使身任明伦之责者以尸素负官谤也。

生员杨绍桢禀批十二月三十日

孟子云："有礼者，敬人。"又云："敬人者，人恒敬之。"读书人果能以礼让敕躬、以谦和接物，愚贱各具良知，方且敬之重之，何至有犯？即使人以横逆加我，我能犯而不校，亦何至被殴？该生之为人所殴，伤及体肤，难保非咎由自取。平素化导无方，本学实于心负疚。惟殴辱斯文，究属有关学校体面，不容竟置之不问。除谳得受伤不至过重、由本学捐奉、谕令先行医疗外，见已逼岁，仰候开正饬查得实、核办可也。

癸 巳①

客民罗金隆禀批正月廿四日

据禀与生员杨绍桢情词各执，总之各有不合，显而易见，前于绍桢禀内已剀切批示。查得该客民店伙殴伤生员属实，理宜服礼，以全学校体面。本学虽给有养伤之费，据俩尚属不敷，亦以酌量帖补为是。仰即邀同客保妥为理处，慎勿纠讼自累，致妨生业。谕教为本学分内之事，非但于士、民两无偏袒，即于土、客亦未尝歧视。凡有可以化导之处，不惜苦心苦口，所宜仰体也。

上学宪禀六月初二日

敬禀者：卑职两侍节辕，备闻宪旨，每及此邦士习浇纯散朴，以为隐忧，不啻恫瘝在抱，仁慈恻隐溢于言表。职等幸际上台手秉闳纲、力持风教，不能禀承指示、奉宣德化，溺职之罪，自问何辞。然且谅其苦心而原其力薄，非惟不加严谴，复奖掖之，辱荷赐题职德祖述注三书。至引咎而有"治人不治，闭阁自讼"之语，虽万石君之"子孙有过，对案不食"，何以加兹？凡在士林，少有天良，宜无勿感激涕零、争自湔祓。若职等之旷官尸位，何地自容？惟有恪遵教诲、勉策驽骞，尽心力而为之，以仰答高厚鸿慈于万一。前奉面谕提覆长兴文童，无默经者，迹近违抗。虽沐宽恩，仅将应拨府学二名暂扣，以示薄惩。卑职实惧渐开结党把持之习，足为将来无形隐患。是以逐一诘问，或俩

---

① "癸巳"，原书刻于版心下。

经书实在生疏，或俩一时记忆不全，其不敢有心违抗则众口一词。卑职伏思即有倡言鼓众之人，谅必不敢自首。惟有留心体察，见有桀傲不驯、难于教诫者，随时惩治，毋使芽蘖潜萌而已。至董麟书夹带累累，场中检出。奉宪牌示后，据各廪保金俩"提覆、正覆两场，各于所保新进考具一体仔细搜过，实无片纸只字入场"，似非饰说，尚知感奋。然设在正场，廪保有以一人保至二十人者，遍知搜检，势有不及。要其根原在平日荒经，非夹带，无可凭恃；尤在不能知有义命，一空徼倖之心。亦惟有责成父兄师长，先求端子弟之心术，以读经书为本，以作制义为末。人人奉《训学良规》为圭臬，遵行不怠，正本清源，或冀渐有起色。再，此次长邑新进，奉宪牌于参谒日黎明齐集卑学，因职德宗感冒未痊，由职德祖率同恭诣府学，谒圣如礼。告朔饩羊，弁髦已久。尽礼为谄，非笑丛之。该新进等尚能恪恭自救、不校人言，似于世风波靡之中，犹有一节可取。又有事属猥琐，本文不容妄渎聪听，而实足谂风气之纯浇者。教职官微奉薄，半资册费自给，固上下所同谅。然每遇寅僚晤谈，多以填册为苦，而尤苦于填而难收。职等自任长校，已历岁科四次。综计每届填册，至多不越两时；呈进方册，无逾辰刻者。宪辕执事，皆所习见。其费则无论前此，即去年岁试，惟武生尚余什一，文生则年内业已全收。卑职非敢幸其便于私图，实幸卑学生徒不至以市道待学师，而人情犹足与为善也！伏读宪批客童熊登瀛禀，有云"长兴士习，近年颇觉改观"。卑学生徒胥知感激，职等偶有所见，不敢壅于上闻。至大体未能一律整齐，惟有惩劝交施、日慎一日。譬如子弟痼疾，不容不诚求补救之方，以期万有一效，上副仁宪勤勤教育之德意。所有感愧下忱，以及力求自效、庶几仰纾宪廑者，不揣冒昧，亵渎尊严，切祈钧诲，伏惟慈鉴。

　　七月廿六日，奉学宪陈批"淡而不厌，婉而多讽。读至'子弟痼疾，不容不诚求医疗之方，使人无以为怀'，司铎之官用心如是，然则忝持使节、专司教化者当何如也？骛广而荒，浮而不实，为日久矣!《皇清经解》,家置一编,而肯温经书者十无一二。长邑之不駾经,特其甚者尔,不足深责。而此次提覆,文字佳者实少。语曰:'美疢不如恶石。'或者此次不予拨府,转可悔于厥心;果能争自濯磨,异日所成者大,岂非使者与诸君子所日夕望之者乎?谒圣多不至者,盖以别有送学之日,犹有可原。若庸人以礼为耻,则潘少白先生曾言之矣。册费一层,可谓事无不可对人言。孔子两言'禄在其中',孟子言'仁义未尝不利'。'圣贤原不过持高论,而不以市道相待'一语,感人尤深矣!晋赈复损及廉泉,而诸廪生各捐一元,尤为难得。请以人数见闻,思所以酬之。此款径寄上海公所可也。缕缕以当面语,不以公牍论也。此缴"。

节孝入祠告示六月初十日

为示谕通知事:敬惟夫妇为人伦之始,所以扶植三纲;贞节全女德之终,实足仪型百世。在昔儒臣特笔,列女流信史之芳;方今圣代恩纶,节孝备钦旌之典。凡以慰蓬门之冰蘗,树梓里之风声。固为名教攸关,而亦校官专责也。本学自到任以来,即以阐扬为亟。计自光绪十五年二月,刊布采访节孝格式,遍示城乡市镇。属绅耆而广其咨询,并切戒以勿遗遐僻;集书斗而资之笔札,申厉禁于需索分文。必期柏翠松贞,有溥沾之温旨;茅檐蔀屋,无不发之幽光。综计列年节次访得节孝,前经分届咨送省局,案据移覆本学。十五年六月,咨送节妇九人;十六年二月,咨送节妇十三人。先后两次,由抚宪嵸题准、礼部核准题请旌表,奉旨"依议。钦此"。除本学孙前经收入续修县志并拟陆续刻入《长兴县学表节录》永垂不朽外,并有十五年分奉旨旌表三人,一律遵例制成栗主,择于本年七月初八日辰刻,由学迎送入祠,洁具牲牢致祭,以光大典。为此,开具今届入祠节妇姓氏,先行示谕,并仰各节妇家属人等知悉。届期准其衣冠齐集学署,随同行礼。一切经费,统由本学捐俸预备,各家属人等无庸派出丝毫。於戏! 茹苦半生,宜表柏舟之节;荐馨千古,永分芹泮之香。被盛世之恩光,可以兴矣;振名区之风教,其在斯乎! 特示。

谕廪生臧绍基附生王时新单九月廿二日

本月廿一日,准署县正堂熊移佴"环沈村大朴庙,有该村人顾春等敛钱建造戏台,经东村耆民张书绅等请禁到县,当以长邑赌风甚炽、每借社戏开场聚赌谕禁,在案。兹据张书绅等以'顾春等恃有生员臧绍基、王时新,纠众抗谕,择于本月廿二日竖柱'等词具禀前来,除批示外,希即传该生等严切谕饬停工"等情到学。除准移单传外,合再手谕该两生知悉。生等须知,地方赖有读书人,所望以理化导乡愚,毋使陷于罪戾。县示可以不遵,则目无法纪。但凭人众,何事不可为? 实为有关大局,生等岂可不明大体? 万一酿成不了之案,悔之已晚。谕到,务即开导乡邻,切不可渺视官长、擅敢纠众违抗;一面邀同该民人等投案,候县察核公断。该两生仍随谕来学,如有下情,准其委曲申诉,亦可谅情酌夺,使邻比归于辑睦。本学职在教化,村民虽非所辖,能使人人安分守法,方为愉快,何况牵涉生等? 为此,剀切手谕。速即凛遵毋违。

武生吴荣宗禀批十月廿三日

据禀,衅由屋事,既经控县,并控奉府宪批"县有案,自应呈候县断"。惟该生名在学籍,吴阿明等何得擅行锁禁? 谳得该生项带断炼,实为体面攸关,合予先行打脱,候将锁炼随牒送县、归案提究可也。

民妇吴管氏禀批十月廿五日

查此案,业据武生吴荣宗带炼禀诉到学。经本学牒送县正堂尹传讯,谕令该生留学候质。本日,突有吴阿狗即横祸阿狗聚众入城,将该生拥至县前肆殴。城市之中,凶横至此,在乡之无法无天慨可知矣!正在饬查间,该氏辄以氏子阿明被荣宗父子殴伤,闯学指控。讯据未经赴县请谳,本难据一面之词准予办理。况该氏既知控学,自当听候官办,本日何得任吴阿狗等到城肆殴?既知控学,必知吴荣宗名在学籍,前日何得擅行锁项?种种胆大妄为,即有苍猾讼棍,恐难代为掩饰、荧惑县听,不烦词费。惟是本学官此五年,约束生员,自问实不免过于严峻。特以职司所在,不敢不一身任怨,为良懦保身家,为贤明佐治理。近年生徒大率循守法度,就我范围。地方靖谧,公论难诬。至如刁健之徒妄意本学力能钤束生员,使不敢放纵,而谓在学之人从此可以陵藉。天下事要归平允,本学决不敢不问是非,一味矫枉过正,长刁风而抑士气也。此更不直为该氏饶舌,只以五年心血,借为阖邑士民沥胆言之。风闻荣宗之父赞成尚被阿狗等锁禁,家财被掠,子妇纷窜。即使吴阿明实已因伤身死,赞成是阿明功服叔,论抵亦可减等,何至巢覆卵空?泚笔及此,良用怃然。谚云:"忍得闲气,免受飞灾。"五年来禁止诸生兴讼者亡虑十余起,体察生等,虽曰面从,不无腹诽,观于赞成父子可知。本学之保全良民者,即所以保全生等也。本学官俶教职,固以教士为职,然县民亦未尝不在应教之中。所愿溥劝士民,"气杀勿打官司"。若吴荣宗之无端受辱,虽非咎由自取,亦其父不能忍耐,以致讼则终凶。《圣谕广训》有曰:"报复相寻,结怨耗财,甚且破产流离、以身殉法而不悟。"尚戒之哉!

甲 午①

孀妇潘朱氏禀批 四月廿四日

妇人名节为重,何况青年守节?果能饮冰茹檗、苦志抚孤,自必天人钦敬,决不至有敢于陵侮之人。据俩"族侄潘炳熙屡次干犯",学校中人更宜知有人伦名教,又何敢迹同强暴、狂肆至此?所控自属砌词耸听,不知自玷白玉,缮词者造孽已不小矣!详核衅由赶鸭,事极细微,民间常有,不难销释。仰候立传生员潘炳熙到学,剀切劝谕,饬令投赴公正亲族妥为调处,以全族谊。该氏慎勿听信不知伦纪之徒教唆缠讼,轻易抛头露面。本学职司风化,不惮倾心沥胆,为该氏勉,幸曲谅也!

生员李成章禀批 五月初十日

坟顶非留养荫木之地,以其日久滋长,必至引根下侵损椁。果有派下子孙,自必及时芟剃。该处钦氏墓顶至有合抱树木,其多年无人拜扫,自系实情。据禀,树为李阿鳌盗斫,经生本生父泰亨遇见喝阻。无主坟墓,既在管业地内,理合代为照顾,原不容计及嫌怨、袖手旁观。然前此任令长大,何如及其萌蘖之初早为笺剔?即使枯株朽干可当薪蒸,疑于一介不取,不妨计直为之顾工培土。再能岁时奠以麦饭,更为仁至义尽。无论乡邻目击,必且众口交推。即墓中人英灵不泯,亦必感高谊而图报于冥冥。既据呈禀请示,合将所见为该生劝。

---

① "甲午",原书刻于版心下。

嗣后，务望遵此妥为料理，俟墓下拜扫有人，再听自行经理可也。

附谕单六月初六日

谕仰生员李成章知悉：案据该生以管业桑地内有钦氏坟树被人盗斫，呈禀请示前来。业经详悉批示，谆劝妥为照顾。查得坟为钦木庵先生之墓，先生盛德，载在县志。见在子孙外出，本学既有见闻，所当力筹防护。该生即能恪遵前批照顾，犹恐难以经久。续经访有钦氏宗祠钦绅士瑜，分属尊长。兹由本学筹捐洋银二十圜，商允钦绅将此款附入祠内生息，作为永远扫墓之需。除该生呈阅桑地印契即日发还、自行管业外，所有地内木庵先生坟墓，应听钦祠岁时祭扫。合再谕，仰遵照。特谕。

附移钦绅士瑜照会同日

为知照事：案据生员李成章以管业桑地，云云。查系贵宗木庵先生坟墓。云云。续经访得贵宗祠可以就近经理，贵绅分属尊长，敦宗收族，高谊可风。兹由敝学筹捐洋银二十圜，请烦照收，即将此款附入祠内生息，作为每岁拜扫之需，并请核缮收据，以便立案，永垂久远。除谕饬李生遵照外，合行照会。须至知照者。即日取有钦绅收片，附案。

甯经邦案上学宪徐禀单衔，附夹单。八月十三日

敬禀者：窃据卑学训导费德宗于七月廿六日由送考省寓钞寄钱珊元呈奉宪辕批示"据控各情，如果属实，附生钱振纲殊属昧良蔑法，应行革办。该学官有无护庇情事、甯经邦是否尚押捕署，均应澈查。仰湖州府亲提全案人证，秉公确讯，迅速详候核办"等因。自应静候查办。且此案前经世职甯经邦控府，指斥孙学师庇护生员钱振纲。此次上控，自必仍斥，卑职尤当杜门待谴。惟念辱在下隶，戴比君师，谊均无隐。管窥所及，有不敢不效其愚瞽者，惟宪明幸垂览焉。查此

案前于光绪十九年九月由该世职甯经邦禀控，生员钱礼清即振纲强牵伊马骑去，叩乞追还。等情到学。卑学以马在伊家，讯据振纲实止一人到彼，无因强取，岂无家属、邻里以理阻止，势难从容配鞍骑去。当以恐有别情，批候查核。旋据钱振纲禀诉，经邦欠生山庄洋百二十圜，自愿将此马折洋五十圜，亲配鞍辔给骑。核其词理，较为近情。卑学犹以马既经邦愿给，何以翻悔控追，且所偁"山庄洋"亦无据难凭，讯得经邦先经控县有案。当以情词各执，非讯不明，批候查明，牒县讯断。一面饬斗行查，据覆"甯、钱两姓系属至戚，见有亲友调处，恳乞缓办"。乃延至十一月间，调处未协，并准县移查，即行钞具两造控诉各禀及卑学批词，牒县归案备核，并传生员钱振纲投县候质。此卑学经理此案之实在情形也。不意经邦以卑职力能钤制生员，不即如所控，追还伊马，疑为庇护。不知虚实未明，仅据一面之词，徇原告而抑被告，何以折服振纲之心？卑职实不敢有所偏倚，经邦殊未谅也。至指偁"卑职庇护振纲，由受伊捐修文庙洋银二百圜"。查此项捐款，计有三千七百余金。筹劝虽官绅会办，银钱统归监工绅士经理，仍随时将收支数目条示学门，分文皆可征信。振纲捐洋实百六十圜，在此案以前四年。且事出因公，以在学生员助本学工费，尤其分内之事。卑职固无庸因此庇护振纲，即振纲亦不容因此望庇护于卑职。此又经邦之过疑也。至经邦先于去年十二月间以县讯未结，续控于合溪镇被振纲夺去洋银、褫去马褂。生员果有此事，实属胆大妄为，卑学岂容知而不问？当经查得合溪为市集繁盛之区，且驻有营汛。其事既在白昼，其迹又近强劫，非但无人喝阻，并且无人闻见。并据经邦呈偁"洋三十圜，连钞马袋夺去"，核之口供，则偁"挖去钞马袋内洋三十圜"。试问此钞马袋已落振纲手乎，尚在经邦手乎？窃恐呈词由讼师之结撰，供词则口授，所未及详，职愚以为不足问也。乃经邦又于本年三月间控府，又偁"在合溪被振纲挖去洋二十圜"，而仍无代作见证之人。尹令遂以豪无证佐，断为凭空捏造、刁健无疑，于五月间定谳，与振纲所指山庄洋并以无据，不准追究，仍饬令振纲将马归还，实为息讼安民起见。振纲业已遵断具结，马亦缴案。乃经邦抗不具领，坚偭"两次衣洋必须一并追还"，词多要挟，兼另有妄指陈福生窝匪一案，讯系诬良为盗，于是当堂将经邦发押捕厅。此卑职所闻此案之实在情形也。见经本府遵奉宪批亲提集讯，自必澈究虚实，仰候宪裁。至附生钱振纲，家居山僻，果有昧良蔑法之处，卑学未及周知，尚容严密访查、据实详办，万不敢稍有徇纵。惟经邦上控词内，有无胪举振刚别项实在劣迹，合无仰乞恩赐钞发下学，俾得逐款一并清查，期无遁匿。不任悚息待命之至。再，卑学钤记由训导随带送考在省，谨借用长兴县丞条记钤上，合并声明。另肃丹简，祗请钧安，伏惟慈鉴。

谨再禀者：卑职于七月十三日叩谒宪辕，感蒙训诲周详、视犹子姓，遭逢知遇，敢外生成？所有甯经邦指控一案，业已不揣干冒，渎陈涯略。抑犹有不情，切求上达兼怀愚悃、愿乞恩施者。卑职任事之初，访知在学生员时有恃衿结党、遇事生风，非惟鱼肉乡愚，甚或轻蔑官长，不得不痛加裁抑、以事惩创。虽在民间所不敢告发、县令所未及移知，一经访查明确，立即据实详办。即在搢绅子弟，未尝稍予含容。得罪巨室，不遑自恤。良以校官虽小，责任非轻。设或工于谋身，必且陷于溺职。由是服官五载，一意孤行，不但毁誉不以萦心，并且祸福置之度外。惟念同官费训导家有老亲，不忍旁累。每接生徒，辄以费师之存心宽厚而愚贱之自专自用切实言之。一身蒙诟，实遂本心。亦曾以此仰答垂询，悃忱可谅。比岁以来，方私幸生徒稍知敛戢，乃刁民或反起而欺陵之，始悟矫枉过正、弊有必至。由是一洗成见，不问士民，惟论曲直。其由卑学劝导息讼、不再涉县并两造呈禀当面销毁以释讼嫌者，往往而有。以视前此过抑学生，颇改旧辙。谓为迹近庇护生员，卑职自问亦在所不免。不仅如甯钱一案尚凭县断、犹堪自解也。尹令缪以卑职可与共理，而前者曾以禀革劣生锺纯被伊父锺鳌指控。设再以护庇生员开刁顽告讦，虽幸际上宪公明，不至立予罢黜，犹恐卑职以数蒙谣诼中于莫气、委靡不振，因思有以扶翊之。

此案不避微嫌，于经邦发押，兼责以词涉，卑学其用心苦矣！不知锺鳌控案卑职上前府锡禀有云"此后分所得为、职所当尽，誓不以无因得谤有所畏葸"，实为剖心沥胆自矢、在官一日必践之言。尹令盖于其心之无佗，知之非不深；而于其志之不可夺，信之犹未坚也。妄谓获上然后可以治民，以卑职之庸愚无似，猥蒙前宪潘、陈并登荐牍，再沐天恩，诚为愧负无涯，抑亦惟是偏承教诲、获有遵循。至于鉴其微忱，所以覆育之而使得申其志者，尤有没齿而不能忘者也。今兹重戴恩慈，矜不能而教之诚，不胜仰望之私。借如"护庇"两言，窃谓一有所私，则护为袒护、庇为徇庇。科以应得之罪，百喙何辞？设有诸生婴非罪而无由自白，则所以护惜斯文而加之庇荫者，微教官，谁与任之？嗣是，敢祈宪台严责之以公私之辨，而宽假之以护庇之权。即使卑职之力有所不能护庇，犹将归心于仁宪，而为诸生伲命焉。"护庇"两言，非惟卑职所不敢讳，抑亦卑职所不容诿。此其下情之切求上达者也。至如甯经邦之指卑职为护庇，尚为事出有因，卑职固不敢有所芥蒂，兼且闻诸道路而深愍其人。盖伊之渎控，不尽出于本意，半由讼棍教唆。盖诱之缠讼，讼费之任意开销、肆行侵蚀已属不赀，而且绊使寓城、阱以局赌，博负山积，几至倾家；加之惑溺其中、连宵达旦，身心交瘁、躯命堪忧。又有妄指陈福生窝匪一案，福生非佗，固经邦中表兄弟而居同村者也。前此甯、钱山庄交涉，福生故父国裕实与闻之，特恐福生出为振纲作证，乘尹令严查保甲，诬以重罪，意在胁使逃匿。幸经尹令迅速提案讯明，立即开释，而经邦缘此益为亲戚乡党所不容，并家小不能安居于室。则亦所投讼师术浅，惟求杜被告之援以制胜，而不虞水落石出，适以陷其所助，而使之干犯众恶也。傥荷仁慈明察得情，妄谓唆讼者图人之财而不顾其人之身家性命，言之可为发指，自应澈底根究、尽法惩治。若经邦，似尚在哀矜之列，即使审合坐诬，犹望网开三面。此则愚悃之愿乞恩施者也，非所宜言。无任悚息，悢悢血诚，伏惟亮察。

乙 未^①

钱骏如案上学宪徐夹单禀八月初九日。单衔

谨再禀者:顷闻卫千总衔钱骏如以教官预索册费、将伊子童生钱陈庆扣考呈控宪辕,批府查办,在案。日月之明,容光必照。本属无庸申辨,惟念此案所系不止卑职一己声名,有不敢不渎陈聪听者。本届岁试,长兴之士、客纷纭,早在宪台洞鉴。客童陈廷栋等十二名之由县详扣,宪谕深愍其冤。无如实在无礼唐突,无可矜全。而客童之所以无礼唐突,实激成于本籍考童之非理阻挠。客童扣考,而本童一无所问,本非事理之平。卑学即将唱率阻扰之各童查明,一并请扣,亦属分内之事,不容避嫌怨而有所畏葸。仰赖宪明于按试前明切示谕,卑学各廪保,上者知恩,次亦守法。本童钱陈庆、丁建中等无人肯保,亦无人敢保,因之自不投卷,并无庸由学详扣,不仅私心感佩已也。惟时客童陈廷栋等十二名、侯云程等二十五名及其亲属送考者,亡虑数十人,犹麇集府城,将俟宪节按临,环而呼吁,至是乃帖然悦服、弭首散归。虽本籍绅耆明大体者,亦皆谓非此不足以昭公允而挽嚣陵,而尤以免予深究顶戴宽仁于无既也。至钱陈庆、丁建中二名,实系唱率阻挠、最为狂狫之人,非但本县官吏皆所目击,即本府亦早经访悉。除扣考外,更不科以应得之罪,已为宽假,谓宜痛自悔艾、力求澡雪。乃丁建中其人,见在胆敢唆使伊母邵氏,捏偁该童因此抑郁身故,随同钱骏如先后控府。本府郭业以词语支离,一并切实批斥,

---

① "乙未",原书刻于版心下。

不意钱骏如尚敢上渎宪案也。查钱骏如本系卑学武生，以聚赌，经卑职严加戒饬，惕以再犯，定行详革，骏如因此捐职出学。今者挟嫌控讦，未始非人情之常。职愚窃有过虑者，无论事关考试大典，即平时亦宜为人心世道之计。设有顽梗之徒，遇事则鼓众以肆挟持，事后复逞刁以图翻案，足使当事者惩于反噬、莫敢过问，小人更无忌惮，何事之不可为？涓涓不息，将成大河。地方不靖，往往由之。未来事难可逆睹，实不任其隐忧。妄谓治理有二喻焉：譬诸痼疾，幸遇国医施治，沉疴立起，而调摄一或不谨，则变症可虞；亦犹弈棋，幸得国手指点，胜算可操，而官子偶有失著，则全局皆震。伏见宪台勤勤于下邑之久安长治者无微不至，何况卑职偏承器使、具有天良，其敢引形迹之微嫌、不勉效愚者之千虑？窃不自揣，切求宪台察核，严饬确查钱陈庆、丁建中等唱率阻挠、种种狂狾情形，并立提钱骏如研讯有无主使之人，必期水落石出、惩一儆百，有以儆见在之刁顽、杜将来之隐患。下邑之民风士习，实庇赖之。至于教官较量册费，什九合污同流。特以官微奉薄，饘粥所资，以视亏心莫夜，似在可矜之列。卑职则谓，苟求举职，不宜稍涉卑鄙，致为生徒所轻。在官七年，亦赖同官费训导颇明此谊，能饬廉隅，互相敕励，实在不致有伤体面。经历岁科五试，每届新生送册，率在府属七学之先。宪辕执事，皆所周知。曾将此节渎禀前宪陈，深荷嘉许。禀稿、批词具载拙刻文牍，谅邀电察。乃若试前先论册费，更为情理所无。且册费多寡，两斋所同。以多得之利公之人，以贪得之名归之己。卑职即不知自爱，仁宪之明，必谅其下愚无识，不至至于此极也。辱被恩私，不辞干冒，伏惟昭鉴。

捐修大成门禀九月初十日。单衔

为禀请事：窃惟长兴县学，于光绪十五年间，由卑学会同前县谢令焯銮唱捐，修盖大成殿瓦，重建崇圣祠暨名宦、乡贤、忠孝三祠，并修理明伦堂，计费洋银三千八百余圜。于十九年间，由本县尹令丽枢筹建教谕衙署，计费洋银一千七百余圜，内有卑学筹捐洋银三百七十余圆。各在案。嗣于本年六月间,大风卷坏大成门脊。前此未及兼顾,盖瓦本嫌单薄,因之多有破瓶,必须立时修整。敬谨察看,梁柱亦有蠹朽,自当一并整理,估应抽换正门二丈二尺梁两支、东西门一丈八尺梁柱十二支。业由卑职照准丈尺,备价购置,并预备添补砖瓦、石灰以及椽板各料,土木、工匠,通计各项费用约在洋银二百圆内外。此次要工,实为刻不可缓,尤为教职分内应办之事。惟是长邑公费无可再筹,劝捐亦难乎为继。费训导家有老亲,竭力仰事,已形拮据,更难分任。为此,卑职愿将历年节省俸脩独力承修。至拆卸以后,有无应行增估之处,尚未能定,亦愿勉力筹措足用。谨择于本月十一日戊申辰时卸瓦,二十四日辛酉上梁。查有本学廪生吴师洵,以前两次监工实心实力、事事精详,见拟仍归一手经理,必期工坚料实、可经久远。除俟工程告竣,饬由该生开具清折、就近由县验收,一面先行牒县禀府存案外,理合禀上冰案,仰祈电察。祗请钧安,伏惟慈鉴。

光绪二十一年长兴县学重修大成门工料清册　廪生吴师洵呈

一、付沈万源行木洋贰拾陆元。

一、付万成行木洋拾陆元、钱壹百陆拾伍文。

一、付同茂行瓦洋贰拾壹元,又石灰洋玖元、钱壹千肆百贰拾壹文,又煤胶等钱捌百柒拾柒文。

一、付钱义昌号砖钱玖百陆拾文。

一、付同善堂回用幔、砖洋贰元、钱柒百叁拾肆文。

一、付瑞昌号楮筋、煤胶、西红洋叁元,又油篓、绳索、颜料等洋壹元、钱壹千柒百肆拾文。

一、付新益顺号楮筋洋壹元、钱玖百文。

一、付周永茂号石礁洋叁元、钱贰百文。

一、付俞聚兴号钉襻洋柒元、钱叁百伍拾文。

一、付陈玉书木工洋贰拾陆元、钱捌拾文。

一、付王五吉土工洋伍拾叁元、钱伍百文。

一、付应成泰漆工并包料洋拾贰元。

一、付装窗槛木工包工洋拾陆元。

共付洋壹百玖拾陆元、钱柒千玖百贰拾柒文。

工竣并请注优详文十一月二十日

为详报工竣并请将监工廪生注优事：窃卑职德祖前于本年九月间禀请捐修本学大成门工，奉宪批"据禀已悉"等因。在案。当于九月十二日开工，至今月十七日一律告竣。计用工价洋银一百八十八圆、钱七千九百二十七文，又装置教谕署窗槛包工洋银十六圆，通由卑职德祖陆续措交、监工廪生吴师洵一手支发。兹据该生开呈清折前来，逐项校对，尚属款不虚糜。兼幸天气晴和，泥水不致冰冻，可期经久。除造册牒县就近谂收、一面禀府存案外，合将工竣月日详报宪案。至廪生吴师洵，禀性纯良，才堪任事，允为卑学不可多得之人。此次工程，在卑职德祖固职分内事。自问拙于会计，虽在官几及八年，公正绅士外绝无交往，既恐购料难期核实，尤虑工匠呼应不灵，非有该生可资臂助，尚未敢毅然自任。节据该生随同监督，常川工所，始终勤谨，实属著有微劳。伏查光绪十五年间卑学会县唱修学宫案内，该生监工出力，曾于工竣后详奉前宪台潘，准以优行注册。合无援案，仰乞宪恩，核将廪生吴师洵准予注优，以示鼓励之处。理合会同卑职德宗，具由详乞宪鉴训示遵行。须至册者。

本月二十九日，奉学宪徐批"据详，该教谕捐俸承修大成门，工程业已蒇事，深为嘉尚。至监工廪生吴师洵，实心任事，始终勤谨，殊属可嘉。准将该廪生以优行注册，用示鼓励。缴"。

丙 申①

上学宪徐禀三月十五日

敬禀者：钦惟黜陟幽明，仰朝廷之魁枋；旌别淑慝，归上宪之权衡。属在下僚，敢参末议。乃若二人共事八载于兹，提撕深赖于同官，罪戾幸逃于不职。然且缪叨荐剡、偏荷恩荣，对衾影而怀惭、实寝兴之未帖，有不容不仰渎神明、切求采内者。窃惟德祖自光绪十四年秋奉大部选授今职，即闻新选训导为慈溪拔贡生费德宗，曾以与修《慈溪县志》，相处多年。德祖既习知该训导学行并茂，该训导亦能信德祖行迹无佗，方幸得与同寮、可期同志。及于是年冬先后任事，互商职业，果协初心。自是以来，已逾两考，交相惕厉，仅免愆尤。不意前宪潘、陈采听之过，并以德祖首登荐牍，再沐天恩。虽该训导谦退为心，豪愁无介，德祖私窃自问其何以堪。至若该训导之黾勉奉公、操履不苟，实有数端堪举，窃愿并邀聪听。查该训导勉就微员，盖以家世孤寒，志存将母。长校夙僻清苦，有时馔粥难敷，因之取或伤廉，上下犹能曲谅。所最不安者，采访节孝有朱印之目，举报优行有羔雉之投。该训导独能辨其非义、严于一介，首及德祖要约革除陋规，以此二者为先。由是历届举优得以循名责实，必期文行交孚，不致稍有冒滥。至于节孝为风教所关，深恐耳目有难周之地，敬考典章，刊成格式。博访绅耆，期勿遗于幽僻；严束书斗，禁需索于丝豪。历年访得节烈妇女七十六口，六次咨送省局汇案，上请奉旨旌表。并

---

① "丙申"，原书刻于版心下。

以其间摘缮《县志》待旌节烈贞孝妇女千有余口,刻成《长兴县学表节录》,于十七年详请前抚宪崧、潘会同前督宪卞专折奏奉谕旨,补行旌表,有案。嗣于十九年七月择吉,制成栗主,洁具牲牢,迎送入祠。一切费用并由该训导协同德祖捐俸备办,先期示谕各家属等届期随同行礼,无庸派出分文。该训导又以祖母暨本生生母两世苦节,于《表节录》之刻,编校尤勤。乃前宪潘保举德祖折内,兼以表扬节孝列为一项,使该训导用力为多之举,疑于德祖一人所专。此其最所疚心者也! 其在受篆之初,展谒庙廷,榛芜满目,赖前知县事谢令焞蓥协力唱捐,重修大成殿、明伦堂,并重建崇圣祠及名宦、乡贤、忠义、孝弟各祠。该训导素精算学,专任钩稽,勤劳尤著。及去年德祖捐修大成门,该训导曾请协助工用。德祖谂其竭力仰事,时形拮据,不使同肩。乃德祖以兹微薄,蒙宪台赐记大功二次;该训导本愿分任之诚,未经上达。此又致为抱歉者也! 德祖少日习闻浙西政务以征漕为重,办理稍有疏略,甚或酿成巨案。乃自任事以来,历奉府札,到仓弹压,目击输将踊跃,玩抗无闻,私窃讶之。既而访知,漕务之棘手,多出劣衿之包揽;而劣衿之敢于包揽,则由于当事者授之以枋、为所挟持。而无形之感格,尤在有以折服其心。境内非必有良无莠,固由历任县令治理得宜。惟是,德祖等初任,即以该训导长于会计,出内一以委之。旧有学田四十余亩,应完银漕,该训导必核明成数,先期具款牒县,因之阖邑士民诧为前此学官未有之举。其秀良,益明于奉上急公之谊;即顽梗,亦惧其无瑕而可以责人。士类既已洗心,小民自然革面。早完国课,本属分所当然,况在学官实有表率士民之责? 诚不自意豪末之效,于大局不无小补。德祖之愚,所不能不归功于该训导也。至若长邑士风之敝,文生好讼,武生好博,久成痼习。曾及该训导酌拟告示三通,痛切告诫,犹且视为具文,听从者鲜。该训导主于宽柔以教,尚欲纾其时日,以期默化潜移。德祖则禀性躁急,切求速效,虑非一惩,难期儆百。惟有此节,意见不甚和同。该训导原其固执,什九勉从,然于情之稍有可谅,未尝不委曲规劝、多所含容。凡卑学举劾劣生多名,虽胥知德祖愚而自用,怨有所归。至该训导之仁恕存心、曲全无迹,即身受诸生,或未能深晓。德祖严于嫉恶束湿,亦自知性质之偏;该训导善为持平佩韦,实多得协恭之益。目前生徒虽知敛戢,大体颇受范围。究之,政不如教,畏不如怀。此又德祖之愚,所不能不心折于该训导者也。该训导谦冲不伐,朴呐无文。虽县令近在同城,其琐节犹难尽悉。德祖则两次惊于受宠,在私抱既深掠美之惭;及今知而不言,论公谊亦蹈蔽贤之实。即日,该训导以已届俸满,应得奉文呈请考谳。除照例由县申详外,幸戴仁慈,敢倾愚恫。尤有请者,该训导儒素传家,幼而孤露,所赖本生生母节孝曹氏抚育成人,艰劬备历。曹氏深明大义,教子有方。频年以来,每见其寄谕该训导勤于奉职、俭以养廉,尤谆谆于口体之奉不如养志。该训导平素本安贫约,因之愈饬廉隅,必蒙采及刍荛,加之栽植。俾冰雪残年,喜见克家之有子;单寒下士,幸得扬名以显亲。庶几励节者饮檗犹甘,抚孤者折葼益劝。此又德祖之愚,所归心于宪台锡类之仁、不任其向风而慕义者也!为此,不揣冒昧,沥情肺款,斋沐输诚,上尘电察。再,卑学记钥,遵例由训导收掌。此禀未便知照钤用,谨借安吉县儒学记钤上,合并声明。另肃丹简,祇请钧安,伏惟慈鉴。

廪生吴师洵禀批_{十一月十六日}

　据禀,该生嗣父所典屋田各契,向由生故叔考鲸收藏,被卫倪氏匿不交还,应否投县存案,请示前来。无论生家累世儒门,断不容有再醮之妇。并于二十一年间该生禀控卫倪氏螟蛉冒姓案内,讯悉考鲸于该氏并未正名,亦断不能阑入吴室。何况田屋系生嗣父遗产,尤于卫倪氏丝毫不涉,更不至以典契在手,妄生窥觑。似可无庸上渎官长。至考鲸身后一切殡殓之费,该生独力营办,实属顾全伦理,众口一词。考鲸遗有衣物,原应令卫倪氏全数交出,变价开销丧用。惟生既不校于前,自无须更齿及之。兹据请示到学,合与准情酌理,详悉批示,仰即遵依可也。

民人叶天发禀批十二月初三日

同堂兄弟，以祖遗田产生衅，在于末俗所不能免。若身列胶庠，理当顾全一本之谊，岂宜恃衿陵暴？据禀，武生叶世琦系该民人堂弟，以借贷不遂，胆敢率领多人拆毁该民人分授住屋。殊为不近人情，难保无佗端争执。隙启微嫌，姑候饬查明确，传唤世琦理谕。

武生叶世琦禀批同月初八日

据禀情词各执，饬查亦两无实据。总之，谊属一本。纵如所禀，该武生身不在场，生胞弟天勤与天发亦同堂兄弟。既为祖遗住屋生衅，生名列胶庠，所当邀集公正亲族善为调处，断不可操之过急，以至有伤族谊，兼恐酿成佗变。事出意外，后悔难追。慎之慎之！

民人钱中清禀批十二月十九日

据禀，该族钱开伯故后，伊妻李氏业已再醮，开伯所有遗款由族长收取代还丧费，尚属正办。至耿荣轩应还开伯借款，以出有手据前经李氏遗失，禀县存案未准，恐据落他人之手，将来不免缪锱，因之未便清还，亦在情理之中。姑候传问荣轩子生员耿孟侯核夺。

加批四月廿八日

见据，耿孟侯投学声俱，伊父荣轩实非有心负赖，但求日后不至葛藤，情愿照数归还。该族长亦情愿出立收据。两造均已清结，面请销案，应予核准。原禀存学备查。

丁　酉①

兼理训导申府宪文单衔。四月初五日

　　为奉委兼理本学训导，申报任事日期事：本年三月十五日，奉藩宪恽札开"照得长兴县训导费德宗，见在详委与永嘉县训导朱中树互相调署。除檄饬遵照外，朱训导未到长兴县训导任以前，即由该府檄委该县教谕孙德祖暂行兼理，仍取具兼署日期通报，毋违"等因。四月初一日，续奉宪台札，同前因。查费训导见经奉文听候考谳在省，应由卑职另文移知，以便就近禀卸本任。卑职遵于光绪二十三年四月初六日兼理任事，除通报巡抚部院暨两司、督学部院暨分巡各宪外，理合备由申报，仰祈照谳。须至申者。

　　　　本年八月初三日，朱训导到任。即日详卸兼理，另文申报。

生员钱振纲禀批七月十五日

　　据禀，该生与方守鈇对面开店有年，知伊父子均系赌棍，平素动辄逞强寻衅，与之交易已欠踌躇。至店帐屡讨不还，无难白日在店坐索，何得藉口被邀、深夜入人内室？时非讨帐之时，地非讨帐之地。即使未有桑中之约，岂得谓无李下之嫌？方姓之用心设阱，揆情难保其必无；该生之失足坠渊，受辱实由于自取。责以逾闲荡检，百喙何

辞？因之引绳批根，置身何地？惟念迹涉暧昧，姑从宽而暂免吹求；须知幸被包荒，宜自反而亟思澡雪。所请牒县究办之处，不准。

民人方连贵禀批七月廿六日

本月十三日，据生员钱振纲以方守钰率子连贵诬奸勒结，禀请牒县究办，当经切实批斥，在案。兹据该民人钞黏笔据，禀偁"本月初三日四更时分，由店回家，见有钱振纲在房，喊同兄弟数人，连妻王氏拿住，振纲自愿亲笔立据，恳求讯究"前来。王氏是否甘心被诱、有无成奸，并未声明，已属含混。至所偁"迈父年已七旬，在旁排解，先未知情"，或系莫年聋聩，事前失于防范。乃见有同居兄弟数人，何以任听他人入室、毫无觉察、闻唤始集？该生即罔知自爱，谅不至全无因由，胆敢践人闺阃。谓非局诈，其谁信之？劣生行止不端，理原难恕；刁民设计诱陷，法亦难容。惟是事涉暧昧，自非两造面质，难期水落石出。既据控县有案，候传生员钱振纲刻日到学、牒县审办，该民人合即自行投案、听候县正堂示期传质可也。

戊 戌^①

武生陈步云禀批四月廿五日

此案前据该生胞叔陈大亨禀控，业传该生，将身列衿裾、事关伦纪，务须恪尽子侄之分、消弭嫌隙，免以迹涉犯上、致干重咎等谕反复告戒。迄今逾月，尚未调协。本学之苦心苦口，岂豪无感悟邪？比准署县正堂程移奉府宪志批发"孀妇陈朱氏上控该生踞产逼逐，仰县提究"等因。行查该生及伊子武生丹凤入学年分，除将该生父子平日尚无别项劣迹牒覆外，查陈朱氏系该生继母，名分视胞叔更重，尤属无所逃于天地之间，非自怨自艾、感以至诚，使继母回心，断难解免，亦非牵涉寻常琐即所能避重就轻。见既由县传讯，即有下情，理应投案，自行呈候覆办。所俏"衅起族侄陈进年，吁请由学传讯，牒县究办"之处，断难照准，原禀姑予存案。所以不惜一再剀切开导，为念师生之谊，深愿翻然悔悟，及今犹可斡旋。该武生当思父子幸获一衿，得之不易，已为可惜；倘斥革之外尚有余罪，虽悔何追？懔之慎之。

---

① "戊戌"，原书刻于版心下。

己 亥^①

请革附生蒋经纶详文 五月十六日

为详请斥劣事：窃查卑学附生蒋经纶，平素居乡不务学业，旷课多次，甚至不安本分，遇事生风，肆行无忌，实属恃衿渺法、怙恶不悛，理难徇纵。除访悉各项实在劣迹、牒县归案照例提究外，拟请准将该生先行斥革，以端士习而肃胶庠。为此，具由详请宪鉴，伏候训示遵行。

六月初八日，奉学宪文批"蒋经纶，如详斥革。仍查明实在劣迹，速行具报。缴"。八月初七日申覆附案。

附覆府宪志禀 单衔。五月廿四日

本日巳刻，接到宪辕排单，密谕饬查附生蒋经纶劣迹，即行登覆。奉此，查该生向住县境胥仓桥，年前本县蒋思蓁京控案内购买积谷款项，该生曾经插身分肥。卑职早有风闻，念事关钦案，案中不止一人，碍难由学举发，节次严传戒饬，乃始终避匿，至今不面。本年三月廿八日近村客民王绍顺自尽命案，署县事程令赞清诣谳收尸，尸亲王永宽逞刁，肆闹尸场，实有该生在场主唆，旋以索诈不遂，代为砌词，嗾使上控，案犹未结。至四月十五日，省委到县查封该处茧灶，该生又

---

① "己亥"，原书刻于版心下。

胆敢出头阻挠、口出狂言,并将委员随带县差当场殴辱,实属胆大妄为、目无法纪。当经分别就地密访明确,业于本月十九日以该劣生恃衿渺法、怙恶不悛,会同训导详请学宪先行斥革,谅蒙核准,即日可奉批回。兹奉宪谕,敬谨胪款覆陈,专足赍呈电鉴。惟是卑职夙叨激赏,乃奉职无状,不能严束生徒,致有此种败类,惟有闭门思过、静候严谴。不任悚息之至。

孀妇沈周氏禀批五月十九日

本邑田价,昔贱今贵。因之绝卖之田,往往希图强赎。揆之情理,本属难安。至于孤儿寡妇,倚此为生,则不忍之心,人皆有之。何况田已下秧,肆行拔弃,科以暴殄天物,亦应得谴。所禀果系实情,武生沈佩珩即竹卿大干不韪,仰候传讯核办。

武生沈佩珩禀批五月廿八日

前据沈周氏禀控到学,业经批示,在案。兹据该武生奉传投案,禀偁"沈周氏系生族叔沈阿坤之妻,本属有关族谊。虽情词各执,所争田实只八分"。即使该生理直,亦不当为此区区,有伤一本之亲族。中有孤寡而不能顾恤,已应抱歉,忍与之斤斤较量乎?仰即邀同亲族,妥为理处,无许缠讼。

民人朱长根禀批六月初九日

民间田产镠辖,本学向不与闻。惟据偁"武生朱长麟系该民人母弟",设有罔顾同胞、不循情理之处,理应教诫,自难置诸不问。所偁"长麟见已控县,批准移查",除俟县移到学核办外,姑准先传该武生来学询问。仍仰该民人邀集原中胞叔朱仁高及曾经调处之母舅李云龙、李云高等,检齐契据、税单,一同投案备质,听候酌量劝戒。傥能各知悔悟,顾全一本之亲,不至以争执祖遗世产伤残手足,使职司风教者免抱旷瘝之歉,幸何如之!愿曲体焉。

民人陈宝亭等禀批十一月十五日

此案前据武生孙荣进率同学徒陈起熊指控该民人等无故砍毙伊马到学,当经饬斗查覆,据俩"协同该处地保徐福生勘明,马倒路旁,腹破肠流,四蹄并有刃伤",情殊残忍,理合牒县究办。念陈起熊与该民人系属同宗,见有亲友调处,姑准从缓,以全族谊。何以经今日久,尚未调协? 案经呈县,应候县断。惟既据禀诉,仰候覆查核夺可也。

候选州同陈开元禀批同月廿六日

该职员子陈起熊学习骑射之马,系从业师孙荣进借用,无故被陈宝亭等砍毙。原难置之不问,但该职员既与宝亭等同宗,自当以族谊为重,是以准令邀集亲族调处。乃延至月余,迄未圆释,以致宝亭等控诉前来。同日控县,并准署县正堂赵据呈移查到学,兹据禀俩"宝亭业经出有洋银十圜,不敷马价,由该职酌量帖补赔还孙荣进了事"。果能从此一洗微嫌,仍归敦睦,何至宝亭等复行控县控学? 难保非情礼未周,致被旁人教唆缠讼。总之,一本之亲,岂宜各执偏见罔念? 讼则终凶,合限五日内,再邀原理亲族妥速调息,禀候销案。倘敢再延,惟有据实牒县秉公讯断,一经水落石出,照例究办。理曲者,固属咎有应得、悔不可追;理直者,亦难免亲戚成仇、祖宗怨恫:深为该职员等惜也!

庚 子^①

民人韩元麟禀批八月廿二日

据禀，该民人居住大东门外，堂叔时亮居住合溪。廿四年八月，时亮身故，先一日始著人唤伊，向来疏阔可知。所俦"面属立伊为嗣"，当时并未立据，本属口说无凭，何况事隔两年始行禀控，更属碍难准理。至黏呈宗图，自俦"应继"，则长房已有支子，伦序在先，亦非该民人所当争执。时亮讣文，以承重孙家桢主丧。既系时亮胞侄希明之子，无论支派最亲；即其同居相安，平素辑睦可知。该民人岂容以疏间亲，妄争遗产？所禀理合批饬不行，惟指斥时亮本无子女，立孙承重，例无明文，应俟参考名贤论说，得有引据，方可折衷。一面传唤廪生韩希明，邀同亲族来学，询明酌夺。要归情理两全，俾无遗议。独是民间图产争继，即使有词可执，究非善俗。本学职司风教，化导无方，不能不引以为疚也！

同上闰八月初六日

大凡无子立后，圣贤制礼、国家制律，重在丧祭有主。使无子者临终含殓有人，可以瞑目；日后凭依有所，不致为厉。定例先尽同父周亲，良以血脉较近，则恩谊较深。丧既哀戚，易于称情；祭亦精诚，易于来格。王道不外人情，盖通论也。惟是民间事故多端，势难遍立条例。例所未备，非得折衷先正名言，何以持平听断？此案已于韩希

---

① "庚子"，原书刻于版心下。

明禀内明晰批示，本可无庸再渎。该民人于堂叔时亮故后，既未主丧，又未持服，事隔两年，平空争继，显系图谋遗产。此风断不可长，姑且不与深究，无非望其互释讼嫌、修全族谊，犹复执迷不悟，何其不知仰体苦心也！至如前禀所偁"昭穆不当"，岂知祖孙昭穆同、父子昭穆异？倘以孙为子，则将以昭为穆、以穆为昭，昭穆诚不当矣！今以侄孙为伯祖孙，则祖犹是祖、孙犹是孙，即昭犹是昭、穆犹是穆，无所谓不当也。此理甚明，尽人可晓，是以前批未曾指斥。今又变其词曰"尊卑失序"，倘以子为伯父子，则本生父将降尊而与其子为兄弟，尊卑诚失序矣！今以子为伯父孙，则父仍为父辈，无失其为尊；子仍在子辈，无失其为卑：何得云失序乎？该民人即未解此义，盍就通人问之然邪否邪？见在希明已遵批，愿照朱文端公说，奉胞伯时亮附祭于祖，禀准立案。此条更无庸议，所以不惮详悉指示及之者，使知不明律义，不可卤莽引援，自谓强词可以夺理耳！孟子曰："予不屑之教诲也者，是亦教诲之而已矣！"

监生韩春山禀批 同日

族中事有龃龉，原赖亲族理处。一经涉讼，即非该亲族有所偏袒，其不能秉公理处可知，自应听凭官断。前批饬令韩希明邀同亲族来学，止备从旁质证，本属无关紧要必须到案之人。续经引据先正名言，案已断结。该监生虽系支长，先既未到，此次转行具禀，随同韩元麟来学投递，迹近帮讼，大可不必。禀内引用"昭穆不当""尊卑失序"两言，解说错误，已于本日元麟禀批详示。所偁"控县控府，尤属非宜"等语，自来民间词讼，问官听断不公，原许上控。即如本学断事失当，投县申诉，亦非歧控。所有此案先后批词，尽可钞呈县主、府宪，听候察核平反。本学断不介意，幸勿过虑！

廪生韩希明禀批 闰八月初二日

此案业于韩元麟禀内切实批斥，本可毋庸置议。惟例文止载"无子立继,先尽同父周亲",至无子立孙,既无明文,非得参考名贤论说、有所折衷,究难公允。续经考得乾隆朝纪文达公手定《家谱序例》,于谱内美之公无子立孙,中缺一世,许为"礼有其变",仍与据实入谱。又朱文端公《族谱解惑》有曰:"大宗无后,得附祭于父。"胡尚书季堂陈臬江西时《请定祭祀条规疏》,又有"大宗无子,照例应在同父周亲小宗内继立。若祖父本有亲子亲孙,转令别支承祀,讦告纠纷,大为风俗人心之害"等语。揆之人情物理,尤为体贴入微。近代宗法不行,无论士庶,率以长子当大宗、余子当小宗。时亮为韩让长子,即可作为让派下大宗;该生父祝为时亮胞弟,该生父子即为时亮同父周亲小宗。时亮无后,其父实有亲子亲孙,即使无人可继,亦得附食于父。元麟系属别支,不应搀越争继,可无疑义。前传该生邀同亲族来学,听候核断,止以原告黏呈宗图有无不实不尽、生子家桢是否已照承重主丧持服、其立继究属何人主见,理合询明详核。又以民间每遇图产争继,往往经年累月、无理纠缠,迁延逾久,支节逾多,甚至遗赀净尽、讼犹未结、继嗣仍悬。存者备受官私之苦累,殁者终抱饐而之隐痛。两俱可悯,言之酸心。是以经理此案,亟求斟情酌理、妥速定拟,断明立案、俾断葛藤。兹据禀"陈生子家桢承继胞伯,系奉母命。当时亲族会丧,并无异言",证以时阅两年,元麟外并无一人呈控,自属可信。家桢遵承重孙例,主丧持服,服已届满,亦系实情。查无子立孙,于例虽无明文,实亦并无明禁。前引纪氏《谱例》,足见世家大族亦尝有之,自属可行,尚无不合;抑或照朱文端公另说,即以胞伯附祭于祖,责成该生世世子孙永远一体奉祀,亦无不可。家桢既经承重,终三年丧,将来兄弟分居,不宜豪无区别。如用后说,应于时亮遗产酌提若干专授家桢,庶几仁至义尽。以上二说,仰该生自行量取一条遵办,仍准呈请立案,以垂久远。似此情理两全,质之公正亲族,谅无别议可参。见既未经邀集,尽可免其到案。至元麟前禀,本未准理。该生当以族谊为重,不可挟有讼嫌、心存芥蒂。附请讯究,有倍大贤"犯而不校"之义。士人读书明理,岂宜出此?合并申饬。

同上闰八月初五日

据禀"愿以胞伯附祭于祖,世世子孙永远一体奉祀",应准如禀立案。嗣后,务须竭诚致敬,永永勿替,毋得有违。再查,该生尚有胞叔,听亦无后,岁时享祀亦当附入。远推乃祖毛里之恩,近慰乃父手足之戚。庶于奉先思孝,更为周浃旁皇。至于该生曾祖派下,子姓无多,见在惟生一人名登士籍,尤当以惇叙为心,用至诚相感,必期同归辑睦、毋致参商。道在以身先之,于生有厚望焉!

附　刻^①

客童陈廷栋等禀批光绪十九年二月十九日

查《学政全书》，"实在入籍二十年以上、有田粮庐墓者，例准在各居住之州县一体考试。惟事关户籍，必须地方官确查是否已符年限；仍移知原籍，毋许两处互考；取有两籍地方官印甘各结，方准收考"。该童等寄住长兴县境以来，安土重迁，并能有志上进、勉修儒业，实堪嘉尚，深愿玉成。至该童等原籍某省某州县、见居长邑某区某庄、土名坐落、离城若干里、有无田粮庐墓、于何年注册入籍，理合将以上各节逐一开具清册，呈县听候吊查。户册如果合例，准予移咨原籍地方官，取结覆到，方可据情通详，仰邀上宪核准收考。小试为士子进身之始，定例致为矜慎。临试之清查冒籍，为学官本职；试前之准予入籍，则非学官所得专。原禀殊属冒昧，禀内借口安吉一案未奉通饬，该童等亦宜向安吉县呈请钞录案底，一并呈候县尊核办。毋忽。

又批二月廿四日

前于本月十九日，据该客童等禀词，查照《学政全书》条例，详悉批示原因。该客童等未知定例，不惮逐一指示，以便将来照此请办。兹据照批禀呈清单到学，无论办理入籍非本学所得专主，前批甚明，即在地方官雅意玉成，见已临试，咨查原籍，迫于时日，今届亦断难收考。除切实面谕外，合再批示，仰即遵照。清单姑准存案备核。

---

① "附刻"，原书刻于版心下。

又批十一月廿八日

客童入籍，须由地方官查办。春间，该童等两次呈禀，所以不惮反复开谕者，以童试例由廪生保结，本学与有责成故也。嗣于五月间，奉学宪陈行辕批示"剀切周详，不啻父教其子"。理应一体懔遵，犹恐各童未能深谅本学诚悃，旋于邸抄见有江苏学院溥一片，亟行照缮示谕通知，想宜知悉。兹据禀请指示条规前来，所偁"从此家弦户诵，安土敦仁，能知读书之益在于人心风俗，不但以功名富贵为心"。本学五年来所勤勤愿望之忱，童等体会及之，回环讽诵，欣慰何涯？至于入籍条例，备载《学政全书》，"实在居住二十年以上、有田粮庐墓、情愿入籍者，具呈府县造册申司，咨查本籍，如无过犯，准其入籍考试。惟入籍年分、应考人数、姓名年岁必须逐一注册，再于考试时责成廪保、牌甲互相查察，果无情弊，方准考试。册内无名，虽嫡亲弟男子侄，不准冒考。入学以后，不准再回原籍，尤不准私回原籍跨考"，其大略也。惟查县境开垦事宜，向由前署县左堂陈主局办理。该客童等之是否合例、有无违碍，自非由局清查造册，恐难得实。既无以杜见在之冒滥，即无以免将来之攻讦。童等呈县，即蒙准与申详，自必会局确查，方可办理。本学即奉有准与入籍明文，各廪生于该童等未必人人认识，临试时之保结必须设法通融办理，亦不能不以局册为凭，方可酌量分派。该童等所宜开具实在居住年分、应考人数、姓名年貌、本籍籍贯、见住地方，并检齐田产实据，先行赴局禀请入册，一面呈县请办。是否妥洽，仍宜禀候县尊、局主裁夺。本学惟期童等有志竟成，阖邑人文从此蒸蒸日上也。

钞片告谕客童示光绪十九年八月廿三日

为钞片示谕通知事：查县境客民寄居年久，安土重迁。非教之读书明理，无以为保家之计；非与于乡举里选，无以为劝学之资。本学承乏五年，具谂壹是。其渴望客童之入籍应试，实甚于该童之父兄师友。本年二月间，叠据客童陈廷栋等联名呈禀到学，业经明晰批示。至吁请谕饬廪生保结一节，定例有认有挨。虽土著籍贯分明，其身家之是否清白、有无别项违碍，责成专在廪生情愿保结与否，本学碍难抑勒，亦经剀切面谕。不意本年学宪陈按试湖府，该客童等纷纷呈控，至有"土廪掯保"等语，奉宪痛切批饬，在案，谅已各各凛遵。惟念乙未岁试，虽尚隔年余，实转瞬即届。设或先时观望不前，必至临时呼吁不及。此项条例，各童固未及周知，本学亦难于遍引。本月恭阅邸钞，见有江苏学院溥片奉俞旨一案，致为切近。可知未经奉准入籍，虽幸进，亦必扣除，于该童等未成功名毫无所益；其廪保之因人受过，则于该生等已成功名大有所妨。童等前此控及掯保，当亦自知其误矣！为此，亟行照缮示谕。务宜及早遵例，切实呈据，赴县请办入籍，从此得以一体应试、上进有阶。文风日起、民俗日敦，本学不胜殷盼。慎勿因循自误，迟至试期已近始行渎请，以致核办不及、徒呼负负也。切切。特示。

计钞

江苏学政溥片：再，奴才岁试徐州砀山县文童，提覆后，据提调官桂中行禀俪"新进刘允德一名，本隶江西，未曾入籍，由该学教官转据认派保汪冠甲、陈敬若查明检举，并廪生王文焕等联名喊禀请扣"各等情。当即将该童扣除，仍饬该提调确查详办，并将全案札饬藩、臬两司按律核议。据该司会详，"以刘允德寄籍年限虽符，惟不遵例取具族邻各结呈明，率行冒考，廪生滥行保结，均合依考试究出冒籍情弊，本生与廪保俱照变乱版籍律杖八十，廪生仍革去衣顶。惟派保情节较轻，陈敬若应免斥革，照例收赎，追银入官开报；汪冠甲革去衣顶，免其发落。至署该学教谕张文璁、署训导张文焕，到任均未满三月，应从宽免其议处"分别拟议前来。除照详咨明外，理合附片具陈，伏乞圣鉴。谨奏。奉朱批"礼部知道。钦此"。

廪生钦凤翔等禀批 光绪二十年六月廿九日

据禀均悉。客童入籍请考，事关户籍，专责在地方官。至长邑客民，则向由开垦局管理。户口姓名、到县年分，皆有册可稽，谅无浮冒。见经邑侯尹会局清查造册，自必遵例详候各宪批示，方准收考，亦可无庸过虑。生等前以剔除诸弊，于庚寅科试，蒙前学宪潘牌示"一体注优"，为从来未有之典。又以所保各童循循守法，于壬辰岁试，蒙府宪谦、前学宪陈面加嘉奖，尤足征敬于其事，殊堪欣慰。此次禀陈各节，自系为慎重保结起见，所俪"入籍应办事例，虽非本学职司，至将来送考，则与有责成"。去年二月间，客童陈廷栋等一再呈禀到学，叠经切实批示。嗣于八月间，见有徐州砀山一案，亦经钞片示谕。并十一月间该童续禀、一批并行刊发，分别禀呈学宪、府宪，牒移县、局备核矣。至客童曾以"土廪挢保"等词上控，此系该童等阅历未深，措词过当，所不足校。蒙前学宪陈批饬，有云"尔等既读书明理，则长邑之廪生，非尔之师长，即尔之前辈。若动辄谓其把持，是先不以理待人，岂和以处众之道？即入籍之后，彼此冰炭，亦非美事"等谕，致为剀切详明。本学于钞片示内亦经晓谕及之，该童等当已自悟其非，更为不足与辩。总之，客童傥符年例，奉准入籍。自兹以往，其秀者固吾学之俊髦，即鲁者亦长邑之子弟。所愿生等涵以大度，勿分畛域，勿存芥蒂，庶几文风日起、庠序有光。前学宪陈批有云"职司学校，休戚相关。诲尔谆谆，具有深意"，本学请借为诸生告焉。

客童入籍谕廪生示 光绪二十一年二月初一日

为晓谕事：照得客童入籍收考，长邑虽事属创举，功令则刊有定章。案据去年春夏奉前府宪谦转奉前学宪陈两次严札催办到县，由县移局清查，造册申详，并将客童名册移送到学。本年乙未岁试，自应分饬廪生遵例保结。惟念该客童等是否合例、有无违碍，生等平日既未必认识，县试为期已促，分投查访又势有不及。惟有移会本县、行知垦局,传集客长、客保于填册日带领各客童亲身到学,由本学酌派愿保之廪生以次按名分保,当面指认明确,期于临场不至有冒名顶替情弊。此外设有失察之处,本学自当代乞宪鉴宽免应得之咎。理合谕仰生等知照办理。所深望者,溯自庚寅科试,以长邑士习循良,奉前学宪潘牌示嘉奖,量拨府学三名,嗣后准复旧有二名之额。又以生等别除诸弊,牌示一律注优。本学与分光宠,生等谅亦难忘。今届客童收考,上宪悉遵成例,非有所私。何况生等夙明理谊,可保更无异言。所虑与考文、武童生,或因阅历未深,偶有町畦未化,万一年少选事,动于大体有妨,重则身婴罪罟、轻亦自误功名,上之辜潘公溢分之褒、下之贻一邑士风之谤。父兄之教不先,子弟之率不谨,有不能不与生等分任其责者。为此,申谕及之。生等务于所保文、武各童重加约束、劝戒兼施,必期恪守场规、依前修饬。庶几入籍各客童,目击我邑士秀良之习,胥知此乡为礼义之邦,借以观摩,兴于仁让。幸际上宪公明,无幽不烛,安见不以士风之淑奖励有加、同登善俗?生等固不为无功,乐与观成,本学亦庶告无罪。各宜遵照,体此殷拳。切切。特示。

谕入籍客童告示光绪二十一年二月初一日

为晓谕事:本学忝任此邦校职,教化是其专司。举凡境内之风俗、人心,皆为责无旁贷。无论士民、土客,所宜一视同仁。见在童等呈请入籍收考,无非慕为学校中人,自当恪守学官条教。除本学刻有《学校条规》《学斋庸训》等书,每届取进新生,历经按名给发,应俟童等入学后一体分授、俾有遵循外,惟念童等初次观场,事非经过,犹恐礼仪不尽熟娴、世故未能深悉。转瞬即登学籍,谕教不可不先。合将临场须知事宜,条示四端,童等其敬听之。

　一、宜敬官师,以尊名分也。士子历巍科、登显仕,大率从作秀才始。自童试由县府录送学院,一经识拔,即为恩地。每见童生考试,院府体制尊严,尚知敛戢;其在县试,往往敢于轻肆,不守场规。

殊不知,论名义,则令长之亲民者,官偶父母,固宜循子道而比于事父;当考校,则文字之受知者,分属师生,亦当循弟道而同于事师。何况抡才为国家大典,功令何等森严,岂可稍形侮慢?本学到任之初,即将此义剀切敷陈,责成廪保及各童之父兄、师友严加约束。所幸此邦士气驯良,易为化导,历届考试莫不进退由礼,无论先后,县尊叹为未有,并荷前学宪潘、陈、前府宪锡、谦叠次褒嘉。七年以来,即此差堪告慰。童等设或不明此义,习染佗处浇风,敢于轻肆,漓我善俗,即使令君大度,曲予包荒,本学为杜渐防微起见,必当严加惩创,决不容旧植良苗乱于稂莠。

一、宜戒侥幸,以惜身名也。科场条例,必须身家清白,并无刑伤、过犯、匿丧、跨考各项违碍,取具廪生保结、五童互结,方准应试。本学廪生出保,向极慎重,从无以上各弊,曾蒙前学宪潘牌示嘉奖、全数注优。童等今届收考,当土、客尚未浃洽之时,各廪生于童等年貌犹难尽识,底蕴岂易周知?惟既经奉宪核准,本学自应分饬廪生遵例保结,仍商请县、局传集客长、客保带同来学,指认明确,期于临场不致冒名顶替而已。至本童之有无各项违碍,惟有专令客童互相保结,即责成互结之五童互相觉察。设有情弊别经发露,所有互结内各童,重者一律治罪,轻亦一体扣考。载在《学政全书》,丝毫不能宽借。傥自问不无弊窦,不宜希图含混,致滋旁累。至于得失凭文、穷达有命,营求枪替,例禁綦严,万不可行险徼幸、以身试法。

一、宜重仪文,以讲报施也。童生非廪保不能应试,何以成名?是以入学之认、挨两保,虽至亲密友,酬醋亦不容阙略。此则各处所同。况客童入籍,人情不能无畛域之分,甚者不免有苞苴之望。傥以人非素识,借口挟持,虽明知其私,理难抑勒。本学各廪生,上者深明理义,次亦顾全颜面。该生等固属公尔忘私,在童等安可有施不报?所宜隆其礼币,量力言酬。佗如考试册卷各项费用,向有定章。不但纸张工价取给于斯,即各衙门值差饭食、办公经费,亦赖有赢余,用资津帖。书役人等在公辛苦,无非为童等成就功名,何忍以前程远大之身,当此进取初桄,吝惜小费,使公人赔累?"忠恕违道不远",此义不可不思。

一、宜敦礼让,以孚气类也。乡会同举,则有同年之偶;中外同官,则有同僚之目。其始亦佗乡异地之人,一旦与之有缘,往往亲如骨肉。若同游庠序,其始进也为同案,其既进也为同学,情谊更为亲切。况考校文艺之场,尤揖让雍容之地。平日虽无一面之雅,相见宜赓同气之求。向来长邑小试,场规肃穆,佗邑所无。万一因童等入籍,虑分进额,触于觌面,偶有违言。童等即无言不仇,徒多纷竞,甚或酿成事故,必至一并扣除。试问呈请入籍,果何为乎?除另谕各廪生于所保本籍各童重加劝戒外,所愿童等有犯不校,一于礼让。且目前土、客未协,正赖读书明理之人率先乡里、互相融洽,化町畦而归辑睦,并不能不有望于童等也。

以上四条,第就今日急宜开谕者为童等切实陈之。要之,长邑士风本来驯谨,经本学随时指示,逾益蹈矩循规。童等既经入籍,即为长兴士子,莫非本学所当谕教之人;傥蒙学宪取入吾学,更为本学所当管束之人。理合开诚布公,不恤词繁语重。其各懔遵毋忽。切切。特示。

上学宪徐禀 光绪二十一年二月初十日

敬禀者:伏见客籍收考,例载《学政全书》。功令虽有定章,开办实为创举。本籍既不免町畦而未融成见,客童或视为应分而未肯降心。是以奉宪照例办理之案,往往纷争时有、靖谧为难。教戒固职有专司,治理必仰承宪旨。见据长邑客童呈请入籍,卑学前以事关户籍,专责在地方该管各官。惟一经收考,则廪生保结,学官实有稽察之责。查邑境寄居客民,向系垦局专管,必须由县会局清查,方可期无冒滥。曾于去年九月,由卑职德祖拟有节略,面呈前府谦核准,札县照办,并札下卑学,"或有未尽之处,准其会县妥商办理",在案。卑学历届办考,稽查廪生保结考童,尚无各项违碍。惟冒籍间或有之,经卑学实力整顿，该廪保等益加慎重，更无浮滥。今届客童收考，所重尤在籍贯分明。深恐该廪保等未曾认识于平时，势难剔除于临试。惟有移会县、局，饬令客长、客保带领各童来学，由卑学责令愿保之廪生当面认明年貌，必期临试不至顶替入场。至于身家是否清白、例限是否已符以及有无刑伤过犯、匿丧冒名各项情弊，似应著重五童互结，专责客童自行保结、互相觉察。该廪保系属奉文遵例具保，见在未及详查实在情形，理合禀陈宪案。设有疏略，应请准予覆查得实、随时检举，宽其应得之咎。庶几该廪保等力所能及，不至推诿而疑于把持；势所难周，可以担任而更无顾虑。至本籍考童，向来恪守场规，历蒙前府锡、谦保奉前宪潘、陈嘉奖，有案。较之佗邑，易于约束。惟是客童入籍伊始，不无侵占学额之嫌。客童又初次观场，或未必尽明礼让，犹恐临场觌面、邂逅生衅。卑学当面谕廪生，各于所保本籍文、武童生切实申戒。仍拟有晓谕廪保、客童告示各一通，缮呈宪鉴。是否有当，应否准于县试取齐前示谕通知之处，并祈察核示遵。肃此，祗请钧安，伏惟慈鉴。

　　本月十七日，奉学宪徐批"据禀及示稿阅悉。所拟均极妥善，仰即如禀办理，仍将考试情形并客童人数随时申报。缴，示稿存"。

　　同日禀府。本月十三日，奉府宪郭批"据禀各情甚为妥善。惟客童入籍，应详奉各宪批准，方许收考。见届府试不远，甫据县详，应否准予考试，已由府详请藩宪核示矣，并即知照。缴，折存"。

上学宪徐禀单衔。光绪二十一年二月二十一日

敬禀者：长兴客童入籍收考一案，卑学本月初九日晓谕廪生及客童示稿各一通，曾经呈上，谅邀电察。此案，卑职前于去夏送别前宪

陈公,蒙殷殷垂训。谓凡有客民之处,土著大率不多,功名易得则文风难振;况地方安静,尤在土、客辑和,必使客籍有上进之途,人知向学,庶几渐明礼让,从此互相浃洽,可期尽化町畦;见在未及举办,不免身去心留,特以卑职尚知奉职,许为同心、勖以尽力。实为语胍情挚,敢不刻骨铭肌?及奉迎宪节以来,三次晋谒,屡及此案,谆谆面命。所以为下邑治安计者,不啻重规叠矩。奉命之下,情知事体重大,力难负荷而义不容诿。私念任事有年,每接生徒,未尝不举"尊君""亲上"两言,为士子率先民物要义。曾著之所述《明伦篇》"君臣"条内,虽不敢必人尽遵依,亦未敢谓一无听受。此案或能体悉,不至抗违。惟虑创始之初,未必众情胥协,必须在事者分举其职、各尽乃心,期于事事脚踏实地,免致人人口有烦言。长邑原有陈丞焘,奉委办理客民开垦局务已二十年,必能清查户籍,佐县官之不逮。犹虑考试事例繁重,客籍收考又系创办,寻常官吏未必熟娴。曾经摘取《学政全书》条例,手缮两分,面交陈丞及尹令丽枢,一体遵照办理。又参以长邑情形,拟有节略面禀前府谦,蒙钞黏札发县、局遵行,并经缮呈宪鉴。无非效千虑之一得,冀慎始以图终。去年十二月,由县移送客童陈廷栋等十二名印册到学,文偁"据呈已符年例,吊阅完粮印单无异"。实则内有刘积旭等七名并无确据,本籍士民已啧有烦言。卑职以既经由县上详,理难由学挑剔。是以会同训导示谕廪保,允将为期匆促、覆查不及情形代为声明,请宽处分,并将禀件传示廪生,各无异言,然后封完,邮呈宪案。同日示谕客童一稿,则以该童生长北方,未免禀受刚强风气,或至临场邂逅生衅,动之以情,慑之以分。间有词涉严厉之处,犹为踌躇满志之言,此则卑职之蠢愚不自量也。不意一误于陈廷栋等十二名,尹令未奉批准明文,收考已嫌太早;并有临试由局送县续详侯云程等二十五名,尹令又许以一面上详、一面收考。无论有无印据,抑且两次由局查报,局员仅以私函送县,并无公文勘结,为土著所共知。致有卑学历年所黜劣生,借此指斥卑职不能匡正,谓为有私,遍张匿名揭帖,以泄其忿。卑职明知其理不容校,所恐无识之徒为所扇诱,有关大局,不得不引嫌告病。犹复函属尹令,将侯云程等临试甫经上详、不能一律收考,及陈廷栋等未奉批准明文、亦不能赶入正场,分别示谕。卑学仍另将本县为慎重考试大典,详加剖晰,谕饬懔遵,以全政体。土著士民,幸已折服。不意再误于陈廷栋等本月十六日之投县渎禀,不可理喻,肆口抵触。惟时本籍考童已集,环观者众。尹令势不能不当堂条示,饬候据实详请扣除。卑职深惟前谕客童第一条之"宜敬官师,以尊名分",目前已不能信从。即使土著无言、尹令能忍,自分才轻力薄,将来入学以后,所以陶融其气质而使之恪守我范围者,实亦无从措手,惟有目击其功败垂成、抚膺饮恨而已。究竟作何办理,宪台自有权衡。卑职不能奉宣德意、善为弥缝,岂容再参末议?最疚心者,溯自陈公去后,久疏笺敬。既以时事多艰,虑烦裁答尤满。望此局成后,备陈颠末,遥慰拳拳南顾之心。兹幸尹令业于本月十七日遵照宪牌,扃试告竣,公事无误。卑职无术以福前恩,无颜以承新眷,愧愤交集,委顿兼旬。病中赖有费训导独任学官应办之事,不致旷瘝。用敢力疾禀陈大略,使节按临到郡,尚容泥首请罪。伏惟炯照,不尽百一。

上学宪陈禀 光绪二十四年闰三月二十六日

为沥诚竭虑吁乞宪恩事:窃据本月十九日长兴土著阻挠客童考试一案,诚如宪谕,此风断不可长,必须严加惩创,除先将文童各卷扣阅并将武童扣考外,严饬卑学切实查办。当将查得"本县土、客不和,动辄肇事。会有土著吴、尹二村九十余户,止缘命案牵连,横被客民蹂躏。身受者,千人切齿;耳闻者,比户寒心。以致畜志寻仇,一呼响应。迹虽难恕,情实可悯"等情,禀奉宪饬。衅端虽肇于乡愚,责备宜严于士类。续于二十日遵饬具详,另片附陈。试日五鼓,各廪生鹄立唱保,各童生鱼贯入场,莫不衣冠整肃,实无附和情形。仰荷宪明俯加采听,宽免各廪生查办,准将客童补考与扣阅各卷一体校阅,并免土、客武童扣考,一律取进如额。伏见两次终场靖谧,足征士习尚属驯良。惟是奉宪褫黜各生，未能脱身事外。得咎本属难辞，第当众口喧嚣，一时卒发，势难力挽，情有可原。敬惟宪台董戒兼施，执法必期平允；痌瘝在抱，得情尚切哀矜。日月有明，容光必照。鉴各童之迹无可疑，固已合土、客而邀进取；念一眚之孽非自作，还祈蒙湔祓而咸与维新。不揣冒昧，再渎仁慈，可否吁乞恩施格外？核将该革生等免其深究、准予开复，责成卑学开布涤瑕荡垢之恩、飐修睦敦仁之谊，免使稍存芥蒂、各记前嫌，庶几渐化町畦、获收后效。自兹以往，数万户胥蒙乐利之庥；可卜将来，千百年永沐生全之赐。不任悚息仰望急切待命之至。

　　本日奉学宪陈批"据禀已悉。某某等均准给还衣顶，仍仰该教官切实训诲，嗣后各当安分守法、无蹈非为，要知恩不可幸邀、罚不可幸逭也。切切。此缴"。

会请拨定客童学额上府宪志禀光绪二十四年五月十九日

敬禀者：伏查长兴县自遭粤燹，地多旷土。同治十年以来，历经设法招垦，河南、湖北、安徽各省客民闻风而至，于今岁久，业已各占田产，安土重迁。惟是该垦户等来自田间，人多椎鲁，未必尽明礼义。其于土著，往往性同冰炭，睚眦动成衅隙，愤疾不啻仇雠。言之可为寒心，抚戢几难措手。嗣于光绪二十年间，由前知县事尹令丽枢奉前学宪陈札饬，并据该客民等呈禀，查明已符年例各童，详准入籍，定于二十一年乙未岁试收考。原冀其有志观光，则人知向学。果能泽以诗书之教，引为訇淑之机，从此得藉衿裾，互融畛域，似于治理不为无补。不意临当县试，土、客觌面，偶有违言，旋滋争竞。仍由尹令以客童未娴礼让，通详各宪，暂行扣考。延至二十二年丙申科试，始行收考如例，蒙前学宪徐酌取四名录入县学。今届岁试，并蒙宪台核请，学宪陈查照前案，将文、武客童各取入县学四名，又以武童伎艺较优，格外录取五名,拨入府学,在案。窃惟长邑目前治理,最以调和土、客为先;欲得土、客调和,尤以先得士心为要。无如考校一凭文艺,取进必占学额。虽为排难解纷之至计,尚苦家喻户晓之难周。加之客童未能人知法纪,一空徼倖之心,多有迹涉可疑,不免授人以柄。即如本届岁试,业经卑学访悉各项情弊,于宪试前扣除文童五名、武童四名,方幸众论允谐、终场靖谧。不意正当学宪按临之日,县境出有佗案,曲在客民,猝然衅起。乡愚意图泄忿,甚至以并非与试之人激成阻考之举。仰赖宪明洞烛幽隐、从容镇定,幸沐矜全。所虑两下之积怨未消,即论试事,亦恐难终靖。若不预筹良策,必至再启争端。卑职等悉心体谅,往复商量,惟有拨定客童进额,示有限制,则土类既可息争心,在愚民亦无从藉口。查客民占垦田亩,大率不过五分之一。本邑文童定额二十九名,内有四名本系加广;武额一十九名,比之文童,虽额数较少,客籍武童则伎艺较优,分拨四名,亦未为宽假。今届取进名数,出自宪裁,致为公允,固已无分,土、客同声欣戴。傥荷恩慈,俯加察核,准将所陈各节转恳学宪据情奏请,按照前数分别取进,永为定额,俾无嫌于侵占、得尽释其猜疑,弭一邑之隐患于无形、开万户之安全于此举。国恩宪德,将乐利之同沾;蠡测管窥,实屏营于无既。所有卑职等为调和土客、绥靖地方起见各情,是否有当,理合合词禀乞宪鉴。再,此案事涉学校,系由卑学主稿,合并声明。恭请钧安,伏惟电察。

　　本年七月十四日,奉府宪志札"据禀通详。六月二十三日,奉抚宪寥批'既据并详。仰布政使饬候学部院批示遵办,仍候督部堂批示。缴'。又,六月二十九日,奉学宪陈批'据详已悉。候据情专折会奏,俟奉到谕旨,再行饬遵。仰即分饬遵知,仍候督部堂、抚部院批示。缴'"。

　　本年八月初五日,蒙学宪陈会同督宪边、抚宪廖专折具奏,经礼部会同兵部议"据该督等请定学额、画分土客一折,自系为因时制宜、安辑土客起见。惟所偶'查取上届成案办理之处,未据奏咨,有案',自应酌仿江西棚民之例。文童满五十名以上,取进一名,最多以四名为率;不足五十名,不准迁就取进。所取额数,即于长兴原额内分拨,毋庸另设。如果取进四名之外,溢有佳卷,应由该学政凭文艺之高下,察看土、客能否相安,临时酌量,毋令致滋争端。至武童应试人数,本籍比文童较少,应略为变通。每客童十名以上,取进一名,最多以四名为率;不足十名,不准迁就。取进额数,即于长兴原额内分拨,毋庸另设,以示限制。至年限相符,方准收考。已编客籍,不准跨考。文、武事同一律,应责令地方官认真稽核,一例办理"等因覆奏。奉旨:"依议。钦此"。

谕新进客童单光绪二十五年三月二十一日

为传谕事:顷据幼童王耀堃禀偁"故父廪生王世孚,挨保丙申科试入学之文童黄如波、戊戌岁试入学之文童郑文启、潘玉坤、武童叶占魁,远者三年,近者经岁,并未酬劳,可否谕饬循照向章补送"请示到学。查童生应试,非得廪生保结。不能投考,何以成名?是以每逢新生入学,认、挨两保,虽至亲密友,仪文断不容缺。非但本邑为然,亦不止客童为然。本学前于乙未岁试,曾经先期示谕,在案。该生等谅应知悉,岂可置若罔闻? 本日,廪生臧鸣凤、徐瀛升亦以所保客籍新生祁文清礼数不周呈禀,业经一体谕饬。王生见已身故,遗有孀妻弱息,正资养赡,尤应从丰将意,庶几无歉于心。断不可以应有之谊,视为分外,过于悭吝。士子既已读书,必须体悉人情物理。"报施"二字,实为涉世良规;"忠恕"两言,尤属敕躬要义。吾学中人,本学胥以远大期之。进身之始,其可忽乎? 为此,剀切谕戒,务宜懔遵,慎勿诲谆听貌。切切,特谕。

请黜客籍附生董兆松详文_{光绪二十五年十月二十三日}

为新进客生不遵例禁，拟请择尤黜革，以儆效尤事：伏惟客童入籍收考，重在清厘籍贯。"入籍后，不准再回原籍"一条，实为预杜含混跨考之弊，意至深也！长邑客童丙申科试，蒙前宪徐取入县学文生四名；戊戌岁试，蒙前宪陈取入县学文生四名、武生四名。卑学所当加意稽查，用心管束。乃远者三年、近亦经岁，节次传唤月、季两课，往往佌词外出、迁延不到。是否潜回原籍，稽察实属难周。自非择尤详办，无以示儆将来。查有原籍河南罗山县之附生董兆松，自戊戌取入县学后，传课十有余次。迭据门斗禀偁"该生并无家室，历经四乡访问，豪无踪迹可寻"，卑学覆查无异，显系浪游无籍。设使再予含容，深恐各童生有所藉口。弁髦例禁，来去自如；百弊丛生，律成虚设。惟有据实详请宪明，准将董兆松先行黜革，仍于见在客籍生童齐集候试时，牌示辕门，俾得一体懔遵，免致相率效尤、漫无限制。卑学为整理客籍慎始图终起见，是否有当，理合备由详乞宪鉴训示遵行。须至册者。

　　本月廿七日，奉学宪文批"董兆松，如详斥革。仰再饬传客董，讯明该生是否潜回原籍，务令查明实在踪迹详报，以凭核办。缴"。①

---

　　①　此篇之后，原书有《会请拨定客童学额上府宪志禀光绪二十四年五月十九日》及第一则识语，与前文重复，故删。

《中国近现代稀见史料丛刊》已出书目